GUIA ILUSTRADO

TV GLOBO

Novelas e Minisséries

Memória Globo

ZAHAR

TV GLOBO
Central Globo de Comunicação
Luis Erlanger, *diretor*

Memória Globo
Sílvia Fiuza, *gerente*
Ana Paula Goulart Ribeiro, *coordenadora*

Redação final: Verbetes: Juliana Felicio, Lilian Arruda. Apresentação: Camila Azevedo
Pesquisa e texto: Clara Fernandes Meirelles, Juliana Felicio, Lilian Arruda
Pesquisa iconográfica: Anna Beatriz Durão, Clarice Pamplona, Juliana Felicio, Lilian Arruda
Entrevistas e pesquisas: Ana Cristina Figueiredo de Frias, Ana Paula Goulart Ribeiro, Irene Chaves, Itamar de Assis Jr., Juliana Felicio, Leandro Paz, Lilian Arruda, Rodrigo Linares, Sílvia Fiuza
Apoio administrativo: Julio Cezar Araujo
Revisão e acompanhamento editorial: Ana Paula Goulart Ribeiro, Juliana Felicio, Lilian Arruda, Sílvia Fiuza

ZAHAR
Coordenação editorial: Mariana Zahar Ribeiro
Preparação de texto: Kathia Ferreira
Revisão tipográfica: Eduardo Farias, Sandra Mager
Projeto gráfico e diagramação: Mari Taboada
Tratamento de imagens: Adrianna Menezes, Thales Estefani
Capa: Bruna Benvegnù
Impressão: Geográfica Editora

Jorge Zahar Editor Ltda.
rua México 31 sobreloja
20031-144 Rio de Janeiro, RJ
tel.: (21) 2108-0808 / fax: (21) 2108-0800
editora@zahar.com.br / www.zahar.com.br

Grafia atualizada respeitando o novo Acordo Ortográfico da Língua Portuguesa

CIP-Brasil. Catalogação na fonte
Sindicato Nacional dos Editores de Livros, RJ.

G971 Guia ilustrado TV Globo: novelas e minisséries / Projeto Memória Globo. — Rio de Janeiro: Jorge Zahar Ed., 2010.

il. (algumas color.)

ISBN 978-85-378-0202-1

1. Rede Globo de Televisão – Programas. 2. Telenovelas – Brasil. 3. Televisão – Seriados. 4. Rede Globo de Televisão – História. I. Projeto Memória Globo.

10-0537 CDD: 791.4570981
CDU: 654.191(81)

Sumário

Gravação da novela Ciranda de Pedra *(2008) nos estúdios do Projac: cenários reconstituíam a São Paulo de 1958.*

Apresentação

A televisão foi inaugurada no Brasil em 18 de setembro de 1950. Ao longo dos primeiros anos, a linguagem desse novo veículo foi sendo inventada ao vivo. O desafio era saber como se comunicar com o público por trás daquela tela. Foi a busca do equilíbrio entre ousadia e tecnologia que impulsionou o desenvolvimento da televisão como a conhecemos hoje. Nessa trajetória, uma das maiores revoluções foi o surgimento do videoteipe, que permitiu gravar a programação e contribuiu para deslanchar a teledramaturgia, iniciada na TV Globo com a própria criação da emissora, em 26 de abril de 1965.

Os formatos sempre foram os mais diversos: teleteatros, novelas, minisséries, seriados e atrações de dramaturgia não seriada. Predominava o gênero conhecido como capa e espada, que retratava melodramas e histórias fantásticas, distantes da realidade nacional, tendo como referência a literatura estrangeira, o teatro e o rádio. A mudança de estilo ocorreu em 1969, com *Véu de Noiva* e *Verão Vermelho*, que passaram a explorar temáticas brasileiras.

Nos anos 70, com a consolidação da telenovela como produto comercial, a emissora instituiu, gradualmente, horários fixos, após uma avaliação do perfil do público. O horário das 18h voltou-se para histórias leves e românticas e muitas tramas de época; o das 19h, para comédias; e o das 20h (hoje 21h), para enredos mais densos. Durante um período ainda foram produzidas novelas para as 22h, horário dedicado a propostas inovadoras e tramas mais sofisticadas, como *O Rebu* (1974) e *Saramandaia* (1976).

A partir de 1982, com a exibição de *Lampião e Maria Bonita*, as minisséries passaram a ocupar esse espaço de experimentação. Adaptações de obras literárias e enredos baseados em períodos ou personalidades da história do país se tornaram recorrentes no formato. Com um ritmo de produção um pouco mais lento que o de uma novela, as minisséries conquistaram o público apresentando um trabalho meticuloso de texto e imagem. Os êxitos e avanços de linguagem nesse formato, com maior liberdade de criação, têm impulsionado

Regina Duarte em Véu de Noiva (1969), *de Janete Clair: aposta no realismo fez da novela um grande sucesso do horário das 20h.*

Ziembinski e Bete Mendes em O Rebu *(1974), novela de Bráulio Pedroso que contribuiu para a inovação da teledramaturgia brasileira.*

a qualidade da teledramaturgia como um todo.

Nas novelas, ao longo de 45 anos, a narrativa se tornou cada vez mais complexa. Se antes era focada em uma trama central, hoje há uma rede de tramas paralelas. Com mais personagens, capítulos maiores e a tecnologia de alta definição exigindo um rigor estético ainda mais apurado, as etapas de produção tiveram de ser adaptadas. No entanto, apesar das mudanças pelas quais passou, a teledramaturgia manteve inabalável uma de suas principais características: a de ser uma grande agregadora social, trazendo sempre tramas que são discutidas com paixão pelas pessoas, em casa e nas ruas, revelando, assim, muito da identidade cultural brasileira.

Ao colocar, lado a lado, 252 novelas e 66 minisséries realizadas pela TV Globo de 1965 até janeiro de 2010, esse *Guia* mostra, com clareza, como forma e conteúdo se modificaram. O que não mudou é o fato de que a criação na teledramaturgia se

***Bruna Lombardi** e Tony Ramos interpretaram Diadorim e Riobaldo na minissérie* Grande Sertão: Veredas, *que reproduziu, em 25 capítulos, o universo de Guimarães Rosa.*

***Ida Gomes** (esq.), Yoná Magalhães e Jardel Filho em* A Ponte dos Suspiros, *novela do gênero capa e espada exibida em 1969.*

A minissérie O Auto da Compadecida *(1999) encantou o público com as aventuras dos sertanejos João Grilo (Matheus Nachtergaele, esq.) e Chicó (Selton Mello).*

dá através do diálogo com a sociedade. Assim, muitos dos temas discutidos nas novelas e nas minisséries – racismo, independência feminina, corrupção, ética, reforma agrária, homossexualismo, drogas, entre outros – acompanharam as mudanças sociais e retrataram diversos momentos da nossa história.

A TV Globo produz cerca de 2.500 horas anuais de novelas e programas – recorde mundial de teledramaturgia que equivale a 100 longas-metragens por mês –, e mais de 1.800 horas anuais de telejornalismo. Ao longo de sua jornada, a emissora contou com o talento de milhares de profissionais das mais diversas áreas. Além dos atores, diretores e autores conhecidos do público, há um exército de anônimos apaixonados pelo que fazem: arquitetos, historiadores, costureiros, jornalistas, bombeiros, maquiadores, engenheiros, pintores, uma infinidade de saberes e ofícios que se somam. Foi graças à criatividade e à dedicação dessas pessoas que a TV Globo, que alcança 99,5% da população nacional, se tornou uma das maiores redes de televisão do mundo, com o maior centro de TV da América Latina, a Central Globo de Produção (CGP), o Projac (Projeto Jacarepaguá).

Claudia Raia *(esq.) e Patrícia Pillar em cena da novela* A Favorita, *exibida em 2009 na TV Globo.*

Como São Feitas as Novelas e Minisséries

Os telespectadores costumam se sentir tão próximos das minisséries e novelas a que assistem que poucos se dão conta da complexidade da cadeia produtiva por trás de cada capítulo. Entretanto, muitos meses antes de estrear, diversos profissionais já estão envolvidos com as etapas de elaboração da sinopse, pré-produção, produção, pós-produção e lançamento.

A sinopse é o texto que apresenta as tramas principais e paralelas e projeta a trajetória delas ao longo do período de exibição. Pode tanto ser criada pelo autor, a partir de um argumento original apresentado à TV Globo, como surgir de uma proposta da emissora. Uma vez aprovada, inicia-se a redação dos capítulos, momento em que os autores podem contar com uma equipe de colaboradores e pesquisadores.

Na sequência, vem a fase de pré-produção. Autor e diretor, juntos, definem como aquela história será contada através das imagens. Quanto maior é a afinidade artística dessa dupla, maiores são as chances de o projeto ser bem-sucedido. A partir daí, as escolhas conceituais – por exemplo, que estética terá a obra – são transmitidas às equipes de cenografia, produção de arte, figurino, caracterização, fotografia e efeitos visuais, que começam a fazer as pesquisas específicas de suas áreas. Paralelamente, ocorre a escalação do elenco e a seleção de locações externas.

A próxima etapa é a produção, que costuma acontecer de dois a três meses antes de a novela ir ao ar. Essa fase envolve construção de cenários, seleção de objetos de cena, confecção ou aquisição de figurinos, definição de maquiagem, penteados e efeitos especiais a serem utilizados, além das gravações propriamente ditas, em estúdios, nas cidades cenográficas e em demais externas. Além dos profissionais diretamente atrelados às atividades citadas, há inúmeros outros que são necessários para essa engrenagem funcionar, entre eles assistentes, coordenadores, gerentes e diretores de produção, supervisores e operadores de sistemas.

Depois que as cenas estão gravadas, começa a pós-produção. O primeiro passo é a edição das imagens, que são montadas de acordo com os capítulos. Também é nessa etapa que os efeitos visuais de computação gráfica são inseridos, bem como os ajustes e o tratamento final de cor e textura da imagem. O áudio percorre um caminho similar. Depois de editado, é mixado com efeitos e músicas incidentais e da trilha sonora.

Gravação da minissérie Amazônia – De Galvez a Chico Mendes *(2007) em Manaus (AM).*

O diretor Paulo Ubiratan *(dir.) orienta Antonio Fagundes nas gravações da novela* Por Amor *(1997), em Veneza.*

Todas as produções também ganham uma embalagem: as aberturas, pequenos clipes que apresentam e assinam os capítulos.

Aproximadamente um mês antes da estreia da novela ou da minissérie, é feito o seu lançamento. As campanhas publicitárias podem atuar em diferentes frentes, incluindo peças impressas, eventos promocionais, mídias sociais e anúncios na televisão, criados a partir de temas abordados na obra. Além dessas ações, ao longo da programação da emissora são inseridas chamadas que apresentam os personagens e as tramas principais, já com as cenas do produto. Paralelamente, os jornalistas são abastecidos com material de divulgação e, na coletiva de imprensa, encontram-se com o elenco e as equipes de criação.

Por fim, essa roda continua a girar durante todo o período de exibição das produções, que varia de seis a oito meses para as novelas e de uma semana a três meses para as minisséries, aproximadamente.

QUEM É QUEM NO SET

Durante as gravações nos estúdios e nas externas, profissionais de diversas áreas trabalham coletivamente sob a orientação do diretor. A seguir, as atribuições de alguns deles.

Assistente de direção: faz a ligação entre as equipes de produção e de direção, buscando as melhores condições para o trabalho do diretor durante as gravações.

Assistente de estúdio: transmite as orientações do diretor às equipes de estúdio.

Coordenador de produção: administra o horário e o fluxo dos atores entre o estúdio e as salas de maquiagem, figurino e leitura e faz a ponte entre a base da produção e o set.

Cenógrafo: cria, desenha e supervisiona a montagem dos cenários.

Cenotécnico: monta os cenários.

Produtor de arte: compõe o ambiente com os objetos de cena.

Contrarregra: cuida para que os objetos solicitados pela produção de arte estejam disponíveis para as cenas.

Figurinista: cria e monta o guarda-roupa dos personagens.

Camareiro: supervisiona as trocas de roupa de acordo com o roteiro.

Maquiador e cabeleireiro: respondem pela maquiagem e pelos penteados dos atores, a partir da orientação do supervisor de caracterização.

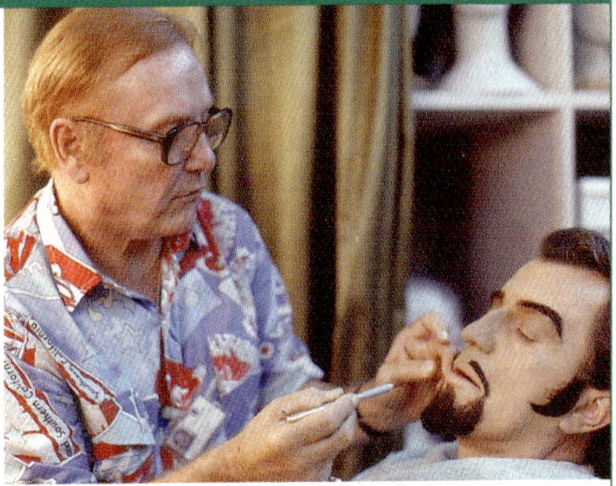

O maquiador *Eric Rzepecki prepara Daniel Filho para as gravações de* Que Rei Sou Eu?

Diretor de iluminação: cuida do desenho de luz das cenas.

Continuísta: registra todos os detalhes da gravação para garantir a continuidade da narrativa, zelando para que cenários, figurinos, falas, objetos de cena, ações e demais elementos estejam adequados ao tempo e espaço determinados pela história.

Instrutor de dramaturgia: trabalha a composição dos personagens com os atores.

Câmera: opera a câmera, a partir da orientação do diretor, que comanda os enquadramentos e a movimentação do equipamento.

Operador de áudio: capta os diálogos e sons ambientes das cenas.

Autoria

Assim como a paixão do brasileiro pelo futebol, o fascínio do público pelas novelas é indiscutível. E quando se criou uma ferramenta para tentar contabilizar tal comparação, os dados revelaram: a primeira versão da novela *Irmãos Coragem*, exibida em 1970, obteve mais audiência do que a final da Copa do Mundo entre Brasil e Itália, realizada no mesmo ano.

As novelas participam de tal maneira da vida dos brasileiros que as pessoas se guiam por seus horários de exibição para marcar compromissos. Mas criar esse "hábito", tornar a novela parte da rotina das pessoas, não é tarefa fácil. Sem uma caixa preta, como as do teatro e do cinema, que imediatamente transportam o espectador para outro estado de concentração, a teledramaturgia fica sempre disputando atenção com os acontecimentos do dia a dia. Entram em cena, então, os autores, que têm a deliciosa e árdua missão de despertar o interesse do público, fazendo com que ele ligue de novo a TV, no dia seguinte, para assistir ao desdobramento da história.

A estrutura das novelas sofreu grandes alterações ao longo dos anos, o que interferiu diretamente no trabalho dos autores: aumentaram a quantidade e o tamanho dos capítulos, que passaram a ter cerca de 40 páginas cada um, em vez de 15. Além disso, os enredos agora costumam ser mais complexos e ter mais personagens do que as novelas das décadas passadas.

O aumento de trabalho levou à ampliação das equipes: mais pesquisadores, mais colaboradores e, eventualmente, a autoria chega a ser dividida por dois ou mais profissionais. Em geral, os pesquisadores são responsáveis pela apuração de temas específicos, como questões

TEMAS SOCIOEDUCATIVOS

Desde a novela *O Espigão* (1974), que debateu ecologia e planejamento urbano, a TV Globo incentiva a discussão de temas socioeducativos em sua dramaturgia. *Laços de Família* (2000), por exemplo, estimulou a doação de medula óssea; *O Clone* (2001) discutiu a dependência química; *Mulheres Apaixonadas* (2003) abordou temas como maus-tratos a idosos e violência doméstica; *Duas Caras* (2007) combateu o preconceito racial. A prática inovadora do merchandising social deu à emissora, em 2001, o Business in the Community Awards for Excellence, o mais conceituado prêmio de Responsabilidade Social do mundo.

***O tratamento dado à terceira** idade foi discutido na novela* Mulheres Apaixonadas *(2003) através dos personagens Flora e Leopoldo, casal vivido por Carmem Silva e Oswaldo Louzada.*

jurídicas ou médicas. Os colaboradores costumam levar ideias de tramas aos autores, além de escrever diálogos e, por vezes, confeccionar a escaleta, um rascunho com toda a estrutura do capítulo.

A espinha dorsal da novela é feita pelo autor, já na sinopse, antes que ela comece a ser produzida. A partir daí, cada um tem um modo de trabalhar: uns preferem fazer a escaleta e o texto final, deixando a criação dos diálogos por conta dos colaboradores; outros preferem orientar um colaborador a fazer a escaleta, sobrando tempo para trabalhar em mais diálogos. Há, ainda, os que fazem um pouco de cada tarefa; os que simplesmente preferem trabalhar sozinhos; e os que dispensam o planejamento e criam todo o capítulo a partir da folha em branco. As possibilidades são infinitas. Em comum, todos trabalham muito para entregar seis capítulos a cada semana.

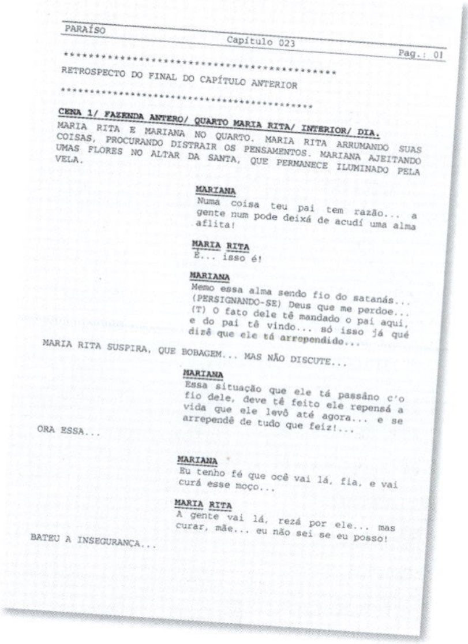

PARAÍSO
Capítulo 023
Pag.: 01

****
RETROSPECTO DO FINAL DO CAPÍTULO ANTERIOR
****

CENA 1/ FAZENDA ANTERO/ QUARTO MARIA RITA/ INTERIOR/ DIA.
MARIA RITA E MARIANA NO QUARTO. MARIA RITA ARRUMANDO SUAS COISAS, PROCURANDO DISTRAIR OS PENSAMENTOS. MARIANA AJEITANDO UMAS FLORES NO ALTAR DA SANTA, QUE PERMANECE ILUMINADO PELA VELA.

MARIANA
Numa coisa teu pai tem razão... a gente num pode deixá de acudí uma alma aflita!

MARIA RITA
É... isso é!

MARIANA
Memo essa alma sendo fio do satanás... (PERSIGNANDO-SE) Deus que me perdoe... (T) O fato dele tê mandado o pai aqui, e do pai tê vindo... só isso já qué dizê que ele tá arrependido...

MARIA RITA SUSPIRA, QUE BOBAGEM... MAS NÃO DISCUTE...

MARIANA
Essa situação que ele tá passâno c'o fio dele, deve tê feito ele repensá a vida que ele levô até agora... e se arrependê de tudo que feiz!...

ORA ESSA...

MARIANA
Eu tenho fé que ocê vai lá, fia, e vai curá esse moço...

MARIA RITA
A gente vai lá, rezá por ele... mas curar, mãe... eu não sei se eu posso!

BATEU A INSEGURANÇA...

Página de um capítulo *(script) da novela* Paraíso *(2009): guia para as gravações.*

Direção

Costuma-se dizer que os livros são dos autores, os filmes, dos diretores, e as peças de teatro, dos atores. E as novelas e minisséries? A criação na teledramaturgia surge essencialmente a partir da parceria entre autor e diretor. É através do diálogo com o escritor que o diretor define de que forma aquelas tramas serão transformadas em imagens. Além de conceituar artisticamente todas as equipes de criação, cabem ao diretor as decisões administrativas, como remanejamento de recursos financeiros entre diferentes áreas para viabilizar a realização do produto dentro do orçamento previsto.

A principal diferença que os profissionais de TV costumam destacar entre a maneira de fazer novela em seus primórdios e nos dias atuais é a substituição do artesanal pelo industrial. Com tramas mais complexas, aumentou o número das frentes de gravação e, consequentemente, o tamanho do elenco e de todas as equipes. Os diretores dizem que uma de suas principais funções é harmonizar o grupo, respeitando as individualidades. Em termos de criação artística, a delicadeza está em saber conceituar as diversas áreas e buscar uma unidade estética entre elas, sem tolher o potencial de criatividade de cada um. O ideal é que seja, sempre, um processo de colaboração e troca.

Durante as gravações, as funções do diretor são múltiplas. Além de dirigir os atores, é ele quem pensa no melhor enquadramento da cena, incluindo a alternância das câmeras e dos planos, mais abertos ou fechados. Ainda é o olhar do diretor que cuida para que cenário, figurino e iluminação estejam em harmonia e respeitem a linguagem da produção.

Equipe trabalha na gravação da novela Viver a Vida *(2009) em um dos estúdios do Projac.*

Com o avanço da tecnologia, naturalmente, as novas ferramentas foram sendo incorporadas ao processo de criação. O desenvolvimento das câmeras, das lentes e, principalmente, da computação gráfica, abriu novas possibilidades. Antes, os diretores tinham muito mais trabalho para corresponder à criatividade dos autores – que há anos já escreviam cenas inusitadas como "Dona Redonda atravessa a rua e explode", caso da novela *Saramandaia* (1976).

Diante de tantas possibilidades, há diretores que têm saudades da adrenalina da televisão ao vivo, outros que gostam do frenesi do ritmo industrial de produção e, ainda, os que preferem confeccionar as obras de forma mais artesanal. Seja por um ou outro caminho, um mantra que nunca deve se perder de vista é que televisão sem emoção não existe, principalmente na dramaturgia.

Elenco

"70% do espetáculo está pronto se há uma boa escalação", pode-se ouvir nos bastidores. Exagero ou não, isso reflete a importância da escolha de um intérprete adequado ao papel e do comprometimento deste com o trabalho. O grupo costuma ser montado a partir de um acordo entre diretor e autor, que também recebem sugestões do produtor de elenco. Mas não há regras definitivas: alguns papéis são escritos para determinados atores e alguns atores roubam a cena em determinados papéis.

Muitas vezes, o autor encontra na sensibilidade do intérprete a possibilidade de dar mais destaque ao personagem, graças ao seu sucesso com o público, como aconteceu com Norminha, interpretada por Dira Paes em *Caminho das Índias* (2009). E mesmo os escritores que gostam de criar papéis com um ator em mente podem se surpreender com o resultado de uma escalação inusitada. Foi o caso da Bebel, em *Paraíso Tropical* (2007). Apesar de a personagem ter sido inicialmente pensada para outra atriz, Camila Pitanga conquistou a todos interpretando uma garota de programa.

Vários atores consagrados garantem que televisão é para craque, em função do ritmo de criação extremamente veloz. É preciso decorar grandes textos em pouco tempo e gravar inúmeras cenas em um único dia, além de construir um personagem sem saber seu futuro, já que tudo pode mudar no decorrer da história.

Nas primeiras telenovelas, ensaiava-se muito para não fazer feio ao vivo. Mesmo com a chegada do videoteipe, os ensaios continuaram porque as gravações ocorriam em blocos inteiros. Um erro no final exigia que se gravasse tudo de novo. Com o surgimento do ponto eletrônico, essa preparação diminuiu. Com o advento da edição, foi praticamente abolida. Hoje, porém, processos de ensaio antes do período de gravações têm acontecido com mais frequência, principalmente nas minisséries, que geralmente são obras concebidas e escritas antes de ir ao ar e que têm mais tempo de preparação.

Camila Pitanga roubou a cena *na novela* Paraíso Tropical *(2007), ajudando a popularizar as roupas e os acessórios de sua personagem, a prostituta Bebel.*

OS ATORES E O PÚBLICO

A popularidade da teledramaturgia no país é tamanha que já causou transtornos aos intérpretes de alguns vilões. Ao representar Marcos em *Mulheres Apaixonadas* (2003), Dan Stulbach foi intensamente hostilizado nas ruas, pois seu personagem, um psicopata, agredia a esposa com uma raquete de tênis. Emiliano Queiroz também já foi agredido em uma loja de departamentos por uma espectadora – na época, ele interpretava o nazista Hans Stauben em *O Sheik de Agadir* (1966). O contrário também acontece. Alguns personagens são tão admirados pelo público que transcendem suas novelas originais. Depois do sucesso em *Rainha da Sucata* (1990) com o bordão "na chon", Dona Armênia (Aracy Balabanian) voltou em *Deus nos Acuda* (1992) como dona de uma pensão. E Jamanta (Cacá Carvalho), que desde a explosão do shopping em *Torre de Babel* (1998) anunciava aos quatro ventos que "Jamanta não morreu", provou que estava certo. Continuou vivinho em *Belíssima* (2005).

Figurino

Para compor personagens, os atores percorrem diferentes jornadas, às vezes mais técnicas, às vezes mais intuitivas. Em todas elas, o figurino é uma peça importante para o processo criativo. É comum que as roupas ajudem a encontrar o tom de um papel, seja pela postura imposta por determinado corte ou por outras sutilezas, como o contato de uma textura com a pele. Muitas vezes as provas de figurino se transformam em exercícios de improvisação. E é mágico o momento em que um personagem se apropria de suas vestes.

Na minissérie *Dona Flor e Seus Dois Maridos* (1998), a sobriedade dos tons escuros e das roupas de corte reto se refletiu na atuação de Marco Nanini. O figurino ajudou o ator a tirar o histrionismo do personagem Teodoro Madureira e deixar a comédia para Vadinho (Edson Celulari) e Dona Flor (Giulia Gam). Os tons fechados o ajudaram na composição de uma figura mais introspectiva.

Os limites da criação são tão delicados que também é comum o ator compartilhar uma referência de sua pesquisa pessoal com os figurinistas. Na minissérie *Os Maias* (2001), o ator Fábio Assunção sugeriu que o visual de seu Carlos Eduardo da Maia fosse similar ao de uma pintura que ele tinha visto no Museu do Louvre, na França, na qual um homem cabeludo e de olhar lúdico o remeteu ao personagem. A experiência para Lima Duarte na novela O *Bem-Amado* (1973) foi ainda mais radical. O ator propôs montar, ele próprio, o guarda-roupa de seu Zeca Diabo, um matador de aluguel que relutava em matar. Lima percorreu as tinturarias da Estação da Luz, em São Paulo, e comprou ternos que há muito tinham sido abandonados porque os donos não tinham dinheiro para buscá-los.

***Lima Duarte como Zeca Diabo,** em O Bem-Amado (1973): figurino montado pelo próprio ator.*

***Fábio Assunção** em Os Maias (2001): caracterização inspirada em pintura do Museu do Louvre.*

Apesar de sua importância na dramaturgia, nem sempre o figurino teve o espaço e a sofisticação do processo de criação e produção que tem hoje. A área era vinculada à cenografia e, muitas vezes, um único profissional criava o guarda-roupa e os cenários do programa. Costumava-se lançar mão de truques para resolver a falta de opções. As costas de uma camisa podiam ser falsas, permitindo que ela fosse usada por atores de manequins diferentes. Um vestido preto era peça-chave do figurino feminino, pois geralmente servia para mais de uma personagem – a variedade ficava por conta dos acessórios.

Na década de 60, o figurino tinha o tom apropriado às novelas estilo capa e espada, com suas tramas fantasiosas. Muitas anáguas e babados compunham os vestidos das atrizes, alguns repletos de detalhes aplicados aos tecidos, como bordados, fitas, laços, rendas e outros adereços que flertavam com o carnavalesco. Cerca de 90% das vestimentas eram confeccionadas na própria emissora, em tecidos que iam do algodão rústico à seda importada. Uma atriz de primeiro escalão da época tinha uma média de 15 roupas para usar ao longo de uma novela inteira. Hoje, uma protagonista chega a usar mais de 15 em apenas um mês.

Quando as novelas passaram a ter como pano de fundo a realidade contemporânea, a partir de 1969, isso se refletiu no figurino dos personagens. Os vestidos curtos da heroína Andréa (Regina Duarte), em *Véu de Noiva*, e os trajes típicos de Salvador (BA), como os de capoeira e candomblé, em *Verão Vermelho*, são dois exemplos.

Com a consolidação das telenovelas na década de 70, um novo conceito de produção de figurino foi inaugurado na emissora. Para otimizar o tempo que se gastava na confecção, começou-se a buscar roupas prontas em lojas para as produções com temática contemporânea. Os profissionais da área desenvolveram uma nova habilidade e se tornaram caçadores de tendências. Nesse período, a estética naturalista tomou conta das novelas e os figurinistas aprenderam a trabalhar com o que se costuma chamar de "vivência", aproximando os figurinos do cotidiano vivido fora da tela. A busca do realismo passou a nortear também as tramas de época.

Giovanna Antonelli *e Murilo Benício em cena de* O Clone *(2001): várias peças do figurino da novela foram compradas no Marrocos.*

Figurino, contudo, não se resume a uma cópia fiel de documentos históricos. O mais importante, sempre, é a comunicação. O temperamento, a idade do personagem e o papel social estão entre as leituras que uma composição de roupa suscita no público. Algumas licenças poéticas, portanto, são permitidas. Na representação de uma prostituta do século XIX, por exemplo, se o figurinista se guiar apenas pelos velhos códigos, reproduzindo fielmente a época, dificilmente o público atual perceberá sensualidade. De nada adianta assumir um compromisso com o real se ele não serve para narrar uma história.

Se parece exaustivo pensar na confecção de

Um pedido de costura *de vestido para a personagem Celita Bueno (Marília Gabriela), da minissérie JK (2006), com o respectivo desenho da peça.*

Betty Faria* e *Francisco Cuoco *vestidos de Lucinha e Carlão para as gravações de* Pecado Capital *(1975).*

todas as peças de uma produção de época, montar figurinos para enredos atuais também pode ser bastante complexo. Com o crescente número de narrativas contemporâneas, ficou mais difícil fazer a diferenciação das roupas de um personagem para outro.

O figurino se apropria da moda para compor determinados aspectos de uma criação, sem se tornar, todavia, refém dela. Muitas vezes, porém, um personagem lança moda, como Raimundo Flamel (Edson Celulari) com suas camisas sem colarinho, em *Fera Ferida* (1993).

ACERVO DE ROUPAS E ACESSÓRIOS

O acervo de figurino da Rede Globo (foto) conta hoje com 279 mil peças, entre roupas e acessórios. Nas primeiras décadas de produção de novelas, por falta de local adequado para guardar os figurinos, muitas vezes as roupas eram doadas. Havia dias em que a Rocinha, a maior favela do Rio de Janeiro, estava "vestida de novela". Mas o contrário também já aconteceu: durante as gravações da minissérie *O Pagador de Promessas* (1988), na Bahia, peças novas foram trocadas por roupas usadas pela população local.

Caracterização

Informações sobre cores de esmalte, tonalidades de batom e cortes de cabelo estão sempre entre os itens mais solicitados na Central de Atendimento ao Telespectador (CAT). O trabalho do supervisor de caracterização, contudo, vai muito além da simples preparação de uma imagem bonita para a televisão. Ele cria, em harmonia com o figurino, a identidade visual do personagem. As referências para essas duas áreas – sejam livros, pinturas, revistas, fotos ou catálogos de moda – estão sempre dialogando entre si.

Mas nem sempre é fácil para o ator sujeitar o próprio corpo, o rosto e os cabelos às necessidades da caracterização, pois, muitas vezes, o visual do personagem é bem diferente de sua preferência – e pode incluir até mesmo que se engorde ou emagreça em nome da caracterização perfeita. Nessas horas, o melhor é praticar o desapego à vaidade e tentar se adaptar à mudança.

Perucas, maquiagens e trajes femininos escondiam as verdadeiras identidades dos bandidos Billy The Kid (Evandro Mesquita, esq.) e Jesse James (Kadu Moliterno) na novela Bang Bang (2005).

No dia a dia de gravação, geralmente as mulheres precisam chegar mais cedo, pois demoram mais tempo na caracterização. Porém, há exceções. Em *Bang Bang* (2005), Kadu Moliterno e Evandro Mesquita interpretaram bandidos que assumiam a identidade de irmãs solteironas. Os atores passaram a chegar duas horas antes do início das gravações e a maquiagem se tornou quase uma sessão de tortura, com direito a retoques nas sobrancelhas.

Às vezes, a trama exige uma caracterização inusitada, como a dos mortos impedidos de serem enterrados na minissérie *Incidente em Antares* (1994). Para reafirmar a proposta fantástica e irônica da história, a pesquisa contou com livros de medicina e visitas a enterros, com a finalidade de adequar as feições dos personagens às respectivas *causa mortis*. Em três horas, Diogo Vilela via seu João da Paz adquirir tonalidade branco-defunto e ganhar machucados causados por tortura. A minúcia era tanta que o sangue artificial não podia ter brilho, já que, como morto não transpira, os ferimentos precisavam ter aparência de secos.

Outra especialidade da equipe de caracterização é fazer rejuvenescer e envelhecer atores. Desde os primeiros anos de produção de novelas esse recurso é utilizado. Em 1967, em *Sangue e Areia*, a atriz Arlete Salles, então com 22 anos, usou uma maquiagem pesada para se transformar em uma mulher de 45.

Regina Duarte é maquiada pelo americano David Dupuis nos bastidores da minissérie Chiquinha Gonzaga (1999).

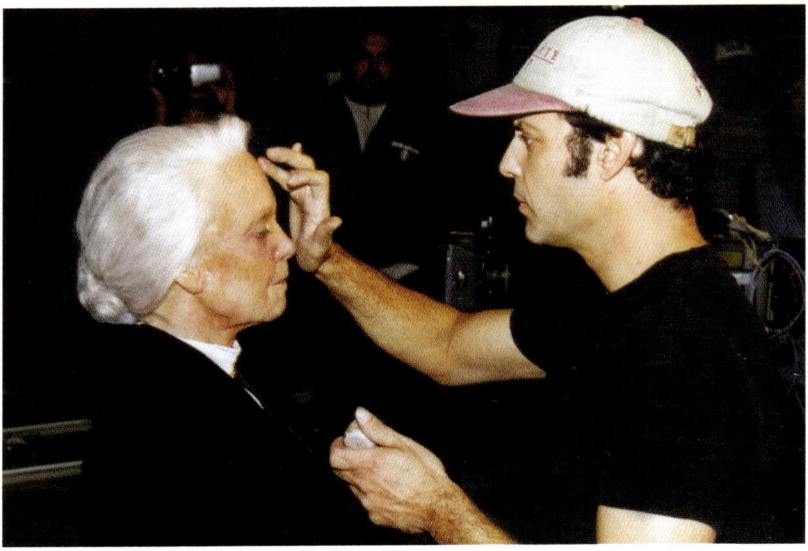

BASTIDORES

Por ano, são consumidos pelas equipes de caracterização 192 litros de gel; 80 litros de xampu; 72 litros de hidratante; 1.200 esponjas de maquiagem; e 127 mil unidades de cotonetes.

Outro caso marcante foi o envelhecimento de Regina Duarte na minissérie *Chiquinha Gonzaga* (1999): a maquiagem deixava a atriz com aparência de 35 anos a mais do que tinha na época.

Nessas viagens ao tempo, além da maquiagem, os penteados são fundamentais para o efeito desejado. Na minissérie *Um Só Coração* (2004), cuja história percorreu mais de três décadas, a protagonista Yolanda Penteado (Ana Paula Arósio) aparecia de franja, com aspecto bem jovial no início da trama; depois, na fase adulta, sem franja; e mais velha, com os cabelos curtos e um ar mais despojado. A produção também se destacou pela excepcional caracterização de personagens reais: os atores Pascoal da Conceição e Cássio Scapin, por exemplo, estavam idênticos, respectivamente, ao escritor Mário de Andrade e ao inventor Santos Dumont.

***Ney Latorraca** (esq.), como o conde Vlad, e Guilherme Piva, como o Monstro do Espelho: caracterizações de* O Beijo do Vampiro *(2002) foram inspiradas em publicações sobre bruxaria e vampiros.*

Cenografia

Apesar dos inúmeros recursos disponíveis para a criação dos cenários, uma coisa é certa: eles estão a serviço da história que se quer contar. A estética preponderante na televisão é a realista, mas não é necessário fazer gravações somente em locações reais. Os estúdios e as cidades cenográficas existem para otimizar a produção, pois a infraestrutura necessária se concentra em um mesmo espaço e as variáveis ficam sob maior controle.

Alcançar a verossimilhança não significa copiar fielmente determinado espaço. Mesmo quando se trata de bairros ou cidades reais, um dos maiores objetivos é, independentemente da época, criar uma ambientação que remeta à atmosfera do local onde se passa a narrativa. Como a cidade cenográfica é uma pequena amostra de um universo maior, os cenógrafos, a partir de várias pesquisas, pinçam as referências mais interessantes e concentram essas inspirações lado a lado.

Caminho das Índias, que em 2009 ganhou o prêmio Emmy Internacional de Melhor Telenovela, teve três cidades cenográficas. A maior delas, com 6 mil m², reproduziu o estado do Rajastão, a partir das referências pesquisadas nas cidades de Jaipur, Jodhpur e Mumbai, na Índia. Entre as diversas construções, havia um templo em homenagem ao deus hindu Shiva, cujo interior também era cenográfico. Em outra cidade cenográfica indiana, com 2.500m², foram repro-

Bruno Gagliasso e Patrícia Pillar contracenam em Sinhá Moça (2006): rigorosa pesquisa de época ajudou a criar o cenário da novela, um retrato do século XIX.

duzidos o rio Ganges e uma de suas escadarias, a partir de um lago artificial da Central Globo de Produção (CGP) no qual foram colocados trilhos para que as câmeras pudessem gravar de dentro da água. Nesse espaço, também foi muito utilizado o recurso de *digital backlot*, com imagens inseridas por computação gráfica simulando diferentes locais e momentos do dia. Na terceira cidade cenográfica da novela, o tradicional bairro carioca da Lapa foi representado em uma área de 3 mil m^2.

Seja uma construção virtual ou física, a cenografia sempre é pensada de forma a propiciar o melhor resultado artístico para a dramaturgia, conciliado à logística de produção. Em 1982, diferentemente das construções em madeira típicas de ambientes cenográficos, foram erguidos em alvenaria um sobrado e um prédio residencial, no Flamengo, na Zona Sul do Rio de Janeiro, para ambientar a novela *Sol de Verão*. Em 1995, os cenários de *A Próxima Vítima* foram feitos com madeira, tela de arame e argamassa, uma nova tecnologia que garantia maior durabilidade. Para possibilitar planos panorâmicos, a cidade cenográfica de *A Indomada* (1997) foi construída com acabamento tridimensional: os fundos podiam aparecer sem revelar que as fachadas eram, na verdade, tapumes de madeira.

Na contramão de uma cenografia realista, foi erguida uma cúpula para as gravações da minissérie *Hoje é Dia de Maria* (2005). Os 170m de extensão dessa

Detalhe da cidade cenográfica de Fera Ferida (1993), construída em 45 dias, em uma área de 30 mil m^2, no terreno que posteriormente abrigaria o Projac.

Pintor trabalha em *um dos cenários construídos na fábrica.*

lúdica cidade cenográfica foram cobertos por um painel pintado à mão, com 10m de altura. Diversos planos-sequência foram gravados aproveitando os 360° do espaço, um convite à imaginação.

No caso das minisséries históricas, os cenários costumam ser criados com a preocupação de reconstituir a época com a maior fidelidade possível. Sem perder de vista o entretenimento, essas produções têm desempenhado papel fundamental na disseminação da cultura brasileira. Por trás da recuperação de importantes fatos históricos, há sempre uma rigorosa e extensa pesquisa envolvendo todas as áreas de criação.

UMA FÁBRICA DE CENÁRIOS

Além das cidades cenográficas, são construídos, por novela, de 40 a 80 cenários que reproduzem os interiores dos espaços.

Ao longo de uma semana de gravação, mais de 20 ambientes são montados e remontados no piso de pinho abrasivo dos estúdios, o que permite o "prega e desprega" diário da madeira.

Na fábrica de cenários, são produzidos, por ano, cerca de 60 mil m² de cenários e 86 mil m² de cidade cenográfica, em área projetada.

Entre os materiais mais usados estão madeiras, acrílicos, tintas e tecidos. Por ano, são consumidos 410 mil litros de tinta à base de água e 10 mil m³ de madeira e compensado, com certificação do Instituto Brasileiro do Meio Ambiente e dos Recursos Naturais Renováveis (Ibama).

Na confecção de um cenário trabalham diversos profissionais, como carpinteiros, marceneiros, laqueadores, lustradores, cortineiros, estofadores, costureiros, laminadores de acrílico e fibra, aderecistas e pintores de arte.

Cerca de 90 carrinhos de armazenagem se deslocam, todas as noites, carregando as tapadeiras cenográficas e os objetos da produção de arte, que se dividem em contrarregra pesada (camas, cadeiras e mesas) e leve (abajures, vasos e bandejas).

Fernanda Montenegro *e João Sabiá na minissérie* Hoje é Dia de Maria *(2005): gravações em um domo cujo interior era composto por um ciclorama pintado à mão.*

Na minissérie *Amazônia – De Galvez a Chico Mendes* (2007), foram retratados quase 100 anos da história do Acre, desde o final do século XIX. Duas cidades cenográficas foram erguidas em plena floresta, às margens do rio Acre, além de cinco cidades cenográficas no Projac, uma delas com os seringais recriados a partir de abrigos ainda existentes no município de Xapuri.

Para *Mad Maria* (2005), além do restauro da locomotiva que dá nome à produção, foram recuperados, em Rondônia, oito quilômetros de trilhos

***Cena de* Mad Maria** *em Rondônia: trilhos recuperados e locomotiva reformada para a realização da minissérie, levada ao ar em 2005.*

originais da ferrovia Madeira–Mamoré, uma das maiores obras de engenharia do início do século XX. Recriar o Rio de Janeiro de 1910 foi outro desafio, resolvido através de fotos da época, maquetes e efeitos de computação gráfica. Uma dessas reproduções foi o palácio Monroe, ex-sede do Senado Federal, demolido em 1976 (curiosamente, esse mesmo palácio já havia sido reconstituído em 1993, para a minissérie *Agosto*).

Produção de Arte

A produção de arte e a cenografia são duas áreas tão próximas que muita gente pensa que tudo é criado pela mesma equipe. Simplificando, é como se o cenógrafo fosse o arquiteto da casa e o produtor de arte, o decorador. Todos os objetos presentes em cena são minuciosamente planejados pela produção de arte, seja para apenas decorar, seja para participar da ação de um personagem. Dentro da linguagem realista da ficção, a preocupação é a mesma que rege a cenografia: muita pesquisa para alcançar a verossimilhança e um rigor ainda maior nas produções históricas. A reconstituição do passado recente é bastante delicada para essa equipe, já que mexe com a memória afetiva do público.

Para montar um ambiente com os objetos adequados, que vão de carros a agulhas de tricô, todas as técnicas são válidas: comprar produtos atuais, fuçar cada cantinho dos brechós e até produzir ou restaurar na fábrica de cenários os artigos indisponíveis no comércio convencional. As marcas dos estabelecimentos onde se passam ações da ficção, assim como a identidade visual de artefatos importantes dentro da trama – por exemplo o catálogo de moda estrelado pela protagonista, o design do frasco do perfume criado pelo herói do folhetim ou a capa do disco de um personagem cantor –, são desenvolvidas pela equipe da arte.

Essa área ainda cuida da inserção dos atores nos universos específicos que determinados papéis exigem. Quando se trata de obter um conhecimento pertinente ao produto, são realizadas palestras com todo o elenco, o que acaba servindo como um primeiro momento de integração desse grupo, que conviverá intensamente pelo menos durante os oito meses seguintes. Os temas podem ser os mais diversos, como a cultura de determinado país, aulas de etiqueta de uma época ou até assuntos como mitologia, gastronomia e filosofia. A entonação nas falas, em função dos regionalismos, da época ou do nível socioeconômico dos personagens, também recebe atenção. Alguns atores, para que tenham um desempenho mais natural em cena, ainda recebem aulas de tênis, equitação, piano ou crochê, de acordo com a especificação de cada personagem.

ACERVO DIGITAL

Para otimizar o processo de produção, além do acervo de contrarregra, que conta com 87 mil itens, os profissionais dispõem de um acervo digital on-line que organiza o conteúdo de pesquisas e projetos realizados pelas áreas de cenografia, produção de arte, figurino e caracterização. Nesse sistema, estão catalogados estudos de costumes, referências visuais para a confecção de rótulos e embalagens, plantas baixas de cenários e maquetes digitais tridimensionais e até simulações de envelhecimento de um ator.

Cartaz feito *especialmente para a novela* A Favorita *(2008).*

Uma rua no centro histórico *de Santos (SP) ganhou carros de época, bicicletas e cartazes para as gravações da minissérie* Um Só Coração *(2004).*

Efeitos Especiais

Entre todos os objetos presentes em um cenário, há os que não são de responsabilidade da equipe de produção de arte. Aquela garrafa de vidro estrategicamente ao alcance da mão de uma mulher histérica que pretende quebrá-la na cabeça do marido é um exemplo. Uma das especialidades da área de efeitos especiais é justamente a fabricação de artefatos de vidro que não cortam, ainda que fiquem estilhaçados. Portanto, nenhum ator sofre cortes ou se machuca com o impacto do golpe.

Essa equipe também é responsável por cenas de capotagem. A preparação é às avessas: em vez de construir, o maior trabalho é "depenar". No lugar do estofamento do carro, uma cabine tubular protege a integridade física do dublê, enquanto o tanque de combustível é substituído por um de apenas dois litros, para reduzir o risco de um acidente real. Rampas disfarçadas servem de alavanca, e mecanismos como bomba de ar comprimido são instalados para fazer a carcaça dar piruetas no ar.

***Por meio de efeitos especiais,** o personagem de Selton Mello sobrevoou Greenville, cidade fictícia da novela* A Indomada *(1997).*

Outras sequências delicadas são as de incêndios e explosões. O tempo de combustão é rigorosamente calculado e até o material que alimenta o fogo – resina, gás GLP, querosene, gasolina ou diesel – depende do tipo de fumaça desejada na trama. Uma das estratégias usadas é alastrar o fogo em primeiro plano, enquanto, no fundo, são misturadas peças cenográficas revestidas por isolante térmico, controlando a situação por mais tempo. Apesar de tantos detalhes, nunca se perde de vista que efeito especial é uma grande ilusão de ótica. O enquadramento da câmera, portanto, é fundamental para determinar a intensidade e a verossimilhança da cena.

Truques são sempre bem-vindos e muitas vezes resultam da parceria entre os efeitos mecânicos, da área de efeitos especiais, e a computação gráfica, da área de efeitos visuais.

Efeitos Visuais

Após as gravações, as cenas seguem para a pós-produção. Depois de editadas, são inseridos os efeitos visuais e é feita a sonorização do material. Ao longo dos anos, os avanços tecnológicos da computação gráfica incrementaram o ofício de quase todas as áreas de produção de dramaturgia, como cenografia e caracterização.

Em 1993, para produzir os cenários da novela *Mulheres de Areia* foi usado o *newsmate*, um recurso que permitia que a cidade cenográfica fosse sobreposta à imagem de uma praia de Angra dos Reis (RJ). Essa técnica já havia sido utilizada

Profissionais da área de efeitos visuais *trabalham no Centro de Pós-Produção do Projac.*

nas aberturas do humorístico *Viva o Gordo* (1984) e da novela *Top Model* (1989). Em 2007, uma nova tecnologia aprimorou o uso da computação na cenografia. Utilizado pela primeira vez em *Paraíso Tropical* (2007), o *digital backlot* consiste na extensão de cenários pela geração de ambientes virtuais a partir da captação de imagens das locações reais. No caso dessa novela, foi possível aplicar imagens do bairro carioca de Copacabana para complementar virtualmente os cenários. Como a profundidade de campo e a textura da paisagem desenvolvida por computador são muito similares à realidade, a utilização do efeito é praticamente imperceptível. Essas técnicas aplicadas na pós-produção dependem do uso do cromaqui nas gravações, um painel geralmente na cor verde ou azul que permite a posterior inserção de imagens pela computação.

As equipes de caracterização também têm vislumbrado novos horizontes descortinados pela área de efeitos visuais. Na minissérie *Amazônia – De*

HDTV

Outra interferência da tecnologia na forma de se produzir novelas e minisséries é a televisão de alta definição (HDTV). Do acabamento de cenários e figurinos às técnicas de maquiagem, fotografia e sonorização, todas as áreas foram aprimoradas para adaptar imagem e áudio à qualidade de resolução da HDTV.

Em 1995, a emissora começou a se aparelhar para a produção em HDTV. Mas até 2007, apesar de alguns produtos serem captados com essa tecnologia, ainda não havia transmissão em alta definição. *Duas Caras* (2007) foi a primeira novela a ser exibida em HDTV, com o início da transmissão digital em São Paulo. Atualmente, 27 cidades recebem o sinal digital da TV Globo, que conta com 15 horas de sua programação semanal em alta definição.

Uma revolução parecida com essa já havia ocorrido em 1973, com a passagem da TV em preto e branco para a colorida. A surpresa ocorreu com a novela *O Bem-Amado* (1973), em que figurinos e maquiagens saltavam aos olhos em cores berrantes, principalmente tonalidades fortes como o vermelho, mas também o branco. Para suavizar o problema, roupas brancas ganhavam banhos de chá; os tecidos de *pois* preto e branco foram substituídos pelos de fundo marrom com bolas amarelas; e os ternos pretos cederam espaço para os marinhos. As atrizes também precisaram se acostumar a reduzir consideravelmente a quantidade de maquiagem.

Gustavo Leão e Isis Valverde *gravam um anúncio fictício da novela* Beleza Pura *(2008): a cena foi feita usando o recurso do cromaqui para posterior inserção de imagens ao fundo, por computação gráfica.*

Galvez a Chico Mendes (2007), José de Abreu pediu que não fosse substituído por outro ator na última cena de seu personagem, o coronel Firmino, aos 90 anos. A equipe de computação gráfica se baseou em fotos da mãe do ator para criar o rosto envelhecido do personagem – a imagem ficou impressionante e ele adorou ser "cobaia" do novo *software*.

Tramas com gêmeos representam outro desafio para essa área. Há muitos anos atores conquistam o público em papéis duplos, como Nívea Maria (Maria Alves e Maria Dusá), em *Maria, Maria* (1978); Tony Ramos (Quinzinho e João Victor), em *Baila Comigo* (1981); Glória Pires (Ruth e Raquel), em *Mulheres de Areia* (1993); e Mateus Solano (Jorge e Miguel), em *Viver a Vida* (2009). Mas o aprimoramento técnico dessas cenas está diretamente ligado ao avanço das ferramentas de computação gráfica. Geralmente, as gravações dos dois planos da sequência contam com um dublê, cada hora no papel de um dos gêmeos. Na pós-produção é feita a substituição da imagem do dublê pela do ator. A evolução dos *softwares*, que hoje são mais ágeis no processamento das imagens, possibilita a realização de ações mais complexas, como uma briga corporal entre gêmeos.

Outro exemplo do trabalho desenvolvido pela área de efeitos visuais é a cena do acidente de carro que vitimou a cantora Maysa, em 1977, e que foi reproduzida na minissérie *Maysa – Quando Fala o Coração* (2009). Além das imagens da batida, gravadas com o apoio da equipe de efeitos especiais, a sequência contou com um plano aéreo criado virtualmente a partir de fotos do acidente real, ocorrido na ponte Rio-Niterói.

Antonio Fagundes *e Lázaro Ramos em* Duas Caras *(2007), a primeira novela inteiramente gravada e exibida em alta definição.*

Sonorização e Trilha Sonora

Na novela *O Dono do Mundo* (1991), o romance de Taís (Letícia Sabatella) e Beija-Flor (Ângelo Antônio) era embalado pelo verso "A nossa música nunca mais tocou...". "Codinome Beija-Flor", na voz de Luiz Melodia, se tornou um dos maiores hits do ano. Assim como acontece com casais na vida real, que elegem uma música marcante em sua história, os principais personagens da ficção também ganham uma que pontua a maioria de suas cenas.

O trabalho de sonorização, porém, envolve muitos outros ingredientes. A primeira etapa é a captação do áudio durante as gravações, que pode ser feita com microfones de lapela, escondidos nos figurinos, ou com o microfone *boom*, geralmente operado para captar as falas de todos os atores da cena. A escolha varia de acordo com o local da gravação – estúdio ou externa – e também com o plano da imagem, mais aberto ou em close.

E está enganado quem imagina que a televisão de alta definição só interferiu no trabalho das equipes atreladas à imagem, como figurino e cenografia. A tecnologia das caixas de som nos aparelhos também teve que evoluir, e muito. É cada vez mais importante cuidar da qualidade da captação do áudio, pois um computador pode levar até quatro minutos para processar um único minuto de distorção.

Após a edição de vídeo, em que as cenas são montadas de acordo com o capítulo, é feita a sonorização: uma cópia segue para correções e outra para a inserção dos efeitos sonoros, que podem ser gravados naturalmente ou simulados em estúdio. Em seguida, os áudios são mixados com as músicas, tanto as da trilha da novela como as incidentais e as de cena.

Além dos discretos sons do ambiente, que reproduzem a atmosfera do local, os efeitos sonoros incluem ruídos de cena e efeitos propriamente ditos, dramáticos ou cômicos. Uma sequência de luta, por exemplo, costuma ser carregada desses efeitos, que direcionam ao clímax da cena. Em vez de usar apenas o "Pow!", que equivaleria ao golpe, na trajetória do braço o sonoplasta insere um "Tshiiiiiiiu", que seria o deslocamento

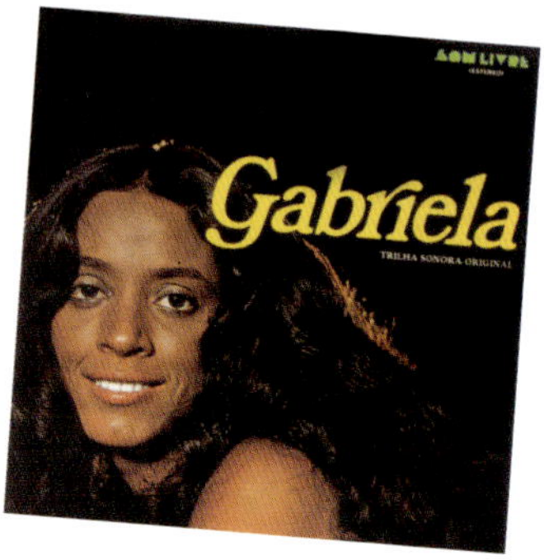

CURIOSIDADES

Irmãos Coragem (1970): A letra da principal música da novela, "Irmãos Coragem", foi guardada até o capítulo 12. Antes disso, usou-se apenas a melodia em arranjo instrumental. Na cena em que João (Tarcísio Meira) finalmente acha o diamante, entrou no ar a potente voz do cantor Jair Rodrigues: "Irmão, é preciso coragem!".

Presença de Anita (2001): A minissérie contou com músicas em francês, para dar o tom de romance trágico da trama. O tema de Anita era "Pigalle", na voz de Georges Ulmer. Uma preocupação era que a base da trilha sonora fosse acústica mas virasse eletrônica toda vez que Anita entrasse em cena.

Cobras & Lagartos (2006): A novela contou com uma seleção especial de músicas batizada de trilha Saara, pois foi inspirada na rádio comunitária do centro de comércio popular homônimo do Rio de Janeiro. Diferentes ritmos, como sertanejo, axé, rap e funk, conviveram em pura harmonia.

A Favorita (2008): A canção "Beijinho doce", de Nhô Pai, sucesso da dupla fictícia Faísca e Espoleta, das personagens Donatela (Claudia Raia) e Flora (Patrícia Pillar), fez tanto sucesso que ganhou *remixes* na internet, com batidas pop, dance e funk e a inclusão de frases marcantes da vilã Flora.

de ar. Numa situação real, esses barulhos são quase imperceptíveis. Na dramaturgia, porém, funcionam como um fermento, fazendo a cena crescer, ter mais vivacidade.

Já os ruídos da cena, inseridos ou reforçados na pós-produção, incluem passos de gente ou de animais, vidro quebrando, papel sendo rasgado e centenas de outros. Diversos desses sons estão disponíveis em arquivos digitais de uma biblioteca de ruídos, mas, se o cronograma permite, podem ser captados isoladamente durante as gravações. Quando é necessário, porém, algum outro tipo de ruído mais específico, apela-se para o "faz de conta" e entra em cena o *foley*, uma cabine que possibilita a criação dos mais variados sons. O local é revestido por diferentes pisos, como madeira, carpete, borracha, cimento, areia, terra, mato e o que mais a criatividade permitir. Um saco de boxe também está sempre disponível para ser nocauteado em troca da integridade física dos atores.

A última etapa acontece com a colocação das músicas, que podem ser divididas em três categorias. Além das que pertencem à trilha sonora, lançadas em CD e que normalmente são temas de determinados personagens, há músicas incidentais. Estas são variações instrumentais das músicas-tema ou outras composições, também instrumentais, que podem variar do mais tenso suspense ao clima romântico. Existem ainda as músicas de cena, que são as cantadas por determinado personagem e que podem ser incluídas por *playback* ou executadas ao vivo durante as gravações.

A mixagem dos diálogos, ruídos e músicas exige atenção especial, afinal, uma música muito alta pode transformar um "mar tempestuoso" em um "balde d'água". É preciso ter bom senso e nunca esquecer que 50% da produção audiovisual é áudio.

Aberturas

Não é raro que o público se lembre com detalhes das aberturas de suas novelas preferidas. Com aproximadamente 50 segundos, esses clipes anunciam e assinam os programas, chegando a ficar até oito meses no ar. Em meados da década de 70, quando a emissora começava a construir seu Padrão Globo de Qualidade – com uma grade regular que respeitava os horários e a sequência de programação –, o cuidado com essa identidade visual dos produtos ganhou maior importância. A criação dessas embalagens passou a ser feita em um departamento da empresa comandado pelo designer austríaco Hans Donner, que, desde 1975, é o responsável, junto com sua equipe, pela criação das aberturas.

No início dos anos 80, a área começou a flertar com recursos de computação gráfica e conquistou milhares de espectadores, que sempre se surpreendiam com as novas tecnologias. Ainda assim, muitas soluções continuaram sendo artesanais. Por um ou outro caminho, as aberturas costumam dialogar com a trama principal da produção, e as referências para construir essa ponte são inúmeras. Em

A atriz Maria Fernanda Cândido *foi a modelo da abertura de* A Indomada *(1997), ao som de "Maracatu", de Sérgio Mendes.*

alguns casos, as obras de artistas plásticos dão vida a essa narrativa. Em *Duas Caras* (2007), Sérgio Cezar reproduziu uma miniatura de favela em 64m². As maquetes foram todas construídas com materiais reciclados, como papelão, chapinhas de refrigerante e retalhos. Tal simplicidade contrastava com dois prédios luxuosos criados em computação gráfica. O artesanato também esteve presente em *Da Cor do Pecado* (2004), cuja vinheta brincava com 24 personagens esculpidos em palitos de fósforo por Arlindo Monteiro.

A tela "O beijo", de Gustav Klimt, inspirou a vinheta de *Salomé* (1991), em que um casal se abraçava enquanto imagens de mosaicos no estilo *art déco* eram projetadas sobre seus corpos, criando flores e formas geométricas. Já o movimento estético dadaísta foi referência para a minissérie *Capitu* (2008). Como cartazes de rua sobrepostos, em que as imagens se confundem nos pedaços rasgados, camadas de fotografias da série misturadas a outros elementos foram animadas, evocando sensações como amor, amizade, repressão e dúvida. Criada pela produtora Lobo, a abertura ganhou o prêmio internacional Best in Book da revista londrina de artes visuais *Creative Review*.

Linguagens como cinema mudo e desenho animado também já invadiram as vinhetas. Em *O Cravo e a Rosa* (2000), um camafeu típico da década de 20 emoldurou os tapas e beijos de Catarina (Adriana Esteves) e Petruchio (Eduardo Moscovis), gravados em preto e branco e com textura de película desgastada pelo tempo, como se fosse cinema mudo. A abertura de *Corrida do Ouro* (1974) apresentou bonequinhos correndo atrás de uma moeda. A animação foi desenvolvida na TV Globo de São Paulo e dirigida pelo artista gráfico e cenógrafo Ciro Del Nero. Desenhos de personagens em uma festa, produzidos por Marguerita Fahrer e Del Nero, ilustraram *O Rebu* (1974). E também se faz suspense com desenho animado. Ao som de um tango eletrônico do grupo Bajofondo e com a tela dividida ao meio, a animação da abertura de *A Favorita* narrava um assassinato que poderia ter sido cometido por Flora ou Donatela.

Vinhetas misturando elementos da natureza com seres humanos refletiram aspectos regionalistas e de realismo fantástico presentes em algumas novelas. Em *Roque Santeiro* (1985), boias-frias andavam sobre folhas e um carro de boi trafegava em um milho verde, através da fusão de imagens gravadas separadamente. Em *A Indomada* (1997), conforme uma mulher corria por uma terra árida, seu corpo se transmutava em fogo, água e pedra para vencer os labirintos de ferro que surgiam em seu caminho.

Campanhas de Lançamento

Não são apenas as novelas e minisséries que fazem parte da vida do público brasileiro. A TV Globo também dialoga com seus espectadores através das campanhas de lançamento de suas produções, que estão cada vez mais interativas e envolvem coletivas de imprensa e materiais elaborados especialmente para os jornalistas.

Em 2009, a emissora foi a vencedora do Cannes Lions, na categoria de Novas Mídias, com a ação Mil Casmurros, criada em parceria com a LiveAD, para a divulgação da minissérie *Capitu*. Desenhado para a internet, o projeto promoveu uma leitura coletiva do clássico *Dom Casmurro*, de Machado de Assis. O livro foi dividido em mil trechos, que ficaram disponíveis em um site para que internautas de todo o país pudessem ler suas passagens prediletas e gravá-las através de uma *webcam*. Para dar o pontapé inicial, personalidades como Fernanda Montenegro, Ferreira Gullar, Camila Pitanga, Maurren Maggi, Regina Duarte, André Abujamra, Elke Maravilha e Roberto Farias participaram da ação.

Outra campanha que contou com a interatividade do público foi a da minissérie *Aquarela do Brasil* (2000). Outdoors e anúncios publicados em jornais de diversas capitais brasileiras convidaram o público a contar experiências vividas na década de 40. Alguns depoimentos foram utilizados nas chamadas do programa, como o de Oswaldo Hanna, que havia sido pracinha da Força Expedicionária Brasileira (FEB). Emocionado, ele

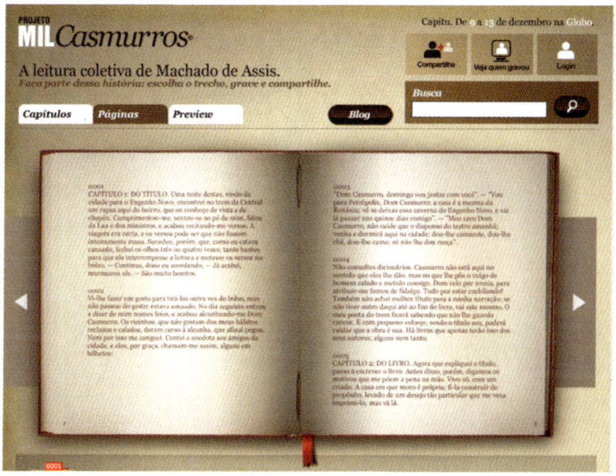

Durante a exibição da microssérie Capitu *(2008), foi desenvolvida uma campanha interativa em torno da obra de Machado de Assis: prêmio no Festival Internacional de Publicidade de Cannes.*

narrou sua ida para a Europa, em 1944, em uma viagem de navio que levou 12 dias. Na Itália, onde chegou a enfrentar um frio de 26° abaixo de zero, passou fome e viu muita gente morrer.

O lançamento da novela *Páginas da Vida* (2006) também transformou o espectador em um contador de histórias. Quinze dias antes da estreia, livrarias do Rio de Janeiro e de São Paulo disponibilizaram um livro em branco para que o público pudesse escrever uma passagem marcante de sua vida. A narrativa vencedora foi publicada por uma revista em formato de fotonovela.

Em *Chocolate com Pimenta* (2003), os espectadores sentiram um gostinho da ficção no festival gastronômico realizado em parceria com 35 restaurantes, um mês antes da estreia. Os cardápios tradicionais cederam espaço a pratos especialmente criados com os ingredientes-tema da novela e suas receitas foram posteriormente lançadas em livro.

Projac

Inaugurada em outubro de 1995, a Central Globo de Produção (CGP), o Projac, ocupa uma área de 1 milhão e 650 mil m², com capacidade para atender a todos os programas de entretenimento da emissora. São 162 mil m² de área construída e 1 milhão m² de Mata Atlântica preservada. A CGP passou a integrar em um único complexo todas as etapas de criação, com infraestrutura e tecnologia apropriadas.

Ao todo, são dez estúdios de gravação acusticamente tratados e equipados com os mais avançados recursos de iluminação do mundo – um deles já opera com tecnologia de alta definição e outros quatro estão preparados para o novo sistema. Seis estúdios possuem 1 mil m² cada um, enquanto os outros

Foto aérea do Projac, *em Jacarepaguá (RJ), com seus estúdios de gravação e uma cidade cenográfica em primeiro plano.*

quatro dispõem de 560m² cada. Outras três áreas, distribuídas em mais de 160 mil m², são dedicadas às construções das cidades cenográficas. O complexo ainda conta com uma fábrica de cenário e outra de costura; acervos de contrarregra, de peças cenográficas e de figurino; uma central de pós-produção com ilhas de edição, sonorização e estações de efeitos visuais; e uma área de efeitos especiais.

Com uma central própria de geração de energia elétrica à base de gás natural, a CGP consome, anualmente, 37 mil MWh, o equivalente a uma cidade com 90 mil habitantes. Uma unidade de coleta de água da chuva é utilizada para a rega dos jardins, enquanto a estação de reuso de água reaproveita mais de 42 milhões de litros com fins industriais.

À frente da suntuosidade desses números estão o suor, a criatividade e também o improviso de mais de 6 mil pessoas.

VENDA DE NOVELAS

A excelência de produção de dramaturgia da TV Globo é reconhecida internacionalmente. Em 1973, as fronteiras começaram a se expandir, quando a novela *O Bem-Amado* (1973) foi exportada para o Uruguai. O ranking atual das produções mais vendidas para o exterior é liderado pela novela *Da Cor do Pecado* (2004), comercializada para 100 países (na foto, Taís Araújo dança o tambor de crioula em gravação no Maranhão). Na sequência estão: *Terra Nostra* (1999), para 95 países; *O Clone* (2001), 91; *Escrava Isaura* (1976), 79; e *Laços de Família* (2000), 77.

Cidade cenográfica da novela Porto dos Milagres *(2001), construída no Projac: tradução, em detalhes, da cultura baiana.*

Novelas

Ilusões Perdidas

Autoria: Enia Petri *Direção:* Líbero Miguel e Sérgio Britto 26 abr-30 jul 1965 19h30; 22h CAPS 56

Primeira novela exibida pela TV Globo trazia Leila Diniz e Reginaldo Faria como par romântico principal da trama.

Ilusões Perdidas foi produzida pela TV Globo de São Paulo, antiga TV Paulista, recém-adquirida pelo empresário Roberto Marinho. Leila Diniz interpretava a vilã. No elenco estavam Osmar Prado, Emiliano Queiroz, Miriam Pires e Norma Blum. No Rio de Janeiro, a novela era exibida às 19h30, de segunda a quarta-feira. A partir de maio, passou para as 22h, de segunda a sexta-feira. Enia Petri, a autora, e Líbero Miguel, o diretor, já haviam trabalhado juntos na TV Paulista, em novelas como *Tortura d'Alma*.

Leila Diniz *e Reginaldo Faria: entrosamento em cena.*

Rosinha do Sobrado

Autoria: Moysés Weltman *Direção:* Otávio da Graça Mello 3 ago-out 1965 22h; 19h CAPS 50

História de amor entre um médico e sua paciente foi protagonizada por Gracindo Júnior e Marília Pêra.

Um médico sente uma paixão platônica por Rosinha, que vive debruçada na janela de casa. Chamado para atendê-la, descobre que ela é paralítica. *Rosinha do Sobrado* ia ao ar de terça a sexta-feira, às 22h, mas passou para as 19h para dar lugar a *Paixão de Outono*. Atuaram na trama Lafayette Galvão, Milton Carneiro, Milton Gonçalves e Nestor de Montemar. Essa foi a primeira novela da TV Globo escrita por Moysés Weltman, autor da lendária radionovela *Jerônimo, o Herói do Sertão*, transmitida pela Rádio Nacional em 1953.

Milton Gonçalves *e Marília Pêra na novela do autor Moysés Weltman.*

Paixão de Outono

Autoria: Glória Magadan *Direção:* Líbero Miguel, Sérgio Britto e Fernando Torres 14 set-dez 1965 21h30 CAPS 50

Primeira novela da TV Globo escrita por Glória Magadan, então diretora de dramaturgia da emissora.

A história apresentou o triângulo amoroso formado por Verônica (Yara Lins), Alberto (Walter Forster) e Linda (Rosita Thomaz Lopes). Verônica é uma mulher de baixa autoestima e apaixonada por Alberto, que é casado com a confiante e egoísta Linda. Insegura, Verônica desiste de seu amor. *Paixão de Outono* foi uma produção da TV Globo de São Paulo baseada em texto homônimo de Osman Lins.

Personagens *de Yara Lins (alto, esq.) e Rosita Thomaz Lopes disputavam o amor do mesmo homem, vivido por Walter Forster (acima).*

Marina

Autoria: Leonardo de Castro *Direção:* Moreira Júnior 23 ago-10 set 1965 13h CAPS 15

Produzida pela TV Globo de São Paulo, foi a novela mais curta exibida pela emissora.

Maximira Figueiredo interpretava a protagonista Marina. Integravam ainda o elenco os atores Aristides Molina (Tieto), Gervásio Marques (Maurício), Lucy Meirelles (Laura), Marcos Granado (Pedro), Mônica Reis (Carol), Siomara (Andréa) e Turíbio Ruiz (João). O autor, Leonardo de Castro, e o diretor, Moreira Júnior, já haviam trabalhado juntos em *A Sombra do Passado* (TV Paulista, 1965).

Pecado de Mulher

Autoria: Leonardo de Castro *Direção:* Moreira Júnior set 1965-? 20h CAPS ?

Pecado de Mulher ***foi ao ar apenas na cidade de São Paulo.***

A novela foi uma produção da TV Globo de São Paulo e contou com um grande elenco: Carlos Zara, Fernando Baleroni, Geraldo Del Rey, Hélio Souto, Márcia Real, Murilo Amorim Moreira, Neuza Amaral, Rosamaria Murtinho e Yara Lins.

A Moreninha

Autoria e direção: Otávio da Graça Mello 25 out-10 dez 1965 19h 35

Uma das primeiras produções da TV Globo a contar com gravações externas, na ilha de Paquetá, no Rio de Janeiro.

Adaptação do livro homônimo de Joaquim Manuel de Macedo, a novela narrava o romance entre Carolina (Marília Pêra) e Augusto (Cláudio Marzo), no Rio de Janeiro do séc.XIX. Também mostrava uma turma de jovens que, em meio a festas e paixões, se envolve em campanhas pela libertação dos escravos. Na infância, Carolina e Augusto juraram amor eterno, mas nunca mais se viram. Quando adulto, o rapaz se apaixona por Carolina sem saber de quem se trata. A produção se esmerou na reconstituição de época, adequando diálogos e trilha sonora.

***Marília Pêra** em A Moreninha: tema de abertura, "Canção do rochedo", era assinado pelo próprio autor e diretor da novela, Otávio da Graça Mello.*

***Augusto** e Carolina, interpretados por Cláudio Marzo e Marília Pêra: amor que resiste ao tempo.*

O Ébrio

Autoria e direção: José Castellar e Heloisa Castellar 8 nov 1965-fev 1966 20h CAPS 75

Enredo de* O Ébrio *era centrado em intrigas domésticas que viravam do avesso a vida do protagonista.

Adaptação de romance homônimo de Gilda de Abreu, a novela narrava a história do médico Gilberto (Ricardo Nóvoa), que, após ser traído pela mulher, Marieta (Líria Marçal), e ao ser enganado por familiares e amigos, fica desiludido e se torna alcoólatra. Gilberto desaparece e todos pensam que está morto. Na verdade, ele troca de identidade e passa a ser conhecido como O Ébrio. A trama foi produzida pela TV Globo de São Paulo.

NO CINEMA

A história ganhou uma versão cinematográfica, em 1946, escrita e dirigida por Gilda de Abreu, mulher do cantor e compositor Vicente Celestino. Grande sucesso no papel-título do filme, inspirado em sua famosa canção "O ébrio", Vicente Celestino fez uma participação especial no primeiro capítulo da novela.

Padre Tião

Autoria: Moysés Weltman *Direção:* Otávio da Graça Mello 12 dez 1965-fev 1966 19h; 13h30 CAPS 60

Ítalo Rossi *e Marília Pêra na novela produzida pela TV Globo de São Paulo.*

As tristezas e os infortúnios de um religioso em uma cidade do interior conduziam a história.

A novela, protagonizada por Ítalo Rossi, contou com a atuação do diretor Otávio da Graça Mello. No elenco estavam ainda Cláudia Martins, Gracindo Júnior, Yara Sarmento, Iracema de Alencar, Jaqueline Marie, Marília Pêra e Milton Gonçalves. *Padre Tião*, uma produção da TV Globo de São Paulo, foi ao ar, inicialmente, às 19h, mas depois passou a ocupar o horário das 13h30. O autor Moysés Weltman já havia escrito novelas para a TV Tupi.

Um Rosto de Mulher

Autoria: Daniel Más *Direção:* Sérgio Britto dez 1965-mar 1966 21h30 CAPS 85

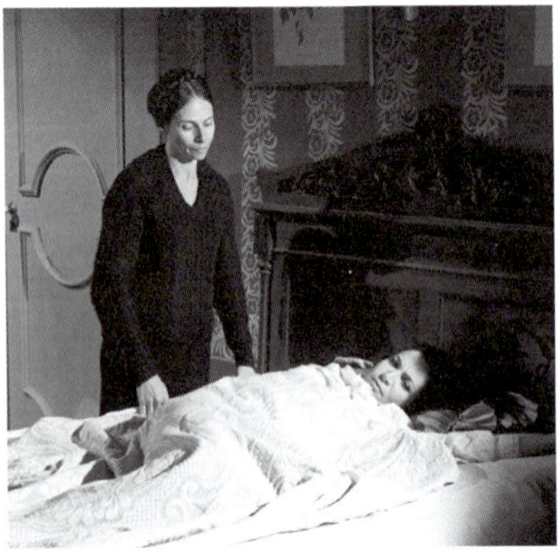

Miriam Pires *e Nathalia Timberg (deitada): drama cubano reescrito por Daniel Más.*

Trama romântica relatava o drama de uma mulher com dupla personalidade interpretada por Nathalia Timberg.

Baseada em texto de autor cubano, a novela foi escrita por Daniel Más. Além de Nathalia Timberg, no papel da problemática Elisa, a trama contou com as interpretações de Cláudio Marzo, Emiliano Queiroz, Leila Diniz, Marília Pêra e Miriam Pires. *Um Rosto de Mulher* foi produzida e dirigida por Sérgio Britto, que já dirigia o teleteatro *4 no Teatro*, exibido no primeiro ano de atividade da TV Globo.

Eu Compro esta Mulher

Autoria: Glória Magadan *Direção:* Henrique Martins e Régis Cardoso 15 mar-15 jul 1966 21h30 CAPS 85

A novela marcou a formação do principal par romântico da TV Globo na época: Yoná Magalhães e Carlos Alberto.

O *Conde de Monte Cristo*, de Alexandre Dumas, serviu de inspiração para a trama, centrada no romance entre Francisco Aldama (Carlos Alberto) e Maria Teresa (Yoná Magalhães). Leila Diniz interpretava Úrsula, a vilã. A novela fez tanto sucesso que, após um mês, a TV Globo alcançou o primeiro lugar em audiência no Rio de Janeiro. *Eu Compro esta Mulher* foi a primeira novela da gestão de Walter Clark como diretor executivo da TV Globo. Ganhou adaptação para a televisão mexicana em 1990.

TEMPESTADE

Durante as gravações, a TV Globo construiu um navio cenográfico no terraço de sua sede, no Jardim Botânico. Para dar veracidade às cenas de tempestade, os contrarregras sacudiam o navio e jogavam baldes de água sobre os atores.

Yoná Magalhães *(esq.) e Leila Diniz (com Carlos Alberto ao fundo): sucesso também no México.*

O Sheik de Agadir

Autoria: Glória Magadan *Direção:* Régis Cardoso e Henrique Martins 8 jul 1966-17 fev 1967 21h30 155

A novela de Glória Magadan foi uma das mais representativas da linha capa e espada trilhada pela emissora nos anos 60.

O sheik Omar Ben Nazir (Henrique Martins) disputa o amor da francesa Janette Legrand (Yoná Magalhães) com o oficial do Exército francês Maurice Dummont (Amilton Fernandes). Baseada no romance *Taras Bulba*, de Nikolai Gogol, a trama tinha como cenários a Arábia e a França ocupada por nazistas. Estranhos assassinatos garantiram o suspense da história, mas só se sabia que o criminoso usava a alcunha de Rato. As cenas do deserto do Saara foram gravadas nas dunas da restinga da Marambaia, no litoral fluminense. Nas cenas de guerra com cavalos, dezenas de alunos da escola da Hípica atuaram como figurantes e foram usados equipamentos do Exército. Os atores que viveram os personagens nazistas ganharam a antipatia do público.

ANTICOMUNISMO

Comunista assumido, Mário Lago (foto) teve que contornar a resistência de Glória Magadan para ser admitido na novela e viver o coronel nazista Otto von Lucken. A autora cubana era anticastrista. O ator Sebastião Vasconcelos, por sua vez, foi eliminado da trama porque Magadan o achava parecido com Fidel Castro.

Henrique Martins *(esq.), Yoná Magalhães e Amilton Fernandes na novela que teve cenografia de Peter Gasper.*

UM PAR DE LUVAS

A TV Globo promoveu um concurso para incentivar os telespectadores a descobrir a identidade do personagem assassino, mas ninguém acertou. Inúmeras vezes por dia, a emissora veiculava a pergunta: "Quem é o assassino?". O Rato era a princesa árabe Éden de Bassora, interpretada por Marieta Severo, então com 19 anos, em seu primeiro papel em novelas. Após estrangular as vítimas, o Rato deixava um par de luvas pretas ao lado do cadáver.

Marieta Severo, *a vilã da novela.*

O Rei dos Ciganos

Autoria: Moysés Weltman *Direção:* Ziembinski 12 set 1966-20 fev 1967 20h 120

O Rei dos Ciganos *narrava uma conturbada história de amor tendo Viena como cenário.*

O romance entre o cigano Wladimir (Carlos Alberto) e a nobre Wanda (Sônia Clara) é atrapalhado pelas intrigas do conde Fernando Racozy (André Villon). Os prenomes dos três personagens principais foram uma homenagem do autor Moysés Weltman a seus filhos.

A Rainha Louca

Autoria: Glória Magadan *Direção:* Ziembinski e Daniel Filho 20 fev-16 dez 1967 21h30 215

***Sebastião Vasconcelos** (esq.) e Paulo Gracindo contracenam na novela.*

Trama de* A Rainha Louca *se desenrolava em meio às guerras travadas, no séc.XIX, por Napoleão III.

Inspirada em *Memórias de um Médico*, de Alexandre Dumas, Glória Magadan apresentou o drama de Charlote (Nathalia Timberg), mulher de Maximiliano (Rubens de Falco), imperador francês no México. Charlote enlouquece ao perceber que não consegue intervir nas atitudes e decisões do marido. Quando Daniel Filho assumiu a direção da novela, substituindo Ziembinski, introduziu uma novidade técnica: Nathalia Timberg passou a interpretar um segundo papel, o de uma criada perversa, e suas duas personagens dialogavam entre si. Pela primeira vez a TV Globo mandou atores, diretores e produtores para outro país – o México – em busca de imagens que dessem maior veracidade à história.

As cenas externas de *A Rainha Louca* foram complementadas no parque Lage, no Rio de Janeiro.

ADAPTAÇÕES

Originalmente, a novela seria ambientada no séc.XVIII. Por sugestão de José Bonifácio de Oliveira Sobrinho, o Boni, então diretor artístico da Globo, a história acabou sendo transposta para o séc.XIX. Em função disso, a autora teve que fazer algumas adaptações na trama. Na versão original, o imperador Maximiliano era o rei Luís XVI, da França, e Charlote era Maria Antonieta.

***Theresa Amayo** e Cláudio Marzo: produção de figurinos, concebidos por Arlindo Rodrigues, recebeu o prêmio Procópio Ferreira, instituído pela TV Excelsior.*

A Sombra de Rebecca

Autoria: Glória Magadan *Direção:* Henrique Martins 21 fev-23 jun 1967 20h CAPS 90

A novela foi inspirada na ópera* Madame Butterfly*, de Giacomo Puccini, e no romance* Rebecca*, de Daphne du Maurier.

O aristocrata inglês Felipe (Carlos Alberto) perde a esposa em um desastre de avião. Mais tarde, apaixona-se pela japonesa Suzuki (Yoná Magalhães) e os dois passam a enfrentar os preconceitos da sociedade inglesa, que não aceita o romance. Quando descobre que sua mulher não morreu, Felipe decide se afastar de Suzuki. Preterida, ela pratica o haraquiri, suicidando-se com uma espada. A cena contrariava a tradição oriental, já que o haraquiri só é permitido aos homens.

Carlos Alberto *e Yoná Magalhães, que teve aulas de cultura japonesa para interpretar a protagonista.*

Anastácia, a Mulher sem Destino

Autoria: Emiliano Queiroz e Janete Clair *Supervisão de texto:* Glória Magadan *Direção geral:* Henrique Martins *Direção:* Régis Cardoso 28 jun-16 dez 1967 21h CAPS 125

Janete Clair estreou em novelas na TV Globo promovendo um terremoto que matava mais de 100 personagens de uma vez.

A Rússia é o pano de fundo de uma paixão proibida, da qual nasce Anastácia (Leila Diniz). A menina é abandonada na floresta e criada pelo lenhador Pierre (Ênio Santos). Já crescida, ela descobre ser a filha de Nicolau II, o último czar russo. Baseada no folhetim francês *A Toutinegra do Moinho*, de Émile de Richebourg, a história tinha personagens demais e estava com baixa audiência. Com experiência em novelas escritas para a Rádio Nacional e a TV Tupi, Janete Clair foi chamada para salvar a trama. Além de eliminar mais de 100 personagens, promoveu um salto de 20 anos no tempo. Com os sobreviventes, reajustou o enredo e recuperou a audiência.

Leila Diniz *fez dois papéis após a entrada de Janete Clair: o de Anastácia e o de sua filha.*

O Homem Proibido

Autoria: Glória Magadan *Direção:* Daniel Filho 18 dez 1967-25 jun 1968 21h30 135

Cenas ambientadas na Índia foram rodadas em ruas cenográficas montadas no terraço do prédio da TV Globo.

O amor impossível entre os jovens Surama (Yoná Magalhães) e Kim (Carlos Alberto) era o principal ingrediente da trama. Fugido da fictícia cidade de Canchibur, na Índia, Kim decide se vingar dos que o separaram de seu amor e se transforma no justiceiro Demian. No estilo Zorro, deixa sua marca por onde passa: "Demian esteve aqui." Na época, o grande número de muros pichados no Rio de Janeiro com essa frase comprovava o sucesso do personagem.

Sangue e Areia

Autoria: Janete Clair *Direção:* Daniel Filho e Régis Cardoso 18 dez 1967-25 jun 1968 20h 135

Adaptação do romance homônimo de Vicente Blasco Ibañez,* Sangue e Areia *foi protagonizada por Tarcísio Meira e Glória Menezes.

O toureiro Juan Gallardo (Tarcísio Meira) se divide entre o amor da simples Pilar (Theresa Amayo) e o da elegante Doña Sol (Glória Menezes), que pode lhe garantir ascensão social. O clímax ocorre quando Sol, para provar sua paixão, arranca os próprios olhos. O elenco sofreu uma baixa com a morte de Amilton Fernandes, o vilão dom Ricardo. Tarcísio Meira e Daniel Filho foram ao México para gravar cenas de touradas, mas, como o custo era alto, optou-se por usar imagens de uma TV local de um toureiro parecido com o ator.

TOURADAS

Uma arquibancada foi construída no terraço da TV Globo para simular uma praça de touros. Nas cenas em que o personagem Gallardo duelava com um touro, Tarcísio Meira (foto) enfrentava, na verdade, uma roda de bicicleta com chifres acoplados guiada pelo ator Fernando José.

Passo dos Ventos

Autoria: Janete Clair *Direção:* Régis Cardoso e Daniel Filho 26 jun 1968-1º jan 1969 21h CAPS 177

Com cenas gravadas no Haiti, a trama provocou polêmica por incluir romance inter-racial.

Vivian Chevalier (Glória Menezes) herda uma fortuna no Haiti e passa a ser cortejada por inescrupulosos. Um nobre falido, André Cristophe (Carlos Alberto), oferece segurança à moça em troca de casamento. O público reagiu mal ao ver Glória Menezes fazendo par romântico com Carlos Alberto no lugar de Tarcísio Meira. O romance inter-racial entre Hanna (Djenane Machado) e Bienaire (Jorge Coutinho) também gerou polêmica. Durante a exibição da novela, o ator Mário Lago (Dubois) foi preso por questões políticas e o diretor Régis Cardoso o substituiu, aparecendo em cena sempre de costas.

Ruth de Souza *interpretava a mãe de Bienaire, vivido por Jorge Coutinho.*

O Santo Mestiço

Autoria: Glória Magadan *Direção:* Fabio Sabag 19 fev-4 jun 1968 19h CAPS 80

Primeiro sul-americano canonizado pela Igreja católica inspirou trama em que Sérgio Cardoso vivia três personagens.

A novela se passava em um país fictício da América do Sul e se baseava na história real de são Martinho de Porres (Sérgio Cardoso), nascido no Peru e canonizado em 1962. Na trama, o frade dominicano enfrenta uma forte perseguição religiosa, mas resiste e permanece no país para ajudar os fiéis. Rosamaria Murtinho interpretava uma tenente de milícia feminina que acreditava ser a religião um perigo para o regime. Produção da TV Globo de São Paulo, com cenas externas gravadas no Rio de Janeiro.

A Grande Mentira

Autoria: Hedy Maia *Direção:* Fabio Sabag e Marlos Andreucci 5 jun 1968-4 jul 1969 19h CAPS 341

Com 341 capítulos, A Grande Mentira foi a novela mais longa na história da teledramaturgia da TV Globo.

O milionário Roberto Albuquerque (Cláudio Marzo) atropela Maria Cristina (Miriam Pérsia) e os dois se apaixonam. Mas a mãe do rapaz, Veridiana Albuquerque (Neuza Amaral), não aceita o namoro porque a moça é pobre. Nos últimos capítulos, já louca, Veridiana põe fogo no próprio vestido. O outro vilão da trama era Paulo Bacelar (Edney Giovenazzi). A certa altura, Glória Magadan substituiu os atores que faziam o par romântico, mas o público se revoltou e Cláudio Marzo e Miriam Pérsia voltaram à novela.

A Gata de Vison

Autoria: Glória Magadan *Direção:* Daniel Filho, Fabio Sabag e Walter Campos 26 jun 1968-6 jan 1969 21h30 169

A trama *se complica quando a bela Meggy Parker (Yoná Magalhães) começa a se sentir atraída pelo detetive Bob Ferguson (Tarcísio Meira).*

Gângsteres e mafiosos movimentavam a trama, ambientada na violenta Chicago de 1920.

Meggy Parker (Yoná Magalhães) se apaixona pelo mafioso Gino Falconi (Geraldo Del Rey). Mas seu coração fica dividido quando ela conhece o detetive Bob Ferguson (Tarcísio Meira). O diretor Fabio Sabag interpretou o vilão da história, um menino chamado Sebastian. Acostumado a ver Tarcísio Meira com Glória Menezes, e Yoná Magalhães com Carlos Alberto, o público não aprovou o casal principal. Fizeram parte do elenco, entre outros, Arlete Salles, Cláudio Cavalcanti, Ida Gomes, Joana Fomm, Norma Blum e Paulo Gracindo. Durante a exibição da novela, o ator Celso Marques morreu em um acidente de automóvel.

A Última Valsa

Autoria: Glória Magadan *Direção:* Fabio Sabag e Daniel Filho 7 jan-5 jun 1969 21h30 103

A Áustria do séc.XIX era o cenário de* A Última Valsa, *inspirada no filme* Moulin Rouge, *de John Huston.

Ida Gomes *(esq.), Theresa Amayo e Cláudio Marzo na novela de Glória Magadan.*

O duque de Olemberg (Cláudio Marzo) se apaixona pela condessa Yolanda (Theresa Amayo), mas se casa com Kathy Ambross (Glauce Rocha), com quem tem uma filha, Clara (Norma Blum). A moça é rejeitada pela corte por causa da vulgaridade da mãe. No decorrer da história, o duque é acusado de espionagem em favor da Alemanha. Edson Silva, que interpretava o pintor francês Toulouse-Lautrec, portador de doença óssea congênita, gravava de joelhos. Às vezes, um anão o substituía, para dar mais realismo às cenas. *A Última Valsa* encerrou o trabalho de Glória Magadan como responsável pelo núcleo de produção de telenovelas da TV Globo.

Rosa Rebelde

Autoria: Janete Clair *Direção:* Régis Cardoso e Daniel Filho 15 jan-13 out 1969 20h CAPS 212

Tarcísio Meira e Glória Menezes assumiram papéis duplos na novela.

Inspirada em* Rosa Malena*, radionovela de Janete Clair,* Rosa Rebelde *tinha como tema central um romance durante o império de Napoleão Bonaparte.

No séc.XIX, na Espanha, Rosa Malena (Glória Menezes) lidera um grupo que luta contra a ocupação francesa. A rebelde se infiltra na corte, mas se apaixona pelo capitão do exército napoleônico, Sandro de Aragão (Tarcísio Meira). Passados 20 anos, entram em cena os filhos dos protagonistas, Fernando e Simone, interpretados também por Tarcísio Meira e Glória Menezes. A atriz ainda viveu um menino pobre na trama.

A baixa audiência de *Rosa Rebelde*, em virtude da concorrência com *Beto Rockfeller*, novela da TV Tupi que trazia uma trama mais moderna, incentivou a Globo a repensar seu modelo de folhetim. Essa foi uma das últimas novelas da emissora no estilo capa e espada.

MAIS 100 CAPÍTULOS

Um incêndio na TV Globo de São Paulo, em julho de 1969, levou à transferência da novela *A Cabana do Pai Tomás* para a sede da emissora, no Rio de Janeiro, onde estava sendo gravada *A Ponte dos Suspiros*. Por isso a produção da substituta de *Rosa Rebelde* teve que ser cancelada e Janete Clair precisou alongar a trama: deu um salto no tempo e escreveu mais 100 capítulos.

A Ponte dos Suspiros

Autoria: Dias Gomes *Direção:* Marlos Andreucci 6 jun-5 nov 1969 21h30 CAPS 144

A novela foi assinada por Dias Gomes com o pseudônimo de Stela Calderón.

Adaptação do romance homônimo de Michel Zevaco, a história se passava em 1500, em Veneza. Rolando Candiano (Carlos Alberto) é preso no dia de seu casamento com Leonor Dandolo (Yoná Magalhães), por causa de intrigas feitas pelo capitão Altieri (Jardel Filho). A novela foi a última do par romântico Yoná Magalhães e Carlos Alberto. Embora a trama fosse ambientada no séc.XVI, Dias Gomes inseriu diversas referências à história do Brasil, inclusive criticando a deposição do presidente João Goulart.

VENEZA NO JARDIM BOTÂNICO

A novela teve algumas cenas gravadas em Veneza, na Itália. Mas a maioria das gravações foi realizada nos estúdios da TV Globo, no Rio de Janeiro. Um canal de Veneza foi reproduzido na cobertura da emissora, no bairro do Jardim Botânico. O canal tinha 10m de extensão e 50cm de profundidade.

A Cabana do Pai Tomás

Autoria: Hedy Maia *Direção:* Fabio Sabag, Daniel Filho, Régis Cardoso e Walter Campos
7 jul 1969-1º mar 1970 19h CAPS 205

Trama ambientada durante a Guerra de Secessão fechou o ciclo de novelas com temática distante da realidade brasileira.

A história, inspirada em romance homônimo de Harriet Beecher Stowe – que impulsionou o movimento abolicionista nos Estados Unidos –, mostrava o drama da escravidão no sul do país. Os protagonistas eram o escravo Tomás (Sérgio Cardoso) e sua esposa, Tia Cloé (Ruth de Souza). Gerou controvérsia a escalação de Sérgio Cardoso, um ator branco, para interpretar um negro. Ele pintava o rosto e o corpo de preto, usava peruca e punha rolhas no nariz. A técnica, conhecida como *blackface*, havia sido utilizada no início do cinema americano.

Sérgio Cardoso *(sentado, dir.) interpretou três personagens: Tomás, Dimitrius e Abraham Lincoln.*

Véu de Noiva

Autoria: Janete Clair *Direção e produção:* Daniel Filho 14 out 1969-6 jun 1970 20h CAPS 204

Cláudio Marzo *e Regina Duarte: par romântico criado para tramas modernas e urbanas.*

A TV Globo divulgou seu primeiro folhetim realista com a chamada: "Em Véu de Noiva tudo acontece como na vida real."

Véu de Noiva foi o primeiro grande sucesso de Janete Clair no horário das 20h da TV Globo. A trama, baseada em *Vende-se um Véu de Noiva*, radionovela escrita pela autora para a Rádio Nacional, marcou a aposta da emissora em uma teledramaturgia com enredos modernos, ambientados no Rio de Janeiro, diálogos coloquiais e tramas paralelas. Regina Duarte interpretava Andréa, que desiste do casamento ao descobrir que o noivo, Luciano (Geraldo Del Rey), é apaixonado por sua irmã, Flor (Miriam Pérsia). Flor tem um filho de Luciano e o entrega a Andréa. Quando descobre que não pode mais ter filhos, Flor pede à irmã que devolva o menino. A disputa pela guarda da criança mobilizou o público e, a pedido da emissora, foi realizado um julgamento verídico, com a participação de um juri real, para decidir com quem o menino devia ficar. Nem a autora sabia a decisão. O julgamento foi gravado sem ensaio e, no final, Andréa ficou com a criança. A partir de *Véu de Noiva*, Regina Duarte passou a fazer par romântico com Cláudio Marzo, que, na novela, interpretava o piloto de corridas Marcelo, inspirado em Emerson Fittipaldi. A novela teve participações especiais do poeta Vinicius de Moraes, do cronista Carlinhos Oliveira e do piloto escocês Jackie Stewart, entre outras personalidades.

TRILHA SONORA

Véu de Noiva foi a primeira novela a ter músicas especialmente compostas para a trilha sonora, produzida por Nelson Motta. Fez grande sucesso "Irene", de Caetano Veloso, gravada por Elis Regina. Pela primeira vez se lançou um disco com a trilha de uma novela.

Verão Vermelho

Autoria: Dias Gomes *Direção:* Marlos Andreucci e Walter Campos 17 nov 1969-17 jul 1970 22h CAPS 209

Ambientada na Bahia,* Verão Vermelho *destacou a cultura popular, com suas festas de rua, rodas de capoeira e candomblé.

O ponto de partida da história é o aniversário de 15 anos de Patrícia (Maria Cláudia), no Iate Clube de Salvador. Seus pais, Adriana (Dina Sfat) e Carlos (Jardel Filho), se casaram muito jovens e vivem infelizes. A chegada do médico Flávio (Paulo Goulart) à Bahia, fugido do Rio de Janeiro sob a acusação de charlatanismo, transforma a vida do casal. A novela abordou questões controversas, como os preconceitos social e racial, a reforma agrária e o divórcio, não legalizado na época.

TROCA-TROCA

O casal de autores Dias Gomes e Janete Clair inovou ao cruzar a trajetória de personagens de novelas diferentes exibidas à mesma época. Flor (Miriam Pérsia), de *Véu de Noiva* (1969), assinada por Janete Clair, se consultou com o médico Flávio, de *Verão Vermelho*, de Dias Gomes.

Pigmalião 70

Autoria: Vicente Sesso *Direção:* Régis Cardoso 4 mar-24 out 1970 19h CAPS 204

A personagem *de Tônia Carrero, que fazia par romântico com Sérgio Cardoso, fez tanto sucesso que as mulheres passaram a copiar seu corte de cabelo em camadas, batizado de "Pigmalião".*

O autor Vicente Sesso inaugurou o gênero comédia romântica nas telenovelas da emissora.

Livre adaptação da peça *Pigmalião*, de Bernard Shaw, a novela trazia a história do feirante Fernando Dalba (Sérgio Cardoso), o Nando, um vendedor de frutas. Sua vida se transforma depois que ele conhece a viúva rica Cristina Guimarães (Tônia Carrero), dona de um salão de beleza, que decide ensiná-lo a se comportar como uma pessoa da alta sociedade. A intenção de Cristina é vencer uma aposta, mas ela acaba se apaixonando por Nando, que é noivo de Candinha (Susana Vieira).

Assim na Terra como no Céu

Autoria: Dias Gomes *Direção:* Walter Campos 20 jul 1970-23 mar 1971 22h 212

Novela das 22h abordava consumo de dogras e celibato de padres e tinha como pano de fundo o dia a dia da juventude de Ipanema.

O padre Vítor (Francisco Cuoco) abandona a batina para viver um romance com Nívea (Renata Sorrah), garota da Zona Sul carioca. Mas a jovem é assassinada e, para desvendar o mistério, o ex-padre se une a um grupo de cafajestes liderados por Renatão (Jardel Filho) e Samuca (Paulo José). A morte da personagem principal no início da trama não agradou ao público e Nívea teve que voltar à cena em *flashbacks*. Rodolfo Augusto (Ary Fontoura) foi uma das primeiras representações de um homossexual na TV.

O SEGREDO

Dias Gomes escrevia os últimos capítulos da novela quando recebeu uma intimação militar para depor sobre supostas atividades subversivas. O capitão-tenente encarregado do caso concordou em adiar o processo se o autor lhe revelasse o nome do assassino da personagem Nívea. Dias brincou: "Isso eu não confesso nem sob tortura."

A Próxima Atração

Autoria: Walther Negrão *Direção:* Régis Cardoso *Supervisão:* Daniel Filho 26 out 1970-17 abr 1971 19h 150

"Madalena", de Ivan lins, *tema da personagem de Renata Sorrah (esq., na foto com Tônia Carrero, Paulo Goulart e Armando Bógus) foi um dos grandes sucessos da trilha sonora da novela.*

Sete mulheres planejam dar um golpe do baú e complicam a vida de um milionário gaúcho.

A história se passava em uma mansão em São Paulo. O rico e solitário Rodrigo (Sérgio Cardoso) convive com sete mulheres ambiciosas: as aeromoças Regina (Susana Vieira) e Cláudia (Irene Singery), a chacrete Ciça (Betty Faria), Madalena (Renata Sorrah), Dulce (Célia Biar), Dinorah (Eloísa Mafalda) e a manicure Suzete (Jacira Silva). Silvio de Abreu, futuro autor de novelas da TV Globo, atuou em *A Próxima Atração* no papel do divertido subdelegado Damasceno Righi Salomão.

Irmãos Coragem

Autoria: Janete Clair *Direção:* Daniel Filho, Milton Gonçalves e Reynaldo Boury 8 jun 1970-12 jun 1971
20h CAPS 328

Tarcísio Meira *(esq.), Cláudio Cavalcanti, Macedo Neto e Cláudio Marzo: crítica à ambição desmedida.*

Três irmãos desafiam a autoridade de um latifundiário em fictícia cidade do interior de Goiás.

Em 1970, enquanto o Brasil conquistava o tricampeonato de futebol na Copa do Mundo do México e presos políticos eram torturados pelo regime militar, Janete Clair se consagrava como novelista com um faroeste que fazia uma analogia entre a realidade política do país e o poder arbitrário de um coronel na fictícia Coroado, em Goiás. O despótico Pedro Barros (Gilberto

TORCIDA

Atormentado por problemas mentais, Juca Cipó (Emiliano Queiroz) violenta Cema (Suzana Faini), casada com o negro Brás (Milton Gonçalves). Tempos depois, ela aparece grávida e teme que o filho nasça branco e não seja aceito pelo marido, que o veria como filho de Juca Cipó. Os telespectadores torciam para que a criança nascesse mulata e o casal fizesse as pazes. Foi o que aconteceu.

O estupro *cometido por Juca Cipó, interpretado por Emiliano Queiroz, criou uma das tramas de maior sucesso da novela.*

Martinho) corrompe a polícia, compra votos e oprime a população. Contra seu poder se insurgem João (Tarcísio Meira), Jerônimo (Cláudio Cavalcanti) e Duda (Cláudio Marzo), os irmãos Coragem. O conflito tem início depois que João encontra um diamante e é roubado pelos capangas do coronel. Enquanto João usa a força no confronto com os inimigos, Jerônimo entra para a política, no partido de oposição, para ajudar os garimpeiros a se livrarem do jugo de Pedro Barros. Sem vocação para o garimpo, Duda vira astro do futebol – uma estratégia da autora para alinhar a trama à euforia com o futebol na época, o que foi feito com a assessoria do comentarista João Saldanha. As histórias de amor foram protagonizadas pelas duplas Tarcísio Meira/Glória

Jerônimo *(Cláudio Cavalcanti) carrega a índia Potira (Lúcia Alves) nos braços, já morta, e também é assassinado.*

Menezes e Cláudio Marzo/Regina Duarte. Grande comoção causou o romance de Jerônimo com a índia Potira (Lúcia Alves), sua irmã de criação. Os dois são mortos pela polícia, levando João Coragem a destruir o diamante, que julga ser responsável pela tragédia. A novela foi a primeira a contar com uma cidade cenográfica, construída na Barra da Tijuca, Zona Oeste do Rio de Janeiro.

Irmãos Coragem

AUDIÊNCIA

Irmãos Coragem foi a segunda mais longa novela da TV Globo, obtendo mais audiência do que a final da Copa de 70, entre Brasil e Itália. Atribui-se à junção de bangue-bangue com futebol o interesse do público masculino na trama: pela primeira vez, os homens admitiram que assistiam a uma novela.

Glória Menezes *foi aplaudida pela interpretação de uma mulher com tripla personalidade: a tímida e angustiada Lara, a extrovertida Diana (ao lado, com Arthur Costa Filho no papel de Gentil) e a equilibrada Márcia.*

O Cafona

Autoria: Bráulio Pedroso *Direção:* Daniel Filho e Walter Campos 24 mar-20 out 1971 22h 183

O Cafona *explorou o tema da ascensão social através de uma sátira ao movimento hippie e à sociedade carioca.*

Shirley Sexy *(Marília Pêra, ao centro) disputou o coração de Gilberto Athayde (Francisco Cuoco) com a elegante Beatriz (Tônia Carrero).*

Gilberto Athayde (Francisco Cuoco) é um homem rude que enriquece com uma rede de supermercados e sonha ser aceito na alta-roda. Ao ficar viúvo, tenta se casar com uma socialite. Surgem duas possibilidades: Malu (Renata Sorrah), filha de um milionário falido, e a exibida Beatriz (Tônia Carrero), ex-mulher de um empresário. Beatriz apaixona-se por Gilberto e decide lhe ensinar regras de etiqueta, mas enfrenta as investidas de Shirley Sexy (Marília Pêra), secretária do empresário, a quem ela chama de Gigi. As cenas protagonizadas por Francisco Cuoco, em seu primeiro papel cômico, e Marília Pêra foram um dos pontos altos de O *Cafona*. A atriz também participou da trilha sonora da novela, com a interpretação de "Shirley Sexy", de Fred Falcão e A. Medeiros. Outro sucesso foi "Lúcia Esparadrapo", de Antônio Carlos, Jocafi e I. Tavares, em referência à personagem hippie de Djenane Machado. A excelente vendagem do disco nacional levou ao lançamento de O *Cafona – Internacional*, primeira trilha com músicas estrangeiras de uma novela da TV Globo.

CINEMA RADICAL

Cacá (Osmar Prado), Rogério (Carlos Vereza) e Julinho (Marco Nanini) eram caricaturas bem-humoradas dos cineastas Cacá Diegues, Rogério Sganzerla e Júlio Bressane. Liderado pelo Profeta (Ary Fontoura), uma espécie de guru das praias cariocas, o trio pretendia fazer o filme mais radical do cinema brasileiro: *Matou o Marido e Prevaricou com o Cadáver* – uma paródia de *Matou a Família e Foi ao Cinema* (1969), de Bressane.

O trio de cineastas: *Cacá (Osmar Prado, esq.), Rogério (Carlos Vereza) e Julinho (Marco Nanini).*

Minha Doce Namorada

Autoria: Vicente Sesso *Direção:* Daniel Filho, Régis Cardoso e Fernando Torres 19 abr 1971-25 jan 1972
19h 242

Novo papel de heroína doce e ingênua consagrou Regina Duarte como a "namoradinha do Brasil".

Cláudio Marzo *e Regina Duarte na novela inspirada em história escrita por Vicente Sesso para o programa* Teatro de Fantasia, *exibido pela TV Record de São Paulo nos anos 50.*

A jovem Patrícia (Regina Duarte), moradora de um parque de diversões ambulante, acredita que os astros lhe trarão felicidade. Um dia uma astróloga prevê o que seria impossível: a pobre órfã, uma aquariana, se apaixonaria por um rapaz de Peixes, signo a princípio incompatível com o dela. De fato, a moça se encanta pelo rico estudante Renato (Cláudio Marzo), mas ele não sente o mesmo por ela. Patrícia parte para o Rio de Janeiro, onde faz amizade com um senhor a quem passa a chamar, carinhosamente, de Seu Pepe (Sadi Cabral), sem imaginar que se trata do tio-avô de Renato e dono da empresa onde começara a trabalhar. Seu Pepe descobre falcatruas cometidas por seus familiares e resolve fingir que morreu para observar a disputa por sua herança. Convencido de que só Renato tem boa índole, ele decide separá-lo da noiva, a interesseira Verinha (Maria Cláudia), e promover o seu casamento com Patrícia. Para isso, se une à Tia Miquita (Célia Biar), uma vendedora de maçãs do amor. Mas Verinha e César Leão (Mário Lago), tio de Renato, tentam atrapalhar o romance. Os primeiros capítulos foram gravados em Ouro Preto (MG). Um parque na lagoa Rodrigo de Freitas, no Rio de Janeiro, serviu de cenário para os encontros do casal.

César Leão *(Mário Lago) e Verinha (Maria Cláudia): os dois vilões da trama.*

Seu Pepe *e Tia Miquita, vividos por Sadi Cabral e Célia Biar, incentivam o romance entre o casal de protagonistas.*

O Homem que Deve Morrer

Autoria: Janete Clair *Direção:* Daniel Filho e Milton Gonçalves 14 jun 1971-8 abr 1972 20h 258

Jardel Filho *raspou a cabeça para viver Otto Müller, um vilão ao estilo nazista.*

Reencarnação, intolerância e preconceito nortearam a nova trama de Janete Clair.

Em Santa Catarina, na fictícia Porto Azul, o médico Ciro Valdez (Tarcísio Meira) desperta a ira do vilão racista Otto Müller (Jardel Filho) ao salvar sua vida com um transplante de coração de um negro, usando seu dom mediúnico. A raiva aumenta quando o médico se apaixona pela ex-esposa de Otto, Esther (Glória Menezes). Janete Clair criou para o protagonista uma trajetória semelhante à de Jesus Cristo, mas o argumento foi vetado pela Censura Federal. A autora, então, se baseou no livro *Eram os Deuses Astronautas?* – onde o autor Erich von Däniken aborda a existência de vida em outros planetas – para relacionar os poderes mediúnicos de Ciro aos extraterrestres. Um dos diferenciais da novela foi a inclusão do transplante de coração na trama, cirurgia realizada no Brasil, pela primeira vez, em 1968.

Meu Pedacinho de Chão

Autoria: Benedito Ruy Barbosa e Teixeira Filho *Direção:* Dionísio Azevedo 16 ago 1971-6 mai 1972 18h 185

Primeira novela educativa da TV Globo levou a dramaturgia também para as 18h.

Pedro das Antas (Aires Pinto) e Liliane (Patrícia Aires) cresceram juntos, mas se separaram na adolescência. Passados 11 anos, os dois voltam à cidade natal. Ela, como professora; ele, formado em agronomia, quer tomar posse de suas terras, ocupadas ilegalmente pelo pai de Liliane, o coronel Epaminondas (Castro Gonzaga). Drama rural, *Meu Pedacinho de Chão* transmitia informações sobre vacinação, desidratação infantil, higiene e técnicas agrícolas, além de incentivar a alfabetização de jovens e adultos. A história foi coproduzida e exibida, simultaneamente, pela TV Globo e pela TV Cultura de São Paulo.

Bandeira 2

Autoria: Dias Gomes *Direção:* Daniel Filho e Walter Campos *Supervisão:* Daniel Filho 28 out 1971-15 jul 1972 22h CAPS 179

Paulo Gracindo conquistou o público em novela sobre a realidade dos moradores da Zona Norte do Rio de Janeiro.

A rivalidade pelo controle do jogo do bicho no subúrbio carioca de Ramos era o tema principal de *Bandeira 2*. Inimigos declarados, Artur do Amor Divino (Paulo Gracindo), o Tucão, e Jovelino Sabonete (Felipe Carone) disputam também o amor da taxista Noeli (Marília Pêra), porta-bandeira da escola de samba do bairro. Com ideias feministas, Noeli enfrenta preconceito por ser desquitada. Como se não bastasse, os dois bicheiros são surpreendidos pelo romance entre seus filhos, Thaís (Elizângela) e Márcio (Stepan Nercessian). Tucão teve imensa aceitação popular, inclusive entre os contraventores do jogo do bicho. Mas o sucesso não impediu que a Censura Federal exigisse a morte do personagem, sob o argumento de que o bem deveria triunfar sobre o mal. Cerca de 3 mil pessoas compareceram ao cemitério durante a gravação do enterro, comovidas com um boato de que o ator Paulo Gracindo teria morrido realmente.

Marília Pêra *interpretou uma taxista em uma época em que essa atividade era exercida quase que exclusivamente por homens. Na trama, ela desperta a paixão do bicheiro Tucão, personagem de Paulo Gracindo.*

O introspectivo Zelito, *vivido por José Wilker, passava os dias trancado no quarto pintando quadros, mas, ao se apaixonar pela independente Noeli, começa a despertar para a vida.*

SAMBA DA TRILHA

A escola de samba escolhida para figurar na trama foi a Imperatriz Leopoldinense, do bairro de Ramos, considerada pequena na época. Na trilha sonora de *Bandeira 2* constava seu samba-enredo de 1972, "Martim Cererê", composto por Gigi e Zé Catimba (interpretado, na novela, por Grande Otelo).

Selva de Pedra

Autoria: Janete Clair *Direção:* Daniel Filho e Walter Avancini *Codireção:* Reynaldo Boury e Milton Gonçalves
10 abr 1972-23 jan 1973 20h CAPS 243

Regina Duarte *e Francisco Cuoco, que estreava como protagonista de novela no horário das 20h.*

A ambição pelo poder em uma metrópole deu o tom da novela, que consolidou Janete Clair como grande autora popular.

A ascensão do jovem interiorano Cristiano Vilhena (Francisco Cuoco), que, seduzido pelo poder, põe em risco sua felicidade ao lado da mulher, Simone (Regina Duarte), era o mote da trama. A novela foi inspirada no romance *Uma Tragédia Americana*, de Theodore Dreiser, e em uma notícia de jornal sobre um tocador de bumbo que matou um rapaz por ter sido ridicularizado. Exibida na era do "milagre econômico" do governo Garrastazu Médici, sofreu a ação da Censura Federal. Janete Clair teve de reescrever 22 capítulos sob a

RECORDE DE AUDIÊNCIA

Selva de Pedra obteve a maior audiência da história da televisão brasileira até então, comprovando a força da telenovela como veículo de cultura de massa. No Rio de Janeiro, segundo registro do Ibope na época, a trama atingiu 100% de *share* – número de televisores ligados no horário – no capítulo em que a identidade de Rosana Reis é revelada.

Os vilões: *Miro (Carlos Vereza), que popularizou a gíria "amizadinha", e Fernanda (Dina Sfat).*

alegação de que Cristiano não poderia se casar com a vilã Fernanda (Dina Sfat) por incorrer no crime de bigamia. Na trama, Simone sofre um grave acidente de carro ao ser perseguida por Miro (Carlos Vereza), o outro vilão da história. Convencida de que o marido armara um plano para assassiná-la, deixa que todos pensem que está morta e vai embora do Brasil. Um ano mais tarde retorna como uma consagrada artista plástica chamada Rosana Reis, sua suposta irmã gêmea. Mesmo com Cristiano acreditando que ficara viúvo, os censores argumentaram que a cena de seu casamento com Fernanda, prevista na sinopse, não poderia ir ao ar porque o público sabia que Simone estava viva. Com a modificação na história, Fernanda é abandonada no altar. A canção "Rock and Roll Lullaby", de B.J. Thomas, fez sucesso como tema do casal principal. *Selva de Pedra* foi apresentada novamente em horário nobre entre agosto e novembro de 1975, em versão compacta, para substituir às pressas *Roque Santeiro*, vetada pela Censura.

Neuza Amaral *interpretou a assassina Walkíria.*

AS MALDADES DE WALKÍRIA

Entre as tramas paralelas, Neuza Amaral sobressaiu no papel de Walkíria. A personagem assassina o amante, Sérgio (Eliano de Souza), por ciúmes da filha, Flávia (Sônia Braga), e depois assiste, impassível, à cena em que a jovem, traumatizada e a ponto de perder a fala, é responsabilizada pelo crime.

O Primeiro Amor

Autoria: Walther Negrão *Direção:* Walter Campos e Régis Cardoso *Supervisão:* Daniel Filho
24 jan-17 out 1972 19h CAPS 228

Tendo como cenário principal uma escola,* O Primeiro Amor *trazia um viúvo no centro de um triângulo amoroso.

Na fictícia Nova Esperança, o viúvo Luciano Lima (Sérgio Cardoso) se apaixona pela governanta Paula (Rosamaria Murtinho), mas enfrenta a resistência dos filhos e as intrigas da ex-namorada, Maria do Carmo (Tônia Carrero), que almeja seu cargo na direção da escola local. Luciano também se encanta com a psicóloga Giovana (Aracy Balabanian), que tenta educar alunos rebeldes liderados pelo motoqueiro Rafa (Marcos Paulo). Perto do desfecho da novela, a morte súbita de Sérgio Cardoso, vítima de ataque cardíaco, abalou a equipe e o público. O ator Leonardo Villar o substituiu na trama.

SHAZAN E XERIFE

Um dos maiores sucessos de *O Primeiro Amor* foram os divertidos Shazan (Paulo José, esq.) e Xerife (Flávio Migliaccio), inventores de estranhos objetos, como a "camicleta" – cruzamento de um caminhão com uma bicicleta. Encerrada a novela, os dois estrearam o seriado *Shazan, Xerife & Cia* (1972). Em 1998, em homenagem aos 25 anos de criação dos personagens, a dupla foi inserida na trama de *Era uma Vez...*, também de Walther Negrão, em uma participação especial.

Bicho do Mato

Autoria: Chico de Assis e Renato Correia de Castro *Direção:* Moacyr Deriquém *Supervisão:* Daniel Filho
8 mai-17 nov 1972 18h CAPS 141

A novela reunia ação e aventura para contar a história de um jovem caipira.

Em uma fazenda no interior de Mato Grosso, o impetuoso caipira Juba (Osmar Prado) cresce livre e sem instrução, em contato com a natureza. Seus pais são mortos por ladrões de gado e ele assume o comando da fazenda. Com a ajuda do índio e tutor Iru (José de Arimathéa), planeja se vingar dos assassinos. Sua vida se transforma quando ele se apaixona por Ruth (Débora Duarte), jovem da cidade grande que lhe apresenta um mundo com novas possibilidades. *Bicho do Mato* foi lançada na TV Globo de Recife, em 24 de abril de 1972, e bateu recorde de audiência. No mês seguinte, passou a ser transmitida nos demais estados.

A vida de Juba (Osmar Prado) se transforma quando ele conhece Ruth (Débora Duarte).

Uma Rosa com Amor

Autoria: Vicente Sesso *Direção:* Walter Campos *Supervisão:* Daniel Filho 16 out 1972-30 jun 1973 19h 220

Uma Rosa com Amor *reafirmou a comédia romântica como estilo predominante das 19h.*

Serafina Rosa Petrone (Marília Pêra) é uma secretária carente que, para fazer crer que é cortejada, envia uma rosa para si mesma todos os dias. É apaixonada pelo patrão, o industrial Claude Antoine (Paulo Goulart), estrangeiro em situação ilegal no país que precisa de uma esposa para concretizar negócios ilícitos em sua empresa. Preocupada com a ameaça de demolição do cortiço onde mora com a família, Serafina aceita se casar com o industrial em troca de parte de sua fortuna. Apesar de Nara (Yoná Magalhães), com quem Claude teve um caso, tentar atrapalhar o romance, o industrial se apaixona por Serafina.

AMOR SEM IDADE

Uma Rosa com Amor mostrou o romance entre uma mulher madura e um homem mais jovem, através da relação entre a veterana atriz Roberta Vermon (Tônia Carrero) e o ator iniciante Sérgio (Marcos Paulo), seu pupilo.

Grande Otelo *(em cena com Marília Pêra) interpretou o titereiro Pimpinoni.*

A Patota

Autoria: Maria Clara Machado *Direção:* Reynaldo Boury *Supervisão:* Daniel Filho 27 nov 1972-29 mar 1973 18h 101

Débora Duarte *e Marco Nanini como professores que ajudam crianças a realizar um sonho.*

A Patota *foi a única novela escrita pela dramaturga Maria Clara Machado.*

As diferenças de classe e um sonho infantil eram os destaques de *A Patota*. Juliana (Rosana Garcia), Vicente (Fábio Mássimo), Pedro (Córis Júnior) e Tião (José Prata) são crianças que moram em uma vila em que convivem pobres e ricos. Elas desejam fazer uma viagem à África. A professora Neli (Débora Duarte), seu namorado Jorge (Mário Gomes) e o professor Simões (Marco Nanini) unem forças para ajudá-las a realizar esse sonho.

O Bofe

Autoria: Bráulio Pedroso e Lauro César Muniz *Direção:* Daniel Filho e Lima Duarte *Supervisão:* Daniel Filho
17 jul 1972-23 jan 1973 22h 143

Cláudio Marzo *(esq.), Antônio Pedro e Jardel Filho: personagens caricatos.*

Personagens excêntricos lutam por ascensão social em sátira de Bráulio Pedroso.

A comédia satirizava os conflitos entre a classe média suburbana e a alta sociedade da Zona Sul do Rio de Janeiro por meio de personagens caricatos em situações absurdas. Dorival (Jardel Filho) é um mecânico por quem Guiomar (Betty Faria), uma viúva suburbana, se apaixona. Bandeira (José Wilker) é um hippie que, junto com o amigo Maneco (Cláudio Cavalcanti), planeja a morte de uma tia bilionária, Carlota (Zilka Sallaberry), para ficar com sua herança. Outros personagens importantes na trama foram: a polonesa Stanislava, vivida por Ziembinski, que se embriaga com xarope e sonha com um príncipe trapezista – essa foi uma das primeiras interpretações de um ator travestido nas telenovelas brasileiras; a macumbeira Gonzaguinha (Eloísa Mafalda); a socialite Suzana (Ilka Soares), jurada de show de calouros da TV; e o mecânico e artista plástico Demétrius, o Grego (Cláudio Marzo). Parceiros em uma oficina de subúrbio, Dorival e Demétrius eram as perfeitas encarnações da gíria "bofe", que intitulou a novela: broncos, feiosos e meio pilantras. A trilha sonora de O *Bofe* trazia 12 músicas inéditas de Roberto Carlos e Erasmo Carlos.

O ator Ziembinski *travestido de Stanislava.*

RISO FULMINANTE

O Bofe era uma trama experimental que chegava a extremos de improviso. A repercussão não foi boa e o autor Bráulio Pedroso se afastou da novela. Foi substituído pelo estreante Lauro César Muniz, que manteve o tom irônico do texto, mas em uma linha menos fantasiosa. José Wilker pediu para sair da novela por estar insatisfeito com as mudanças no perfil de seu personagem, Bandeira, que foi então eliminado de um modo insólito: morreu de tanto rir.

Cavalo de Aço

Autoria: Walther Negrão *Direção:* Walter Avancini *Supervisão:* Daniel Filho 24 jan-18 ago 1973 20h 179

Uma trama policial foi a saída encontrada para emplacar* Cavalo de Aço*, abalada pelos vetos da Censura.

Em busca de vingança pelo assassinato dos pais, o maquinista Rodrigo (Tarcísio Meira) lidera uma rebelião contra o latifundiário Max (Ziembinski) na fictícia Vila da Prata, no interior do Paraná. Rodrigo se divide entre o amor da fazendeira Miranda (Glória Menezes) e o da filha de seu inimigo, Joana (Betty Faria). Max é assassinado e a identidade do criminoso é revelada nos capítulos finais: a vilã Lenita (Arlete Salles). *Cavalo de Aço* teve problemas com a Censura Federal quando tentou discutir o tema da reforma agrária e, em seguida, o das drogas. Com ambos vetados, optou-se pela linha policial.

CAUBÓI URBANO

O nome da novela fazia uma alusão à moto do herói da trama, Rodrigo (Tarcísio Meira, foto). Mas logo a expressão "cavalo de aço" passou a denominar os sapatos de sola de borracha usados pelo personagem, que se tornaram moda na época.

Carinhoso

Autoria: Lauro César Muniz *Direção:* Walter Campos *Supervisão:* Daniel Filho 2 jul 1973-19 jan 1974 19h 174

Escrita especialmente para Regina Duarte, a novela se baseava na comédia romântica* Sabrina Fair*, de Samuel Taylor.

Criada na mansão onde trabalha seu pai, Cecília (Regina Duarte) se apaixona por Eduardo (Marcos Paulo), o filho mais novo dos patrões. No entanto, o rapaz não leva a sério a relação. Desapontada, ela vai trabalhar como aeromoça em Nova York. Anos depois, volta e descobre que Humberto (Cláudio Marzo), irmão de Eduardo, é o homem de sua vida, mas ela tem de enfrentar as armações do vilão Santiago Morales (Herval Rossano) e da rival Marisa (Débora Duarte). Em Nova York, foram usadas câmeras portáteis alugadas. O resultado foi tão bom que a Rede Globo comprou várias. Gravado pelo trompetista Márcio Montarroyos, o tema de abertura era "Carinhoso", de Pixinguinha e João de Barro.

***Apesar de muitas intrigas** e armadilhas, Humberto e Cecília terminam juntos: mais um casal de sucesso vivido por Cláudio Marzo e Regina Duarte.*

O Bem-Amado

Autoria: Dias Gomes *Direção:* Régis Cardoso *Supervisão:* Daniel Filho 24 jan-9 out 1973 22h 178

Ansioso para inaugurar *o cemitério de Sucupira, o prefeito Odorico Paraguaçu, interpretado por Paulo Gracindo (dir.), encomenda um cadáver ao temido matador Zeca Diabo (Lima Duarte).*

Primeira telenovela a cores da televisão brasileira criticava com humor o Brasil da ditadura militar.

Adaptação de Dias Gomes de sua peça *Odorico, o Bem-Amado ou Os Mistérios do Amor e da Morte* (1962), a novela usava o cotidiano de uma cidade fictícia no litoral baiano para fazer uma crítica aos chamados coronéis – políticos e fazendeiros que tentavam se perpetuar no poder. O "bem-amado" em questão era o corrupto e demagogo Odorico Paraguaçu (Paulo Gracindo), candidato a prefeito de Sucupira. Adorado pelos eleitores, ele se elege com o slogan "Vote em um homem sério e ganhe um cemitério". O problema é que não morre ninguém para inaugurar a obra, o que o leva a lançar mão de todo tipo de artifício para não perder o apoio popular, até mesmo contratar o matador

GRAMPO NA IGREJA

Dias Gomes não se restringiu à realidade brasileira para criar a história. O escândalo político Watergate, ocorrido nos Estados Unidos na época da novela, inspirou o "Sucupiragate": Odorico é acusado de espionagem por mandar instalar um microfone no confessionário da igreja, tendo acesso às histórias picantes e tragicômicas dos moradores. O crime vem à tona depois que Dirceu Borboleta, encarregado das escutas, descobre que o prefeito é o verdadeiro pai de seu filho com Dulcineia, com quem se casara.

Zeca Diabo (Lima Duarte) para dar um jeito na situação. A interpretação de Paulo Gracindo entrou para a história da teledramaturgia, e Odorico Paraguaçu acabou ressuscitando no seriado O *Bem-Amado*, exibido entre 1980 e 1984. O personagem abusava de uma retórica vazia, repleta de palavras pomposas, muitas inventadas pelo próprio ator. Não tardou para que expressões como "cachacistas juramentados" e "donzelas praticantes" entrassem para o folclore nacional. A Censura proibiu o uso das palavras "coronel" (em referência a Odorico) e "capitão" (em referência a Zeca Diabo), e também vocábulos como "ódio" e "vingança". Vários outros personagens se destacaram, como as irmãs Cajazeira – Doroteia (Ida Gomes), Dulcineia (Dorinha Duval) e Judiceia (Dirce Migliaccio); Dirceu Borboleta, secretário do prefeito, um marco na carreira de Emiliano Queiroz; e o pescador Zelão das Asas (Milton Gonçalves), empenhado na construção de asas que lhe permitissem voar. No fim, é o prefeito quem inaugura o cemitério, após ser morto por Zeca Diabo. O *Bem-Amado* apresentou uma trilha sonora com 11 canções de Toquinho e Vinicius de Moraes compostas especialmente para a novela, a primeira da Globo a ser exportada para outro país – até então comercializava-se apenas o texto.

Tímido, *gago, desastrado, com um modo estranho de andar e um jeito nervoso de retorcer as mãos e mexer os joelhos, Dirceu Borboleta foi um dos grandes sucessos de Emiliano Queiroz na TV.*

SUCUPIRA A CORES

A TV a cores trouxe desafios para a equipe técnica, ainda não adaptada aos novos equipamentos, o que resultou em uma explosão de luz e cores. Até as pernas brancas de Ida Gomes saturavam no vídeo. Emiliano Queiroz teve dificuldade com seus óculos, porque o reflexo das lentes "rasgava" a imagem, mas tirou partido das cores para fazer seu personagem ficar vermelho de raiva.

NA LÍNGUA DE ODORICO

Odorico Paraguaçu e sua linguagem peculiar, cheia de eufemismos, neologismos e expressões inusitadas:

"Botando de lado os entretantos e partindo pros finalmentes"

"A imprensa escrita, falada e televisada"

"Deverasmente"

"Pra frentemente!"

"Pra trasmente!"

"O falecimento é condição *sine qua non* do estado defuntício".

As irmãs Cajazeira *e Dirceu Borboleta: personagens cômicos e excêntricos de Ida Gomes (esq.), Dorinha Duval, Dirce Migliaccio e Emiliano Queiroz.*

Os Ossos do Barão

Autoria: Jorge Andrade *Direção:* Régis Cardoso *Supervisão:* Daniel Filho 8 out 1973-31 mar 1974 22h 120

Decadência da aristocracia rural paulista e ascensão social de imigrantes serviram de pano de fundo para histórias de amor nos anos 30.

Carmem Silva *e Paulo Gracindo como o casal Melica e Antenor, cujos filhos também enfrentam dificuldades financeiras e vivem o dilema entre abrigar os pais ou interná-los em um asilo.*

Adaptação de duas peças teatrais do próprio Jorge Andrade (*A Escada* e *Os Ossos do Barão*), a trama contrapunha o velho Antenor (Paulo Gracindo), filho do barão de Jaraguá, ao industrial e imigrante italiano Egisto Ghirotto (Lima Duarte), ex-colono na rica fazenda do barão. Antenor, casado com Melica (Carmem Silva), se comporta como se ainda fosse nobre, mantendo os preconceitos de classe herdados dos antepassados, mas seu patrimônio foi dilapidado com a crise financeira de 1929 e quase todos os seus bens agora pertencem ao italiano. Sem meios para se manter, é forçado a passar temporadas nas casas dos quatro filhos. Já Egisto, apesar de ter ficado rico (ele compra até mesmo os ossos do barão, que ficam numa cripta mortuária), não tem título de nobreza. Em busca de prestígio social, tenta casar o filho, Martino (José Wilker), com Isabel (Dina Sfat), uma das bisnetas do barão. Um neto gerado pelos dois é sua única chance de conseguir o respeito da alta sociedade paulistana.

os ossos do Barão

RACISMO

A novela explorou o amor proibido entre o mulato Omar e Zilda (Gracindo Júnior e Sandra Bréa), bisneta do barão de Jaraguá. O rapaz é constantemente humilhado por Antenor (Paulo Gracindo) por ser filho de Senhorita (Chica Xavier), ex-escrava da fazenda de seu pai.

Gracindo Júnior *e Sandra Bréa: preconceito.*

O Semideus

Autoria: Janete Clair *Direção:* Daniel Filho e Walter Avancini *Supervisão:* Daniel Filho 20 ago 1973-7 mai 1974 20h CAPS 221

Trama de suspense reuniu os dois maiores galãs da época: Tarcísio Meira e Francisco Cuoco.

O industrial milionário Hugo Leonardo (Tarcísio Meira) desaparece depois de um misterioso acidente de lancha. O sumiço não passa de uma manobra de seus inimigos para tomar seu império. Eles substituem o empresário pelo sósia Raul (também Tarcísio Meira), que assume sua identidade e seus negócios. Somente o jornalista Alex Garcia (Francisco Cuoco) e Ângela (Glória Menezes), namorada de Hugo, suspeitam de que há algo errado. A história ganha um novo rumo quando o verdadeiro Hugo reaparece, com o rosto deformado pelo acidente.

ÀS PRESSAS

A novela foi escrita em tempo recorde para substituir *Cidade Vazia*, cuja sinopse, também de autoria de Janete Clair, fora vetada pela Censura Federal. Essa trama foi reformulada e exibida posteriormente com o nome de *Fogo sobre Terra* (1974).

Supermanoela

Autoria: Walther Negrão *Direção:* Reynaldo Boury *Supervisão:* Daniel Filho 21 jan-29 jun 1974 19h CAPS 138

Uma generosa empregada doméstica encontra no amor a chance de seguir sua própria vida.

A viúva Carolina (Zilka Sallaberry) enfrenta dificuldades financeiras e decide despedir a empregada Manoela (Marília Pêra). Mas a moça se dispõe a trabalhar de graça e ainda sugere que a patroa alugue os quartos vazios da casa para pagar sua hipoteca. Os inquilinos são quatro estudantes que estão no Rio de Janeiro para prestar o vestibular. Manoela se envolve com Marcelo (Paulo José), amigo dos rapazes, e finalmente começa a viver a própria vida. A novela foi inspirada na peça O *Sobrado*, de Walther Negrão.

Os personagens *de Marília Pêra e Paulo José ganharam temas próprios: "Manoela", de Rildo Hora, e "Marcelo, o Belo", executado pelo Coral Som Livre.*

Zilka Sallaberry *caracterizada como a viúva Carolina.*

O Espigão

Autoria: Dias Gomes *Direção:* Régis Cardoso *Supervisão:* Daniel Filho 1º abr-1º nov 1974 22h 112

***O Espigão** inovou ao tratar da qualidade de vida e denunciar, com humor, a expansão imobiliária desenfreada.*

***Lauro Fontana** (Milton Moraes), que foi criado em orfanatos e reformatórios e vivia de trabalho informal, aplica o golpe do baú em Cordélia (Suely Franco) e assume os negócios do sogro.*

Lauro Fontana (Milton Moraes), bem-sucedido empresário do ramo hoteleiro, compensa o passado miserável com delírios de grandeza e fascínio pela tecnologia. Seu grande projeto é construir em Botafogo, na Zona Sul do Rio de Janeiro, o Fontana Sky, prédio de 50 andares apelidado "espigão". Para tanto, ele precisa tomar posse da área verde onde moram os irmãos Camará, única herança deixada pelo advogado Martiniano Pedreira (Ibanez Filho), que, em seu leito de morte, pediu a preservação da propriedade. Além disso, Fontana enfrenta as críticas de defensores do meio ambiente, entre eles Léo (Cláudio Marzo), que teme a devastação que a construção provocaria. A novela também abordou o tema da inseminação artificial, novidade da medicina na época: Cordélia (Suely Franco), mulher de Lauro, recorre à técnica porque o marido é estéril e a tentativa de adotar o filho de Dora (Débora Duarte), uma jovem mãe solteira, acaba não se concretizando. O empresário se envolve ainda com Lazinha Chave de Cadeia (Betty Faria), líder de uma quadrilha de assaltantes. Com a novela, o emprego da palavra "espigão" com o sentido de "prédio de apartamentos muito alto" ganhou registro no dicionário.

AMBIENTE HIGH-TECH

Para caracterizar a atmosfera de sofisticação tecnológica que cercava o protagonista, a TV Globo importou dos Estados Unidos ícones de modernidade à época: um super-relógio digital de mesa, que exibia as horas em vários países; um aparelho que funcionava como rádio, abridor de cartas e apontador de lápis; uma escova de dentes elétrica, que, adaptada, virava um secador de cabelos; um par de óculos com pequenos para-brisas nas lentes e outro com dois mini-holofotes.

NEUROSES EM FAMÍLIA

Os irmãos Camará são cheios de idiossincrasias. A viúva Urânia (Wanda Lacerda, dir.); o botânico Baltazar, o Tatá (Ary Fontoura, dir.), que é sexualmente reprimido e coleciona mechas de cabelos de mulheres; e a quarentona virgem Tina (Susana Vieira, centro) lutam contra Marcito (Carlos Eduardo Dolabella, esq.), o único irmão a favor da venda do casarão. Espécie de don Juan moderno, ele sonha gastar o dinheiro com mulheres. Apesar de tanta resistência, Lauro Fontana (Milton Moraes) sai vitorioso.

Fogo sobre Terra

Autoria: Janete Clair *Direção:* Walter Avancini *Supervisão:* Daniel Filho 6 mai 1974-4 jan 1975 20h 209

Fogo sobre Terra *exibia os conflitos entre a modernidade urbana e a tradição rural.*

Dois irmãos separados na infância se reencontram 30 anos depois, na fictícia Divineia, e se tornam rivais: o engenheiro Diogo (Jardel Filho) chefia a construção de uma represa na cidade; já Pedro Azulão (Juca de Oliveira) incita a população a se insurgir contra a obra. Ambos disputam o amor de Chica Martins (Dina Sfat), até que Pedro se apaixona pela jovem Bárbara (Regina Duarte), vítima de cegueira psicológica. No último capítulo, Divineia é coberta pelas águas do rio.

ÁGUA SOBRE DIVINEIA

A Censura Federal exigiu alterações nos capítulos em que Pedro Azulão conclama o povo a pegar em armas para defender Divineia. Impediu ainda que o personagem morresse durante a inundação da cidade, para evitar que virasse mártir. Janete Clair inseriu na história a prisão de Pedro Azulão, mas marcou sua posição fazendo Nara (Neuza Amaral), tia de Pedro e Diogo, persistir no protesto contra a represa e morrer afogada.

Corrida do Ouro

Autoria: Lauro César Muniz *Colaboração:* Gilberto Braga *Direção:* Reynaldo Boury *Supervisão:* Daniel Filho 1º jul 1974-25 jan 1975 19h 178

Comédia que começava com um enigmático testamento criticou a busca alucinada por dinheiro.

Um excêntrico milionário morre e deixa parte de sua fortuna para cinco mulheres: Isadora (Sandra Bréa), Teresa (Aracy Balabanian), Ilka (Maria Luiza Castelli), Gilda (Célia Biar) e Patrícia (Renata Sorrah). Para receber a herança, cada moça deve atender a uma estranha exigência do falecido. Se dentro de um ano alguma delas descumprir o trato, todas serão deserdadas. Um dos personagens de maior sucesso foi Kiki Vassourada (Zilka Sallaberry), que abandonara a filha pequena para sair pelo mundo em sua moto.

As cinco herdeiras: *Renata Sorrah (esq.), Aracy Balabanian, Maria Luiza Castelli, Sandra Bréa e Célia Biar.*

O Rebu

Autoria: Bráulio Pedroso *Direção:* Walter Avancini e Jardel Mello *Supervisão:* Daniel Filho
4 nov 1974-11 abr 1975 20h 112

Ousada novela policial entrou para a história da teledramaturgia brasileira ao situar a trama em apenas 24 horas.

Em sua mansão no Alto da Boa Vista (RJ), o banqueiro Conrad Mahler (Ziembinski) oferece uma festa para recepcionar uma princesa italiana. Ao amanhecer, há um cadáver boiando, de bruços, na piscina. Além de desconhecer a identidade do assassino e a razão do crime, o público também não sabia quem tinha sido assassinado. Entre os 24 convidados – todos suspeitos, assim como o próprio anfitrião –, estão Boneco (Lima Duarte), ladrão paulista que encontra o convite da festa durante um assalto e se faz passar por um industrial italiano para roubar o banqueiro; o milionário Braga (José Lewgoy) e sua esposa, Lídia (Arlete Salles); e Laio (Carlos Vereza), industrial autista casado com Maria Helena (Maria Cláudia). A novela apresentou uma narrativa inovadora, com a ação se desenvolvendo em três tempos distintos: as investigações da polícia; *flashbacks* de eventos ocorridos durante a festa; e acontecimentos relacionados ao passado dos personagens. A jovem dupla Raul Seixas e Paulo Coelho assinou a maioria das 14 canções da trilha sonora nacional.

O BANQUEIRO E O LADRÃO

A atuação de Ziembinski (esq.) foi elogiada pela crítica: seu personagem, Conrad Mahler, vivia provocando o ladrão Boneco (Lima Duarte) com perguntas sobre negócios e se divertindo com as mentiras que ele era obrigado a improvisar para manter seu disfarce.

Bete Mendes *(com Buza Ferraz) no cenário da festa onde ocorre o crime: corte de cabelo, curto e realçado com gel, fez muito sucesso.*

HOMEM OU MULHER?

Uma brincadeira ocorrida na festa, quando algumas mulheres cortam os cabelos e vestem roupas masculinas, foi decisiva para manter o suspense em torno da identidade da vítima, que podia ser homem ou mulher. No último capítulo, revelou-se que o corpo encontrado na piscina era da jovem Silvia (Bete Mendes), assassinada por Conrad Mahler (Ziembinski) por ciúmes de Cauê (Buza Ferraz), seu protegido, numa insinuação de homossexualismo.

Escalada

Autoria: Lauro César Muniz *Direção:* Régis Cardoso *Supervisão:* Daniel Filho 6 jan-26 ago 1975 20h 199

A novela se desenrolava por três décadas, focando momentos da história do Brasil como a crise do café e a construção de Brasília.

Renée de Vielmond *como Marina, que é obrigada a abrir mão de seu amor, Antônio Dias (Tarcísio Meira).*

No início dos anos 40, Antônio Dias (Tarcísio Meira) chega a Rio Pardo, no interior paulista, e se torna inimigo do poderoso cafeicultor Armando Alcântara Machado (Milton Moraes). O rapaz se apaixona por Marina (Renée de Vielmond), mas o romance é proibido por Armando, irmão da jovem. Desiludido, Antônio se casa com a fazendeira Cândida (Susana Vieira). Com a crise mundial do café, ele começa a plantar algodão, mas acaba falindo e é forçado a vender a fazenda e as terras ao inimigo. Em meados dos anos 50, no Rio de Janeiro, Antônio se torna um empresário amargurado e se divorcia de Cândida, estimulando o debate sobre o tema, na época objeto de discussão no Congresso Nacional – a Lei do Divórcio seria aprovada dois anos depois. O protagonista inicia sua ascensão social ao virar sócio do industrial italiano Valério Fachini (Sérgio Britto) e participar da construção de Brasília. Antônio enriquece e retoma o romance com Marina, mas quer vingança. Com 70 anos, consegue, finalmente, arrematar as terras de Armando.

BRASÍLIA EM OBRAS

Isolado, entre máquinas, caminhões e a vegetação do cerrado, Antônio Dias (Tarcísio Meira, foto) se dedica a atender às demandas de projetos na futura capital federal, como administrador da sucursal da Obradec, em Goiás. Por imposição da Censura Federal, o nome do então presidente da República, Juscelino Kubitschek, não pôde ser mencionado na novela.

Gabriela

Autoria: Walter George Durst *Direção:* Walter Avancini e Gonzaga Blota *Supervisão:* Daniel Filho

14 abr-24 out 1975 22h CAPS 135

Universo de Jorge Amado conquistou o público ao misturar sensualidade e discussão sobre questões políticas e sociais.

Produzida para comemorar os dez anos da TV Globo, essa adaptação livre de Walter George Durst do romance *Gabriela, Cravo e Canela* (1958), de Jorge Amado, consagrou Sônia Braga, no papel-título, como símbolo sexual. Gabriela é uma vítima da histórica seca de 1925, que obrigou as populações famintas do Nordeste a fugir para o litoral. Na novela, o destino é Ilhéus, na Bahia, região em expansão graças ao plantio e comércio de cacau. De natureza livre e impulsiva, Gabriela consegue trabalho como cozinheira na casa do "turco" Nacib (Armando Bógus), com quem vive uma sensual história de amor. Ficou famosa a cena em que ela sobe no telhado de uma casa para pegar uma pipa, usando um vestido curto, e atiça a fantasia dos homens, enquanto Nacib morre de ciúmes. Gabriela acaba caindo na lábia de Tonico Bastos (Fúlvio Stefanini), um don Juan canastrão. Dono do cartório da cidade, ele seduz mulheres solteiras e casadas e desdobra-se em

Sônia Braga *e Armando Bógus: romance sensual na trama inspirada em livro de Jorge Amado.*

O BATACLAN

Frequentado por quase todos os homens de Ilhéus, o Bataclan era o cabaré de Maria Machadão (Eloísa Mafalda, esq.), animado por diversas "raparigas", entre elas a sua favorita, a atrevida Zarolha (Dina Sfat, dir.).

desculpas e mentiras para a esposa, a ciumenta Olga (Ângela Leal). A traição de Gabriela com Tonico é um duro golpe para Nacib, mas ele a perdoa. A novela também abordou as transformações nos costumes da sociedade patriarcal, cujo maior representante, na trama, é o coronel Ramiro Bastos (Paulo Gracindo), fazendeiro que domina a região há anos, reelegendo políticos à custa de eleições fraudadas. Quem faz o contraponto à autoridade do coronel é o jovem exportador de cacau Mundinho Falcão (José Wilker), idealista que se alia à oposição com vistas à renovação política da região. A rivalidade é acirrada quando Mundinho se apaixona por Jerusa (Nívea Maria), neta do coronel. A entrada de Mundinho na novela provocou mudanças na linguagem cênica: as tomadas ganharam mobilidade em oposição à câmera fixa, que denunciava os padrões arcaicos do coronelismo. A morte do coronel

Gabriela

Com ideias progressistas, *Mundinho Falcão (José Wilker, esq.) se torna rival do corrupto coronel Ramiro Bastos (Paulo Gracindo).*

O personagem *de Fúlvio Stefanini, Tonico Bastos: discursos em defesa de órfãos e viúvas.*

TRILHA SONORA

A trilha sonora de *Gabriela*, produzida por Guto Graça Mello, era composta por 12 canções inéditas, gravadas por grandes nomes da MPB. O produtor também ficou responsável por uma trilha complementar, que recebeu o título de *Uma Noite no Bataclan*. Na trilha principal, Dorival Caymmi assinou o tema de abertura, "Modinha para Gabriela", com interpretação de Gal Costa; "Alegre menina", poema escrito por Jorge Amado com música de Dori Caymmi, foi cantada por Djavan.

- "Coração ateu": de Sueli Costa, cantada por Maria Bethânia
- "Guitarra baiana": Moraes Moreira
- "Quero ver subir, quero ver descer": com arranjo e adaptação de D.P. e R. Santana, na voz de Walter Queiroz
- "Horas": de Dorival Caymmi, com interpretação do Quarteto em Cy
- "São Jorge dos Ilhéus": Alceu Valença
- "Filho da Bahia": de Walter Queiroz, interpretada por Fafá de Belém
- "Caravana": de Geraldo Azevedo e Alceu Valença, cantada por Geraldo Azevedo
- "Porto": de Dori Caymmi, na voz do MPB4
- "Retirada": Elomar
- "Doces olheiras": de João Bosco e Aldir Blanc, cantada por João Bosco
- "Adeus": de Dorival Caymmi, na voz de Walker.

A paixão de Mundinho Falcão (José Wilker) por Jerusa (Nívea Maria) enfurece o coronel Ramiro Bastos (Paulo Gracindo), avô da jovem.

SUCUPIRA, 40 GRAUS

Havia poucos dados sobre como era a Ilhéus de 1925. A figurinista Marília Carneiro entrevistou o escritor Jorge Amado e moradores da cidade para conceber o figurino da novela, mas também usou sua imaginação. As mulheres ricas, por exemplo, tinham um estilo pitoresco: importavam casacos de pele da Europa, para usarem sob uma temperatura de quase 40 graus, e exageravam nos anéis.

Ramiro Bastos, no final da trama, deixa uma esperança de renovação política em Ilhéus, mas, na última cena da novela, Mundinho Falcão aparece todo vestido de branco, sendo saudado pelas baianas que beijam sua mão em praça pública, um gesto típico de reverência aos coronéis da região. A luta das mulheres para se libertarem do jugo patriarcal foi mostrada por meio da recusa de Malvina (Elizabeth Savala) a aceitar um casamento arranjado pelos pais. Com atitudes ousadas para a época, ela vive um romance com um homem desquitado, o galante Rômulo Vieira (Marcos Paulo), e chega a abandonar tudo para fugir com ele, que, no entanto, não vai ao seu encontro. A novela ganhou uma cidade cenográfica que era uma réplica de Ilhéus baseada em desenhos do artista plástico Carybé, que, assim como Aldemir Martins (autor dos desenhos da abertura), ilustrou várias obras de Jorge Amado.

O cabelo *de Malvina, interpretada por Elizabeth Savala, foi copiado pelas telespectadoras: visual* a la Chanel.

NA CHUVA E NUS

A cena em que Juca Viana (Pedro Paulo Rangel) e Chiquinha (Cidinha Milan), amante do coronel Coriolano (Rafael de Carvalho), são atirados à rua completamente nus, escorraçados pelos jagunços do coronel e humilhados pela população, sob chuva, foi considerada forte demais para os padrões da Censura Federal. Para exibi-la, o diretor Walter Avancini teve de gravar as tomadas a distância.

Cuca Legal

Autoria: Marcos Rey *Direção:* Oswaldo Loureiro *Supervisão:* Daniel Filho 27 jan-13 jun 1975 19h CAPS 118

Trama apresentava as aventuras de um aviador que queria ter um filho com uma "cuca legal".

Em *Cuca Legal*, baseada na peça *Boeing-Boeing*, do francês Marc Camoletti, o inseguro aviador Mário (Francisco Cuoco) tem três noivas: Virgínia (Françoise Forton), Irene (Suely Franco) e Fátima (Yoná Magalhães). Ele acredita amar as três e, para evitar que uma saiba da existência da outra, conta com a ajuda do amigo Jacaré (Hugo Carvana). A produção inovou com cenários móveis que permitiam a utilização de uma quarta parede – em vez de três, como era comum. Todo o ambiente em estúdio podia ser focalizado, o que facilitava o movimento das câmeras e o andamento das gravações.

NOVO PAR ROMÂNTICO

Dias antes de *Cuca Legal* estrear, foi ao ar uma chamada da novela em que apareciam apenas as cabeças brancas de dois atores conversando. O casal, anunciado como o novo par romântico da novela das 19h, era Aureliano (Mário Lago) e Dalva (Elza Gomes), mãe do protagonista. Aureliano, que se comporta como se vivesse nos anos 30, e Dalva, uma conselheira amorosa, nutrem um amor platônico na terceira idade.

Helena

Autoria: Gilberto Braga *Direção:* Herval Rossano 5-30 mai 1975 18h15 CAPS 20

***Helena** inaugurou o horário das 18h para adaptações de clássicos da literatura brasileira.*

A novela se baseava em romance homônimo de Machado de Assis e era ambientada no Rio de Janeiro, em 1859. Na trama, a leitura do testamento do conselheiro Vale surpreende seu filho, Estácio (Osmar Prado), e a tia do rapaz, Úrsula (Ida Gomes), pois ele deixa parte da herança para Helena (Lúcia Alves), uma filha até então desconhecida. Deixa também instruções para que ela seja acolhida pelos parentes. Estácio leva a moça para a chácara da família e, embora noivo de Eugênia (Ângela Valério), apaixona-se pela suposta irmã. A novela, gravada em 12 dias, estreou com todos os capítulos finalizados.

***Osmar Prado** e Lúcia Alves: no final, Helena revela não ser filha legítima do conselheiro.*

O Noviço

Autoria: Mário Lago *Direção:* Herval Rossano 2-27 jun 1975 18h15 CAPS 20

O noviço *foi interpretado por Pedro Paulo Rangel.*

Adaptação da comédia teatral homônima de Martins Penna tinha como pano de fundo o Rio de Janeiro do séc.XIX.

De olho na herança da viúva Florência (Isabel Ribeiro), o vigarista Ambrósio (Jorge Dória) a corteja e trata de tirar seus herdeiros do caminho, como o sobrinho de criação Carlos (Pedro Paulo Rangel), logo enviado para um convento. Os dois filhos da viúva, Juca (Fábio Mássimo) e Emília (Maria Cristina Nunes), são ameaçados com o mesmo destino. Carlos se torna noviço, mas, sem nenhuma vocação, inferniza a vida dos frades. Até que consegue desmascarar Ambrósio e se casar com Emília. O maestro Julio Medaglia compôs algumas das músicas da trilha sonora da novela, a única assinada por Mário Lago na TV Globo.

Bravo!

Autoria: Janete Clair e Gilberto Braga *Direção:* Fabio Sabag *Supervisão:* Daniel Filho 16 jun 1975-31 jan 1976 19h CAPS 198

Bravo! *levou aos telespectadores o universo da música erudita, através da história de um maestro.*

O amor entre Cristina (Aracy Balabanian) e Clóvis Di Lorenzo (Carlos Alberto), maestro atormentado pelas lembranças da esposa morta e pela busca de sua obra-prima, foi apresentado em cinco partes que correspondiam aos movimentos de uma sinfonia: *romanza*, *adagio*, *allegro*, *fuga* e *gran finale*. Muitos dos concertos de Clóvis foram gravados com a participação da Orquestra Sinfônica Brasileira. Orientado pelo maestro Julio Medaglia, criador do tema de abertura e dos arranjos da trilha sonora, Carlos Alberto regeu sem a ajuda de dublê. Fabiana (Neuza Amaral), irmã de Clóvis, sofre uma cirurgia na trama e cenas reais de uma operação plástica a que a própria atriz se submeteu foram levadas ao ar para dar veracidade ao episódio.

AUTORIA DIVIDIDA

Janete Clair foi convocada às pressas para escrever *Pecado Capital*, e Gilberto Braga seguiu sozinho escrevendo *Bravo!* até o capítulo final, com supervisão semanal da autora.

Senhora

Autoria: Gilberto Braga *Direção:* Herval Rossano *Supervisão:* Daniel Filho 30 jun-17 out 1975 18h15 CAPS 80

No final *da trama, Aurélia (Norma Blum) se surpreende com Fernando (Cláudio Marzo): ele lhe devolve com juros o seu dinheiro e ela percebe que ainda o ama.*

Vingança amorosa norteou a primeira telenovela das 18h em cores, uma adaptação de romance homônimo de José de Alencar.

No Rio de Janeiro do séc.XIX, o ambicioso jornalista Fernando Seixas (Cláudio Marzo) termina o relacionamento com Aurélia Camargo (Norma Blum) para se casar com a rica Adelaide (Fátima Freire) por causa de seu dote. Ao completar 18 anos, Aurélia herda uma grande fortuna e se vinga do rapaz, oferecendo-lhe dinheiro para que rompa com Adelaide e se case com ela sem saber sua identidade. A adaptação de Gilberto Braga apresentou uma estrutura similar à do romance: além da divisão da trama em três partes – com uma delas narrada em *flashback* –, alguns diálogos reproduziram literalmente o texto original.

A Moreninha

Autoria: Marcos Rey *Direção:* Herval Rossano 20 out 1975-6 fev 1976 18h15 CAPS 79

A Moreninha *evocava as mudanças sociopolíticas que marcaram o Rio de Janeiro do final do séc.XIX.*

Mário Cardoso *e Nívea Maria: gravações na ilha de Paquetá e na cidade cenográfica de Barra de Guaratiba.*

Carolina (Nívea Maria), a jovem mais cortejada da ilha de Paquetá, sonha reencontrar seu amor de infância. Ela não imagina que ele é Augusto (Mário Cardoso), novo amigo de seu irmão, Felipe (Marco Nanini), que gosta de Clementina (Maria Cristina Nunes), amiga de Carolina. Mas Clementina é apaixonada por Augusto e atrapalha o romance dos protagonistas. Essa foi a segunda versão da obra homônima de Joaquim Manuel de Macedo feita na TV Globo. Marcos Rey localizou a ação entre 1866 e 1868 para remeter a fatos históricos como a Guerra do Paraguai e a luta abolicionista. O tema de abertura foi composto pelo maestro Waltel Branco e executado por sua orquestra.

Pecado Capital

Autoria: Janete Clair *Direção:* Daniel Filho 24 nov 1975-5 jul 1976 20h 167

Um dos grandes sucessos de Janete Clair, a novela trazia um herói pouco convencional que morre no fim da história.

Pecado Capital tratava com realismo o universo suburbano carioca a partir do triângulo amoroso formado por Carlão (Francisco Cuoco), taxista às voltas com um dilema ético; Salviano Lisboa (Lima Duarte), um industrial viúvo, rico e solitário; e Lucinha (Betty Faria), jovem pobre e ingênua, mas ambiciosa. Carlão é noivo de Lucinha, uma das tecelãs da fábrica de Salviano. Ele vive um drama de consciência depois que assaltantes de banco em fuga esquecem uma mala com dinheiro em seu táxi: não sabe se a entrega à polícia, correndo o risco de ser acusado de cúmplice do roubo, ou se usa o dinheiro para resolver seus problemas pessoais. Lucinha é escolhida para estrelar uma campanha publicitária da fábrica e começa a fazer sucesso como modelo.

Sua consequente sofisticação e os ciúmes exagerados do rude Carlão a afastam cada vez mais da realidade do subúrbio, levando-a a se envolver com Salviano,

Francisco Cuoco *como Carlão: distante da imagem estereotipada de galã.*

Milton Gonçalves, *o psiquiatra Percival.*

DISCRIMINAÇÃO

Negro, culto e bem-sucedido profissionalmente, o personagem do psiquiatra Percival Garcia (Milton Gonçalves) representou uma tentativa de Janete Clair de chamar a atenção para a discriminação racial no Brasil. A autora ensaiou o início de um romance entre o médico e Vitória (Theresa Amayo), filha mais velha de Salviano. Como o público reagiu mal, a ideia foi abandonada.

Salviano (Lima Duarte): filhos não aprovam seu romance com Lucinha (Betty Faria), bem mais jovem que ele e de outra classe social.

por quem acaba se apaixonando. Enciumado, Carlão compra uma frota de táxis, dá início à sua ascensão social como empresário, ajuda moradores de sua comunidade e se casa com Eunice (Rosamaria Murtinho), ex-amante de um dos assaltantes. Lucinha e Salviano, por sua vez, enfrentam a resistência dos seis filhos do industrial para concretizar seu amor. O romance da ex-operária com o antigo patrão conquistou o público, fazendo com que a autora mudasse o final previsto na sinopse. Carlão resolve devolver todo o dinheiro roubado, mas, no último capítulo, perseguido pelos assaltantes do início da história, cai morto, agarrado à mala, em cena antológica gravada no canteiro de obras do metrô do largo da Carioca, no Centro do Rio de Janeiro. A música de abertura foi encomendada a três compositores. A escolhida, que ganhou o título da novela, foi composta e gravada por Paulinho da Viola em cerca de 24 horas.

FIGURINOS REALISTAS

Pecado Capital trazia imagens gravadas nos bairros cariocas do Méier e do Catete e nos trens urbanos, algo até então inédito em novelas. A linguagem realista também foi adotada nos figurinos: roupas novas foram trocadas por velhas com os próprios moradores do subúrbio onde grande parte da novela foi gravada.

Sequência *da morte de Carlão.*

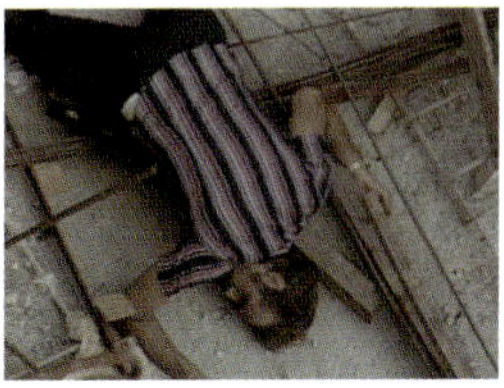

O Grito

Autoria: Jorge Andrade *Direção:* Walter Avancini *Codireção:* Roberto Talma e Gonzaga Blota
27 out 1975-30 abr 1976 22h 125

O Grito *retratou as neuroses típicas de uma metrópole a partir dos conflitos entre os moradores de um edifício.*

A novela era ambientada na cidade de São Paulo, no edifício Paraíso, construído no terreno de uma família quatrocentona cujos remanescentes moram na cobertura. A planta original do prédio é alterada para a construção do elevado Costa e Silva, o Minhocão, e o edifício passa a abrigar diferentes classes sociais. Os moradores, com seus dramas pessoais, são indiferentes aos problemas uns dos outros, até que o filho da ex-freira Marta (Glória Menezes), um menino com deficiência mental que grita nas madrugadas, torna-se o pivô de um conflito. Os moradores se dividem entre expulsar ou não mãe e filho do prédio e o debate acaba por aproximar a todos.

SÃO PAULO NA BERLINDA

A história causou indignação em São Paulo, onde muitos julgaram que o objetivo do autor era criticar a capital paulista. Jorge Andrade rebateu, explicando que sua intenção tinha sido mostrá-la como é: "Dura, fechada, fria." O protesto chegou ao Congresso, por meio de um deputado que fez um pronunciamento contra o que considerava distorção da imagem da cidade.

Vejo a Lua no Céu

Autoria: Sylvan Paezzo *Direção:* Herval Rossano e Walter Campos 9 fev-25 jun 1976 18h 99

***Eduardo Tornaghi** e Norma Blum vivem o casal protagonista: amor proibido no início do séc.XX.*

Adaptação de conto homônimo de Marques Rebelo exibiu a luta de um casal para viver um grande amor.

O namoro entre Fernando (Eduardo Tornaghi), jovem de classe média alta, e Suzana (Norma Blum), moça pobre, contraria a família do rapaz, que o expulsa de casa. O casal morre no final da novela, mas se reencontra no céu.
A história mostrava o cotidiano carioca no início do séc.XX e fazia referências a eventos como a fundação do jornal *A Noite*, por Irineu Marinho, e a participação do país na I Guerra Mundial. Foi gravada em lugares históricos, como a praça XV, a confeitaria Colombo, o largo do Boticário e o bairro de Santa Teresa. No elenco mirim, sobressaiu a atriz Isabela Garcia.

Anjo Mau

Autoria: Cassiano Gabus Mendes *Direção:* Régis Cardoso e Fabio Sabag 2 fev-24 ago 1976 19h 175

Novela de Cassiano Gabus Mendes trazia uma babá disposta a tudo para subir na vida.

Inconformada *com sua vida sem perspectivas, a babá Nice (Susana Vieira) sonha com o dia em que se transformará em uma Medeiros.*

Nice (Susana Vieira) é filha adotiva de uma família pobre. Ambiciosa, não se conforma em trabalhar como operária e balconista. Finalmente consegue uma vaga como babá na casa dos Medeiros, família de classe alta onde seu pai é motorista. Ela passa a cuidar do filho de Stela (Pepita Rodrigues) e Getúlio (Osmar Prado) – casal que garantiu bons momentos de humor à trama. Em busca de ascensão social, a babá recorre a vários estratagemas para conquistar Rodrigo (José Wilker), o filho mais velho dos Medeiros, e acaba realmente se apaixonando por ele. Ao descobrir que Paula (Vera Gimenez), sua noiva, é uma arrivista apaixonada pelo filho mais novo dos patrões, Ricardo (Luis Gustavo), Nice faz com que Rodrigo termine o noivado e rompa com o irmão. Mas ele começa a se interessar por Léa (Renée de Vielmond), e a babá volta a armar intrigas para separar o casal. No final, Nice consegue conquistar Rodrigo e engravidar, mas morre durante o parto.

Osmar Prado *e Pepita Rodrigues como Getúlio e Stela: cenas de humor.*

A MÃE DA BABÁ

A única pessoa que não se deixa enganar pela falsa meiguice de Nice (Susana Vieira) é sua mãe adotiva, Alzira (Wanda Lacerda), uma mulher dura, sofrida e trabalhadora. Alzira acaba assassinando Onias (Átila Iório), pai biológico de Nice, por se cansar de suas chantagens e por medo de que ele faça algum mal à sua família.

Saramandaia

Autoria: Dias Gomes *Direção:* Walter Avancini, Roberto Talma e Gonzaga Blota 3 mai-31 dez 1976 22h 160

Em* Saramandaia, *Dias Gomes experimentou uma nova linguagem na teledramaturgia: o realismo fantástico.

O coronel *Zico Rosado, personagem de Castro Gonzaga, luta para manter o nome da cidade como Bole-Bole, contrariando os "mudancistas".*

Os habitantes de Bole-Bole, um vilarejo baiano na zona canavieira, estão mobilizados em torno de um plebiscito para a troca do nome da cidade para Saramandaia. O coronel Zico Rosado (Castro Gonzaga) lidera os "tradicionalistas", que têm justificativas históricas para a manutenção do nome. O prefeito Lua Viana (Antonio Fagundes) e seu irmão, João Gibão (Juca de Oliveira), lideram os "mudancistas", que alegam sentir vergonha do nome Bole-Bole, relacionado a uma aventura local de d. Pedro I. Inspirado no realismo mágico, Dias Gomes incluiu no enredo personagens da novela *Roque Santeiro*, censurada em 1975, e apresentou um painel de tipos exóticos: Zico Rosado, de cujo nariz saem formigas; Dona Redon-

DONA REDONDA

Para gravar a cena em que Dona Redonda explode de tanto comer, colocou-se um balão inflável debaixo das roupas de Wilza Carla (foto) que era enchido por meio de um compressor manual à medida que ela andava. O que realmente explodiu foi um balão vestido com as roupas da atriz.

da (Wilza Carla), que explode de tanto comer; Marcina (Sônia Braga), que provoca incêndios com o calor do corpo; o professor Aristóbulo (Ary Fontoura), que se transforma em lobisomem nas noites de sexta-feira; e seu Cazuza (Rafael de Carvalho), que ameaça cuspir o coração toda vez que se emociona. Tarcísio Meira fez uma participação especial na novela como d. Pedro I, e Francisco Cuoco, como Tiradentes. Sônia Braga gravou a música-tema de sua personagem, Marcina: "Sou o estopim", de Antonio Barros. "Pavão mysteriozo", tema de abertura composto e interpretado por Ednardo, foi um dos sucessos da trilha sonora.

Ary Fontoura *(esq.) e Rafael de Carvalho como os excêntricos Aristóbulo e Cazuza.*

ASAS DA LIBERDADE

Sob a aparente corcunda, o personagem João Gibão, interpretado por Juca de Oliveira (foto), esconde um par de asas. No final da novela ele sai voando, uma metáfora utilizada por Dias Gomes para falar de liberdade em meio à repressão do regime militar brasileiro. Trabalhando com linguagem simbólica, o autor dificultou o trabalho dos censores, mas não conseguiu evitar dezenas de cortes na história.

Sônia Braga: *quando excitada, a sensual Marcina fica em brasa e queima tudo em que toca.*

O Casarão

Autoria: Lauro César Muniz *Direção geral:* Daniel Filho *Direção:* Daniel Filho e Jardel Mello
Codireção: Marco Aurélio Bagno 7 jun-11 dez 1976 20h CAPS 168

Cenário recorrente da trama, o casarão do título personificava a ação do tempo na vida dos personagens.

A novela se desenvolveu em três épocas distintas (nos anos 1900, 1926 e 1976), apresentadas simultaneamente, e atores diferentes interpretavam os mesmos personagens em cada fase. Marco na renovação da linguagem das telenovelas, a história mostrava as questões vividas por cinco gerações de uma família no norte de São Paulo, tendo como trama central o romance entre Carolina (Sandra Barsotti) e o talentoso artista plástico João Maciel (Gracindo Júnior). Carolina repete a história da mãe, que, no passado, abriu mão de uma paixão para aceitar um casamento imposto pela família. Pressionada, a jovem desiste de fugir com João Maciel e se casa com Atílio (Dennis Carvalho), comerciante com carreira política ascendente. Quarenta anos depois, após a morte de Atílio, Carolina e João Maciel enfrentam vários desafios até concretizarem o sonho de ficar juntos – nessa última fase da novela, esses personagens foram interpreta-

***Na segunda fase** da novela, Gracindo Júnior interpretou João Maciel, um talentoso artista plástico separado de sua amada, Carolina (Sandra Barsotti), por causa de um casamento arranjado.*

***Na última fase** da novela, em 1976, Carolina, vivida por Yara Cortes, ainda alimenta seu amor por João Maciel (Paulo Gracindo) e acompanha seu sucesso profissional pelos jornais.*

ADULTÉRIO FEMININO

A personagem Lina (Renata Sorrah) desafiava o conservadorismo. Casada com Estevão (Armando Bógus), ela se apaixona por Jarbas (Paulo José) e decide viver com o homem que ama. A história foi prejudicada pela Censura Federal, que não permitia o tema do adultério feminino em novelas e proibiu que Renata Sorrah contracenasse com Paulo José. Os censores recomendaram que Lina pedisse o divórcio.

dos, respectivamente, por Mário Lago, Yara Cortes e Paulo Gracindo. A cena do último capítulo, gravada na confeitaria Colombo, no Centro do Rio de Janeiro, está entre as mais belas da teledramaturgia brasileira. Ao chegar um pouco atrasada ao local, Carolina pergunta a Maciel: "Te fiz esperar muito?". Ele responde: "Só 40 anos", em uma referência ao encontro marcado com a amada na juventude, ao qual ela não apareceu, sem coragem de romper com a família por causa de seu amor. No dia do lançamento de O *Casarão*, a Rede Globo recebeu telefonemas de telespectadores que sentiram dificuldade de entender o enredo por causa das inovações da linguagem. Por isso a emissora reprisou o primeiro capítulo, no mesmo dia, às 23h. A música "Fascinação", na voz de Elis Regina e com autoria de Feraudy, Marchetti e A. Louzada, era tema de João Maciel e Carolina e fez grande sucesso. Interpretada por Márcio Lott, a canção "Menina do mato", de José Jorge e Ruy Maurity, retratava o romance desses personagens quando jovens. "Nuvem passageira", de Hermes Aquino, e o tema de abertura, "Só louco", composto por Dorival Caymmi e cantado por Gal Costa, embalaram as três gerações da trama.

O CASARÃO

O casarão de arquitetura colonial se transforma no decorrer da trama: abriga uma rica fazenda, mas acaba tendo suas terras vendidas e é demolido para a passagem de uma estrada de ferro. No cenário construído para representar a propriedade, em Guaratiba (RJ), era possível gravar, em um mesmo dia, cenas passadas em tempos diferentes, embora o casarão só pudesse ser enquadrado de frente, já que cada uma das faces representava um período.

Paulo Gracindo, *como João Maciel, e o casarão do título da novela, que funcionou como fio condutor da história.*

O Feijão e o Sonho

Autoria: Benedito Ruy Barbosa *Direção de núcleo:* Herval Rossano *Direção:* Herval Rossano e Walter Campos
28 jun-9 out 1976 18h15 CAPS 87

Cláudio Cavalcanti *como o poeta Juca Campos Lara.*

Adaptação de romance homônimo de Orígenes Lessa,* O Feijão e o Sonho *enfocava o contraste entre sonho e realidade.

O poeta Juca Campos Lara (Cláudio Cavalcanti) sonha dedicar-se exclusivamente à poesia, contrariando o pragmatismo da esposa, Maria Rosa (Nívea Maria). Vencido por problemas financeiros, é obrigado a trabalhar para sustentar a família e abdica de seu sonho. A história foi contada em quatro fases, com início em 1925, em Sorocaba (SP), e término em 1947, na capital paulista. Devido a um incêndio ocorrido em junho de 1976 nas instalações da TV Globo, no Rio de Janeiro, as cenas de estúdio foram feitas na TV Educativa.

Duas Vidas

Autoria: Janete Clair *Direção:* Daniel Filho e Gonzaga Blota *Codireção:* Marco Aurélio Bagno
13 dez 1976-11 jun 1977 20h CAPS 154

A luta de uma mulher que é abandonada pelo marido e precisa criar o filho era um dos motes da novela.

Uma rua no bairro do Catete, no Rio de Janeiro, é desapropriada para a construção de uma linha de metrô, alterando a vida de seus moradores. Impedida pela Censura Federal de abordar o tema de forma crítica, a autora centrou a história no triângulo amoroso formado pela protagonista Leda Maria (Betty Faria), o médico Victor Amadeu (Francisco Cuoco) e o aspirante a cantor Dino César (Mário Gomes). O romance entre Sônia (Isabel Ribeiro), uma mulher mais velha, e o jovem Maurício (Stepan Nercessian) não agradou aos censores e a união do casal teve de ser oficializada, o que não estava previsto na sinopse.

ESTREIA DE CANTOR

Estimulado pelo sucesso do personagem Dino César, o ator Mário Gomes (foto) se aventurou como cantor e teve uma música incluída na trilha da novela. O colar de contas brancas usado por ele virou moda.

Estúpido Cupido

Autoria: Mário Prata *Direção:* Régis Cardoso 25 ago 1976-28 fev 1977 19h 160

À exceção dos dois capítulos finais, produzidos em cores,* Estúpido Cupido *foi a última novela da TV Globo gravada em preto e branco.

Françoise Forton, *a Maria Tereza da novela: normalista que vira miss.*

Na fictícia Albuquerque, no interior de São Paulo, os jovens curtem os acordes do rock e do twist nas pistas de dança, seguem o modismo dos jeans e dos blusões de couro e se exibem em lambretas e motocicletas pelas ruas da cidade. É o início da década de 60, marcada por mudanças de comportamento em todo o mundo. Nesse contexto, a normalista Maria Tereza (Françoise Forton) sonha morar na capital e ser eleita miss Brasil, mas entra em conflito com o namorado, João (Ricardo Blat). Jovem idealista que pretende seguir carreira jornalística, ele morre de ciúmes da amada. Na trama, o casal central vive rodeado de personagens típicos da época, como os representantes da chamada juventude transviada, entre eles Mederiquis (Ney Latorraca). Com o sucesso da novela, a cantora Celly Campello (que gravara a música "Estúpido cupido" nos anos 60) fez uma participação na trama e relançou antigos hits.

MISS BRASIL

A produção da novela reconstituiu com fidelidade o concurso Miss Brasil de 1961. As cenas foram gravadas no estádio do Maracanãzinho (RJ), com os apresentadores do concurso real, Hilton Gomes e Marly Bueno, e um público de 10 mil pessoas. Ninguém do elenco sabia qual seria a decisão dos jurados, nem mesmo a atriz Françoise Forton, que se emocionou de verdade quando soube que sua personagem (Maria Tereza) vencera a disputa.

PLAYBOY ROQUEIRO

Ney Latorraca interpretou o transgressor Mederiquis, apaixonado pela carioca Betina (Heloísa Millet). Típico playboy e fã de Elvis Presley, Mederiquis é líder do conjunto de rock Personélitis Bóis e está há sete anos no curso científico – correspondente ao atual ensino médio – para não perder a mesada paterna. Seu amigo fiel, Carneirinho (Tião D'Ávila), está sempre na garupa de sua lambreta.

Ney Latorraca *(dir.), como Mederiquis, e João Carlos Barroso, o desajeitado Caniço: planos para agitar a cidade.*

Escrava Isaura

Autoria: Gilberto Braga *Direção de núcleo e geral:* Herval Rossano *Direção:* Herval Rossano e Milton Gonçalves
11 out 1976-5 fev 1977 18h 100

Trama retratava a luta abolicionista no Brasil tendo como fio condutor a paixão doentia de um senhor por sua escrava branca.

Rubens de Falco *e Lucélia Santos: sucesso nacional de exportação..*

Inspirada em obra homônima de Bernardo Guimarães, a novela trazia a história da escrava órfã Isaura (Lucélia Santos), educada por sua senhora como moça da corte. Sua protetora morre e o filho, Leôncio (Rubens de Falco), se torna o administrador dos bens da família. Apaixonado por Isaura e furioso por não ser correspondido, ele se apodera de sua carta de alforria, deixada pela mãe, e aplica castigos cruéis à moça. Isaura também sofre com as intrigas de Rosa (Léa Garcia), uma escrava má e invejosa. O desejo por liberdade se torna ainda mais premente quando Isaura se apaixona por Tobias (Roberto Pirillo), proprietário de terras vizinhas. Leôncio trama a morte do rival e, por acidente, mata também a própria esposa, Malvina

escrava Isaura

MUNDO AFORA

A novela obteve grande sucesso, no Brasil e no exterior, alcançando países do então bloco comunista. Em Cuba, por exemplo, o racionamento de energia chegou a ser suspenso para que os telespectadores não perdessem os capítulos. Na China, Lucélia Santos ganhou o Prêmio Águia de Ouro, com os votos de cerca de 300 milhões de pessoas – foi a primeira vez que uma atriz estrangeira recebeu um prêmio no país. *Escrava Isaura* foi responsável pelo sucesso de venda da versão do livro de Bernardo Guimarães para o chinês e também ultrapassou as expectativas na Polônia, onde milhares de pessoas lotaram um estádio para assistir a uma competição de sósias dos personagens Isaura e Leôncio. Já na Rússia, a palavra "fazenda" foi incorporada ao vocabulário nacional. Mais de 30 anos depois de sua estreia, *Escrava Isaura* ainda está na lista das novelas mais comercializadas no exterior. Já foi exibida sete vezes na França, cinco na Alemanha e três na Suíça e chegou a países africanos como Congo, Gabão, Gana e Zimbabwe.

(Norma Blum). Deprimida com a morte de Tobias, Isaura encontra consolo ao descobrir a identidade de seu pai, Miguel (Átila Iório), que decide comprá-la para lhe dar a sonhada liberdade. Mas Leôncio não aceita vendê-la e lhe impõe castigos cada vez mais cruéis: ela passa a trabalhar na lavoura, além de assumir outros serviços pesados, e chega a ser presa ao tronco. Isaura acaba fugindo com o pai e um casal de escravos amigos e vai morar em outra cidade, assumindo a identidade de Elvira. Lá, a moça conhece o jovem abolicionista Álvaro (Edwin Luisi). Mas é desmascarada durante uma festa de gala e forçada a voltar para o seu senhor. Completamente falido, o vilão se suicida no final, após ter todos os bens arrendados por Álvaro. Em determinado momento, a Censura Federal proibiu o uso da palavra "escravo" e a saída encontrada pelo autor foi trocá-la por "peça". A novela teve como cenários a cidade de Conservatória e fazendas na região de Vassouras, no interior do estado do Rio de Janeiro.

Tobias, *personagem de Roberto Pirillo, morre em um incêndio provocado por Leôncio.*

RETIRANTES

A abertura de *Escrava Isaura* exibia gravuras do pintor francês Jean-Baptiste Debret com personagens e costumes do Rio de Janeiro na época de d. João VI. As imagens eram pontuadas pela música "Retirantes", de Jorge Amado e Dorival Caymmi, interpretada pela orquestra e pelo coro da Som Livre e até hoje lembrada pelos telespectadores da novela.

Isaura (Lucélia Santos) *e Álvaro (Edwin Luisi): final feliz.*

À Sombra dos Laranjais

Autoria: Sylvan Paezzo e Benedito Ruy Barbosa *Direção:* Herval Rossano e Milton Gonçalves
7 fev-23 mai 1977 18h 91

Herval Rossano, *que protagonizou e dirigiu a produção, e Aracy Cardoso, seu par romântico na novela.*

Um circo era a grande atração de* À Sombra dos Laranjais, *adaptação de peça homônima de Viriato Correia.

Passados 28 anos, o advogado Pedro Lemos (Herval Rossano) volta à cidade de Laranjais e encontra a antiga noiva, Madalena Caldas (Aracy Cardoso). Suas famílias, no entanto, continuam inimigas políticas. A trama explorava a relação entre os habitantes e os artistas de um circo que se instala na cidade. Um dos destaques da novela foi a atuação de Ary Fontoura nos papéis do entristecido Tomé e do palhaço fanfarrão Estopim. Um circo mambembe foi montado no bairro carioca de Santa Teresa e na estação ferroviária de Itacuruçá. Outras gravações foram realizadas em Barra de Guaratiba, também no Rio de Janeiro.

Dona Xepa

Autoria: Gilberto Braga *Direção:* Herval Rossano 24 mai-24 out 1977 18h 132

Dona Xepa *era centrada na rotina de uma feirante que luta para dar uma boa educação aos filhos.*

A novela, inspirada em peça homônima de Pedro Bloch, narrava o cotidiano de Dona Xepa (Yara Cortes), uma feirante que cria sozinha os filhos Edson (Reinaldo Gonzaga) e Rosália (Nívea Maria). Os dois ascendem socialmente e passam a ter vergonha da mãe. Rosália se casa com Heitor (Rubens de Falco), cuja madrasta, a socialite falida Clorita (Ana Lúcia Torre), humilha Xepa sempre que pode. Para imprimir maior realismo aos personagens e às suas histórias, a TV Globo fez uma pesquisa minuciosa sobre o dia a dia dos feirantes e as tradições que envolvem as feiras livres.

Yara Cortes, *a Dona Xepa, e Reinaldo Gonzaga, seu filho Edson, em trama marcada pelo realismo.*

Espelho Mágico

Autoria: Lauro César Muniz *Direção:* Daniel Filho, Gonzaga Blota e Marco Aurélio Bagno 14 jun-5 dez 1977 20h 150

Ficção e realidade se confundiam em* Espelho Mágico*: o autor usou metalinguagem para mostrar o universo da televisão, do teatro e do cinema.

Em cena, *os atores Vera Fischer (Diana Queiroz), Carlos Eduardo Dolabella (Edgar, esq.), Tony Ramos (Paulo Morel) e Milton Moraes (Vicente Drummond).*

A trama mostrava os bastidores da montagem de uma peça e da novela fictícia *Coquetel de Amor*, estrelada por Diogo Maia (Tarcísio Meira) e Leila Lombardi (Glória Menezes), para abordar os conflitos de atores, diretores, autores e jornalistas envolvidos nas duas produções. *Espelho Mágico* ainda contou com depoimentos sobre a profissão feitos pelo elenco, formado por renomados atores. A novela tinha uma complexa e inovadora estrutura narrativa, entrelaçando histórias vividas pelos personagens na ficção e nos bastidores. Vera Fischer interpretou Diana Queiroz, atriz de pornochanchada e ex-miss Brasil que deseja mudar o rumo da carreira.

Nina

Autoria: Walter George Durst *Direção:* Walter Avancini e Fabio Sabag 27 jun 1977-13 jan 1978 22h 142

Nina *abordava os conflitos decorrentes da introdução de valores modernos em uma sociedade tradicional.*

Nina, *vivida por Regina Duarte: questionando as regras de um colégio paulista tradicional.*

Entre 1926 e 1929, Nina (Regina Duarte), uma professora do interior, luta contra o conservadorismo em um colégio de São Paulo. A jovem disputa o amor de Bruno (Antonio Fagundes) com Arlete (Rosamaria Murtinho), filha do barão Antônio Galba (Mário Lago). A novela muda de rumo quando uma aluna é assassinada e a professora tem de provar a própria inocência. Rosamaria Murtinho foi premiada pela Associação Paulista de Críticos de Arte por sua atuação. *Nina* foi estrelada pelo mesmo elenco de *Despedida de Casado*, novela de Walter George Durst escrita para as 22h, mas vetada pela Censura Federal por tratar de separação de casais.

O GOLPISTA E A ATRIZ

Os personagens Morungaba (Osmar Prado) e Madame Naná (Elza Gomes) davam o tom de humor à trama. Ele aplica pequenos golpes, e ela, uma atriz decadente, comanda um teatro mambembe. Ao descobrir que Naná guarda uma valise cheia de dinheiro, Morungaba arma um plano para roubá-la fingindo que está apaixonado por ela.

Locomotivas

Autoria: Cassiano Gabus Mendes *Direção:* Régis Cardoso e Fabio Sabag 1º mar-12 set 1977 19h 168

Intrincadas tramas amorosas exibidas com charme e leveza fizeram de* Locomotivas *uma verdadeira febre.

Eva Todor *(esq.) e Carmem Silva: homenagem às ex-vedetes.*

Kiki Blanche (Eva Todor) é uma ex-vedete dedicada à família e ao seu salão de beleza, na Zona Sul do Rio de Janeiro. Além de Milena (Aracy Balabanian), sua filha legítima, Kiki cria Fernanda (Lucélia Santos), Paulo (João Carlos Barroso), Renata (Thaís de Andrade) e Regina (Gisela Rocha). O grande conflito da trama é a paixão de Fernanda por Fábio (Walmor Chagas), homem amado também por Milena. O clímax ocorre quando o público descobre que Milena é a verdadeira mãe de Fernanda. Outra trama importante trazia a história de Netinho (Dennis Carvalho), que vive pressionado pela mãe possessiva, Margarida (Miriam Pires), e se envolve com uma vizinha, Celeste (Ilka Soares), mais velha que ele. O ator português Tony Correia fez sucesso como Machadinho, que namora Gracinha (Maria Cristina Nunes) e sofre com as intrigas de Lurdinha (Terezinha Sodré), uma falsa amiga de sua namorada. Cassiano Gabus Mendes escreveu *Locomotivas* – a primeira novela totalmente gravada em cores para o horário das 19h – inspirado em vedetes famosas como Virgínia Lane, Nélia Paula e Mara Rúbia.

Lucélia Santos *recebeu elogios do público e da crítica pela interpretação da rebelde Fernanda.*

MODA

A novela fez tanto sucesso que os penteados, macacões e sapatos femininos de acrílico adotados pelas personagens viraram moda, assim como a bolsa a tiracolo usada por Lucélia Santos.

Sem Lenço, sem Documento

Autoria: Mário Prata *Direção:* Régis Cardoso e Dennis Carvalho 13 set 1977-4 mar 1978 19h CAPS 149

Tendo como cenário o Rio de Janeiro, o enredo abordou a relação entre empregadas domésticas e patroas.

Rosário (Ana Maria Braga) deixa a cidade natal, Olinda (PE), para tentar a sorte no Rio de Janeiro. Vai ao encontro das irmãs Cotinha (Ilva Niño), das Graças (Isabel Ribeiro) e Dorzinha (Arlete Salles), que trabalham como domésticas, e consegue emprego na casa da manequim e escritora Carla (Bruna Lombardi). A trama também apresentava o dilema de Marco (Ney Latorraca), dividido entre o amor das irmãs Carla e Berta (Ana Helena Berenger). A abertura trazia "Alegria, alegria", de Caetano Veloso.

Ney Latorraca *e Bruna Lombardi na trama de Mário Prata cuja abertura reproduzia uma fotonovela.*

Sinhazinha Flô

Autoria: Lafayette Galvão *Direção:* Herval Rossano 25 out 1977-28 jan 1978 18h CAPS 82

***A novela celebrava o centenário de morte de José de Alencar e se baseava em três obras do autor:* A Viuvinha, Til *e* O Sertanejo.**

Ambientada em 1880, época de grande efervescência política no Império brasileiro, *Sinhazinha Flô* tinha como pano de fundo a luta abolicionista e o movimento pela emancipação da mulher, bandeiras defendidas, respectivamente, pelos personagens Juca (José Maria Monteiro) e Flor, a sinhazinha Flô (Bete Mendes). O triângulo amoroso era formado por Flô, Arnaldo (Eduardo Tornaghi) e Jorge (Márcio de Lucca). A maioria das cenas externas foi gravada em Conservatória, distrito de Vassouras (RJ).

Ruth de Souza *(esq.), que viveu Justa, e Bete Mendes, a sinhazinha Flô.*

O Astro

Autoria: Janete Clair *Direção:* Gonzaga Blota *Supervisão:* Daniel Filho 6 dez 1977-8 jul 1978 20h 186

Poder, fortuna, amor e ambição movimentaram uma das novelas de maior sucesso de Janete Clair.

O turbante se tornou *marca registrada do vidente Herculano Quintanilha, personagem de Francisco Cuoco.*

A trama se estruturava em torno da ascensão econômica e social do mágico e vidente Herculano Quintanilha (Francisco Cuoco), que assume a função de braço direito do industrial libanês Salomão Hayala (Dionísio Azevedo). O empresário está sempre em conflito com seu filho Márcio (Tony Ramos), que não se interessa em assumir o comando dos negócios da família. Alheio ao dinheiro e ao poder do pai, Márcio sai de casa. Mas, influenciado pelo vidente, o jovem decide assumir seu lugar na diretoria da empresa. Márcio vive um conturbado romance com a taxista Lili (Elizabeth Savala), moça que disputa o rapaz com a refinada Josie (Silvia Salgado). No final da novela, Herculano deixa o Brasil e se torna assessor do governo de um país ditatorial da América Central, abrindo mão do romance com Amanda (Dina Sfat). A história do personagem foi baseada na trajetória do ex-ministro do Bem-Estar Social da Argentina, Luiz Lopez Rega, conhecido como El Brujo, influente na administração do ex-presidente Juan Domingo Perón.

SUSPENSE

O assassinato do industrial Salomão Hayala (Dionísio Azevedo) mobilizou os telespectadores e transformou em bordão a pergunta "Quem matou Salomão Hayala?". A resposta veio após cinco meses de suspense: o assassino era Felipe Cerqueira (Edwin Luisi), jovem amante de Clô (Tereza Rachel), esposa de Salomão.

Tornou-se famosa *a cena em que Márcio (Tony Ramos, dir.), repetindo o gesto de são Francisco de Assis, renega a fortuna de Salomão (Dionísio Azevedo), despe as roupas, joga-as sobre o pai e sai à rua completamente nu.*

O Pulo do Gato

Autoria: Bráulio Pedroso *Direção:* Jardel Mello *Supervisão:* Walter Avancini 16 jan-28 jul 1978 22h CAPS 140

Comédia satirizava a alta sociedade brasileira a partir de um personagem playboy.

Bubi Mariano (Jorge Dória) é um ex-milionário que continua morando na Zona Sul do Rio de Janeiro e frequentando a alta sociedade, apesar de sobreviver, em segredo, da venda de quadros de sua pinacoteca. O pintor Caxuxo (Milton Gonçalves), seu amigo, reproduz os originais que enfeitam sua casa. À beira da falência, Bubi decide dar um golpe nos grã-finos que o cercam. Mas seu plano não dá certo e ele acaba perdendo a mulher, Noêmia (Sandra Bréa), e a filha, Maíra (Marly Aguiar). A história foi narrada pelo ator Paulo Silvino, que só apareceu para o público no último capítulo.

Jorge Dória, *em cena com Neuza Amaral no papel de Lígia: o decadente Bubi Mariano vive cercado de belas mulheres.*

Maria, Maria

Autoria: Manoel Carlos *Direção:* Herval Rossano 30 jan-24 jun 1978 18h CAPS 121

Ambientada no séc.XIX, a novela era baseada no romance* Maria Dusá, *de Lindolfo Rocha.

A história se passava no séc.XIX, em uma região de garimpo de diamantes na Bahia. Em troca de mantimentos, Raimundo (Wilson Grey) oferece a filha, Maria Alves (Nívea Maria), ao tropeiro Ricardo Brandão (Cláudio Cavalcanti). Apesar de apaixonado, o rapaz a deixa decidir o próprio destino e a moça prefere ficar com os irmãos. No povoado de Xique-Xique, Ricardo encontra a rica e orgulhosa Maria Dusá (Nívea Maria), a desconhecida irmã gêmea de Maria Alves. Muitos desencontros marcam o caminho do trio. A trama de *Maria, Maria* tinha início em 1860, um ano depois da terrível seca que ficou conhecida como "fome de 60".

CAATINGA NO RIO

Para gravar as cenas externas de garimpo, a produção transformou uma área de mais de 100 mil metros quadrados de Maricá (RJ) numa falsa região de caatinga, árida e poeirenta. As cenas passadas em Xique-Xique foram gravadas na cidade cenográfica de Barra de Guaratiba (RJ).

Dancin' Days

Autoria: Gilberto Braga *Direção:* Daniel Filho, Gonzaga Blota, Dennis Carvalho e Marcos Paulo
Codireção: José Carlos Pieri 10 jul 1978-27 jan 1979 20h 174

Dancin' Days *inaugurou o estilo de Gilberto Braga, marcado pela discussão dos valores da classe média e das elites urbanas.*

O autor lançou mão de romantismo e sarcasmo, dois elementos característicos de seu universo ficcional, para criar essa crônica de costumes urbana centrada na rivalidade entre duas irmãs: a ex-presidiária Júlia Matos (Sônia Braga) e a socialite Yolanda Pratini (Joana Fomm). Júlia deixa a prisão após 12 anos de reclusão e vê suas tentativas de se reaproximar da filha, Marisa (Glória Pires), dificultadas pelos ciúmes de Yolanda, que criou a sobrinha. Em sua luta para se reintegrar à sociedade, Júlia conhece o diplomata Cacá (Antonio Fagundes) e os dois vivem um romance, mas ela acaba se casando com o rico Ubirajara (Ary Fontoura). A grande reviravolta na história acontece quando ela retorna ao Brasil, após uma viagem à Europa, completamente mudada. Para compor a ex-presidiária que acabara de sair da prisão, Sônia Braga apareceu com os dentes escurecidos no início da trama. Apenas no final da novela ela

Júlia Matos (Sônia Braga) *com seu novo visual: calça de jogging de cetim com listras laterais, sandálias de salto alto fino e meias lurex.*

NAS LOJAS

Dancin' Days foi tema, em 1978, de uma reportagem da revista americana *Newsweek* que destacou a influência da novela sobre os hábitos de consumo dos telespectadores. Além de lançar modismos, como meias coloridas de lurex, ícones de uma geração, a novela promoveu produtos como água-de-colônia e sandália de salto fino. Foram vendidas 400 mil bonecas Pepa, brinquedo da personagem Carminha (Pepita Rodrigues). Já a trilha sonora internacional vendeu quase um milhão de cópias.

consegue se reconciliar com a filha e com Cacá. Em uma das sequências mais marcantes, a personagem dá um show de dança na pista da fictícia discoteca Frenetic Dancing Days, mostrando a sintonia da novela com a febre mundial da *disco music*, no final dos anos 70. A trama tirou partido de *Os Embalos de Sábado à Noite*, filme de John Badham estrelado por John Travolta que levou milhões de espectadores ao cinema e impulsionou o sucesso das discotecas em todo o mundo. À época, fazia sucesso no Rio de Janeiro a discoteca fundada pelo jornalista e produtor musical Nelson Motta, que assinou, com Ruban, a música de abertura, "Dancing Days", interpretada pelas Frenéticas e um estouro nas rádios e discotecas de todo o país. Na trama, sobressaiu o ator Mário Lago, que emocionou o público no papel do sofisticado e nostálgico Alberico, típico morador de Copacabana – cenário recorrente nas histórias de Gilberto Braga. *Dancin' Days* foi apresentada pela rede mexicana Televisa, uma das principais exportadoras de telenovela do mundo. Foi a primeira vez que o México, país com forte tradição na produção de teledramaturgia, exibiu uma novela brasileira.

Joana Fomm *recebia insultos por conta das maldades cometidas por sua personagem, a vilã Yolanda Pratini.*

Glória Pires *tinha 15 anos quando interpretou Marisa.*

TAPAS E BEIJOS

Júlia (Sônia Braga) e Yolanda (Joana Fomm) fizeram as pazes no último capítulo, depois de uma briga gravada no salão do hotel Copacabana Palace, no Rio de Janeiro. Elas se agrediram fisicamente, entre tapas e puxões de cabelos, até se darem conta do ridículo da situação e se abraçarem, chorando, pedindo perdão uma à outra.

Sequência da briga *entre Júlia (Sônia Braga) e Yolanda (Joana Fomm).*

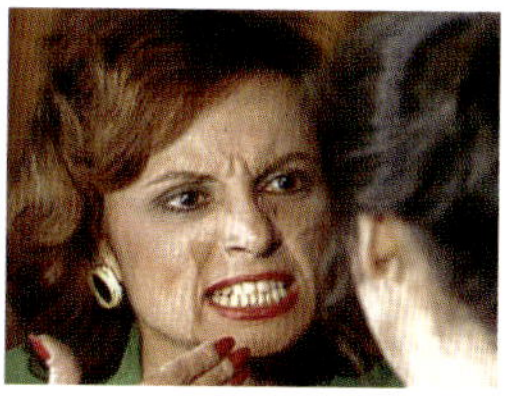

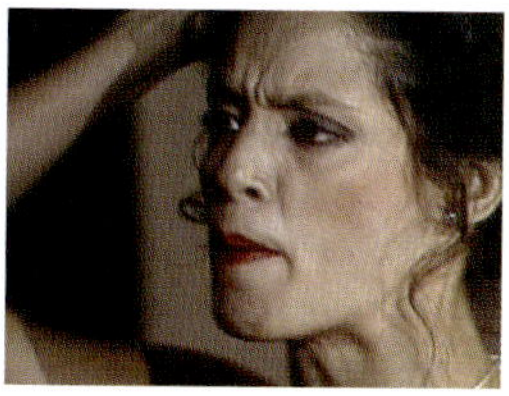

Te Contei?

Autoria: Cassiano Gabus Mendes *Direção:* Régis Cardoso e Dennis Carvalho 6 mar-2 set 1978
19h CAPS 151

***Cleptomania e deficiência visual foram temas de destaque desenvolvidos em meio às tramas amorosas de* Te Contei?.**

Léo, um cego *bem-humorado, vivido por Luis Gustavo, e a apaixonada Shana, interpretada por Maria Cláudia.*

Sabrina (Wanda Stefânia) é uma jovem rica que oculta dos pais a compulsão por roubar, além de esconder que aluga um quarto na pensão da espanhola Lola (Eva Todor), no subúrbio carioca, onde finge ser uma moça modesta à procura de emprego. Na pensão mora o bem-humorado cego Léo (Luis Gustavo), que se divide entre o amor de Sabrina e o de Shana (Maria Cláudia). Outra pensionista é a pobre Luciana (Susana Vieira), que rompe o noivado com o abastado Rogério (Mauro Mendonça) para ir atrás de seu grande amor, Alex (Dennis Carvalho, que também dirigia a novela). Mas Alex está casado com Adelita (Ester Góes).

Gina

Autoria: Rubens Ewald Filho *Direção:* Sérgio Mattar *Supervisão de direção:* Herval Rossano 26 jun-7 out 1978
18h CAPS 90

Adaptação de romance homônimo de Maria José Dupré,* Gina *retratava a ascensão social de uma artista plástica.

Christiane Torloni *(esq.), a protagonista Gina, e Theresa Amayo, a vilã Mirtes.*

A novela mostrava três fases da vida de Gina (Christiane Torloni), desde sua juventude, em 1956, quando decide sair de casa por conta de conflitos com a madrasta, Julica (Miriam Pires), e a meio-irmã, Zelinda (Fátima Freire), até sua consagração como artista plástica. A segunda fase ocorre ainda nos anos 50, quando ela viaja aos Estados Unidos e se apaixona pelo diplomata brasileiro Fernando (Emiliano Queiroz), com quem se casa. Na terceira fase, em 1978, Gina sofre com os problemas criados por seus filhos, Helena (Louise Cardoso) e Jorge (Arlindo Tadeu), e as intrigas da invejosa Mirtes (Theresa Amayo).

Sinal de Alerta

Autoria: Dias Gomes e Walter George Durst *Direção:* Walter Avancini e Jardel Mello 31 jul 1978-26 jan 1979 22h CAPS 112

Novela marcada pela temática ambientalista,* Sinal de Alerta *enfatizou o perigo da poluição nas grandes cidades.

Dono de uma fábrica de fertilizantes e inseticidas, Tião Borges (Paulo Gracindo) é alvo de uma campanha em defesa do meio ambiente iniciada pela ex-mulher, a jornalista Talita (Yoná Magalhães). Operários da fábrica aderem ao protesto, como Consuelo (Isabel Ribeiro) e Adelaide (Ruth de Souza). O suposto envolvimento da noiva de Tião, Sulamita (Vera Fischer), com drogas ajuda a denegrir sua imagem. O arquiteto Oscar Niemeyer foi uma das personalidades que gravaram participação na novela, dando depoimento sobre a importância da preservação do ecossistema.

SINAL DE ALERTA

As personagens operárias *de Ruth de Souza (esq.) e Isabel Ribeiro durante um protesto.*

NOTÍCIAS EXCLUSIVAS

Os telejornais que noticiavam os acontecimentos da trama e o jornal *Folha do Rio* foram produzidos exclusivamente para a novela.

Pecado Rasgado

Autoria: Silvio de Abreu *Direção:* Régis Cardoso 4 set 1978-17 mar 1979 19h CAPS 169

Aracy Balabanian *como Teca: intensa paixão por Renato, papel de Juca de Oliveira.*

Recheada de conflitos amorosos,* Pecado Rasgado *era centrada no ciúme doentio de uma mulher por seu cunhado.

A famosa psicóloga Teca (Aracy Balabanian) se apaixona pelo viúvo Renato (Juca de Oliveira), pai de Cris (Nádia Lippi), uma de suas pacientes. O romance desperta o ciúme de Stela (Renée de Vielmond), que nutre uma paixão doentia por Renato, seu cunhado, e usa a sobrinha para tentar separar o casal. A viúva Eunice (Neuza Amaral) é outra que sofre com as maldades de Stela, sua irmã. O tema de abertura era a música "Não existe pecado ao sul do Equador", de Chico Buarque e Ruy Guerra, sucesso na voz de Ney Matogrosso.

PECADO RASGADO

A Sucessora

Autoria: Manoel Carlos *Direção:* Herval Rossano, Gracindo Júnior e Sérgio Mattar 9 out 1978-3 mar 1979 18h 126

Adaptação de romance homônimo de Carolina Nabuco centrava-se em um casamento marcado por uma estranha obsessão.

No Rio de Janeiro dos anos 20, a humilde Marina (Susana Vieira) se casa com o rico viúvo Roberto Steen (Rubens de Falco). Além das dificuldades para se adaptar ao luxo, ela convive com a adoração do marido pela ex-mulher. A governanta Juliana (Nathalia Timberg), apaixonada pelo patrão, não deixa que a falecida seja esquecida e cria um clima sombrio na casa. Germana (Arlete Salles), irmã de Roberto, contraria os padrões de comportamento da época por sustentar o marido, Vasco (Kadu Moliterno), mais jovem que ela. O tema de abertura era "Odeon", de Ernesto Nazareth e Vinicius de Moraes, cantado por Nara Leão.

CAROLINA NABUCO

A escritora brasileira Carolina Nabuco, então com 88 anos, contribuiu para a pesquisa da produção ao descrever fatos históricos como a construção dos hotéis Copacabana Palace e Glória, no Rio de Janeiro. Na época da exibição da novela, muitos acreditaram, erradamente, que sua trama se baseava em *Rebecca*, livro da inglesa Daphne Du Maurier lançado quatro anos depois de *A Sucessora* (1934).

Memórias de Amor

Autoria: Wilson Aguiar Filho *Direção:* Gracindo Júnior *Supervisão de direção:* Walter Avancini 5 mar-2 jun 1979 18h 82

A novela foi inspirada no romance* O Ateneu*, de Raul Pompéia, ambientado às vésperas da proclamação da República.

A trama, centrada no Colégio Ateneu, um dos mais prestigiados da corte, expunha o conflito entre seu autoritário diretor, Aristarco (Jardel Filho), e o filho, o advogado Jorge (Eduardo Tornaghi). O pai é monarquista; o jovem defende a causa republicana. Jorge se apaixona por Lívia Monteverde (Sandra Bréa), mas o romance não é aceito por Aristarco, em mais uma de suas atitudes prepotentes. A novela também narrou a trajetória de Sérgio Pompéia (Maneco Bueno), que chega do interior para estudar no Ateneu e enfrenta a rígida disciplina do internato. Sérgio se apaixona pela filha de Aristarco, Maria (Myrian Rios).

Jardel Filho *interpretou o autoritário Aristarco, diretor do Ateneu.*

Sandra Bréa *como Lívia Monteverde, apaixonada por Jorge, personagem de Eduardo Tornaghi.*

Pai Herói

Autoria: Janete Clair *Direção:* Walter Avancini, Roberto Talma e Gonzaga Blota 29 jan-18 ago 1979 20h CAPS 178

Mote da trama era a luta de um homem em busca da verdade sobre seu pai.

Criado pelo avô, André Cajarana (Tony Ramos) cresce acreditando que o pai, Malta Cajarana (Lima Duarte), foi um grande homem. Ele vai para o Rio de Janeiro tentar desvendar a morte do pai e descobre que Malta era tido como ladrão de terras. Inconformado, resolve investigar o caso e acaba suspeitando que o padrasto, Bruno Baldaracci (Paulo Autran), é o responsável por seu desaparecimento. André se envolve com Carina (Elizabeth Savala), bailarina famosa, de família tradicional, e com Ana Preta (Glória Menezes), dona de uma casa de samba no subúrbio. Misturando balé clássico e samba, Janete Clair fez da dança um dos principais elementos de *Pai Herói*. A novela ganhou um tom policial com o assassinato do inescrupuloso César Reis (Carlos Zara). O suspense durou até os últimos capítulos, quando a identidade do criminoso foi revelada: Bruno Baldaracci. Mas o personagem, que conquistara a simpatia do público, consegue fugir da prisão em um helicóptero. O tema da abertura de *Pai Herói*, "Pai", foi composto e gravado por Fábio Jr.

Paulo Autran *(em cena, com Manfredo Colassanti, esq.): o vilão Bruno Baldaracci conquistou a simpatia do público.*

Tony Ramos *e Glória Menezes na novela que já havia sido apresentada em 1958, na Rádio Nacional, com o título* Um Estranho na Terra de Ninguém.

***Para interpretar** uma bailarina, Elizabeth Savala aprendeu passos de dança clássica e emagreceu, chegando a pesar 48kg.*

PARTICIPAÇÕES ESPECIAIS

Os bailarinos franceses Attilio Labis e Françoise Legrée, da Ópera Nacional de Paris, participaram das encenações dos espetáculos *Lago dos Cisnes* e *Gisele*, montados especialmente para a novela.

Feijão Maravilha

Autoria: Braúlio Pedroso *Direção:* Paulo Ubiratan 19 mar-4 ago 1979 19h CAPS 124

José Lewgoy *(em cena, com Clarice Piovesan) voltou a fazer papel de vilão, como na época dos filmes da Atlântida.*

A boa receptividade de* Feijão Maravilha *fez a TV Globo apostar mais nas comédias para o horário das 19h.

A novela criticava a alta sociedade e fazia referências às chanchadas. No centro da trama, ambientada no hotel Internacional, no Rio de Janeiro, estavam a recepcionista Eliana (Lucélia Santos), o trambiqueiro Anselmo (Stepan Nercessian) e os funcionários Benevides (Grande Otelo) e Oscar (Olney Cazarré). Eliana é apaixonada por Anselmo, mas o empresário não percebe o seu amor. Entre os hóspedes estão o mafioso Ambrósio (José Lewgoy), sua acompanhante Marilyn Meyer (Clarice Piovesan), aspirante a atriz de Hollywood, e um bando de contrabandistas. Todos temem o misterioso Sombra, cuja identidade é revelada no último capítulo: o bandido se chama Ambrásio e é irmão gêmeo de Ambrósio. A respeitável senhora Fifi de Queiroz (Mara Rúbia), o empresário artístico americano Mr. Ziegfeld (Mauro Mendonça) e o príncipe árabe Rashid (Ivon Curi) completavam o núcleo de hóspedes. Os jogadores de futebol Zico e Sócrates fizeram participações na novela, assim como o radialista Adelzon Alves, no papel de locutor de telejornal.

Ivan Setta *(esq.), Felipe Carone e Older Cazarré como Coruja, Formoso e Neném Minhoca, membros desastrados de uma perigosa quadrilha de contrabandistas.*

CHANCHADAS

Feijão Maravilha contou com vários atores que participaram das famosas chanchadas da Atlântida, produtora cinematográfica brasileira que fez sucesso com o gênero na década de 50. Entre eles estavam Eliana Macedo e Anselmo Duarte, intérpretes dos personagens Soraia e Trindade.

Cabocla

Autoria: Benedito Ruy Barbosa *Direção geral:* Herval Rossano 4 jun-15 dez 1979 18h 170

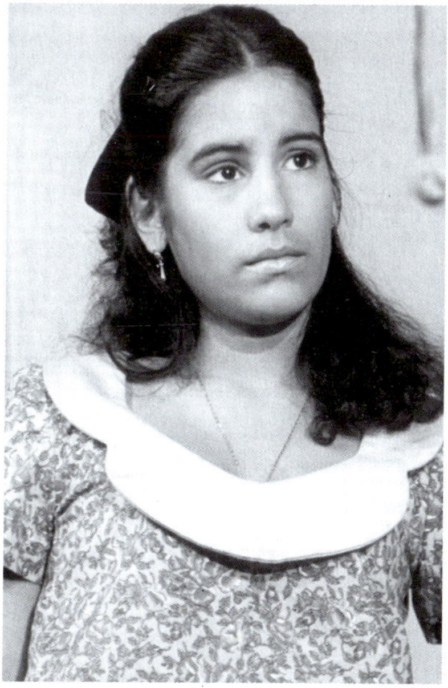

Glória Pires como Zuca, *moça simples que se apaixona por Luís Jerônimo (Fábio Jr.), um jovem da cidade grande.*

Autor se inspirou em romance homônimo de Ribeiro Couto para criticar a disputa de poder entre políticos da zona rural nos anos 20.

Para tratar da saúde, Luís Jerônimo (Fábio Jr.) deixa o Rio de Janeiro e vai para uma fazenda em Vila da Mata (ES), onde se apaixona pela caipira Zuca (Glória Pires). Mas ele tem de disputar seu amor com o peão Tobias (Roberto Bomfim), noivo da moça. A novela também mostrava as brigas entre os políticos mais influentes da região, os coronéis Boanerges (Cláudio Corrêa e Castro) e Justino (Gilberto Martinho), e o romance proibido entre seus filhos, Belinha (Simone Carvalho) e Neco (Kadu Moliterno). Com a ascensão de Neco como líder político, o autor destacou a importância do voto consciente.

Marron Glacé

Autoria: Cassiano Gabus Mendes *Direção geral:* Gracindo Júnior e Gonzaga Blota *Direção:* Sérgio Mattar e Walter Campos 6 ago 1979-1º mar 1980 19h 181

Drama e humor misturavam-se em* Marron Glacé*, que enfocou a rotina em um bufê e a disputa por sua propriedade.

Para vingar a morte do pai, Otávio (Paulo Figueiredo) planeja tomar posse do bufê Marron Glacé, que acredita ser de sua família. Mas ele se apaixona por Vanessa (Sura Berditchevsky), filha da atual proprietária, Clotilde (Yara Cortes). A novela também mostrava o dia a dia dos garçons Oscar (Lima Duarte), Nestor (Armando Bógus), Luís César (João Carlos Barroso) e Juliano (Ricardo Blat). Lima Duarte e Armando Bógus fizeram um curso básico de garçom para interpretar seus personagens.

Sura Berditchevsky *interpretou Vanessa, apaixonada pelo homem que quer dar um golpe em sua mãe.*

Os Gigantes

Autoria: Lauro César Muniz *Colaboração:* Maria Adelaide Amaral *Direção geral:* Régis Cardoso *Direção:* Jardel Mello
20 ago 1979-2 fev 1980 20h CAPS 174

Os Gigantes *criticava o excessivo poder das multinacionais e propunha uma discussão sobre a prática da eutanásia.*

Após desligar os aparelhos que mantêm vivo o irmão gêmeo, Fred (João Batista), a jornalista Paloma Gurgel (Dina Sfat) enfrenta uma batalha judicial com a cunhada, Veridiana (Susana Vieira), que a acusa de ter praticado eutanásia. Ao voltar para a cidade natal, Paloma reencontra o fazendeiro Fernando Lucas (Tarcísio Meira) e o médico Francisco Rubião (Francisco Cuoco), que disputam o seu amor. Fernando tem um casamento conturbado com Vânia (Joana Fomm); Francisco rompe o noivado com Helena (Vera Fischer) por causa de Paloma. A novela insinuava um romance homossexual entre Paloma e Renata Garcia (Lídia Brondi).

SONOPLASTIA

A equipe de sonoplastia, coordenada pelo maestro Guerra Peixe, montou um estúdio especial para realçar os sons e utilizou ruídos para identificar os ambientes, uma técnica cinematográfica inédita em televisão. Até então, todas as gravações eram feitas com som direto, absorvendo ruídos externos.

Olhai os Lírios do Campo

Autoria: Geraldo Vietri e Wilson Rocha *Direção geral:* Herval Rossano 21 jan-24 mai 1980 18h CAPS 144

Adaptação de obra homônima de Erico Verissimo se passava no sul do país, em meio à crise política dos anos 30.

De origem humilde, o estudante de medicina Eugênio Fontes (Cláudio Marzo) desmancha o namoro com Olívia Miranda (Nívea Maria) para se casar com a rica Eunice (Thaís de Andrade). Ao lado dela, consegue um bom emprego e conquista amizades influentes. Três anos mais tarde, ele se arrepende de ter se casado para obter ascensão social e decide viver sua antiga paixão. Olívia, por sua vez, esconde de todos que Eugênio é o pai de sua filha.

Nívea Maria *interpretou a doce Olívia na trama, que exigiu grande pesquisa sobre a Porto Alegre dos anos 30.*

Chega Mais

Autoria: Carlos Eduardo Novaes *Roteiro:* Walther Negrão *Direção geral:* Walter Campos *Direção:* Roberto Vignati
3 mar-6 set 1980 19h 158

Autor usou humor crítico para contar a história de um casal em pé de guerra.

Embora se gostem, Tom (Tony Ramos) e Gelly (Sônia Braga) vivem brigando e, por isso, decidem se separar. Tom se envolve com a executiva Léa (Rosamaria Murtinho). Gelly é assediada pelo ex-noivo, Guto (Ney Sant'Anna), mas a mãe dela, Agda (Renata Fronzi), quer vê-la ao lado do suposto diplomata americano Paul Cleveland (Rui Rezende), que, na verdade, é um camelô. Os encontros e desencontros dos protagonistas eram entremeados pela história de Lúcia (Renata Sorrah). Abandonada pelo marido, Jonas (Ney Latorraca), ela vê sua vida mudar quando conhece o baiano Amaro (Osmar Prado), aspirante a cantor.

BUFÊ ESPECIAL

A festa de casamento de Gelly e Tom (Sônia Braga e Tony Ramos, foto), exibida no primeiro capítulo, contou com a participação do grupo de garçons do fictício bufê Marron Glacé, que deu título à novela exibida anteriormente às 19h.

Marina

Autoria: Wilson Aguiar Filho *Direção:* Herval Rossano 26 mai-8 nov 1980 18h 137

***Marina** era centrada nas dificuldades de uma menina, criada em uma ilha, que tenta se adaptar em uma cidade grande.*

Depois do suicídio da mulher, o escritor Estevão (Carlos Zara) decide criar a filha, Marina (Denise Dumont), em total liberdade em uma ilha. Adolescente, ela se muda para o Rio de Janeiro e passa a ter de lidar com um universo cultural bastante diferente. Marina se apaixona por Marcelo (Lauro Corona), mas enfrenta a rivalidade de Vera (Élida L'Astorina), ex-namorada do rapaz. Sua melhor amiga é Lelena (Íris Nascimento), menina negra que sofre discriminação na escola. A novela foi baseada no romance *Marina, Marina*, de Carlos Heitor Cony.

***Denise Dumont** e Carlos Zara em Marina, cujo tema de abertura era "Sol de primavera", de Beto Guedes e Ronaldo Bastos.*

Água Viva

Autoria: Gilberto Braga e Manoel Carlos *Direção:* Paulo Ubiratan e Roberto Talma 4 fev-9 ago 1980 20h 159

Ambientada no ensolarado Rio de Janeiro,* Água Viva *trazia a disputa de dois irmãos pela mesma mulher.

Miguel (Raul Cortez), casado com Lucy (Tetê Medina) e pai de Sandra (Glória Pires), é um cirurgião plástico de sucesso que condena o estilo de vida do irmão, Nélson (Reginaldo Faria), um *bon vivant*. Após perder a mulher em uma explosão de lancha, o médico se apaixona por Lígia (Betty Faria) sem saber de sua relação com Nélson. Lígia é uma mulher ambiciosa, mãe de dois filhos, e não mede esforços para ascender socialmente. Ela se encanta com Nélson, mas não imagina que ele perdeu toda a sua fortuna. Campeão de pesca e cercado por amigos influentes, Nélson tenta reconstruir a vida sem revelar sua nova condição financeira. Uma personagem marcante na novela era a excêntrica milionária Stella Simpson (Tônia Carrero), que também tenta

Raul Cortez, *como o médico Miguel: disputando com o irmão o amor da ambiciosa Lígia, vivida por Betty Faria.*

TOPLESS

Água Viva abordou um tema polêmico na época: o *topless* nas praias do Rio. Personagens como a desinibida Beth (Maria Padilha) apareceram sem o sutiã do biquíni em cenas que buscavam retratar as reações populares.

Tônia Carrero *(esq.), acompanhada de Glória Pires e Maria Padilha, numa das cenas de Água Viva gravadas na praia.*

Isabela Garcia (esq.) e Ângela Leal protagonizaram o tema da adoção.

esconder de todas as formas os problemas financeiros que enfrenta. Outra trama importante trazia o drama da órfã Maria Helena (Isabela Garcia), cuja meiguice conquistou os telespectadores. Sua única amiga, a assistente social Suely (Ângela Leal), descobre que ela é filha de Nélson e, ao saber disso, Lígia decide adotá-la. Nélson, no entanto, só fica sabendo que é pai de Maria Helena no final da novela. Nos últimos capítulos Miguel é assassinado, gerando um suspense que contribuiu para o alto índice de audiência da novela. O crime foi cometido por Kleber Simpson (José Lewgoy), que passa a se sentir ameaçado quando descobre que Miguel sabe de seu envolvimento na perda dos bens de Nélson. Kleber, que acaba preso, escreve um livro de memórias. *Água Viva* ajudou a popularizar o windsurf, que ganhou destaque inclusive na abertura, ao som de "Menino do Rio", de Caetano Veloso, na voz de Baby Consuelo. Inspirada na novela de Gilberto Braga, a colaboradora Leonor Bassères lançou o romance *Água Viva* duas semanas antes do final da novela.

CHANTAGENS

Nem mesmo as maldades protagonizadas pela vilã Lourdes Mesquita (Beatriz Segall) conseguiram impedir o romance entre seu filho, Marcos, e a batalhadora Janete (Fábio Jr. e Lucélia Santos, foto). Lourdes obtém provas de que Ewaldo (Mauro Mendonça), pai de Janete, está envolvido com contrabando e passa a chantageá-la. Janete, no entanto, se recusa a abandonar Marcos e Lourdes denuncia Ewaldo, que é preso.

Coração Alado

Autoria: Janete Clair *Direção:* Roberto Talma e Paulo Ubiratan 11 ago 1980-14 mar 1981 20h 185

Novela trazia a história de um artista plástico pernambucano em busca de visibilidade.

Juca Pitanga (Tarcísio Meira) vai para o Rio de Janeiro em busca de projeção profissional. Embora apaixonado por Vivian (Vera Fischer), casa-se com Catucha (Débora Duarte), filha do marchand Alberto Karany (Walmor Chagas). O casamento termina quando ele decide acompanhar o irmão, Gabriel (Carlos Vereza), em seu exílio político no México. O casal se reencontra após a decretação da Lei da Anistia. Duas cenas geraram problemas com a Censura e impactaram o público: o estupro de Vivian por Leandro Serrano (Ney Latorraca) e a masturbação de Catucha.

A trocadora *de ônibus Maria Faz Favor (Aracy Balabanian), que se apaixona pelo falso barão Von Strauss (Jardel Filho), conquistou a simpatia do público.*

Plumas e Paetês

Autoria: Cassiano Gabus Mendes e Silvio de Abreu *Direção:* Jardel Mello e Mário Márcio Bandarra
Supervisão: Gonzaga Blota 8 set 1980-25 abr 1981 19h 185

Enredo desenvolvia-se em torno de uma impostora e mostrava a dura rotina de modelos em busca de ascensão profissional.

Após um ano morando longe da família, Osmar (Stepan Nercessian) decide voltar a São Paulo para apresentar a noiva aos pais. Mas um acidente de carro mata o casal e a única sobrevivente é Marcela (Elizabeth Savala), uma amiga. Grávida, ela se apresenta à família de Osmar como sua noiva e desfruta do conforto que a matriarca Bruna (Neuza Amaral) lhe proporciona. A impostora vive um triângulo amoroso com Edgar (Cláudio Marzo), irmão de Osmar, e Renato (José Wilker), antigo namorado e pai de sua filha. Marcela só revela a verdade antes de morrer, após sofrer outro acidente. No final, a criança acaba sendo criada pela família de Edgar.

HUMOR

A rica viúva Rebeca (Eva Wilma) é assediada por seu secretário, Márcio (John Herbert), e por seu segurança italiano, Gino (Paulo Goulart), garantindo cenas cômicas. Rebeca tenta controlar a vida do filho, Jorge Luís (Paulo Guarnieri), impedindo seu romance com a humilde Nadir (Solange Theodoro) e com a ambiciosa modelo Veroca (Lúcia Alves).

As Três Marias

Autoria: Wilson Rocha e Walther Negrão *Direção:* Herval Rossano 10 nov 1980-16 mai 1981 18h 156

Trama envolvendo três mulheres que amam o mesmo homem se baseava em romance homônimo de Rachel de Queiroz.

Três amigas dos tempos de colégio se reencontram no Rio de Janeiro: Maria José (Glória Pires), Maria Augusta (Nádia Lippi) e Maria da Glória (Maitê Proença). Todas se apaixonam por Lucas (Kadu Moliterno), ainda que comprometidas, respectivamente, com Aloísio (Marco Nanini), David (Edwin Luisi) e Afonso (João Paulo Adour). O assassinato de Teresa (Kátia D'Angelo), amiga das moças, transformou a história em narrativa policial. A atriz Glória Pires gravou "Coração" para a trilha sonora da novela.

As três Marias: *Maitê Proença (esq.), Nádia Lippi e Glória Pires.*

O Amor É Nosso

Autoria: Roberto Freire, Wilson Aguiar Filho e Walther Negrão *Direção geral:* Gonzaga Blota e Carlos Zara *Direção:* Mário Márcio Bandarra e Jorge Fernando 27 abr-24 out 1981 19h 155

***O Amor É Nosso** contava a trajetória de um jovem cantor em busca de sucesso e reconhecimento da crítica.*

O cantor Pedro (Fábio Jr.) se torna parceiro do compositor Bruno (Buza Ferraz) e faz importantes contatos profissionais através da promotora de eventos Gilda (Tônia Carrero). Pedro se apaixona por Nina (Myrian Rios), irmã de Bruno, que fica dividida entre ele e o ex-seminarista Chico (Stepan Nercessian). O desaparecimento da universitária Cíntia (Simone Carvalho) também movimentou a trama: o pai da jovem acusa o professor e padre Leonardo (Stênio Garcia) de envolvimento no caso. A novela trazia a cantora Marlene no papel de Maíra, uma cantora que luta para voltar ao sucesso.

Tônia Carrero *no papel de Gilda.*

ROBERTO CARLOS

O cantor e compositor Roberto Carlos fez uma participação em *O Amor É Nosso*. Na trama, Pedro (Fábio Jr.) entra no teatro em que o astro vai se apresentar e consegue cantar para ele. Roberto Carlos gosta da letra, mas critica a música.

Ciranda de Pedra

Autoria: Teixeira Filho *Direção:* Reynaldo Boury e Wolf Maya *Supervisão:* Herval Rossano 18 mai-14 nov 1981
18h 155

Baseada em romance homônimo de Lygia Fagundes Telles, a novela tinha como cenário a São Paulo dos anos 40.

Ciranda de Pedra mostrava a relação conflituosa entre a moderna Laura (Eva Wilma) e seu marido, o autoritário Natércio Prado (Adriano Reys). Traumatizada com tantas crises conjugais, Laura é internada como louca e acaba se separando de Natércio. A terceira filha do casal, Virgínia (Lucélia Santos), é, na verdade, filha do neurologista Daniel (Armando Bógus), em cuja casa Laura vai morar depois da separação. Além de sofrer com o desprezo de Natércio e a hostilidade da governanta Frau Herta (Norma Blum), Virgínia fica dividida entre o amor de Eduardo (Marcelo Picchi) e Luís Carlos (Roberto Pirillo).

Eva Wilma como Laura: oprimida pelo marido.

Jogo da Vida

Autoria: Silvio de Abreu *Direção:* Roberto Talma, Jorge Fernando e Guel Arraes 26 out 1981-8 mai 1982
19h 167

Comédia ambientada na capital paulista foi inspirada em argumento de Janete Clair.

Abandonada pelo marido, Silas (Paulo Goulart), Jordana (Glória Menezes) precisa trabalhar e começa a cuidar de Dona Mena (Norma Geraldy), senhora solitária que, ao morrer, lhe deixa quatro cupidos de bronze contendo um milhão de dólares. As esculturas desaparecem, gerando uma caça à fortuna. Os bens também são disputados pelos sobrinhos da falecida, os vilões Loreta (Rosamaria Murtinho) e Carlito (Raul Cortez). Jordana conta com a ajuda do apaixonado Vieira (Gianfrancesco Guarnieri). O triângulo amoroso entre Badaró (Carlos Vereza), Etevaldo (Claudio Corrêa e Castro) e Clarita (Lúcia Alves) rendeu cenas hilárias.

Norma Geraldy viveu a excêntrica Dona Mena na novela que inovou ao juntar todos os atores na última cena, em cima de um palco, agradecendo os aplausos do público.

Baila Comigo

Autoria: Manoel Carlos *Direção:* Roberto Talma e Paulo Ubiratan 16 mar-26 set 1981 20h CAPS 162

Encontros e desencontros de gêmeos idênticos, separados no nascimento, conduziam a história escrita por Manoel Carlos.

Os irmãos João Victor e Quinzinho (ambos interpretados por Tony Ramos) não sabem da existência um do outro. O tímido João Victor é um advogado bem-sucedido que mora em Portugal. O extrovertido Quinzinho é um carioca que trabalha em banco e sonha ser piloto de helicóptero. O primeiro foi criado pelo pai, Joaquim Gama (Raul Cortez), e o outro, pela mãe, Helena (Lilian Lemmertz). Quando Joaquim e Helena se conheceram, ele já estava casado com Martha (Tereza Rachel) e não quis se separar. Helena acabou se casando com o médico Plínio Miranda (Fernando Torres), que criou Quinzinho como filho. O ator Tony Ramos foi muito elogiado por utilizar apenas recursos de voz, postura corporal e respiração para distinguir os gêmeos. Lilian Lemmertz, primeira atriz a dar vida a uma Helena do autor Manoel Carlos – que dá esse nome às protagonistas de todas as suas novelas –, também foi elogiada por sua atuação. O preconceito racial foi abordado através do romance entre o negro Otto Rodrigues (Milton Gonçalves) e a branca Letícia (Beatriz Lyra). A cena em que os dois se beijam provocou polêmica entre os telespectadores.

CARA A CARA

Para gravar a cena em que os irmãos se encontram pela primeira vez, o vídeo foi dividido em duas partes a fim de que Tony Ramos (foto) fizesse as cenas de cada um de seus personagens separadamente. Enquanto o primeiro falava, só a sua metade ficava descoberta e vice-versa. Gravada a sequência, juntavam-se as partes e o público assistia à interação entre os irmãos.

A personagem *de Betty Faria, a professora de dança Joana Lobato, popularizou meiões coloridos e faixas de cabelo.*

Lilian Lemmertz *(em cena, com Fernando Torres): atuação aplaudida por crítica e público.*

Brilhante

Autoria: Gilberto Braga *Colaboração:* Euclydes Marinho e Leonor Bassères *Direção geral:* Daniel Filho
Direção: Marcos Paulo, José Carlos Pieri e Ary Coslov 28 jun 1981-27 mar 1982 20h 155

Homossexualismo foi tratado com sutileza em trama que teve Fernanda Montenegro como um dos destaques.

Fernanda Montenegro *e Dennis Carvalho: mãe e filho na novela de Gilberto Braga.*

Designer da empresa de joias da família Newman, Luiza (Vera Fischer) encanta a matriarca Chica (Fernanda Montenegro), que pensa em aproximá-la de seu filho, Inácio (Dennis Carvalho). Mas Luiza não quer se envolver com o rapaz e Chica passa a tratá-la com hostilidade. Para complicar, a designer se apaixona por Paulo César (Tarcísio Meira), ex-marido de Isabel (Renée de Vielmond), irmã de Inácio. Obstinada em encontrar uma mulher para o filho, Chica se une a Leonor (Renata Sorrah), funcionária oportunista da empresa, para que ela o seduza. *Brilhante* teve problemas com a Censura Federal, que não autorizou o uso da palavra "homossexual" para se referir a Inácio, prejudicando a compreensão e o desenvolvimento da história. Como o relacionamento entre Luiza e Paulo César não fez sucesso, a novela foi reformulada e entrou em uma nova fase, com a doença de Vítor Newman (Mário Lago), marido de Chica. Após a morte do pai, Inácio assume a direção da empresa e se casa com Leonor para se livrar da pressão da mãe. Mas ele sofre com as investidas do amante de Leonor, Bruno (Jardel Filho), que almeja a direção da joalheria.

VISUAL REJEITADO

Os cabelos curtos e frisados de Vera Fischer (foto) não agradaram ao público e geraram protestos até de Tom Jobim, autor da música de abertura da novela, "Luiza". A solução foi amarrar um lenço ao pescoço da atriz para que o corte não chamasse tanta atenção. O acessório virou moda.

VILÃ PERDOADA

Chica, personagem de Fernanda Montenegro, escapou do final infeliz destinado aos vilões em novelas. Seu romance com o motorista Carlos, interpretado por Cláudio Marzo, arrebatou o público.

Terras do sem Fim

Autoria: Walter George Durst *Direção:* Herval Rossano 16 nov 1981-27 fev 1982 18h 90

No início do séc.XX, dois coronéis disputam o poder político no interior da Bahia em trama marcada por romances e traições.

Maria Cláudia *e Paulo Figueiredo: a prostituta Margô se desespera quando seu amante, Virgílio, se envolve com outra mulher.*

Os fazendeiros Sinhô Badaró (Carlos Kroeber) e Horácio da Silveira (Jonas Mello) brigam pela posse das matas situadas entre suas propriedades. O advogado Virgílio (Paulo Figueiredo) se envolve com Ester (Sura Berditchevsky), mulher de Horácio, e é morto em uma tocaia. Donana (Nívea Maria), filha de Badaró, se apaixona pelo capitão João Magalhães (Cláudio Cavalcanti), um trapaceiro. Juca Badaró (Otávio Augusto), irmão de Sinhô, resolve seus problemas mandando matar os inimigos. A novela foi inspirada nos romances *Cacau*, *Terras do sem fim* e *São Jorge dos Ilhéus*, de Jorge Amado.

TERRAS DO SEM FIM

O Homem Proibido

Autoria: Teixeira Filho *Direção geral:* Gonzaga Blota *Direção:* Gonzaga Blota e Reynaldo Boury
1º mar-21 ago 1982 18h 146

Folhetim do dramaturgo Nelson Rodrigues inspirou as aventuras amorosas de quatro jovens no Rio de Janeiro.

As primas Sônia (Elizabeth Savala) e Joyce (Lídia Brondi) entram em conflito quando se encantam pelo mesmo homem, o médico Paulo (David Cardoso). O bancário Carlos (Edson Celulari) se apaixona por Joyce, mas ela o despreza e chega a fingir que está cega para se aproximar de Paulo. A novela foi considerada inadequada para as 18h pela Censura Federal, que impôs cortes nos primeiros capítulos alegando que os diálogos entre Joyce e Sônia indicavam que elas eram homossexuais.

O HOMEM PROIBIDO

A Joyce *de Lídia Brondi é apaixonada por Paulo, interpretado por David Cardoso (acima), mas termina a novela com Carlos (Edson Celulari).*

A história se baseava em folhetim de Nelson Rodrigues publicado em 1951 no jornal carioca *Última Hora*.

Sétimo Sentido

Autoria: Janete Clair *Direção geral:* Roberto Talma *Direção:* Roberto Talma, Jorge Fernando e Guel Arraes
29 mar-9 out 1982 20h 166

Regina Duarte *e Francisco Cuoco na novela que teve cenas gravadas em Casablanca, no Marrocos.*

A atriz Regina Duarte interpretou duas personagens em novela que explorou o tema da paranormalidade.

A família Camará deixa o Brasil devido a problemas políticos e sua fortuna passa a ser administrada por Antônio Rivoredo (Carlos Kroeber), que se apropria de tudo. Com a morte dos pais, Luana Camará (Regina Duarte) volta ao Brasil e tenta reaver seu patrimônio, mas em seu caminho surge o ambicioso Tião Bento (Francisco Cuoco), que, depois da morte de Antônio, se torna seu principal antagonista. Luana se apaixona por Rudy Rivoredo (Carlos Alberto Ricelli), casado com a possessiva Helenice (Beth Goulart). Em meio a tantos obstáculos, a jovem volta para sua cidade natal, Casablanca, no Marrocos. A novela dá uma reviravolta quando a protagonista retorna ao Brasil encarnando a personalidade da falecida atriz italiana Priscila Capricce. Extrovertida e sensual, Priscila só se parece com Luana fisicamente. Com a ajuda da parapsicóloga Célia (Jacqueline Laurence), Luana descobre que Priscila salvou a sua vida em outra encarnação, quando eram gêmeas. Agora ela usa o seu corpo para tentar localizar a filha dela. Na pele da exuberante Priscila, Luana se casa com Tião Bento, que acaba ajudando-a a encontrar Cila (Gabriela Bicalho), filha de Priscila.

A caminhoneira Gisa, *papel de Tamara Taxman, entrou para a lista de "mulheres do povo" criadas por Janete Clair.*

LUANA E PRISCILA

A equipe de figurino caprichou no visual de Regina Duarte para mostrar a diferença radical entre as duas personagens que a atriz interpretava. A discreta Luana usava roupas simples, com poucos acessórios, ao contrário da excêntrica Priscila, cuja maquiagem abusava de cílios postiços, batons de cores fortes e muito blush.

Sol de Verão

Autoria: Manoel Carlos *Direção geral:* Roberto Talma *Direção:* Roberto Talma, Jorge Fernando e Guel Arraes
11 out 1982-19 mar 1983 20h CAPS 137

Com* Sol de Verão*, Manoel Carlos se firmou como cronista da classe média do Rio de Janeiro.

Infeliz no casamento, Rachel (Irene Ravache) decide se separar do marido, o empresário Virgílio (Cecil Thiré), que não aceita o divórcio. Porém, disposta a dar uma virada em sua vida, ela se muda com a filha, Clara (Débora Bloch), para a casa de sua mãe, Laura (Beatriz Segall), em Ipanema, Zona Sul do Rio de Janeiro, e se apaixona pelo charmoso mas rude Heitor (Jardel Filho), dono de uma oficina mecânica. Heitor mora com a irmã, Irene (Beatriz Lyra), em um sobrado antigo, um dos principais cenários da novela. Após tantos anos de casamento, Rachel tem dificuldades para se entregar ao novo relacionamento, mas Heitor a conquista. O casal vive um intenso romance que não conta com o apoio nem da mãe nem dos amigos de Rachel, por causa da diferença de classe social entre os dois. Paralelamente, Heitor enfrenta o médico charlatão Hilário (Carlos Kroeber), proprietário do terreno em que mora junto com seu ajudante, o surdo-mudo Abel (Tony Ramos). Ao descobrir que sua mulher, Sofia (Yara Amaral), teve um caso com o pai de Abel, Hilário exige que o rapaz seja expulso do casarão. Abel é disputado pelas jovens Clara (Débora Bloch) e Olívia (Carla Camurati).

Tony Ramos *fez sucesso como o surdo-mudo Abel, ajudando a popularizar a linguagem dos sinais.*

Jardel Filho *em seu último papel, o charmoso e rude mecânico Heitor.*

JARDEL FILHO

A morte de Jardel Filho, vítima de ataque cardíaco, em fevereiro de 1983, levou ao encurtamento da trama. Abalado com o falecimento do ator, Manoel Carlos não conseguiu finalizar a novela e a tarefa foi assumida por Lauro César Muniz, com assessoria de Gianfrancesco Guarnieri. Após o fim antecipado de *Sol de Verão*, a TV Globo exibiu uma versão compacta de *O Casarão*, que havia ido ao ar em 1976.

Elas por Elas

Autoria: Cassiano Gabus Mendes *Colaboração:* Carlos Lombardi *Direção geral:* Paulo Ubiratan
Direção: Paulo Ubiratan, Wolf Maya e Mário Márcio Bandarra 10 mai-27 nov 1982 19h CAPS 173

Sete amigas se reencontram após 20 anos e têm suas vidas afetadas por acontecimentos do passado e coincidências no presente.

As sete amigas são: Márcia (Eva Wilma), Helena (Aracy Balabanian), Adriana (Ester Góes), Wanda (Sandra Bréa), Carmem (Maria Helena Dias), Marlene (Mila Moreira) e Natália (Joana Fomm). O marido de Márcia, Átila (Mauro Mendonça), morre em um quarto de motel e ela contrata o detetive Mário Fofoca (Luis Gustavo) para descobrir a identidade de sua amante. Ninguém desconfia que se trata de Wanda, irmã do investigador. Parceiro de Mário Fofoca, o interesseiro René (Reginaldo Faria) se envolve com Yeda (Cristina Pereira), filha de Márcia, considerada o patinho feio da família.

MÁRIO FOFOCA

O desastrado detetive Mário Fofoca (Luis Gustavo, foto) originou um seriado homônimo, exibido na TV Globo, e o filme *As Aventuras de Mário Fofoca*, de Adriano Stuart, ambos em 1983. Ele usava sempre o mesmo paletó xadrez com gravatas coloridas e era apaixonado por Cláudia (Christiane Torloni), a quem fazia juras de amor com trechos de canções de Roberto Carlos.

Paraíso

Autoria: Benedito Ruy Barbosa Direção geral: Gonzaga Blota Direção: Gonzaga Blota e Ary Coslov
23 ago 1982-26 mar 1983 18h CAPS 195

Cristina Mullins *e Kadu Moliterno na quinta novela rural escrita por Benedito Ruy Barbosa na TV Globo.*

Paraíso retratou o universo dos boiadeiros e as crendices populares do interior por meio de uma história de amor.

O peão José Eleutério (Kadu Moliterno), o Filho do Diabo, e Maria Rita (Cristina Mullins), a Santinha, vivem uma paixão quase impossível. Os jovens estão no meio da disputa política entre seus pais, os poderosos fazendeiros Eleutério (Cláudio Corrêa e Castro) e Antero (Jofre Soares). Uma das lendas locais é a de que o pai do protagonista cria um diabo em uma garrafa. O povo também crê nos milagres de Maria Rita, santidade alimentada por sua mãe, a beata Dona Mariana (Eloísa Mafalda).

Final Feliz

Autoria: Ivani Ribeiro *Direção geral:* Paulo Ubiratan *Direção:* Paulo Ubiratan, Wolf Maya e Mário Márcio Bandarra
29 nov 1982-4 jun 1983 19h 161

Novela retratou as belas paisagens do Ceará e de Pernambuco e conquistou os telespectadores.

Irwing São Paulo *(esq.), o cativante Rafael, em cena com Miriam Pires e Buza Ferraz.*

O usineiro César (Roberto Maya) simula a própria morte para começar uma nova vida e parte para a Europa, deixando na miséria a esposa, Maria Luiza (Lilian Lemmertz), e as filhas, Débora (Natália do Vale) e Suzy (Lídia Brondi). O plano é arquitetado com a ajuda do diretor financeiro da usina de açúcar, França (José Augusto Branco). Quem também sofre com o golpe é o sócio Alaor (Milton Moraes), que fica à beira da falência. A história era entremeada por muitos romances, como o dos primos Débora e Rodrigo (José Wilker), que brigam como cão e gato; e o de Suzy com o veterinário Paulo (Buza Ferraz), que vivem um drama gerado por um equívoco. Como Paulo acredita estar doente e ter pouco tempo de vida, tenta evitar o sofrimento de Suzy e faz tudo para se afastar da moça. Maria Luiza recupera o prazer de viver ao apaixonar-se pelo médico Wagner (Walmor Chagas). O inesperado retorno de César agita a história. Rodrigo decide denunciá-lo à polícia, mas o golpista é assassinado a tiros. O autor dos disparos só é conhecido no fim da novela: trata-se de França, que mata o amigo por ter descoberto que ele lhe roubara.

DUPLA MARCANTE

O portador de deficiência mental Rafael (Irwing São Paulo) fez grande sucesso. A carinhosa relação entre o rapaz e o pescador Mestre Antônio (Stênio Garcia) marcou a trama. Seu personagem – caracterizado por atitudes infantis e linguagem simples – foi construído sob a consultoria de um psiquiatra.

GATO POR LEBRE

Uma das personagens marcantes da novela era Dona Sinhá (Elza Gomes, foto), a simpática velhinha que fornecia coelhos assados para o restaurante Casablanca, de Augusta (Aracy Cardoso). O prato fazia enorme sucesso, mas Dona Sinhá vendia, literalmente, "gato por lebre": ela criava gatos recolhidos nas ruas e os comercializava como se fossem coelhos.

Pão-Pão, Beijo-Beijo

Autoria: Walther Negrão *Direção geral:* Gonzaga Blota *Direção:* Gonzaga Blota e Henrique Martins
28 mar-8 out 1983 18h10 CAPS 165

Trama contrastava o cotidiano do subúrbio ao da classe média alta da Barra da Tijuca, no Rio de Janeiro.

O motorista de ônibus Ciro (Cláudio Marzo), o migrante nordestino Soró (Arnaud Rodrigues) e a rica Bruna (Elizabeth Savala) se envolvem em um acidente de carro. Ciro e Soró são demitidos e, para ajudá-los, a família da moça os emprega em uma de suas cantinas. Ciro desperta o amor das irmãs Bruna e Luiza (Maria Cláudia) e esconde de todos que tem uma irmã paraplégica. Um dos trunfos da novela foi o contraponto entre os núcleos italiano e nordestino, comandados, respectivamente, pelas matriarcas Mamma Vitória (Lélia Abramo) e Donana (Laura Cardoso).

VERSOS NA FEIRA

Entre os cômicos personagens nordestinos, fizeram sucesso o ingênuo e brincalhão Soró (Arnaud Rodrigues) e a solteirona Lalá Sereno (Regina Dourado), tia do rapaz. Em vez de se queixar da sorte, ela transforma sua história em versos e os recita na feira de São Cristóvão, conhecido reduto de nordestinos no Rio de Janeiro.

Louco Amor

Autoria: Gilberto Braga *Colaboração:* Leonor Bassères *Direção geral:* Paulo Ubiratan *Direção:* Ary Coslov, Wolf Maya e José Wilker 11 abr-22 out 1983 20h30 CAPS 160

Novela de Gilberto Braga expunha o amor aos conflitos provocados pelas diferenças de classe social.

Patrícia (Bruna Lombardi) se apaixona por Luiz Carlos (Fábio Jr.), filho da empregada, Isolda (Nicette Bruno), mas sua madrasta, Renata (Tereza Rachel), separa os dois. Após seis anos, ela retorna do exterior com um filho e esconde que o pai é Luiz Carlos. A ambiciosa Renata divide um segredo com Isolda: ela tem um filho bastardo, Márcio (Carlos Alberto Ricelli), a quem estimula a se envolver com Patrícia. Quando Márcio é assassinado, Luiz Carlos é preso como suspeito, o que leva Isolda a revelar que, no passado, trocou as crianças para beneficiar seu filho, Márcio, e que o verdadeiro filho da patroa é Luiz Carlos.

***Bruna Lombardi** e Fábio Jr. em trama que ganhou versão internacional, coproduzida pela TV Globo e pela mexicana TV Azteca para o público hispânico.*

"E EU NÃO SEI?!"

O par formado pelo milionário esclerosado Edgar Dumont (José Lewgoy) e pela manicure Gisela (Lady Francisco) fez sucesso. Ficou famoso o bordão de Edgar "E eu não sei?!", usado quando era advertido por ter esquecido algo.

Guerra dos Sexos

Autoria: Silvio de Abreu *Colaboração:* Carlos Lombardi *Direção:* Jorge Fernando e Guel Arraes *Supervisão:* Paulo Ubiratan 6 jun 1983-7 jan 1984 19h 185

Charlô (Fernanda Montenegro) *e Otávio (Paulo Autran): às turras, em clima de comédia pastelão.*

Marco da teledramaturgia no horário das 19h,* Guerra dos Sexos *reuniu dois ícones do teatro: Fernanda Montenegro e Paulo Autran.

A comédia rasgada abordou o antagonismo entre homens e mulheres. Os personagens dos primos Charlô (Fernanda Montenegro) e Otávio (Paulo Autran) lideraram o principal conflito da trama. O ponto de partida era o testamento de um tio que condiciona o recebimento da herança ao fim das desavenças entre os dois sobrinhos: para terem direito à fortuna, eles devem

BIMBO E CUMBUCA

Paulo Autran e Fernanda Montenegro protagonizaram cenas hilárias como intérpretes dos primos que se empenham em irritar um ao outro. Otávio chama Charlô de Cumbuca, apelido que ela abomina. Ela revida, chamando-o de Bimbo. Os atores ainda interpretaram, em algumas cenas, Dominguinhos, primo português de Charlô, e sua esposa Altamiranda – os personagens reclamam parte da herança do tio.

Maria Zilda Bethlem *e Tarcísio Meira, que abriu mão do carisma de galã para viver um personagem cômico.*

Glória Menezes *e Mário Gomes: diferença de idade não impede Roberta de conquistar o amor do motorista Nando, cuja tatuagem a fascina.*

morar na mesma casa e trabalhar na empresa herdada. Daí nasce uma aposta: Charlô e sua equipe, essencialmente feminina, têm 100 dias para elevar os lucros da rede de lojas de roupas. Se não conseguirem alcançar a meta, Otávio passa a ser o único proprietário dos bens. Ele tem como aliado o filho adotivo de Charlô, Felipe (Tarcísio Meira). Charlô conta com o apoio de Vânia (Maria Zilda Bethlem), seu braço direito na empresa, e Roberta (Glória Menezes), viúva do empresário Vitório Leone (Carlos Zara), que, ao morrer, deixou a mulher sozinha no comando da fábrica do casal, a Ravello Sports, fornecedora de peças de roupas para as lojas Charlô's. As mulheres unem suas forças contra o sexo oposto e estabelecem uma regra para a disputa: estão proibidas de se envolver com homens durante esse período. Mas elas não contavam com a traição de Carolina (Lucélia Santos), a ambiciosa sobrinha de Roberta, que se envolve com Felipe. O confronto resultou em cenas antológicas, no melhor formato pastelão, com direito até a torta na cara. Com essa novela, Silvio de Abreu se firmava como autor de farsas que unem o lúdico escrachado à crítica bem-humorada do cotidiano, lançando mão de cenas típicas das chanchadas nacionais e buscando referências em clássicos dos cinemas americano e italiano. A novela também inovou ao colocar o tradicional par romântico Tarcísio Meira e Glória Menezes fazendo comédia.

Foi a primeira vez que Tarcísio viveu um papel que não correspondia à imagem de galã, já conhecida do público. Além disso, a narrativa subvertia a linguagem convencional ao mostrar os personagens comentando os acontecimentos com o telespectador. *Guerra dos Sexos* ratificou o talento dos jovens diretores Jorge Fernando e Guel Arraes.

A NOVELEIRA

Silvio de Abreu misturou ficção e realidade por meio da personagem Nieta (Yara Amaral), que é apaixonada por novelas e acha Felipe, interpretado pelo ator Tarcísio Meira, muito parecido com o galã Tarcísio Meira. Ao longo da trama, ela faz inúmeras referências a novelas que estavam no ar na TV Globo.

Eu Prometo

Autoria: Janete Clair *Colaboração:* Gloria Perez *Direção:* Dennis Carvalho e Luís Antônio Piá
Supervisão: Paulo Ubiratan 19 set 1983-17 fev 1984 22h15 110

Última novela escrita por Janete Clair trazia um deputado dividido entre o amor e a carreira política.

***Francisco Cuoco** e Dina Sfat na última novela produzida pela TV Globo para o horário das 22h.*

O incorruptível deputado Lucas Cantomaia (Francisco Cuoco), pai exemplar de Adriana (Julia Lemmertz), Daise (Fernanda Torres) e Dóris (Malu Mader), enfrenta um dilema durante sua campanha ao Senado: divorciar-se de Darlene (Dina Sfat) para viver um grande amor com a fotógrafa Kely (Renée de Vielmond) ou manter as aparências em nome da carreira. Lucas, que tem como um de seus assessores o imoral Albano Morais (Ney Latorraca), enfrenta o concorrente Horácio Ragner (Walmor Chagas), que tenta desmoralizá-lo. No último capítulo, Darlene revela ao marido que Adriana é fruto de uma relação extraconjugal. Lucas desiste de disputar as eleições, indica Albano como seu substituto e corre para os braços de Kely. Janete Clair morreu em 16 de novembro de 1983, sem concluir a trama. Sob a supervisão de Dias Gomes, Gloria Perez assumiu a novela.

Voltei pra Você

Autoria: Benedito Ruy Barbosa *Colaboração:* Edmara Barbosa *Direção geral:* Gonzaga Blota
Direção: Gonzaga Blota e Ary Coslov 10 out 1983-17 mar 1984 18h 140

A cidade mineira de São João Del Rei virou palco de romance vivido em meio a discussões sobre a divisão de terras.

A paixão de Pedro das Antas (Paulo Castelli), o Serelepe, por Liliane (Cristina Mullins), a Pituca, é abalada quando ele descobre que jagunços do pai da moça assassinaram seus pais. Pedro tenta recuperar as terras tomadas pelo coronel Epaminondas (Castro Gonzaga) e sofre por não conseguir deixar de amar a filha do rival. Para reaver sua propriedade, ele conta com a ajuda do advogado Camargo (Paulo Figueiredo) e do amigo Zelão (Nelson Xavier). O autor reviveu nessa novela seis personagens de *Meu Pedacinho de Chão* (1971): Pituca, Serelepe, Epaminondas, Padre Santo, Zelão e Tuim.

Champagne

Autoria: Cassiano Gabus Mendes *Colaboração:* Luciano Ramos *Direção geral:* Paulo Ubiratan *Direção:* Wolf Maya e Mário Márcio Bandarra *Supervisão:* Paulo Ubiratan 24 out 1983-4 mai 1984 20h CAPS 167

Autor criou trama policial com disputas amorosas e vários núcleos de humor.

Gastão (Sebastião Vasconcelos), principal suspeito do assassinato da empregada Zaíra (Suzane Carvalho), foge para não ser injustiçado. Treze anos depois, contando com a ajuda do filho, Nil (Tony Ramos), ele pede a reabertura do processo para provar sua inocência. Sua decisão mexe com a vida dos amigos envolvidos no caso e que se reencontram na inauguração do bar Champagne. Nos capítulos finais, descobre-se que um deles, Jurandir (Mauro Mendonça), cometeu o crime. A humilde Eunice, interpretada por Beatriz Segall – atriz até então associada a papéis de grã-fina –, foi um dos destaques da trama.

Irene Ravache *e Antonio Fagundes como ladrões de joias em trama paralela: ela tira dos ricos para dar aos pobres; ele rouba para manter o status da família.*

Transas e Caretas

Autoria: Lauro César Muniz *Colaboração:* Daniel Más *Direção:* José Wilker e Mário Márcio Bandarra *Supervisão:* Paulo Ubiratan 9 jan-21 jul 1984 19h CAPS 167

***Mãe ansiosa para encontrar esposas para os dois filhos, um conservador e outro moderno, era o mote de* Transas e Caretas.**

Preocupada em perpetuar o nome da família, a excêntrica empresária Francisca Moura Imperial (Eva Wilma) contrata Marília (Natália do Vale) para seduzir um de seus filhos, Jordão (Reginaldo Faria) ou Tiago (José Wilker), solteirões convictos. O primeiro se comporta como um homem do séc.XIX e tem até uma mucama, Dorinha (Zezé Motta); o segundo é um amante da tecnologia e mantém um robô, Alcides, como mordomo. Os dois se apaixonam por Marília, mas é Tiago quem a conquista. Para desespero da mãe, Jordão se casa com a ex-prostituta Liana (Lady Francisco).

TRANSFORMAÇÕES

Eva Wilma (foto) usou pesada maquiagem nos primeiros capítulos para realçar o efeito de rejuvenescimento de sua personagem, Francisca, que se submete a uma cirurgia plástica no decorrer da trama.

Amor com Amor Se Paga

Autoria: Ivani Ribeiro *Direção geral:* Gonzaga Blota *Direção:* Atílio Riccó, Jayme Monjardim e Gonzaga Blota
Supervisão: Paulo Ubiratan 19 mar-14 set 1984 17h50 155

Novela apresentou Ary Fontoura no papel de um sovina inspirado no protagonista de **O Avarento,** ***de Molière.***

Berta Loran *e Ary Fontoura: a empregada Frosina e o hilário Nonô Correia se casam no final da novela.*

Nonô Correia (Ary Fontoura) esconde que tem uma grande fortuna. Pão-duro doentio, coloca cadeados na geladeira e na despensa, proíbe que se repitam refeições e anda com roupas velhas, para desespero dos filhos, Elisa (Bia Nunnes) e Tomaz (Edson Celulari), e da empregada Frosina (Berta Loran). Mas quando encontra o órfão Zezinho (Oberdan Junior), seu coração começa a amolecer. A novela – reedição de *Camomila e Bem-Me-Quer*, da mesma autora, exibida na TV Tupi nos anos 70 – também mostrava a disputa entre Nonô e o filho pelo amor da jovem Mariana (Cláudia Ohana).

Partido Alto

Autoria: Gloria Perez e Aguinaldo Silva *Direção geral:* Roberto Talma *Direção:* Roberto Talma, Jayme Monjardim, Carlos Magalhães, Luís Antonio Piá e Helmar Sérgio 7 mai-23 nov 1984 20h 174

Novela de Gloria Perez e Aguinaldo Silva destacou personagens femininas enfocando o samba e a contravenção.

Isadora (Elizabeth Savala) se separa do mau-caráter Sérgio (Herson Capri) e se apaixona pelo professor de história Maurício (Cláudio Marzo). Ela disputa o amor do professor com a adolescente Celina (Glória Pires), jovem avessa aos negócios do pai, o bicheiro Célio Cruz (Raul Cortez), temido em Encantado, na Zona Norte do Rio de Janeiro. Casado com a submissa Izildinha (Célia Helena), Célio é amante da manicure Jussara (Betty Faria), a quem transforma em destaque da escola de samba do bairro. A moça também desperta a paixão do compositor Piscina (José Mayer), cujo sonho é levar para a Avenida um samba-enredo de sua autoria.

SAPATO NA MÃO

O bairro do Encantado ganhou uma linha de ônibus depois que a novela exibiu várias cenas em que a costureira Sulamita (Marilu Bueno) chegava em casa exausta, com os sapatos na mão, reclamando da falta de transporte. Ela e sua irmã Nanci (Lilian Lemmertz) foram personagens marcantes da trama.

ESOTÉRICO

Um dos destaques de *Partido Alto* foi o guru Políbio, personagem de Guilherme Karan que misturava várias correntes místicas e impulsionou a venda de produtos esotéricos.

Vereda Tropical

Autoria: Carlos Lombardi *Supervisão de texto:* Silvio de Abreu *Direção:* Jorge Fernando e Guel Arraes
23 jul 1984-1º fev 1985 19h 184

Bem-humorada,* Vereda Tropical *explorava desencontros amorosos, conflitos de classe e disputas por poder dentro de uma família.

Norma Geraldy *(centro) interpretou a avó de Silvana (Lucélia Santos), que tem um romance com um rico herdeiro e dá à luz o menino Zeca (Jonas Torres).*

Após a morte do filho, o empresário Oliva (Walmor Chagas), dono de uma fábrica de perfumes, decide criar o neto, Zeca (Jonas Torres), e fazer dele seu herdeiro. A disputa pela guarda do menino confronta o avô e a mãe de Zeca, Silvana (Lucélia Santos), líder operária da fábrica. Filha de Oliva, Catarina (Marieta Severo) disputa o controle da empresa com as irmãs, Verônica (Maria Zilda Bethlem) e Gabi (Cristina Pereira), e, temendo que o patrimônio da família tenha mais herdeiros, não mede esforços para se livrar do sobrinho, revelando-se a vilã da trama. A cantina italiana de Bina (Geórgia Gomide) reunia o núcleo popular da história, com destaque para o jogador de futebol Luca (Mário Gomes), que se divide entre o amor de Silvana e Verônica. Outro personagem do núcleo era o solteirão Jamil (Gianfrancesco Guarnieri), rival de Oliva e dono de uma pequena indústria de essências.

O SUPER-TÉO

O solitário Téo (Marcos Frota), filho de Catarina, conquistou o público com sua gagueira e sua imaginação fértil. Tímido, ele é apaixonado por Gabi (Cristina Pereira) e pensa que é um super-herói, o Super-Téo.

EM CAMPO

Um dos pontos altos da novela foi a estreia de Luca (Mário Gomes, foto) como centroavante do Corinthians, no estádio lotado do Morumbi (SP). A gravação da cena, exibida no último capítulo, foi um acontecimento. O ator invadiu o campo para comemorar um gol com os jogadores e, a certa altura, irritados pelo empate com o Vasco, os corintianos pediram a entrada do ator, gritando o nome do personagem.

Corpo a Corpo

Autoria: Gilberto Braga *Colaboração:* Leonor Bassères *Direção geral:* Dennis Carvalho *Direção:* Dennis Carvalho e Jayme Monjardim 26 nov 1984-21 jun 1985 20h 179

Busca de ascensão social, sede de vingança e discussão sobre racismo conduziam as principais tramas da novela.

Eloá e Osmar, *interpretados por Débora Duarte e Antonio Fagundes, se reconciliam no final da novela.*

Em troca de projeção na carreira, Eloá (Débora Duarte) faz um pacto com o misterioso Raul (Flávio Galvão), aparentemente o diabo. Ela começa a se destacar profissionalmente e sua ascensão profissional gera uma crise em seu casamento com Osmar (Antonio Fagundes), com quem vive há 16 anos e tem um filho, Ronaldo (Selton Mello). Tudo não passa de um plano da enfermeira Tereza (Glória Menezes), que, desprezada por Osmar no passado, deseja se vingar. No fim da trama, descobre-se que quem está por trás de todas as reviravoltas é o ex-presidiário Amauri (Stênio Garcia), irmão de Osmar, que planejara matar o empresário Alfredo Fraga Dantas (Hugo Carvana) por ciúmes de Lúcia Gouveia (Joana Fomm), por quem sempre foi apaixonado. Em busca de sucesso financeiro por meio de casamentos com homens ricos, Lúcia conseguira se casar com o viúvo Alfredo. Ela e Amauri morrem queimados em uma das cenas mais fortes do último capítulo da novela.

POLÊMICA RACIAL

A novela abordou o tema da discriminação racial através da família de classe média negra de Antônio (Waldir Onofre) e Jurema (Ruth de Souza). A filha do casal, a arquiteta Sônia (Zezé Motta, foto), é discriminada pela família do namorado, Cláudio (Marcos Paulo, foto). Mas é ela quem acaba salvando a vida do pai do rapaz, Alfredo (Hugo Carvana), por meio de uma transfusão de sangue. A relação de Sônia e Cláudio causou polêmica na época.

Livre para Voar

Autoria: Walther Negrão *Colaboração:* Alcides Nogueira *Direção:* Wolf Maya e Fred Confalonieri
17 set 1984-12 abr 1985 18h CAPS 184

A história era protagonizada por dois jovens que nutrem um amor verdadeiro mas escondem sua real identidade.

Bebel (Carla Camurati) é herdeira da fábrica de cristais do pai, em Poços de Caldas (MG), mas se passa pela operária Cristina para testar a integridade dos funcionários. Pardal (Tony Ramos) mora em um vagão de trem e esconde que é um arquiteto acusado de um crime que não cometeu. Pardal conhece o menino Gibi (Fernando Almeida), que foge de um orfanato, e, apesar da diferença de idade, os dois se tornam grandes companheiros. No final da novela, Pardal se casa com Bebel e ambos adotam Gibi, realizando seu maior sonho.

Um Sonho a Mais

Autoria: Daniel Más e Lauro César Muniz *Colaboração:* Mário Prata e Dagomir Marquezi
Direção geral: Roberto Talma *Direção:* Roberto Talma, Mário Márcio Bandarra, Carlos Magalhães e Luca de Castro
Supervisão: Daniel Filho 4 fev-3 ago 1985 19h CAPS 153

Ney Latorraca (esq.), Carlos Kroeber, Marco Nanini e Antônio Pedro (ajoelhado) na cena do casamento de Anabela e Pedro Ernesto.

A peça* Volpone*, de Ben Jonson, serviu de base para a história de um milionário excêntrico que quer reaver seu amor.

Antônio Carlos Volpone (Ney Latorraca) quer esclarecer o assassinato do sogro, crime do qual é acusado, e se aproximar da ex-mulher, Estela (Sylvia Bandeira). Para isso, inventa uma doença que o obriga a viver numa redoma de plástico e usa vários disfarces, como o de um médico, de um industrial e de um motorista. Volpone tem como rivais Orlando Aranha (Fúlvio Stefanini) e a misteriosa Renata (Susana Vieira), e sua vida é investigada pela repórter Amélia Bicudo (Cissa Guimarães).

DISFARCES

Entre os disfarces de Volpone (Ney Latorraca) estava a executiva Anabela Freire, que desperta a paixão do cinquentão Pedro Ernesto (Carlos Kroeber). Amigos de Volpone, Mosca (Marco Nanini) e Lula (Antônio Pedro) se disfarçam de Florisbela e Clarabela, respectivamente.

Roque Santeiro

Autoria: Dias Gomes *Coautoria:* Aguinaldo Silva *Colaboração:* Marcílio Moraes e Joaquim Assis
Direção geral: Paulo Ubiratan *Direção:* Gonzaga Blota, Paulo Ubiratan, Marcos Paulo e Jayme Monjardim
Supervisão: Daniel Filho 24 jun 1985-22 fev 1986 20h CAPS 209

Regina Duarte *e Lima Duarte : empatia em cena*

Sátira à exploração política e comercial da fé popular, a novela marcou época apresentando uma cidade fictícia como um microcosmo do Brasil.

Os moradores de Asa Branca vivem em função dos supostos milagres de Roque Santeiro (José Wilker), um coroinha e artesão de santos de barro que teria morrido como mártir ao defender a cidade de um bandido. O falso santo reaparece em carne e osso 17 anos depois, ameaçando o poder e a riqueza das autoridades locais: o prefeito Florindo Abelha (Ary Fontoura), o comerciante Zé das Medalhas (Armando Bógus), o conservador padre Hipólito (Paulo Gracindo) e o temido fazendeiro Sinhozinho Malta (Lima Duarte), amante da pretensa viúva do santo, a fogosa Porcina (Regina Duarte). Incentivada por Sinhozinho, Porcina – que sequer conhece Roque – espalha a mentira de que foi casada com o santeiro e acaba se transformando em patrimônio da cidade. Quando conhece Roque, se apaixona de fato por ele, formando o principal triângulo amoroso da trama. A cidade fica ainda mais agitada com a chegada de uma equipe de cinema para filmar a história do santo, que, no filme, é interpretado pelo ator mulherengo Roberto Mathias (Fábio Jr.). A sofrida Lulu (Cássia Kiss)

PORCINA'S LOOK

Regina Duarte deixou definitivamente para trás a alcunha de "namoradinha do Brasil" e espalhou o extravagante *Porcina's look* por todo o país: turbantes, maquiagem escandalosa, roupas coloridas e brilhosas. Lima Duarte popularizou o bordão "Tô certo ou tô errado?", proferido sempre que o personagem sacudia o pulso e movimentava o relógio e as pulseiras de ouro. A empatia entre os dois personagens rendeu cenas memoráveis.

José Wilker como Roque Santeiro: mito mais forte do que a verdade.

é outra personagem relevante: reprimida pelo marido, Zé das Medalhas, é obrigada a ficar em casa como prisioneira, cuidando dos filhos, até que decide dar uma reviravolta em sua vida. A ala dos que defendem a revelação de que Roque Santeiro não morreu e nem é santo é liderada pelo padre progressista Albano (Cláudio Cavalcanti). Contrário à manipulação política da população, padre Albano se envolve com Tânia (Lídia Brondi), a filha contestadora de Sinhozinho Malta. No final da história, o mito não é desfeito e o povo de Asa Bran-

VERSÃO VETADA

Em 1975, *Roque Santeiro* teve uma versão proibida, protagonizada por Betty Faria (Porcina), Lima Duarte (Sinhozinho Malta) e Francisco Cuoco (Roque). Já haviam sido gravados 36 capítulos da novela quando a Censura Federal percebeu que se tratava de uma adaptação do texto teatral, vetado anteriormente, *O Berço do Herói*, escrito por Dias Gomes em 1963. Para substituir *Roque Santeiro* às pressas, a TV Globo produziu em três meses *Pecado Capital*, de Janete Clair.

Padre Albano (Cláudio Cavalcanti, esq.) faz o contraponto com o conservador padre Hipólito (Paulo Gracindo) e é chamado de "padre comunista".

Rui Rezende *viveu misterioso professor Astromar Junqueira, que, nas noites de lua cheia, vira lobisomem, intrigando e assustando Asa Branca.*

Lucinha Lins *interpretava Mocinha: a eterna noiva de Roque Santeiro se manteve casta, até a volta do amado.*

ca segue acreditando em seu santo. *Roque Santeiro* virou símbolo da abertura política no país, abordando questões sociais como a exploração do povo, a reforma agrária e as diferentes correntes ideológicas no interior da Igreja católica. A grande repercussão da novela se refletiu no sucesso comercial de sua trilha sonora, que incluía músicas como "Santa fé", de Moraes Moreira e Fausto Nilo; "De volta pro aconchego", de Dominguinhos e Nando Cordel; e "ABC do santeiro", de Sá e Guarabyra. Pela primeira vez a Som Livre deixou de produzir a trilha internacional para lançar um segundo disco com músicas nacionais. O primeiro vendeu mais de meio milhão de cópias em apenas três meses.

CASABLANCA EM ASA BRANCA

Roque Santeiro (José Wilker) deixa Asa Branca no fim da novela. A dúvida sobre com quem Porcina (Regina Duarte) terminaria perdurou até a última cena, que lembrou o filme *Casablanca* (1942), de Michael Curtiz. A viúva não sabe se embarca com Roque num avião ou se continua na cidade, ao lado de Sinhozinho Malta (Lima Duarte). Diferentemente da personagem de Ingrid Bergman, ela decide ficar em terra.

A BOATE E AS BEATAS

A boate Sexus, de Matilde (Yoná Magalhães, esq.), cenário das sensuais dançarinas Ninon (Claudia Raia, centro) e Rosaly (Isis de Oliveira, dir.), movimentava as noites de Asa Branca. O trio tinha que enfrentar a oposição das beatas lideradas por Dona Pombinha Abelha (Eloísa Mafalda), mulher do prefeito.

Armando Bógus *(esq.), como Zé das Medalhas, e Ary Fontoura, como Florindo Abelha: interesse na perpetuação do mito de Roque Santeiro.*

A Gata Comeu

Autoria: Ivani Ribeiro *Colaboração:* Marilu Saldanha *Direção geral:* Herval Rossano *Direção:* Herval Rossano e José Carlos Pieri *Supervisão:* Daniel Filho 15 abr-19 out 1985 18h CAPS 167

Christiane Torloni *como a rica e mimada Jô Penteado: romance de cão e gato.*

A adaptação da novela* A Barba Azul*, de Ivani Ribeiro, exibida na TV Tupi nos anos 70, tinha como foco uma tumultuada história de amor.

Jô Penteado (Christiane Torloni) fica noiva sete vezes, mas nunca se apaixona. Durante uma excursão escolar em que todos ficam presos dois meses em uma ilha deserta, ela se encanta pelo professor Fábio Coutinho (Nuno Leal Maia), viúvo e pai de dois filhos. O romance é atrapalhado pela noiva de Fábio, Paula (Fátima Freire), e por Gláucia (Bia Seidl), irmã invejosa de Jô. *A Gata Comeu* teve muitos momentos de humor, como os protagonizados pelo casal Gugu (Cláudio Corrêa e Castro) e Tetê (Marilu Bueno). Um garçom que se disfarça de conde italiano, um marido preguiçoso e um falso cego também movimentaram a trama.

De Quina pra Lua

Autoria: Alcides Nogueira *Argumento:* Benedito Ruy Barbosa *Colaboração:* Walther Negrão *Direção:* Atílio Riccó, Mário Márcio Bandarra e Ricardo Waddington *Supervisão:* Daniel Filho 21 out 1985-26 abr 1986 18h CAPS 164

A desenfreada busca de um bilhete de loteria premiado transformou* De Quina pra Lua *em uma divertida corrida do ouro.

Zezão (Milton Moraes) morre atropelado após ganhar na loteria. A família descobre que o cartão foi sepultado com o morto e o desenterra, mas o bilhete foi roubado. A viúva, Angelina (Eva Wilma), e seus quatro filhos iniciam uma busca incansável pelo bilhete, que envolve outros personagens, como o professor Dante Cagliosto (Agildo Ribeiro). Cagliosto se divide entre o amor da manicure Mariazinha (Elizabeth Savala) e sua antiga paixão, Angelina. Para ajudar a família, Zezão volta à Terra acompanhado do anjo Cróvis (José Dumont). Invisíveis, os dois se metem em muitas confusões.

O professor *Dante Cagliosto foi o primeiro papel do humorista Agildo Ribeiro em novelas.*

Ti-Ti-Ti

Autoria: Cassiano Gabus Mendes *Colaboração:* Luiz Carlos Fusco *Direção geral:* Wolf Maya *Direção:* Wolf Maya e Fred Confalonieri *Supervisão:* Paulo Ubiratan e Daniel Filho 5 ago 1985-8 mar 1986 19h CAPS 185

Com enredo bem-humorado,* Ti-Ti-Ti *explorava os bastidores do competitivo mundo da moda na capital paulista.

Rivais desde a infância, quando disputavam as mesmas namoradas, André Spina (Reginaldo Faria) e Ariclenes Martins (Luis Gustavo) se reencontram e passam a se enfrentar profissionalmente. André se tornou um conceituado costureiro conhecido como Jacques Léclair, adepto de uma linha de roupas clássicas. Para desestabilizá-lo, Ariclenes assume a identidade do espanhol Victor Valentim e se infiltra no mundo da moda, disposto a revolucionar a alta-costura com modelos ousados. Quem idealiza suas criações, no entanto, é Cecília (Nathalia Timberg), mulher com problemas mentais. O filho de Ari, o estudante de belas-artes Luti (Cássio Gabus Mendes), desenha os modelos criados por Cecília. O falso espanhol adquire fama e prestígio e, além de roupas, lança o batom Boka Loka. Para complicar ainda mais a trama, Luti se apaixona por Valquíria (Malu Mader), filha de André. No final da novela, descobre-se que Cecília é a mãe de André, desaparecida há anos.

Ari e Jacques *(Luis Gustavo, esq., e Reginaldo Faria): o primeiro vive uma relação conturbada com a ex-mulher; o segundo se faz passar por efeminado, mas é amante da secretária.*

TESOURAS GIGANTES

Soluções artesanais divertidas foram criadas pela equipe do designer Hans Donner para produzir a abertura da novela. Fitas métricas, lapiseiras e tesouras gigantes ganharam vida independente na tela, manipuladas com o auxílio de ímãs, arames e conduítes de metal, ao som de "Ti-Ti-Ti", de Rita Lee e Roberto de Carvalho, interpretada pelo grupo Metrô.

Trechos da criativa *abertura de* Ti-Ti-Ti.

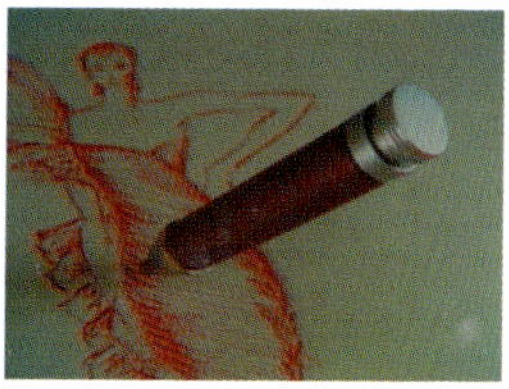

Selva de Pedra

Autoria: Regina Braga e Eloy Araújo *Direção geral:* Walter Avancini e Dennis Carvalho *Direção:* José Carlos Pieri e Ricardo Waddington *Supervisão:* Daniel Filho 24 fev-23 ago 1986 20h30 150

Vingança e ambição conduziam* Selva de Pedra, remake *de novela de Janete Clair exibida em 1972.

Simone *(Fernanda Torres) e Cristiano (Tony Ramos): final feliz.*

Acusado de homicídio, Cristiano Vilhena (Tony Ramos) foge para o Rio de Janeiro com a escultora Simone (Fernanda Torres), testemunha de sua inocência. Os dois se casam e ele vai trabalhar no estaleiro do tio, Aristides (Walmor Chagas), despertando a paixão de Fernanda (Christiane Torloni), noiva de seu primo Caio (José Mayer) e uma das acionistas da empresa. O mau-caráter Miro (Miguel Falabella) se aproveita da ambição de Cristiano e tenta convencê-lo a romper com Simone para se casar com Fernanda. Para deixar o caminho livre para os dois, Miro planeja matar Simone. Perseguida pelo vilão em uma autoestrada, ela sofre um acidente de carro e é dada como morta. Sentindo-se culpado pela morte da esposa, Cristiano não consegue se casar com Fernanda e a abandona na porta da igreja. Humilhada e mentalmente perturbada, ela passa a infernizar a vida dele. Simone, que todos pensam ter morrido, reaparece com nova identidade e também vira alvo das maldades de Fernanda. Os vilões têm um final trágico. Fernanda enlouquece e Miro morre ao ser perseguido pela polícia.

Rejeitada *por Cristiano, Fernanda, personagem de Christiane Torloni, casa-se de luto com Caio, vivido por José Mayer.*

DISFARCES DE SIMONE

Na primeira versão da novela, a escultora Simone (Regina Duarte) usava uma peruca loira em seu disfarce como a bem-sucedida artista plástica Rosana Reis, que se nega a revelar sua real identidade por acreditar que o marido planejara sua morte. No *remake*, a personagem mudou o penteado e usou uma novidade na época: lentes de contato azuis. Descoberta a farsa, Simone (Fernanda Torres) é mantida em cativeiro por Fernanda (Christiane Torloni).

Cambalacho

Autoria: Silvio de Abreu *Direção geral:* Jorge Fernando *Direção:* Jorge Fernando e Del Rangel
Supervisão: Daniel Filho 10 mar-4 out 1986 19h 174

Dois trambiqueiros encabeçavam a trama, cujo sucesso popularizou a expressão "cambalacho" em todo o país.

Andrea Avancini *(esq.), Fernanda Montenegro e Gianfrancesco Guarnieri na divertida novela que atingiu altos índices de audiência para o horário.*

Naná (Fernanda Montenegro) e Gegê (Gianfrancesco Guarnieri) são parceiros nos cambalachos que fazem para sobreviver e manter a filha de Naná, Daniela (Louise Cardoso), estudando no exterior. Sentindo-se culpada pelas trapaças, Naná leva para casa crianças que recolhe nas ruas. Quando descobre ser a herdeira e a suposta filha desaparecida do milionário Antero Souza e Silva (Mário Lago), ela passa a enfrentar sua gananciosa viúva, Andreia (Natália do Vale), responsável pela morte do marido. Andreia contrata o advogado Rogério (Cláudio Marzo), por quem é apaixonada. Ele é marido de sua irmã, a também advogada Amanda (Susana Vieira), e recorre a meios ilícitos para satisfazer sua cliente. Ao perceber que é traída, Amanda decide defender Naná na disputa. Ganhou relevância a trama de Tiago (Edson Celulari), filho de Antero, deserdado pelo pai após assumir a profissão de bailarino. Tiago é apaixonado pela filha de Gegê, a mecânica Ana Machadão (Debora Bloch). Com os dois personagens, o autor abriu um debate sobre preconceitos relacionados a profissões tradicionalmente masculinas e femininas.

TINA PEPPER

Um dos sucessos da trama foi a personagem Albertina Pimenta (Regina Casé, foto), a Tina Pepper. Ela imitava a cantora americana Tina Turner e sonhava com a fama. Tina era filha de Lili Bolero (Consuelo Leandro), que também sempre quis cantar profissionalmente e culpava a cantora Ângela Maria por seu insucesso.

Sinhá Moça

Autoria: Benedito Ruy Barbosa *Colaboração:* Edmara Barbosa *Direção executiva:* Nilton Travesso
Direção: Reynaldo Boury e Jayme Monjardim *Supervisão:* Daniel Filho 28 abr-15 nov 1986 18h 168

Dez anos após* Escrava Isaura*, Lucélia Santos e Rubens de Falco voltavam a estrelar novela sobre escravidão.

Lucélia Santos, *Marcos Paulo e Sérgio Viotti em* Sinhá Moça, *que contou com impecáveis figurinos e produção de arte.*

A trama se passava em 1886, dois anos antes da promulgação da Lei Áurea. Em Araruna, no interior paulista, desenrola-se o amor de Sinhá Moça (Lucélia Santos) e Rodolfo (Marcos Paulo), republicano que se esconde sob a máscara do justiceiro Irmão do Quilombo e, nas madrugadas, invade as senzalas e liberta os negros. Filha do coronel escravocrata Ferreira (Rubens de Falco), o barão de Araruna, Sinhá Moça também luta em defesa dos negros. Outra trama importante era a do escravo alforriado Rafael (Raymundo de Souza), que adota o nome de Dimas e volta à cidade, disposto a se vingar do barão. Rafael é filho do aristocrata com a escrava Maria das Dores (Dhu Moraes). Antes de ser vendido pelo barão, ele conviveu com Sinhá Moça na infância. Ao chegar em Araruna, Rafael se torna braço direito do jornalista Augusto (Luiz Carlos Arutin), um abolicionista convicto, e se apaixona por sua neta, Juliana (Luciana Braga). A novela foi inspirada no romance *Sinhá Moça*, de Maria Dezonne Pacheco Fernandes. Antes mesmo da estreia, 50 países já haviam demonstrado interesse em comprar a produção, atraídos pelo sucesso internacional de *Escrava Isaura* (1976).

ANA DO VÉU

A personagem Ana do Véu, interpretada por Patrícia Pillar (foto), se destacou na história. Ela vivia com o rosto coberto, devido a uma promessa da mãe. Ana é prometida a Rodolfo (Marcos Paulo), mas se envolve com o irmão dele, Ricardo (Daniel Dantas, foto), um jovem tímido e generoso que nunca teve interesse em estudar, preferindo ficar na fazenda do pai. Ele se apaixona por Ana do Véu sem nunca ter visto seu rosto.

Roda de Fogo

Autoria: Lauro César Muniz *Colaboração:* Marcílio Moraes *Direção executiva:* Paulo Ubiratan
Direção geral: Dennis Carvalho *Direção:* Dennis Carvalho e Ricardo Waddington *Supervisão:* Daniel Filho
25 ago 1986-21 mar 1987 20h30 CAPS 179

Roda de Fogo *foi escrita a partir de sinopse elaborada na Casa de Criação Janete Clair, fundada por Dias Gomes em 1985.*

A revelação de um dossiê sobre irregularidades em uma das empresas do inescrupuloso Renato Villar (Tarcísio Meira) causa escândalo no meio empresarial e o autor da denúncia morre misteriosamente. A juíza Lúcia Brandão (Bruna Lombardi), profissional íntegra, assume o caso e Renato pensa em suborná-la para se livrar das acusações, mas os dois se apaixonam. Ao descobrir que tem, no máximo, seis meses de vida devido a um tumor no cérebro, Renato se transforma: rompe o casamento de aparências com Carolina (Renata Sorrah), destina parte dos lucros da empresa a uma fundação, afasta executivos que o traem e tenta reconquistar o filho, Pedro (Felipe Camargo), fruto de uma relação com a ex-guerrilheira Maura (Eva Wilma). As atitudes de Renato desagradam à família e aos sócios, que passam a lutar por sua destruição liderados por seu ex-braço direito, o advogado Mário Liberato (Cecil Thiré). Em sua luta pelo poder, que envolve vários assassinatos, Mário tem como cúmplice o criado Jacinto (Cláudio Curi), ex-torturador do regime militar. Renato e Lúcia ficam juntos, mas, mesmo com o público a seu favor, o empresário morre no final.

Tarcísio Meira *e Bruna Lombardi: Lúcia Brandão vive um conflito ético por ter que julgar o homem que ama.*

Claudia Alencar, *Carla Daniel, Inês Galvão e Osmar Prado: três noivas para um homem só.*

O MOTORISTA NAMORADOR

O personagem interpretado por Osmar Prado, Tabaco, foi uma das boas surpresas da novela. Motorista de Renato Villar (Tarcísio Meira), ele se orgulha de dirigir a limusine do patrão e namora três mulheres ao mesmo tempo, sem conseguir se decidir por apenas uma: a sensual Patativa (Claudia Alencar), a telefonista Bel (Inês Galvão) e a ingênua Marlene (Carla Daniel).

Hipertensão

Autoria: Ivani Ribeiro *Direção geral:* Wolf Maya *Direção:* Wolf Maya, Carlos Magalhães, Atílio Riccó e Marcelo de Barreto *Supervisão:* Daniel Filho 6 out 1986-18 abr 1987 19h CAPS 167

Dois mistérios norteavam o enredo de* Hipertensão*: a paternidade da protagonista e a identidade de um assassino.

Cláudio Corrêa e Castro *(entre Paulo Gracindo e Ary Fontoura) viveu o personagem Napoleão nas duas versões da novela.*

Três amigos moram juntos desde a morte das esposas, irmãs trigêmeas. Com a chegada de um grupo de teatro mambembe à fictícia Rio Belo, Napoleão (Cláudio Corrêa e Castro), Candinho (Paulo Gracindo) e Romeu (Ary Fontoura) conhecem Carina (Maria Zilda Bethlem). A jovem se parece com suas falecidas mulheres e eles acreditam que um deles seja seu pai. Destacou-se na trama a misteriosa morte da humilde Luzia (Cláudia Abreu), que fica grávida de Ray (Taumaturgo Ferreira). *Hipertensão* foi uma atualização de *Nossa Filha Gabriela*, novela de Ivani Ribeiro exibida na TV Tupi em 1971.

Direito de Amar

Autoria: Walther Negrão *Colaboração:* Marilu Saldanha, Ana Maria Moretzsohn e Alcides Nogueira *Direção executiva:* Nilton Travesso *Direção geral:* Jayme Monjardim *Direção:* Jayme Monjardim e José Carlos Pieri *Supervisão:* Daniel Filho 16 fev-4 set 1987 18h CAPS 172

Ambientada no Rio de Janeiro do início do séc.XX, a trama baseava-se em* Noiva das Trevas*, de Janete Clair, escrita nos anos 50.

Carlos Vereza *(acima) recebeu muitas cartas de fãs apaixonadas por seu personagem, Francisco Monserrat, um vilão sedutor que, apesar de bom atirador, deixa-se matar em duelo com Jorge (Carlos Zara), no final da novela.*

À beira da falência, o industrial Augusto Medeiros (Edney Giovenazzi) promete a mão da filha, Rosália (Glória Pires), ao poderoso banqueiro Francisco Monserrat (Carlos Vereza). Mas a jovem se apaixona por seu filho, Adriano (Lauro Corona). Ninguém suspeita, mas o rapaz é, na verdade, filho da primeira mulher de Monserrat, Joana (Ítala Nandi), que é tida como morta, com o médico Jorge (Carlos Zara). Anos atrás, ao descobrir o adultério de Joana, o banqueiro tirou a criança de seus braços e simulou a morte da esposa, mantendo-a, no entanto, prisioneira em um dos quartos de sua mansão.

O Outro

Autoria: Aguinaldo Silva *Colaboração:* Ricardo Linhares *Direção executiva:* Paulo Afonso Grisolli *Direção geral:* Gonzaga Blota e Del Rangel *Direção:* Gonzaga Blota, Fred Confalonieri, Ignácio Coqueiro, Ricardo Waddington, Del Rangel e José de Abreu *Supervisão:* Daniel Filho 23 mar-10 out 1987 20h30 CAPS 179

***Impressionante semelhança física entre dois homens que não se conhecem conduzia o suspense de* O Outro.**

O milionário Paulo Della Santa e o dono de um ferro-velho, Denizard de Mattos (ambos interpretados por Francisco Cuoco), são vítimas de uma explosão. Paulo desaparece e Denizard é confundido com ele. Com amnésia, ele assume a identidade do outro e se envolve com sua mulher, Laura (Natália do Vale), e com seus supostos filhos, Pedro Ernesto (Marcos Frota) e Marília (Beth Goulart). Enquanto isso, sua verdadeira filha, Zezinha (Cláudia Abreu), e a namorada, Índia do Brasil (Yoná Magalhães), vivem o drama de seu desaparecimento. Nos últimos capítulos, o verdadeiro Paulo reaparece.

FALSO INCESTO

Malu Mader se destacou como a hippie Glorinha da Abolição, que se envolve com o sósia de Paulo Della Santa (Francisco Cuoco) para desespero da mãe, Wilma (Arlete Salles). Wilma é empregada na casa dos Della Santa e esconde de todos que Glorinha é filha do patrão. Sem saber da troca de identidade entre Paulo e Denizard, ela pensa que Glorinha se apaixonou pelo próprio pai.

Bambolê

Autoria: Daniel Más *Colaboração:* Ana Maria Moretzsohn *Direção executiva:* Roberto Talma *Direção geral:* Wolf Maya *Direção:* Wolf Maya, Atílio Riccó, Ignácio Coqueiro e Marcelo de Barreto *Supervisão:* Daniel Filho 7 set 1987-26 mar 1988 18h CAPS 172

As atrizes *Carla Marins (esq.), Thaís de Campos e Myrian Rios na novela cuja cidade cenográfica reproduziu um antigo quarteirão de Ipanema, bairro de suas personagens.*

Inspirada no romance* Chama e Cinzas*, de Carolina Nabuco, novela reviveu o glamour do Rio de Janeiro no final dos anos 50.

A bossa nova era o fundo musical dos desentendimentos entre o viúvo idealista Álvaro Galhardo (Cláudio Marzo) e sua cunhada, a arrogante Fausta (Joana Fomm). Além de discordar do modo como ele cria as filhas – Ana (Myrian Rios), Yolanda (Thaís de Campos) e Cristina (Carla Marins) –, Fausta implica com seu romance com Marta (Susana Vieira), mulher desquitada que se muda com os filhos, Murilo (Maurício Mattar) e Tavinho (Felipe Fonseca), para a Zona Sul da cidade.

Brega & Chique

Autoria: Cassiano Gabus Mendes *Colaboração:* Luiz Carlos Fusco *Direção executiva:* Roberto Talma *Direção geral:* Jorge Fernando *Direção:* Jorge Fernando, Carlos Magalhães e Marcelo de Barreto *Supervisão:* Daniel Filho 20 abr-7 nov 1987 19h CAPS 173

Marília Pêra *(esq.), a chique, e Glória Menezes, a brega, como as personagens centrais da divertida novela de Cassiano Gabus Mendes.*

A novela contava a história de duas mulheres que se tornam amigas sem saber que foram casadas com o mesmo homem.

Para escapar da falência, o empresário Herbert Alvaray (Jorge Dória), que sempre escondeu ter duas famílias, simula sua morte e foge do país. A esposa oficial, Rafaela Alvaray (Marília Pêra), fica endividada e se muda para a periferia de São Paulo, onde conhece a pobre e brega Rosemere da Silva (Glória Menezes), a outra esposa de Herbert, que, inesperadamente, herda uma fortuna em dólares. Rosemere ensina Rafaela a economizar, e esta dá aulas de etiqueta para a nova-rica, que é cortejada pelo grosseirão Baltazar (Dennis Carvalho). Rafaela se envolve com o secretário de Herbert, Montenegro (Marco Nanini). A trama dá uma virada quando Herbert, após uma cirurgia plástica, retorna ao país com o nome de Cláudio Serra (Raul Cortez). As duas descobrem toda a farsa e ainda constatam que há outra mulher na vida dele: Zilda (Nívea Maria), amiga de Rafaela. No fim da história, Herbert morre dormindo, sonhando com seu verdadeiro rosto. Rafaela, Rosemere e Zilda refazem suas vidas, ao lado, respectivamente, de Montenegro, Baltazar e Pedro (Paulo César Grande), e dividem os dólares que Herbert guardava em uma conta na Suíça.

brega & CHIQUE

PELADO

A abertura de *Brega & Chique* causou polêmica ao mostrar um modelo com as nádegas descobertas, ao som de "Pelado", da banda Ultraje a Rigor. Inicialmente, a Censura Federal exigiu que a nudez fosse coberta com uma folha de parreira; após negociações, a versão original foi liberada.

Mandala

Autoria: Dias Gomes *Colaboração:* Marcílio Moraes e Lauro César Muniz *Direção executiva:* Roberto Talma *Direção geral:* Ricardo Waddington *Direção:* Ricardo Waddington, José Carlos Pieri e Fábio Sabag *Supervisão:* Daniel Filho 12 out 1987-14 mai 1988 20h30 CAPS 185

Mandala *foi inspirada na tragédia* Édipo Rei, *de Sófocles, para ressaltar a luta do homem contra o próprio destino.*

A jovem Jocasta (Giulia Gam) engravida do namorado, Laio (Taumaturgo Ferreira). Mas ele some com o bebê após consultar os búzios e descobrir que o menino o matará e manterá uma relação amorosa com a mãe. Passados 25 anos, Édipo (Felipe Camargo), que foi criado por pais adotivos, encontra Laio (Perry Salles) em uma estrada, mas ambos ignoram a relação de parentesco. Alterado por ter acabado de escapar de uma emboscada planejada por rivais, Laio agride Édipo. Os dois brigam, Laio despenca de uma ribanceira e morre. Édipo se muda para o Rio de Janeiro com a namorada, Letícia (Lúcia Veríssimo), em busca de uma nova vida. É quando conhece Jocasta (Vera Fischer) e os dois se apaixonam. O rapaz é perseguido pelo guru Argemiro (Carlos Augusto Strazzer), que previu a tragédia no início da trama, e por Creonte (Gracindo Jr.), seu tio, que sabe da ascendência de Édipo e ambiciona assumir os negócios de Laio. Édipo, no entanto, só fica sabendo que é filho de Laio perto do final da novela. *Mandala* transformou em *hit* a música "O amor e o poder", interpretada por Rosana.

Felipe Camargo *e Vera Fischer como Édipo e Jocasta: amor incestuoso no horário nobre.*

O BEIJO PROIBIDO

Jocasta (Vera Fischer) foge das investidas do apaixonado Édipo (Felipe Camargo), pois sente que não deve ceder à tentação. Só após muita insistência, ele consegue beijá-la. A cena, essencial para a trama, chegou a ser vetada pela Censura Federal e só foi liberada após muitas negociações, sob a alegação de que os personagens desconheciam sua condição de mãe e filho. Mas Jocasta descobre a verdade e o romance não vai adiante.

MANDALA

PÉROLAS DE TONY CARRADO

"Depois da tempestade, vem a ambulância."
"Tu *pensa* que eu estava deslizando no macio?"
"Vê se tu *vai* decorar necrotério, que dá mais certo."
"Sou seu súbito."

Personagem *de Nuno Leal Maia, o bicheiro Tony Carrado fez sucesso: grosseirão e cafona, ele se declarava a Jocasta chamando-a de "minha deusa". Os dois ficam juntos no final.*

Sassaricando

Autoria: Silvio de Abreu *Direção executiva:* Paulo Afonso Grisolli *Direção:* Cecil Thiré, Lucas Bueno e Miguel Falabella 9 nov 1987-11 jun 1988 18h50 184

Novela trazia as aventuras de um sessentão que, ao ficar viúvo, passa a levar uma vida cheia de "sassaricos".

Paulo Autran *e Tônia Carrero: o sessentão Aparício Varella e a namorada estilista Rebeca.*

Depois da morte de sua mulher, a tirana Teodora (Jandira Martini), Aparício Varella (Paulo Autran) começa a namorar três amigas simultaneamente: a estilista de moda Rebeca (Tônia Carrero), a atriz fracassada Leonora (Irene Ravache) e a dona de casa Penélope (Eva Wilma). Mas ele não escapa das perseguições da família, liderada pela mimada filha Fedora, a Fefê (Cristina Pereira), que tem fantasias eróticas e vive entre tapas e beijos com o marido, Leonardo Raposo (Diogo Vilela), o Leozinho, um assassino profissional que só mata as pessoas erradas. As cunhadas Lucrécia (Maria Alice Vergueiro) e Fabíola (Ileana Kwasinski) também atormentam sua vida, interessadas na fortuna deixada pela irmã. E a própria esposa volta do além para atazaná-lo.

Diogo Vilela *e Cristina Pereira, que usava uma exagerada maquiagem, inspirada na personagem-título do filme* Fedora, *de Billy Wilder.*

"DIVIDIDINHA"

Com um sotaque paulistano exagerado e o bordão "me tô divididinha", Claudia Raia (foto) se destacou como a feirante Tancinha, que se dividia entre o amor do publicitário Beto (Marcos Frota) e o do musculoso Apolo (Alexandre Frota).

Fera Radical

Autoria: Walther Negrão *Colaboração:* Luiz Carlos Fusco, Ricardo Linhares e Rose Calza *Direção geral:* Gonzaga Blota *Direção:* Gonzaga Blota e Denise Saraceni 28 mar-19 nov 1988 17h55 CAPS 203

***Autor se inspirou na peça* A Visita da Velha Senhora*, de Friedrich Dürrenmatt, para escrever* Fera Radical.**

Disposta a se vingar do assassinato de sua família, Cláudia (Malu Mader) assume uma falsa identidade e se emprega na fazenda cujos proprietários são suspeitos do crime. Ela se surpreende com o carinho do fazendeiro Altino Flores (Paulo Goulart), preso a uma cadeira de rodas, e se envolve com seus filhos, Heitor (Thales Pan Chacon) e Fernando (José Mayer), por quem se apaixona. Marília (Carla Camurati), noiva de Heitor, vive um romance proibido com Fernando e passa a disputá-lo com Cláudia. A protagonista também é perseguida por Joana (Yara Amaral), mulher de Altino, que descobre sua verdadeira identidade.

Yara Amaral *e Malu Mader em cena de impacto: antagonistas na novela.*

Bebê a Bordo

Autoria: Carlos Lombardi *Colaboração:* Luiz Carlos Fusco e Maurício Arruda *Direção executiva:* Roberto Talma *Direção:* Roberto Talma, Del Rangel, Marcelo de Barreto e Paulo Trevisan 13 jun 1988-11 fev 1989 17h55 CAPS 209

Com texto irreverente e bem-humorado,* a novela *analisava as relações familiares em enredo cheio de ação.

Após se envolver num assalto, Ana (Isabela Garcia) dá à luz no carro de Tonico (Tony Ramos), mas abandona o bebê para fugir da polícia. Tonico passa a cuidar da criança, até o momento em que Ana volta para buscá-la. A mãe de Ana, Laura (Dina Sfat), culpada por também ter abandonado a filha ainda bebê, decide procurá-la e, ao descobrir que tem uma neta, luta pela guarda da menina. Em meio aos desencontros, Ana não sabe quem é o verdadeiro pai de Helena e sua paternidade é disputada por Zezinho (Leo Jaime), Antônio Antonucci (Rodolfo Bottino) e os irmãos Rei (Guilherme Fontes) e Rico (Guilherme Leme).

Isabela Garcia *com Beatriz Bertú, uma das cinco crianças que se revezaram no papel de Helena.*

SONHOS CINEMATOGRÁFICOS

As cenas da solteirona reprimida Ângela (Maria Zilda Bethlem), apaixonada pela voz do locutor de rádio Tonhão (José de Abreu), renderam bons momentos. Ela dava vazão a suas fantasias sensuais em sonhos que pareciam filmes.

Vale Tudo

Autoria: Gilberto Braga, Aguinaldo Silva e Leonor Bassères *Direção executiva:* Paulo Ubiratan *Direção geral:* Dennis Carvalho *Direção:* Ricardo Waddington e Paulo Ubiratan *Supervisão:* Daniel Filho
16 mai 1988-6 jan 1989 20h CAPS 204

Regina Duarte *e Glória Pires: mãe e filha sempre em pé de guerra por conta da conduta da jovem, que só pensa em subir na vida.*

Corrupção e falta de ética conduziam* Vale Tudo*, que denunciava a inversão de valores no Brasil do final dos anos 80.

A abertura de *Vale Tudo* já dizia ao que vinha a novela: ao som de "Brasil", de Cazuza, cantada por Gal Costa, um mosaico de imagens compunha um retrato do país, formando a bandeira brasileira. Os autores centraram a discussão sobre honestidade x desonestidade no antagonismo mãe x filha: a íntegra Raquel Accioli (Regina Duarte) é o oposto da filha Maria de Fátima (Glória Pires), jovem inescrupulosa e com horror à pobreza que, logo nos primeiros capítulos, vende a única propriedade de sua família, no Paraná, e foge com o dinheiro para o Rio de Janeiro para se tornar modelo. Raquel vai atrás da filha e acaba conhecendo o administrador de empresas Ivan Meirelles (Antonio Fagundes), por quem se apaixona. Para ganhar a vida, Raquel passa a vender sanduíche na praia, com a ajuda do amigo Audálio (Pedro Paulo Rangel), conhecido como Poliana. Ao longo da trama, ela se torna dona de uma rede de restaurantes. Cúmplice e amante do mau-caráter César (Carlos Alberto Riccelli), Maria de Fátima se alia à poderosa empresária Odete Roitman (Beatriz Segall) e se casa com seu filho, Afonso

MERCADO EXTERNO

O sucesso de *Vale Tudo* chegou ao exterior. O nome do restaurante de Raquel, Paladar, passou a designar, em Cuba, os pequenos restaurantes privados inaugurados no país após a abertura econômica dos anos 90. Em 2002, a Rede Globo e a Telemundo, braço hispânico da rede americana NBC, realizaram em coprodução o *remake* da novela. Adaptada por Yves Dumont, *Vale Tudo* teve um elenco de língua hispânica e foi a primeira produção da Globo voltada exclusivamente para o mercado externo.

ALCOOLISMO

A novela discutiu o drama do alcoolismo, mostrando o processo de recuperação dos dependentes por meio da frágil artista plástica Heleninha (Renata Sorrah, foto). Em cena esclarecedora, ela recorre à ajuda dos Alcoólicos Anônimos.

(Cássio Gabus Mendes), após prejudicar o romance dele com a jornalista Solange (Lídia Brondi). A união com Afonso só é possível depois que Maria de Fátima, como combinara com Odete, consegue separar Raquel de Ivan, para que ele, livre, case-se com Heleninha (Renata Sorrah), filha da empresária. Mas Odete descobre o romance entre Maria de Fátima e César, com quem ela própria mantinha um caso, e passa a perseguir a jovem. Odete é assassinada, gerando um grande mistério na história. O Brasil inteiro parou no dia 6 de janeiro de 1989 para saber "quem matou Odete Roitman". Acertou quem apostou em Leila (Cássia Kiss), mulher de outro mau-caráter, Marco Aurélio (Reginaldo Faria). A intenção de Leila era matar Maria de Fátima, que se tornara amante de seu marido, mas foi Odete quem acabou morrendo em seu lugar. A novela mostrou um final inusitado, ao não punir os personagens de índole má: Maria de Fátima se casa com um príncipe italiano, em mais um plano idealizado por César; e Marco Aurélio, depois de aplicar um grande golpe, foge do país com Leila, dando uma banana para a câmera.

HOMOSSEXUALISMO

O tema do homossexualismo feminino, protagonizado por Cristina Prochaska e Lala Deheinzelin, sofreu intervenção da Censura Federal: vários diálogos entre Laís e Cecília, suas personagens, tiveram de ser reescritos.

Beatriz Segall *fez de Odete Roitman uma das melhores vilãs da teledramaturgia nacional.*

Vida Nova

Autoria: Benedito Ruy Barbosa *Colaboração:* Edmara Barbosa *Direção executiva:* Paulo Ubiratan *Direção geral:* Reynaldo Boury *Direção:* Reynaldo Boury e Luiz Fernando Carvalho 21 nov 1988-6 mai 1989 17h50 CAPS 143

Enredo destacou o convívio de imigrantes, sobretudo italianos, num cortiço paulista do bairro do Bixiga, na década de 40.

Entre as tramas da novela estavam a da ex-prostituta Dona Lalá (Yoná Magalhães), que desperta a paixão do sapateiro Antônio (Carlos Zara); a de Gema (Nívea Maria), que, julgando-se viúva, casa-se com Pietro (Osmar Prado), até que seu primeiro marido, Sebastião (Roberto Bomfim), reaparece; a do italiano Antônio do Mercado (Antônio Petrin), que trabalha para manter o filho Antoninho (Marcos Winter) num dos melhores colégios de São Paulo; a de Francesco (Paulo José), que sonha voltar à Itália; e a do namoro proibido da judia Ruth (Deborah Evelyn) com o português católico Manoel Victor (Lauro Corona).

Lauro Corona, *o português católico Manoel Victor.*

DESPEDIDA

Uma cena marcante foi aquela em que Manoel Victor deixa a cidade, ao som de um poema de Fernando Pessoa declamado por Lauro Corona, que se afastava da trama por problemas de saúde. O ator faleceu dois meses após o fim da novela.

Pacto de Sangue

Autoria: Regina Braga *Colaboração:* Sérgio Marques *Direção executiva:* Paulo Ubiratan *Direção:* Herval Rossano 8 mai-23 set 1989 18h CAPS 119

Novela tematizou a escravidão para festejar os centenários da abolição da escravatura e da proclamação da República.

Em 1870, em Campos dos Goytacazes (RJ), o jovem Antônio (Marcelo Serrado) morre após ajudar um negro a escapar da fazenda do pai, o juiz Queiroz Antunes (Carlos Vereza). No leito de morte, Antônio pede ao pai que crie o pequeno escravo Bento (Armando Paiva) como um filho. A convivência com o menino faz com que Antunes, líder do Partido Conservador na cidade, reveja a rigidez de seus valores. Ele acaba se apaixonando por Aimée (Carla Camurati), integrante do movimento abolicionista. A novela foi inteiramente gravada antes de ir ao ar.

O Salvador da Pátria

Autoria: Lauro César Muniz *Colaboração:* Alcides Nogueira e Ana Maria Moretzsohn *Direção geral:* Paulo Ubiratan *Direção:* Paulo Ubiratan, Gonzaga Blota e José Carlos Pieri *Supervisão:* Daniel Filho 9 jan-12 ago 1989 20h30 CAPS 186

Luis Gustavo *(em cena, com Tássia Camargo) sugeriu o nome de seu personagem, Juca Pirama, inspirado na poesia de Gonçalves Dias "I-Juca Pirama", de onde também tirou o bordão "Meninos, eu vi".*

A novela foi ao ar em um momento importante da política brasileira, marcado pela volta das eleições diretas para presidente.

O *Salvador da Pátria* se passa em duas cidades vizinhas, Ouro Verde e Tangará. A história começa quando o deputado federal e empresário Severo Toledo Blanco (Francisco Cuoco) resolve abafar os boatos sobre sua relação extraconjugal com Marlene (Tássia Camargo), fazendo-a se casar com o ingênuo Sassá Mutema (Lima Duarte), boia-fria que vive da colheita de laranja. O radialista Juca Pirama (Luis Gustavo) passa a explorar o caso e a trama se complica quando ele e Marlene são encontrados mortos. Sassá, acusado dos assassinatos, é preso, mas consegue provar sua inocência com a ajuda da professora Clotilde (Maitê Proença), por quem se apaixona. Quando se descobre que o moralista Juca Pirama era, na verdade, um corrupto, a reputação de Sassá muda e ele ganha popularidade. Políticos querem transformá-lo em prefeito de Tangará, vendo no ingênuo boia-fria um possível defensor de seus interesses. Sassá vence as eleições, porém rompe com os aliados e conquista posição política independente. A história se baseou no especial O *Crime do Zé Bigorna*, também de Lauro César Muniz, exibido em 1974, na TV Globo, e transformado em filme em 1977, ambos estrelados por Lima Duarte.

SASSÁ MUTEMA

Na sinopse original, Sassá Mutema (Lima Duarte, foto) se tornava presidente da República. Devido às eleições presidenciais de 1989, o autor mudou de ideia por sofrer pressão de grupos partidários que identificavam o personagem com o então candidato à Presidência Luiz Inácio Lula da Silva (PT). A direita via em Sassá uma propaganda subliminar que favorecia o PT. Já a esquerda criticava-o por considerá-lo manipulável.

Que Rei Sou Eu?

Autoria: Cassiano Gabus Mendes *Colaboração:* Luiz Carlos Fusco *Direção executiva:* Roberto Talma *Direção geral:* Jorge Fernando *Direção:* Jorge Fernando, Fabio Sabag, Mário Márcio Bandarra e Lucas Bueno *Supervisão:* Daniel Filho 13 fev-16 set 1989 19h CAPS 185

Edson Celulari *e Giulia Gam como os rebeldes Aline e Jean-Pierre: unidos no amor e na luta pela revolução.*

Ambientada em um país europeu fictício,* Que Rei Sou Eu?** ***aludia à Revolução Francesa para fazer uma paródia do Brasil.

Humor e originalidade marcaram a novela, que explorou temas da realidade brasileira à época da exibição. No imaginário reino de Avilan, o povo miserável vive às voltas com governantes corruptos, sucessivos planos econômicos, moeda desvalorizada e altos impostos. Com a morte do rei Petrus II (Gianfrancesco Guarnieri) – cujo único herdeiro é o filho bastardo Jean-Pierre (Edson Celulari) –, os conselheiros reais, que exercem forte influência nas decisões da rainha Valentine (Tereza Rachel), resolvem entregar a coroa ao mendigo Pichot (Tato Gabus Mendes). A tramoia é obra de Ravengar (Antônio Abujamra), o bruxo do condado. Revoltado, Jean-Pierre lidera um grupo de revolucionários para derrubar

A VOLTA DO BRUXO

Antônio Abujamra (foto) foi aclamado pela interpretação do bruxo Ravengar, que, após o levante popular no final da novela, volta a Avilan com o nome de Richelieu Rasputin Golbery, oferecendo seus préstimos ao novo governo.

os vilões. O destemido herói se divide entre o amor da revolucionária Aline (Giulia Gam), que trabalha no palácio, e o da nobre Suzanne (Natália do Vale), mulher de Vanoli (Jorge Dória), um dos conselheiros do rei. Em meio aos conflitos, a princesa Juliette (Cláudia Abreu) se apaixona por Pichot. Apesar de ambientada no séc.XVIII, o que exigiu cuidadosa pesquisa de época, a novela fazia referências à contemporaneidade. Em alusão ao Plano Cruzado, pacote econômico lançado pelo governo em 1986 que envolveu congelamento de preços e mudança da moeda nacional, o autor incluiu na trama uma reforma monetária, trocando o nome da moeda de Avilan de caduco para duca, e tirando três zeros do seu valor. Além disso, os nobres do palácio podiam ser vistos dançando samba, enquanto Juliette surpreendia a corte vestindo minissaia. No final da história, o povo consegue invadir o palácio, eliminar os opressores, confiscar os baús da nobreza e tomar o poder. Numa das últimas cenas da novela, Jean-Pierre exclama: "Ninguém vai mais explorar o trabalho do pobre, agora quero que gritem comigo: viva o Brasil!". Foi a primeira vez que o nome do reino fictício foi substituído por Brasil.

Stênio Garcia *interpretou Corcoran, o bobo da corte: maquiagem levava uma hora e meia para ficar pronta.*

Dercy Gonçalves *(dir.) em participação especial como a baronesa Eknésia, mãe da rainha Valentine, papel de Tereza Rachel. As duas atrizes brilharam na novela.*

Os conselheiros *reais vividos por Carlos Augusto Strazzer (esq.), Laerte Morrone e John Herbert (em pé), Oswaldo Loureiro e Jorge Dória (sentados): crítica bem-humorada ao Congresso Nacional.*

Tieta

Autoria: Aguinaldo Silva, Ana Maria Moretzsohn e Ricardo Linhares *Direção executiva e geral:* Paulo Ubiratan *Direção:* Reynaldo Boury e Luiz Fernando Carvalho *Supervisão:* Daniel Filho 14 ago 1989-31 mar 1990 20h 196

Livre adaptação de* Tieta do Agreste, *de Jorge Amado, a novela apresentava personagens dramáticos mas cheios de humor.

Vinte e cinco anos depois de ter sido escorraçada pelo pai, Zé Esteves (Sebastião Vasconcelos), de Santana do Agreste, no Nordeste, Tieta (Cláudia Ohana/ Betty Faria) reaparece, rica, exuberante e decidida a se vingar de quem a maltratou. Sua chegada à cidade transforma a vida dos moradores. Tieta se envolve com o sobrinho, o seminarista Ricardo (Cássio Gabus Mendes), filho de sua rancorosa irmã Perpétua (Joana Fomm). Os habitantes ainda se veem às voltas com a instalação de uma fábrica que causará um forte impacto ambiental na região. *Tieta* também apresentou a história de outras personagens femininas marcantes, como a doce Carmosina (Arlete Salles), que, já adulta, descobre

***Cássio Gabus Mendes** e Betty Faria: envolvimento entre tia e sobrinho desagradou à Igreja católica, que considerou a relação incestuosa. A atriz se vestia com cores fortes, brilhos e decotes para compor o visual da sensual e exuberante protagonista.*

***Ary Fontoura** e Luciana Braga na novela que contou com umą especialista em prosódia para que o elenco adotasse o sotaque e o vocabulário típicos do Nordeste.*

o amor e o sexo; Imaculada (Luciana Braga), uma das "rolinhas" do prefeito Artur da Tapitanga (Ary Fontoura), que abriga meninas em troca de favores sexuais; Carol (Luiza Tomé), a "teúda e manteúda" amante do coronel Modesto Pires (Armando Bógus), que a tiraniza; Tonha (Yoná Magalhães), a sofrida mulher de Zé Esteves, pai de Tieta; e Elisa (Tássia Camargo), que, em crise com o marido Timóteo (Paulo Betti), tem sonhos românticos com o ator Tarcísio Meira, chegando a preparar um enxoval para um possível encontro com o ídolo. Entre os personagens masculinos, havia os Cavaleiros do Apocalipse, como eram conhecidos os inseparáveis amigos Timóteo (galã que se sente frustrado por não ser mais solteiro); Amintas (Roberto Bomfim), dono de uma casa de materiais de construção; Osnar (José Mayer), ex-amante de Tieta e o mais conquistador do grupo; e Ascânio (Reginaldo Faria), que retorna da capital com o objetivo de levar progresso e civilização à terra natal. Ele se torna secretário da prefeitura e, junto com Tieta, promove a modernização de Santana do Agreste, até então parada no tempo. A identidade da "mulher de branco", Laura (Cláudia Alencar), assombração que atacava os homens da região e era um dos assuntos principais da população, criou suspense entre os telespectadores.

Dona Milu, *personagem de Miriam Pires (acima, entre José Mayer e Arlete Salles), fez sucesso com o bordão "Mistério".*

ADORÁVEL PERPÉTUA

A atuação de Joana Fomm (foto) fez da traiçoeira beata Perpétua uma das personagens preferidas do público. Extremamente conservadora e sempre de luto, ela guardava no armário uma misteriosa caixa branca cujo conteúdo só foi revelado no final da trama: o órgão genital de seu falecido marido. Perpétua rendeu muitas cenas de humor.

Top Model

Autoria: Walther Negrão e Antonio Calmon *Colaboração:* Rose Calza e Vinícius Vianna
Direção executiva: Roberto Talma *Direção:* Mário Márcio Bandarra, Fred Confalonieri e Roberto Talma
Supervisão: Daniel Filho 18 set 1989-5 mai 1990 18h40 CAPS 198

Tendo como pano de fundo o glamour das passarelas e as crises da adolescência,* Top Model *fez grande sucesso entre os jovens.

Gabriela Duarte *(esq.), Carol Machado, Nuno Leal Maia, Marcelo Faria, Henrique Farias e Igor Lage viveram os integrantes de uma família nada convencional.*

O surfista e ex-hippie quarentão Gaspar Kundera (Nuno Leal Maia) mora no Rio de Janeiro, onde cria os filhos Elvis (Marcelo Faria), Olívia (Gabriela Duarte), Jane (Carol Machado), Ringo (Henrique Farias) e Lennon (Igor Lage) – todos de mães diferentes –, além do cachorro Maradona. Seu irmão, Alex (Cecil Thiré), é um *yuppie*, dono de uma confecção e de uma agência de modelos. Os dois têm personalidades e estilos de vida opostos, mas disputam tudo, desde mulheres até a atenção da mãe, Morgana (Eva Todor). Paralelamente ao conflito entre os dois, a trama narrava o cotidiano dos adolescentes. Os jovens "filhos do divórcio" lidavam com situações como separação dos pais, primeira menstruação, masturbação e gravidez precoce, vivendo histórias divertidas e emocionantes.

A novela contou com as participações especiais de Marília Pêra, como a mãe do grafiteiro Lucas (Taumaturgo Ferreira), e de Regina Duarte, Susana Vieira e a roqueira Rita Lee como mães de filhos de Gaspar.

DUDA E LUCAS

O universo da moda, que seria o mote da história, acabou se tornando a principal trama paralela da novela. A modelo Duda (Malu Mader, foto), menina pobre que se transforma em garota-propaganda da confecção Covery, encanta o dono da empresa, Alex (Cecil Thiré). Ela, no entanto, é apaixonada por Lucas (Taumaturgo Ferreira, foto), que busca o pai desconhecido sem saber se ele é Alex ou Gaspar (Nuno Leal Maia).

O Sexo dos Anjos

Autoria: Ivani Ribeiro *Direção:* Roberto Talma, Fabio Sabag e Flávio Colatrello
25 set 1989-10 mar 1990 18h 142

Romance entre anjo e mortal foi inspirado na trama de* O Terceiro Pecado*, escrita por Ivani Ribeiro para a TV Excelsior em 1968.

Diana, o Anjo da Morte (Bia Seidl), designa um Emissário (Felipe Camargo) para buscar Isabela (Isabela Garcia) na Terra. Mas ele se apaixona pela moça e tenta levar em seu lugar a cruel Ruth (Silvia Buarque), sua irmã. O Anjo recusa a proposta, porém dá uma chance a Isabela: ela só poderá cometer mais dois pecados. Caso cometa o terceiro, morrerá. Transformado no ser humano Adriano, o mensageiro se esforça para salvar a amada.

Gente Fina

Autoria: Luiz Carlos Fusco, Marilu Saldanha e Walter George Durst *Direção:* Herval Rossano, Gonzaga Blota, Luiz Fernando Carvalho e Lucas Bueno
12 mar-18 ago 1990 18h 140

Gente Fina *narrava o cotidiano de uma família de classe média carioca.*

Sem dinheiro para pagar o aluguel do apartamento em Copacabana, no Rio de Janeiro, Guilherme (Hugo Carvana), sua esposa, Joana (Nívea Maria), seu pai, Olavo (José Lewgoy), e os filhos, Kika (Lizandra Souto), Beto (Nicolai Nunes) e Tatá (Natália Lage), vão morar de favor na casa de um amigo, no subúrbio. Eles encontram dificuldades para se adaptar ao bairro e a uma vida mais modesta. A história ganhou um tom de suspense com o assassinato do procurador Artur (Gracindo Junior).

Mico Preto

Autoria: Marcílio Moraes, Leonor Bassères e Euclydes Marinho *Direção executiva:* Paulo Ubiratan *Direção geral:* Dennis Carvalho *Direção:* Dennis Carvalho e Denise Saraceni *Supervisão:* Daniel Filho
7 mai-1º dez 1990 19h 179

O desaparecimento de uma empresária e a disputa por seus negócios nortearam o enredo.

Nomeado procurador de Áurea Menezes Garcia (Márcia Real), o honesto Firmino do Espírito Santo (Luis Gustavo) assume seus negócios quando ela desaparece, mas não é aceito por seus ambiciosos filhos – Frederico (José Wilker), Adolfo (Tato Gabus Mendes) e José Luís (Miguel Falabella). O jovem noivo de Áurea, Astor (Marcos Frota), também é rejeitado pelos enteados. A grande surpresa é o reaparecimento da empresária.

Glória Pires, *Marcelo Picchi (centro) e Miguel Falabella: confusões amorosas.*

TRAPAÇAS

Sarita (Glória Pires), a noiva trapaceira de Firmino (Luis Gustavo), é contratada para se casar com o deputado José Maria (Marcelo Picchi), que esconde a relação homossexual com José Luís (Miguel Falabella) para tentar ganhar as eleições para governador.

Rainha da Sucata

Autoria: Silvio de Abreu *Escrita por:* Silvio de Abreu, Alcides Nogueira e José Antonio de Souza *Direção executiva:* Roberto Talma *Direção geral:* Jorge Fernando *Direção:* Jorge Fernando e Jodele Larcher *Supervisão:* Daniel Filho 2 abr-27 out 1990 20h30 177

Regina Duarte *e Nicette Bruno faziam mãe e filha na novela.*

Oposição entre os novos-ricos e a elite paulista decadente era o tema principal da novela, que mesclava tramas dramáticas e tons de comédia.

Maria do Carmo (Regina Duarte) enriquece com os negócios do pai, Onofre (Lima Duarte), vendedor de ferro-velho, porém mantém hábitos de seu passado humilde e mora com o pai e a mãe, Neiva (Nicette Bruno), no bairro de Santana, na Zona Norte de São Paulo. Apaixonada por Edu Figueroa (Tony Ramos), que a humilhara na juventude, ela propõe casar-se com ele para ajudar sua família, de origem tradicional mas à beira da falência. Edu aceita e a emergente vai morar no casarão dos Figueroa, nos Jardins, sofisticado reduto da cidade. Na nova casa, Maria do Carmo vive um pesadelo por causa de Laurinha (Glória Menezes), madrasta

de Edu, que é obcecada pelo enteado e tenta conquistá-lo de todas as maneiras,

"NA CHON"

Dona de visual excêntrico e com um sotaque que misturava armênio e português, Dona Armênia (Aracy Balabanian, foto) vivia controlando a vida dos filhos, Geraldo (Marcello Novaes), Gino (Jandir Ferrari) e Gerson (Gerson Brenner), aos quais chamava de "minhas filhinhas". Ela lançou o bordão "na chon", usado para afirmar que implodiria o prédio do escritório de Maria do Carmo. Descendente de armênios, a atriz compôs a personagem com costumes de seu povo de origem. Dona Armênia e os filhos foram resgatados pelo autor na novela *Deus nos Acuda*, de 1992.

BAILARINA DA COXA GROSSA

Outra trama de sucesso foi o triângulo amoroso formado pela "bailarina da coxa grossa", Adriana Ross (Claudia Raia, foto), o professor gago Caio Szemanski (Antonio Fagundes, em inédito papel cômico) e a sensual Nicinha (Marisa Orth), a Purgante. Claudia Raia engordou dez quilos para viver a personagem.

não deixando a sucateira em paz. Além do mau casamento e da perseguição de Laurinha, a empresária começa a ver seus negócios darem errado por culpa do administrador Renato Maia (Daniel Filho), em quem ela confiava plenamente. Renato, na realidade, é um incorrigível corrupto que aplica um golpe em Maria do Carmo. No final da trama, Laurinha se atira de um edifício na avenida Paulista, numa rara cena de suicídio mostrada na televisão brasileira. Antes, porém, ainda colabora para a morte do marido, Betinho (Paulo Gracindo), que é diabético. A vilã também consegue incriminar Maria do Carmo, arrancando um brinco de sua orelha ao pular do prédio, para parecer que a rival a empurrou. Mas a emergente consegue se livrar da acusação. Sem dinheiro, ela volta a vender sucata, mas chega ao fim da trama nos braços de Edu, que se confessa apaixonado por ela. A abertura da novela e sua música-tema, "Me chama que eu vou", de Sidney Magal, ajudaram a popularizar a lambada, ritmo que virou febre na época: ao som da canção, uma boneca, feita com baldes, molas, ventilador, ferro e tábua de passar roupas, dançava lambada com bailarinos reais. *Rainha da Sucata* incluiu fatos do cotidiano do país na vida dos personagens e fez muito sucesso. Com essa produção, a Globo deixou de apresentar as famosas cenas do próximo capítulo.

A boneca da abertura, *feita de ferro velho, dançava lambada.*

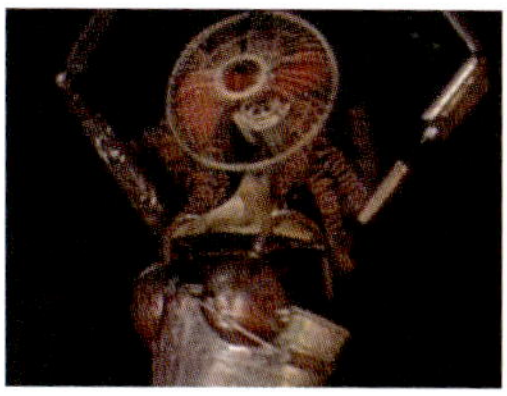

Barriga de Aluguel

Autoria: Gloria Perez *Direção executiva:* Ruy Mattos *Direção geral:* Wolf Maya *Direção:* Wolf Maya, Ignácio Coqueiro e Sílvio Francisco *Supervisão:* Daniel Filho 20 ago 1990-1º jun 1991 18h 243

Novela discutiu um tema novo na época: os limites éticos da inseminação artificial envolvendo mães de aluguel.

Victor Fasano *entre Cássia Kiss e Cláudia Abreu em trama escrita em 1985, baseada em pesquisas científicas.*

Ana (Cássia Kiss) e Zeca (Victor Fasano) têm um casamento perfeito, mas não conseguem ter filhos e contratam a jovem Clara (Cláudia Abreu) como mãe de aluguel. Moça pobre, Clara vê na proposta uma chance de melhorar de vida. A decisão leva ao fim do namoro com o caminhoneiro João (Humberto Martins) e ela é expulsa de casa pelo pai, o religioso Ezequiel (Leonardo Villar). Com o avanço da gravidez, as relações entre Ana e Clara se complicam. A primeira sofre por não viver as sensações da gestação; a segunda, por saber que terá de abrir mão da criança. Em meio aos conflitos, Zeca se envolve com Clara. Após o nascimento do bebê, Ana e Clara passam a disputar a maternidade e a questão é levada aos tribunais. A polêmica foi amplamente discutida na novela por meio de enquetes com o público, introduzindo a realidade na ficção – característica do trabalho de Gloria Perez. Os personagens Molina (Mário Lago) e miss Penélope Brown (Beatriz Segall), médicos do hospital onde se realizam experiências com bebês de proveta, também incentivaram a discussão. Ela é uma pesquisadora com ideias avançadas, dedicada à experimentação genética; ele segue a linha mais tradicional da medicina. A autora reviveu a dupla em *O Clone*, novela exibida em 2001.

JULGAMENTO

Para dar a sentença final sobre quem teria a guarda da criança, Gloria Perez contou com a assessoria de dois juízes. Na primeira instância, Clara ganha a guarda do bebê, mas Ana recorre e o Superior Tribunal de Justiça reconhece que ela é a mãe biológica da criança. Marca-se um terceiro julgamento, mas a autora optou por terminar a novela sem esse veredicto. Na última cena, as duas mães aparecem de mãos dadas com o filho, dispostas a encontrar uma solução, independentemente da decisão final da Justiça.

Araponga

Autoria: Dias Gomes, Lauro César Muniz e Ferreira Gullar *Direção executiva:* Ítalo Granato *Direção geral:* Cecil Thiré
Direção: Cecil Thiré, Lucas Bueno e Fred Confalonieri 15 out 1990-30 mar 1991 21h30 CAPS 143

Parodiando antigos filmes de espionagem, a novela trazia as aventuras do policial federal Aristênio Catanduva, o Araponga.

Para convencer seus superiores a reativar o Serviço Nacional de Informações (SNI), órgão da polícia política do regime militar brasileiro, para o qual havia trabalhado, Araponga (Tarcísio Meira) exagera em seus relatos sobre os casos que investiga, como a morte do senador Petrônio Paranhos (Paulo Gracindo). Apesar de fazer sucesso com as mulheres, trata-as com indiferença e é mimado pela mãe, Dona Marocas (Zilka Sallaberry). Para completar, é fetichista e faz coleção de calcinhas femininas. Com o slogan "Um jeito novo de fazer novela", *Araponga* mantinha a estrutura do gênero, mas com ritmo de minissérie.

Tarcísio Meira *sob um dos divertidos disfarces de Araponga.*

Meu Bem, Meu Mal

Autoria: Cassiano Gabus Mendes *Colaboração:* Maria Adelaide Amaral, Dejair Cardoso e Luiz Carlos Fusco
Direção executiva: Paulo Ubiratan *Direção:* Paulo Ubiratan, Reynaldo Boury e Ricardo Waddington
29 out 1990-18 mai 1991 20h30 CAPS 173

Traições em família, negociatas e disputa de poder costuravam a trama de* Meu Bem, Meu Mal*, ambientada em São Paulo.

Sócio majoritário da Venturini Designers, dom Lázaro (Lima Duarte) divide as ações da empresa com o desafeto Ricardo Miranda (José Mayer), fruto de adultério de sua mulher. Ricardo é amante da ambiciosa Isadora (Silvia Pfeifer), viúva de Cláudio (Herson Capri), filho de dom Lázaro. Os planos de Isadora de ocupar a direção da empresa se frustram quando o cargo é assumido por Valentina (Yoná Magalhães), irmã de dom Lázaro. Ao descobrir o caso entre Ricardo e Isadora, o empresário sofre um derrame.

A faixa *larga usada no cabelo pela personagem de Silvia Pfeifer virou moda.*

Guilherme Karan fez sucesso como Porfírio, o mordomo que se dirigia à personagem de Vera Zimermann com o bordão "divina Magda".

Lua Cheia de Amor

Autoria: Ana Maria Moretzsohn, Ricardo Linhares e Maria Carmem Barbosa *Colaboração:* Marcia Prates *Supervisão de texto:* Gilberto Braga *Direção geral:* Roberto Talma *Direção:* José Carlos Pieri e Flávio Colatrello *Supervisão:* Daniel Filho 3 dez 1990-13 jul 1991 18h50 CAPS 191

Lua Cheia de Amor ***baseava-se em*** **Dona Xepa,** ***peça de Pedro Bloch que já inspirara novela homônima em 1977.***

Genuína Miranda (Marília Pêra), que trabalha como ambulante, faz qualquer sacrifício pelos filhos, Rodrigo (Roberto Battaglin) e Mercedes (Isabela Garcia). Mas, ambiciosos, eles têm vergonha da mãe. Dona Genu, como é conhecida, sonha reencontrar o marido, Diego (Francisco Cuoco), desaparecido há anos, e luta para reaver a loja que ele perdeu em aposta de jogo. A vida da protagonista muda quando Diego reaparece com a identidade de Esteban Garcia. Essa foi a primeira coprodução da Rede Globo (com participação majoritária) com outras emissoras – a Radio Televisión Española (*RTVE*) e a Radiotelevisione Svizzera Italiana (RSI).

Arlete Salles *como Kika Jordão, que não poupa esforços para sair em colunas sociais: personagem popularizou expressões como "translumbrante".*

Salomé

Autoria: Sérgio Marques *Colaboração:* Elizabeth Jhin e Marcia Prates *Direção geral:* Herval Rossano *Direção:* Herval Rossano e Marco Aurélio Bagno *Supervisão:* Daniel Filho 3 jun-5 out 1991 18h CAPS 107

Em **Salomé,** ***totalmente gravada antes de estrear, a disputa pelo amor de um mesmo homem transforma mãe e filha em rivais.***

Na década de 30, a rebelde e ousada Salomé (Patrícia Pillar) escandaliza Paris ao ficar seminua durante uma apresentação de dança. A notícia chega ao Brasil e sua mãe, Santa (Imara Reis), e seu padrasto, Antunes (Carlos Alberto), a convencem a voltar de Paris. Em São Paulo, a moça se apaixona por Duda (Petrônio Gontijo), passando a enfrentar os ciúmes da mãe, que já teve um caso com o rapaz. Antunes, por sua vez, sente um forte desejo pela enteada. A novela foi uma adaptação do romance homônimo de Menotti Del Picchia inspirado na história da personagem bíblica.

Salomé, *vivida por Patrícia Pillar, tinha mais de 70 peças de roupa: esmero na criação dos figurinos.*

O Dono do Mundo

Autoria: Gilberto Braga *Direção geral:* Dennis Carvalho *Direção:* Dennis Carvalho, Ricardo Waddington e Mauro Mendonça Filho 20 mai 1991 - 4 jan 1992 20h30 197

Gilberto Braga incentivou discussões sobre ética em trama que começava com uma aposta indecorosa.

Antonio Fagundes *(com Malu Mader): o grande vilão da novela.*

Felipe Barreto (Antonio Fagundes) é um cirurgião plástico bem-sucedido que, no dia do casamento de seu funcionário Walter (Tadeu Aguiar), aposta com um amigo que levará para a cama a noiva virgem, Márcia (Malu Mader), antes do marido. Ele presenteia o casal com uma viagem de lua de mel ao Canadá e vai junto, sob a alegação de que viaja a negócios. Chegando lá, concretiza seu plano. Desesperado ao ver a mulher nos braços do patrão, Walter sofre um acidente fatal. Rejeitada por todos, Márcia decide se vingar do vilão e encontra apoio na cafetina de luxo Olga Portela (Fernanda Montenegro). A facilidade com que Márcia se entregou ao cirurgião não agradou ao público, o que levou o autor a promover mudanças na história. Ganhou relevo a personagem Constância Eugênia (Nathalia Timberg), mãe adotiva de Felipe. Mau-caráter como o filho, ela não poupa esforços para destruir Olga, antiga paixão de seu marido, Altair (Paulo Goulart). No final, descobre-se que Olga é a mãe de Felipe. Outra trama de destaque centrava-se em Stela (Glória Pires), que, desiludida com seu casamento com Felipe, apaixona-se pelo jornalista Rodolfo (Kadu Moliterno), viúvo e pai de Paulinho (Jonathan Nogueira).

O casal *Beija-Flor e Taís (Ângelo Antônio e Letícia Sabatella): enquanto ele passa de marginal a ícone da honestidade, ela se prostitui para ascender socialmente.*

ABERTURA CHAPLINIANA

A abertura de *O Dono do Mundo* foi um dos destaques da novela. Ao som de "Querida", de Tom Jobim, mostrava a cena do filme *O Grande Ditador* em que Charles Chaplin dança com um globo terrestre, numa sátira a Adolf Hitler. A cena foi modificada eletronicamente com a inserção de imagens de belas mulheres no globo.

Vamp

Autoria: Antonio Calmon *Direção geral:* Jorge Fernando *Direção:* Jorge Fernando, Fabio Sabag e Carlos Manga Jr.
15 jul 1991-8 fev 1992 18h50 179

Ney Latorraca *e Cláudia Ohana, que fez sucesso cantando "Sympathy for the Devil", dos Rolling Stones. Seu visual era inspirado nas vilãs das histórias em quadrinhos, com muito veludo, cotton-lycra e vinil.*

Comédia sobre vampiros misturou suspense e rock para abordar conflitos familiares e dramas típicos da juventude.

Na fictícia Armação dos Anjos (RJ), o capitão Jonas Rocha (Reginaldo Faria), viúvo e pai de seis filhos, casa-se com a historiadora Carmem Maura (Joana Fomm), também viúva e com seis filhos. A grande família vive em harmonia até a chegada da cantora de rock Natasha (Cláudia Ohana), vampira que se torna famosa internacionalmente após um pacto com o líder dos vampiros, o conde Vlad (Ney Latorraca). Mas ela deseja destruí-lo para se livrar da maldição. Ameaçado, Vlad passa a perseguir a roqueira e a família de Jonas, que, em encarnações passadas, disputou com ele o amor da cantora. Armação dos Anjos fica repleta de vampiros. Uma das cenas marcantes é quando Vlad dança no cemitério, ao som de "Thriller", de Michael Jackson. Ao final, o conde é morto por Jonas com a ajuda dos caçadores de vampiros Alice Penn (Vera Holtz) e Augusto Sérgio (Marcos Frota). Natasha, que engravida de Lipe (Fábio Assunção), filho de Jonas, dá à luz um menino, que fica com o rapaz quando ela decide ir embora para se dedicar à carreira. A novela que marcou uma geração apresentou inovações de linguagem, como cenas em formato de videoclipe – sem diálogos, com muita ação e sucessão rápida de planos – e a transformação do último *take* de cada capítulo em um quadro de história em quadrinhos. Na época, o visual dos vampiros virou moda.

EM TORNO DO CALDEIRÃO

A família de vampiros de Matoso (Otávio Augusto, foto), formada por sua mulher, Mary (Patricya Travassos), e os filhos dele, Matosão (Flávio Silvino, foto, dir.) e Matosinho (André Gonçalves), rendeu cenas hilárias. Matoso era um vampiro de um dente só.

Felicidade

Autoria: Manoel Carlos *Colaboração:* Elizabeth Jhin *Direção geral:* Denise Saraceni *Direção:* Denise Saraceni, Ignácio Coqueiro e Fernando de Souza 7 out 1991-30 mai 1992 18h CAPS 203

***Tati, a Garota** e outros sete contos do escritor Aníbal Machado inspiraram a história de Manoel Carlos.*

***Maitê Proença** e Tatyane Fontinhas: somente no penúltimo capítulo da novela Helena revela a Bia quem é seu verdadeiro pai..*

Na fictícia Vila Feliz (MG), Álvaro (Tony Ramos) e Helena (Maitê Proença) se conhecem e se apaixonam. Mas ela acaba se casando com Mário (Herson Capri), e ele, com a problemática Débora (Vivianne Pasmanter). Após oito anos, Helena, separada, vive no Rio de Janeiro com a filha, Bia (Tatyane Fontinhas Goulart), e, por acaso, começa a trabalhar para Cândida (Laura Cardoso), mãe de Álvaro. Apesar de esconder que Álvaro é o pai de Bia, Helena não consegue evitar que a menina faça amizade com o filho dele, Alvinho (Eduardo Caldas), o que acaba por reaproximá-la de seu grande amor. Percebendo a paixão de Álvaro por Helena, Débora passa a infernizar a vida da rival.

Despedida de Solteiro

Autoria: Walther Negrão *Colaboração:* Rose Calza e Ângela Carneiro *Direção geral:* Reynaldo Boury *Direção:* Reynaldo Boury, Carlos Manga Jr. e Cláudio Cavalcanti 1º jun 1992-30 jan 1993 18h CAPS 206

Quatro amigos são condenados injustamente pelo assassinato de uma jovem.

***Os quatro amigos:** João Vitti (esq.), Paulo Gorgulho, Felipe Camargo e Eduardo Galvão.*

João Marcos (Felipe Camargo) reúne os amigos Pedro (Paulo Gorgulho), Pasqual (Eduardo Galvão) e Xampu (João Vitti) para a sua despedida de solteiro, na fictícia cidade de Remanso. Eles se tornam os principais suspeitos do assassinato de Salete (Gabriela Alves) e acabam condenados a 21 anos de prisão. Passados sete anos, já em liberdade condicional, João Marcos se dedica a provar sua inocência e a dos amigos. Para isso, tem que enfrentar o mau-caráter Sérgio Santarém (Marcos Paulo), agora casado com sua ex-noiva, Lenita (Tássia Camargo). Envolvido no assassinato, o vilão é preso.

Pedra sobre Pedra

Autoria: Aguinaldo Silva, Ana Maria Moretzsohn e Ricardo Linhares *Colaboração:* Marcia Prates e Flávio de Campos *Direção geral:* Paulo Ubiratan *Direção:* Paulo Ubiratan, Gonzaga Blota e Luiz Fernando Carvalh
6 jan-1º ago 1992 20h30 176

A rivalidade entre duas famílias no sertão baiano movia a trama, que era repleta de elementos do realismo fantástico.

Lima Duarte *(em cena, com Renata Sorrah): personagem do ator foi revivido pelos autores em alguns capítulos da novela* A Indomada*, em 1997.*

Pilar Batista (Renata Sorrah) e Murilo Pontes (Lima Duarte) brigam pelo domínio político da fictícia Resplendor, na Chapada Diamantina. Os dois já foram noivos e lutam para não reacender o amor da juventude. Contrariando seus planos políticos, seus respectivos filhos, Marina (Adriana Esteves) e Leonardo (Maurício Mattar), se apaixonam, embora sejam adversários na disputa pela prefeitura da cidade. O realismo mágico foi explorado na história de vários personagens. O fotógrafo Jorge Tadeu (Fábio Jr.) é assassinado, mas aparece para as mulheres que comem a flor que nasce sobre seu túmulo, deixando-as enlouquecidas; Sérgio Cabeleira (Osmar Prado) sofre com terríveis dores de cabeça em noites de lua cheia; e Dona Quirina (Miriam Pires) conserva uma memória prodigiosa, apesar dos seus 120 anos. Coproduzida com a emissora portuguesa RTP, *Pedra sobre Pedra* teve cenas gravadas em Lisboa e contou com a participação dos atores portugueses Carlos Daniel e Suzana Borges, intérpretes dos irmãos Ernesto e Inês.

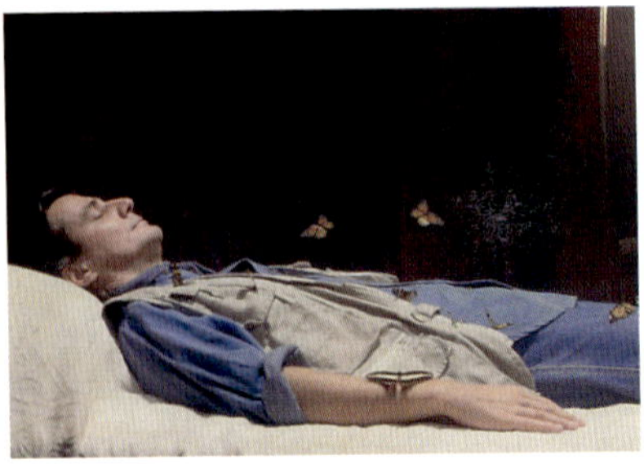

A cena *em que o personagem de Fábio Jr. aparece coberto de borboletas contou com a consultoria de biólogos.*

O sorrateiro *vilão Cândido Alegria (Armando Bógus), que também desejava tomar o poder em Resplendor, vira pedra no final da novela.*

Perigosas Peruas

Autoria: Carlos Lombardi *Colaboração:* Maurício Arruda *Direção geral:* Roberto Talma *Direção:* Roberto Talma, Jodele Larcher e Flávio Colatrello *Supervisão de texto:* Lauro César Muniz 10 fev-29 ago 1992 18h40 172

Ambientada em São Paulo, comédia de Carlos Lombardi centrava-se na competição entre duas amigas de infância.

As amigas Cidinha (Vera Fischer) e Leda (Silvia Pfeifer) nasceram no mesmo dia, cresceram juntas, estudaram no mesmo colégio e na mesma universidade. Mas cada uma seguiu um caminho: Cidinha se dedica à família e jamais trabalhou fora; Leda investe na carreira jornalística e tem aversão a casamento e filhos. Mesmo satisfeitas com as próprias escolhas, uma inveja o estilo de vida da outra. O elo entre as duas é Belo (Mário Gomes). Ele é casado com Cidinha, que engravidou na mesma época que a amiga, ainda na faculdade. O que Cidinha não sabe é que Leda também esperava um bebê de Belo. As duas dão à luz no mesmo dia, no mesmo hospital. A filha de Cidinha nasce morta e Belo a troca pelo bebê de Leda, também uma menina, sem contar nada à esposa. Arrasada por acreditar que perdeu a criança, Leda vai para o exterior e se dedica à profissão. Anos depois, quando volta ao Brasil, descobre a troca das crianças e passa a disputar a guarda da filha, a adolescente Tuca (Natália Lage), que vive um grande conflito ao tomar conhecimento da verdade. O personagem Belo deveria morrer por volta do capítulo 100, mas, devido à sua popularidade entre os telespectadores, foi mantido na história.

Vera Fischer *e Silvia Pfeifer caracterizadas para as cenas ambientadas nos tempos da faculdade.*

AUTOR MAFIOSO

Perigosas Peruas contou com a participação do autor Cassiano Gabus Mendes como Dom Franco Torremolinos, patriarca de uma família envolvida em negócios escusos, numa alusão aos personagens mafiosos do filme *O Poderoso Chefão*, de Coppola. Dom Franco morre subitamente, depois de um ataque de riso.

Nair Bello, *a italiana Gema: cenas cômicas no papel da mãe que trata o filho, Belo, como criança.*

De Corpo e Alma

Autoria: Gloria Perez *Direção geral:* Roberto Talma *Direção:* Roberto Talma, Fabio Sabag e Ivan Zettel
3 ago 1992-6 mar 1993 · 20h30 · 185

A novela discutiu doação de órgãos e transplantes por meio de uma inusitada história de amor.

Cristiana Oliveira *e Tarcísio Meira em cena: novela contribuiu para o aumento de doadores no Instituto do Coração, em São Paulo.*

Diogo (Tarcísio Meira) é um juiz íntegro que mantém um casamento de aparências com a submissa Antônia (Betty Faria). Ele se apaixona por Bettina (Bruna Lombardi) e os dois passam a ter um caso. Diogo e Bettina planejam assumir a relação, mas ele acaba não tendo coragem de abandonar a esposa. Desesperada, Bettina sofre um acidente de carro e tem morte cerebral diagnosticada. Seu coração é transplantado em Paloma (Cristiana Oliveira). Ao saber do ocorrido, Diogo, culpado, fica obcecado em conhecer Paloma e os dois se apaixonam. Uma outra trama mobilizou a atenção do público: a do casal Caíque (José Mayer) e Bia (Maria Zilda Bethlem), que descobre que o menino criado por eles não é seu filho biológico. Júnior (Aron Hassan), que tem a pele bem mais escura que a dos pais, foi trocado na maternidade. O verdadeiro filho do casal é Pinguim (Eduardo Caldas), registrado por Terê (Neusa Borges) e Vado (Tonico Pereira), pais verdadeiros de Júnior, que também ignoravam a troca. *De Corpo e Alma* foi coproduzida com a emissora portuguesa Sociedade Independente de Comunicação (SIC).

CLUBE DAS MULHERES

A novela mostrou a inversão de papéis tradicionais entre homens e mulheres, através do núcleo da boate de *striptease* masculino Clube das Mulheres, onde elas é que disputam os homens. Abordou também a relação entre mulheres de diferentes idades com garotos de programa. O *stripper* Juca (Victor Fasano, foto) tem um romance com a personagem de Beatriz Segall (foto), a rica e independente Stella, mais velha que ele e frequentadora da boate.

Deus nos Acuda

Autoria: Silvio de Abreu, Alcides Nogueira e Maria Adelaide Amaral *Direção geral:* Jorge Fernando
Direção: Jorge Fernando, Marcelo Travesso e Rogério Gomes 31 ago 1992-27 mar 1993 19h 178

Deus nos Acuda *satirizava a corrupção no Brasil, país protegido por um anjo nada convencional.*

Responsável por cuidar do Brasil, Celestina (Dercy Gonçalves) se desespera ao ser informada por Deus que terá de descer à Terra. Com a ajuda do anjo Gabriel (Cláudio Corrêa e Castro), o Todo-Poderoso aceita que ela fique no céu por mais seis meses, desde que transforme um brasileiro em cidadão honesto e solidário. Para cumprir sua missão, Celestina escolhe a trambiqueira Maria Escandalosa (Claudia Raia), jovem de bom coração, filha do trapaceiro Tomás Euclides (Jorge Dória). E passa a zelar por sua vida sem que ela saiba. Maria se apaixona pelo milionário Ricardo (Edson Celulari), filho mais velho do empresário viúvo Otto Bismark (Francisco Cuoco), e é correspondida, mas não consegue revelar a ele que ganha a vida aplicando golpes. Foi grande a empatia do público com o casal. Outra trama importante envolvia Otto Bismark, acusado de matar as ex-mulheres. Baby Bueno (Glória Menezes), sua cunhada, tenta colocá-lo na cadeia, mas enfrenta a oposição de Elvira (Marieta Severo), secretária de Otto, que, além de fiel ao chefe, é apaixonada por ele. No final, descobre-se que Otto é inocente.

DONA ARMÊNIA

De volta após o sucesso em *Rainha da Sucata* (1990), Dona Armênia (Aracy Balabanian) e os filhos Gera (Marcello Novaes), Gino (Jandir Ferrari) e Gérson (Gerson Brenner) garantiram muitos momentos de humor à trama.

MAR DE LAMA

A abertura da novela satirizava a corrupção no Brasil mostrando um mar de lama invadindo o salão em que se realiza uma festa da alta sociedade. O *set* de gravação foi construído como uma gaiola suspensa sobre uma piscina, com o chão feito de arame vazado para permitir que a lama – isopor ralado, anilina e álcool – cobrisse os convidados à medida que o cenário era mergulhado na piscina. Em seguida, por computação gráfica, um rodamoinho misturava o salão a outros elementos, como aviões, iates e lanchas, e tudo ia sendo escoado por um ralo, que, ao final, se transformava no contorno do mapa do Brasil.

***Claudia Raia** e Edson Celulari: romance entre Maria Escandalosa e Ricardo foi embalado por "La barca", sucesso na voz do mexicano Luis Miguel.*

Mulheres de Areia

Autoria: Ivani Ribeiro *Direção geral:* Wolf Maya *Direção:* Wolf Maya, Carlos Magalhães e Ignácio Coqueiro
1º fev-25 set 1993 20h 201

Um dos grandes sucessos do horário das 18h,* Mulheres de Areia *tinha como tema central a rivalidade entre gêmeas.

***Em elogiado trabalho** de interpretação, Glória Pires gravou as cenas de Ruth e Raquel com a ajuda do cromaqui e de uma dublê.*

A história se baseava em duas novelas de Ivani Ribeiro: a primeira versão de *Mulheres de Areia*, exibida pela TV Tupi, em 1973, e *O Espantalho*, levada ao ar na TV Record, em 1977. Ambientada no litoral fluminense, a trama se desenvolvia em torno da disputa das irmãs gêmeas Ruth e Raquel (interpretadas por Glória Pires) pelo mesmo homem, o empresário Marcos Assunção (Guilherme Fontes). Ruth é calma, doce e generosa e está realmente apaixonada por Marcos, seu namorado. Já Raquel é egoísta, agressiva e má, e só tem interesse na fortuna do rapaz. Aproveitando-se da semelhança com Ruth, ela arma um plano e se casa com Marcos, mas continua a se encontrar às escondidas com o namorado, o mau-caráter Wanderlei (Paulo Betti). A trama dá uma reviravolta quando Raquel é dada como morta, após um acidente, e Ruth assume seu lugar. Mas Raquel não morreu e volta para se vingar da irmã. Vivianne Pasmanter brilhou na trama como a inconsequente Malu. Culpando o pai, Virgílio (Raul Cortez), pela morte do noivo, a jovem tem um comportamento rebelde até conhecer o rude vaqueiro Alaor (Humberto Martins), o único que consegue domar sua impetuosidade. Os dois vivem uma tumultuada, mas divertida história de amor.

TONHO DA LUA

Marcos Frota (foto) garantiu momentos emocionantes à trama como Tonho da Lua. Portador de deficiência mental, o personagem alimenta um amor platônico por Ruth, sua protetora, e faz o que pode para vê-la feliz. Já Raquel inferniza sua vida. As limitações de Tonho não impedem que ele seja reconhecido pelas belas esculturas de mulheres que faz na praia.

O Mapa da Mina

Autoria: Cassiano Gabus Mendes *Colaboração:* Maria Adelaide Amaral, Gugu Keller, Walkíria Portero e Djair Cardoso *Direção geral:* Gonzaga Blota *Direção:* Denise Saraceni, Gonzaga Blota, Roberto Naar e Flávio Colatrello 29 mar-4 set 1993 19h 137

Disputa por um tesouro escondido conduzia a trama da última novela de Cassiano Gabus Mendes.

Uma quadrilha rouba dez milhões de dólares em diamantes. Para driblar a polícia, um dos ladrões, Ivo Simeoni (Paulo José), esconde as pedras em um lugar inusitado e, para ter certeza de que não esquecerá o esconderijo, manda tatuar um mapa acima das nádegas da pequena Elisa (Carla Marins), filha de sua vizinha. Ivo é preso e, oito anos depois, ao sair da cadeia, morre atropelado. Elisa, que se tornou uma noviça, passa a ser perseguida pelo filho de Ivo, Rodrigo (Cássio Gabus Mendes), por outro ladrão do bando, Rodolfo (Mauro Mendonça), e pelo policial Raul (Tato Gabus Mendes).

Carla Marins *na comédia que também abordou assuntos sérios, como o alcoolismo.*

A novela discutiu o tema do alcoolismo por meio do drama vivido por Erasmo (Dennis Carvalho), que chega a agredir fisicamente a família por causa de sua dependência.

Olho no Olho

Autoria: Antonio Calmon *Colaboração:* Lilian Garcia, Eliane Garcia, Tetê Vasconcelos e Maria Carmem Barbosa *Direção geral:* Ricardo Waddington *Direção:* Ricardo Waddington, Rogério Gomes e Ary Coslov 6 set 1993-9 abr 1994 19h 185

Em* Olho no Olho, *o tema da paranormalidade ganhou efeitos especiais surpreendentes para mostrar a luta do bem contra o mal.

Sentindo-se culpado por não ter impedido o assassinato de Armando (Stênio Garcia), que lhe pediu ajuda durante uma confissão, o padre Guido Bellini (Tony Ramos) abandona a batina e deixa Roma. Em São Paulo, dedica-se ao estudo da paranormalidade para combater uma organização criminosa liderada por César Zapata (Reginaldo Faria) e seu filho Fred (Nico Puig), o jovem que perseguia Armando. Para enfrentar os Zapata, Guido conta com a ajuda do paranormal Alef (Felipe Folgosi). O ex-padre disputa o amor de Débora (Natália do Vale) com César.

EFEITOS VISUAIS

As equipes de efeitos visuais e mecânicos trabalharam em conjunto para produzir as cenas em que os paranormais se enfrentam. Efeitos aparentemente simples, como o brilho vermelho emitido pelos olhos de Fred (Nico Puig) por apenas 15 segundos, levavam 12 horas para serem realizados no computador. Outros efeitos incluíam explosões, quedas espetaculares e sumiço de personagens no ar.

Renascer

Autoria: Benedito Ruy Barbosa *Direção geral:* Luiz Fernando Carvalho *Direção:* Luiz Fernando Carvalho, Emílio di Biasi e Mauro Mendonça Filho 8 mar-14 nov 1993 20h30 CAPS 213

Entre lendas, mitologias e regionalismos,* Renascer *contava a história da rejeição de um pai pelo filho após a morte da mãe no parto.

***A empatia de Patrícia França** e Leonardo Vieira contribuiu para a repercussão da primeira fase de* Renascer, *que recebeu elogios de crítica e público.*

A novela foi apresentada em duas fases. Na primeira – os quatro capítulos iniciais –, José Inocêncio (Leonardo Vieira) chega nas roças de cacau de Ilhéus (BA) e finca seu facão ao pé de um jequitibá. A árvore passa a representar sua existência e sua força, acompanhando a trajetória do personagem ao longo de toda a narrativa. Com o passar dos anos, José Inocêncio constrói um verdadeiro império do cacau e se casa com Maria Santa (Patrícia França), com quem tem quatro filhos. Ela morre ao dar à luz João Pedro, rejeitado desde então pelo pai, que o culpa pela morte de seu grande amor. Na segunda fase, querido pelos empregados e tido como um homem justo, o coronel José Inocêncio

PORTA-VOZ DO AUTOR

O catador de caranguejos Tião Galinha (Osmar Prado, foto) era o porta-voz do autor na denúncia das precárias condições de vida e trabalho no Brasil. Ele se muda com os filhos e a mulher, Joana (Tereza Seiblitz, foto), dos manguezais para a zona do cacau com a esperança de melhorar de vida. Ingênuo, Tião acredita na lenda de que o sucesso de José Inocêncio se deve ao suposto diabinho criado pelo coronel dentro de uma garrafa.

(Antonio Fagundes) conserva uma aura mística em torno de si. Os filhos José Augusto (Marco Ricca), José Bento (Tarcísio Filho) e José Venâncio (Taumaturgo Ferreira) moram e trabalham na cidade grande. Já o caçula João Pedro (Marcos Palmeira) se mantém ao lado do pai, mesmo sofrendo com sua indiferença. A relação dos dois piora com a chegada de Mariana (Adriana Esteves), por quem João Pedro se apaixona. Ela é neta de Belarmino (José Wilker), inimigo de José Inocêncio morto na primeira fase da novela. Mariana se aproxima da família para se vingar, mas se apaixona pelo coronel, a quem chama de "painho", e os dois se casam, num duro golpe para João Pedro. Outros personagens importantes cruzam o caminho de José Inocêncio. Um deles é o autoritário e mau-caráter Teodoro (Herson Capri), vizinho de sua propriedade, que vive de olho em suas terras. Outro é o pistoleiro Damião (Jackson Antunes), que é contratado para matar José Inocêncio mas acaba virando seu empregado. A rivalidade com Teodoro se acirra quando José Venâncio morre em uma tocaia. É Mariana quem vinga a honra do coronel, matando Teodoro. A mágoa de José Inocêncio com João Pedro só é superada no capítulo final, quando o fazendeiro, no leito de morte, pede um abraço ao filho em uma das cenas mais emocionantes de *Renascer*. João Pedro termina a novela com Sandra (Luciana Braga), filha de Teodoro, com quem tem uma filha. Mariana vai embora, sozinha. *Renascer* também abordou temas como celibato religioso, através do padre Lívio (Jackson Costa), reforma agrária e corrupção política.

Marcos Palmeira *e Antonio Fagundes: pai e filho apaixonados pela mesma mulher.*

HERMAFRODITA

Uma das atrações da trama foi o romance entre José Venâncio (Taumaturgo Ferreira) e a hermafrodita Buba (Maria Luisa Mendonça). Infeliz no casamento com a oportunista Eliana (Patrícia Pillar), ele se envolve com a doce e feminina Buba, mas, ao descobrir seu segredo, tem dificuldade de enfrentar o problema. Após a morte de José Venâncio, Buba se envolve com José Augusto (Marco Ricca).

Fera Ferida

Autoria: Aguinaldo Silva, Ana Maria Moretzsohn e Ricardo Linhares *Colaboração:* Marcia Prates e Flávio de Campos *Direção geral:* Dennis Carvalho e Marcos Paulo *Direção:* Dennis Carvalho, Marcos Paulo, Carlos Magalhães e Carlos Araújo 15 nov 1993-16 jul 1994 20h30 CAPS 221

A vingança e a cobiça eram os temas de* Fera Ferida*, trama baseada no universo ficcional de Lima Barreto.

Giulia Gam *e Edson Celulari: par romântico às voltas com intrigas e brigas pelo poder.*

Sob a identidade do alquimista Raimundo Flamel, Feliciano Júnior (Edson Celulari) volta à Tubiacanga para vingar o assassinato dos pais. Seus inimigos são o prefeito Demóstenes (José Wilker), o vereador Numa Pompílio (Hugo Carvana), o professor Praxedes (Juca de Oliveira) e o major Bentes (Lima Duarte). Ele não contava, no entanto, que se apaixonaria por Linda Inês (Giulia Gam), filha do prefeito. Flamel aguça a ambição dos moradores ao afirmar que transforma ossos humanos em ouro, levando o povo a violar as sepulturas da cidade. Mas o feitiço se vira contra ele: tudo aquilo em que toca vira ouro, inclusive sua amada. A linguagem do realismo fantástico também marcou outros personagens: o coveiro Orestes Fronteira (Cláudio Marzo) fala com os mortos, e Camila (Claudia Ohana) é um anjo que dorme três meses e acorda levitando ao sentir o cheiro de sua comida favorita, estrogonofe de bacalhau. Sobressaiu na trama a exuberante Rubra Rosa (Susana Vieira), autora dos discursos do marido, Numa Pompílio, e amante de seu principal opositor político, Demóstenes. Quando Rubra e Demóstenes fazem amor, tudo ao redor pega fogo. A ideia foi inspirada na personagem Marcina (Sônia Braga), de *Saramandaia* (1976).

Lima Duarte *(esq.), Hugo Carvana, Juca de Oliveira e José Wilker: entrosamento para viver os inimigos do protagonista, Raimundo Flamel.*

CULINÁRIA AFRODISÍACA

Para compor a cômica Ilka Tibiriçá, Cássia Kiss criou trejeitos e lançou mão de um visual anos 60. Cheia de regras e manias e fã do filme *Candelabro Italiano* (1932), de Delmer Daves, Ilka conhece o ex-jogador de futebol Ataliba Timbó (Paulo Gorgulho) e passa a preparar receitas exóticas para ajudá-lo a se curar de impotência sexual.

Sonho Meu

Autoria: Marcílio Moraes *Colaboração:* Margareth Boury e Maria Adelaide Amaral *Supervisão de texto:* Lauro César Muniz *Direção geral:* Reynaldo Boury *Direção:* Reynaldo Boury e Roberto Naar 27 set 1993-14 mai 1994 18h 205

As novelas* A Pequena Orfã *(TV Excelsior, 1968) e* Ídolo de Pano *(TV Tupi, 1974), de Teixeira Filho, inspiraram a trama.

Cláudia (Patrícia França) perde a guarda da filha, Maria Carolina (Carolina Pavanelli), para a cunhada Elisa (Nívea Maria), devido às constantes brigas com o marido, o violento Geraldo (José de Abreu). A menina é deixada pela tia em um orfanato, no Rio de Janeiro. Maria Carolina tinha leucemia e recebia transfusão de sangue, o que levou à discussão sobre os riscos de se contrair Aids nesse procedimento. Cláudia se muda para Curitiba, onde se apaixona por Lucas (Leonardo Vieira), irmão do mau-caráter Jorge (Fábio Assunção), que faz tudo para conquistá-la. No final, Cláudia se casa com Lucas e recupera a guarda da filha.

Em uma de suas fugas do abrigo, *Maria Carolina (Carolina Pavanelli) conhece o artesão Tio Zé (Elias Gleiser), que se torna seu protetor.*

A Viagem

Autoria: Ivani Ribeiro *Direção geral:* Wolf Maya *Direção:* Wolf Maya, Ignácio Coqueiro e Maurício Farias 11 abr-22 out 1994 19h 160

A Viagem *abordava o tema da vida após a morte, de acordo com a doutrina espírita kardecista.*

O delinquente Alexandre (Guilherme Fontes) se mata na cadeia após ser condenado por roubo seguido de homicídio. No Além, é encaminhado ao Vale dos Suicidas, de onde inferniza a vida, na Terra, de todos os que julga responsáveis por seu trágico destino: o irmão, Raul (Miguel Falabella), o cunhado, Theo (Maurício Mattar), e o criminalista Otávio Jordão (Antonio Fagundes). Ele fica mais revoltado ainda quando sua irmã, Dinah (Christiane Torloni), sua protetora, se apaixona por Otávio. Através de reuniões mediúnicas, o médico Alberto (Cláudio Cavalcanti) tenta orientar o espírito atormentado de Alexandre.

Guilherme Fontes: *nos capítulos finais, Alexandre se arrepende de suas maldades e decide pedir perdão ao homem que matou.*

Tropicaliente

Autoria: Walther Negrão *Colaboração:* Elizabeth Jhin, Ângela Carneiro e Vinícius Vianna *Direção geral:* Gonzaga Blota
Direção: Gonzaga Blota, Rogério Gomes e Marcelo Travesso 16 mai-31 dez 1994 18h 197

O deslumbrante litoral cearense serviu de pano de fundo para histórias de amor marcadas pelas diferenças de classe.

A rica Letícia (Silvia Pfeifer) abandona a família para morar com o pescador Ramiro (Herson Capri). Ele passa três meses em alto-mar e, pensando ter sido abandonada, ela volta para a casa dos pais. O casal se reencontra muitos anos depois, no Ceará. Letícia, viúva, volta a se envolver com o pescador, mas também é assediada por François (Victor Fasano). Quem sofre com a reaproximação de Letícia e Ramiro é a valente Serena (Regina Dourado), esposa do pescador.

Márcio Garcia *e Carla Marins como Cassiano e Dalila, filhos de pescadores: cenas de amor nas belas paisagens do Ceará.*

O romance entre Vitor (Selton Mello), filho de Letícia, e Açucena (Carolina Dieckmann), a doce filha de Ramiro e Serena, também marcou a novela.

Pátria Minha

Autoria: Gilberto Braga *Colaboração:* Leonor Bassères, Sérgio Marques, Alcides Nogueira e Ângela Carneiro
Direção: Dennis Carvalho, Roberto Naar, Ary Coslov e Alexandre Avancini 18 jul 1994-11 mar 1995 20h30 203

Pátria Minha ***abordava questões éticas e morais de forma contundente, dando continuidade às tramas de Gilberto Braga sobre corrupção.***

A estudante idealista Alice (Cláudia Abreu) vive em guerra com o corrupto empresário Raul Pelegrini (Tarcísio Meira). A rixa se inicia quando ela o vê demitir seu motorista de modo brutal e, depois, causar um atropelamento cuja responsabilidade não assume. Alice se une a Pedro (José Mayer), que lidera um motim contra Raul por ele ter ordenado a desocupação de um terreno na favela onde sua família morava. Ao longo da história, a jovem descobre que é neta do empresário. A invejosa e falida Lídia Laport (Vera Fischer) provoca a separação de Teresa (Eva Wilma) e Raul, tornando-se sua nova esposa.

Cláudia Abreu: *ao lado de Rodrigo Santoro (Nando) e Fábio Assunção (Rodrigo), a atriz protagonizou cenas que discutiam virgindade, uso de preservativos, maternidade na adolescência e relacionamento entre pais e filhos.*

BLITZ RACIAL

A trama que envolvia o motorista negro Kennedy (Alexandre Morenno), humilhado por Raul, pôs em debate o preconceito racial. Em uma das cenas, ele é duramente revistado em uma blitz enquanto seus amigos brancos, Alice (Cláudia Abreu) e Rodrigo (Fábio Assunção), são ignorados pelos policiais.

Quatro por Quatro

Autoria: Carlos Lombardi *Colaboração:* Ronaldo Santos e Maurício Arruda *Direção geral:* Ricardo Waddington *Direção:* Alexandre Avancini, Luís Henrique Rios e Maurício Farias 24 out 1994-22 jul 1995 18h50 233

Letícia Spiller *(esq.), Elizabeth Savala, Cristiana Oliveira e Betty Lago: na trama, cada amiga fica responsável pela vingança contra o ex-parceiro da outra.*

Com ritmo dinâmico e texto descontraído, a trama apresentava conflitos amorosos repletos de separações, reconciliações e tramoias.

A dondoca Abigail (Betty Lago), a dona de casa Auxiliadora (Elizabeth Savala), a secretária Tatiana (Cristiana Oliveira) e a manicure Babalu (Letícia Spiller) se conhecem após baterem seus carros no trânsito do Rio de Janeiro. Presas na mesma cela, elas descobrem um desejo comum: vingar-se dos ex-parceiros, com os quais haviam acabado de romper. As quatro se tornam amigas e resolvem pôr em prática um plano de vingança que envolve diversas armadilhas e muitas trapalhadas. Os alvos são, respectivamente, o cirurgião plástico Gustavo (Marcos Paulo), o novo-rico Alcebíades (Tato Gabus Mendes), o trambiqueiro Fortunato (Diogo Vilela) e o mecânico Raí (Marcello Novaes). A novela também mostrou a disputa dos primos Bruno (Humberto Martins) e Gustavo pela guarda de Ângela (Tatyane Fontinhas Goulart), filha de Bruno. O pai biológico abandonou a menina e a cidade depois de ver sua mulher morrer no parto que ele mesmo fez. De volta ao Rio de Janeiro, ele tenta conquistar o amor e a guarda da filha.

RAÍ E BABALU

Raí e Babalu (Marcello Novaes e Letícia Spiller, foto) formaram o casal da novela preferido do público. Sexy e "barraqueira", Babalu alavancou o sucesso de seu figurino: minissaias, microshorts, tamancos de salto anabela com meias soquetes coloridas, blusas ciganas e acessórios para cabelos. Suas expressões também ganharam as ruas, como "bofe" (para se referir a homens), "bicha" (a mulheres), "mona" (amiga), "desaquenda" (abandonar) e "babado" (fofoca).

A Próxima Vítima

Autoria: Silvio de Abreu *Colaboração:* Maria Adelaide Amaral e Alcides Nogueira *Direção artística:* Paulo Ubiratan *Direção geral:* Jorge Fernando *Direção:* Jorge Fernando, Rogério Gomes, Marcelo Travesso e Alexandre Boury
13 mar-4 nov 1995 20h30 CAPS 203

Gênero policial estrelado por grande elenco transformou* A Próxima Vítima *em sucesso de público e crítica.

Aracy Balabanian *viveu a manipuladora Filomena, um dos grandes papéis da atriz em telenovelas.*

Suspense, traições e romances davam o tom da novela, cuja espinha dorsal era centrada em três perguntas: "quem matou?", "quem será a próxima vítima?" e "por quê?". Ao longo da história, 11 personagens são assassinados. Um Opala preto, que segue as vítimas, é o único indício de que o assassino está por perto. A intrigante trama policial tinha como principais cenários a Mooca e o Bixiga, em São Paulo – universo recorrente nos trabalhos de Silvio de Abreu –, e também apresentava a história da batalhadora Ana (Susana Vieira), amante do mau-caráter Marcelo (José Wilker). Ele é casado, por interesse, com a rica Francesca Ferreto (Tereza Rachel), mas vive um tórrido romance com a inescrupulosa Isabela Ferreto (Cláudia Ohana), sobrinha de Francesca. Um grande elenco ajudou a fazer de *A Próxima Vítima* um dos maiores sucessos de Silvio de Abreu. Yoná Magalhães, Rosamaria Murtinho, Natália do Vale, Gianfrancesco Guarnieri eram alguns dos nomes da produção. Os destaques foram Aracy Balabanian, no papel de Filomena – mulher dominadora que controla com mão de ferro os negócios da tradicional família Ferreto –, e Tony Ramos, como o verdureiro Juca. Tramas paralelas ganharam repercussão, como a da prostituta Quitéria Quarta-Feira (Vera Holtz), que exerce a atividade por opção, e a do caminhoneiro Zé Bolacha (Lima Duarte), apaixonado pela estudante de direito Irene (Vivianne Pasmanter). Instigada com a sequência de mortes, a jovem se empenha em

SOCIAL OU RACIAL?

Uma família negra de classe média levantou a discussão sobre se o preconceito no Brasil é social ou racial. O bem-sucedido contador Cleber Noronha (Antônio Pitanga) é casado com a secretária executiva Fátima (Zezé Motta). O casal constrói uma família próspera: Sidney (Norton Nascimento) é gerente de banco; Jefferson (Lui Mendes), estudante de direito; e Patrícia (Camila Pitanga) sonha ser modelo.

Tony Ramos, *o verdureiro Juca: personagem fez tanto sucesso que deu nome a duas barracas de frutas no Mercado Municipal de São Paulo.*

descobrir a identidade do assassino. Cláudia Ohana protagonizou duas cenas fortes: quando é jogada da escada pelo noivo traído, Diego (Marcos Frota), e quando é esfaqueada no rosto pelo amante, Marcelo. A cena da revelação da identidade do assassino, Adalberto (Cecil Thiré), foi gravada cerca de uma hora antes da exibição do último capítulo. O autor chegou a escrever cenas falsas para driblar a imprensa e garantir o segredo do desfecho. Criou ainda outro final para a versão exibida em Portugal, transformando em assassino o personagem Ulisses (Otávio Augusto), uma das vítimas na trama apresentada no Brasil.

HOMOSSEXUALISMO

O tema da homossexualidade foi apresentado através da conflituada relação entre Sandro (André Gonçalves) e Jefferson (Lui Mendes). A cena em que Sandro revela sua opção sexual à mãe, Ana (Susana Vieira), é considerada emblemática na discussão sobre o homossexualismo no Brasil.

Cecil Thiré *fez o assassino Adalberto: marido de Carmela Ferreto (Yoná Magalhães) e pai de Isabela (Cláudia Ohana), ele havia sumido depois de gastar todo o dinheiro da esposa.*

Irmãos Coragem

Autoria: Dias Gomes e Marcílio Moraes *Colaboração:* Ferreira Gullar e Lilian Garcia *Direção:* Ary Coslov, Luiz Fernando Carvalho, Reynaldo Boury e Carlos Araújo 2 jan-1º jul 1995 18h 155

Versão atualizada de* Irmãos Coragem*, exibida originalmente em 1970, mostrava a luta de três irmãos contra a opressão.

Os novos irmãos Coragem: *Marcos Palmeira (João, esq.), Marcos Winter (Duda) e Ilya São Paulo (Jerônimo).*

Em Coroado (MG), João Coragem (Marcos Palmeira) encontra um enorme diamante. Com isso, ele e os irmãos, Jerônimo (Ilya São Paulo) e Duda (Marcos Winter), passam a ameaçar a soberania do poderoso Pedro Barros (Cláudio Marzo, que interpretou Duda Coragem na primeira versão da novela). João entra em crise quando se apaixona por Lara (Letícia Sabatella), filha do fazendeiro inimigo. Lara tem múltipla personalidade e alterna-se entre a sensual Diana e a equilibrada Márcia. Para compor o deficiente mental Juca Cipó, Murilo Benício picotou as sobrancelhas, raspou um dente e cortou o cabelo rente.

Cara & Coroa

Autoria: Antonio Calmon *Colaboração:* Ângela Carneiro, Lilian Garcia e Eliane Garcia *Supervisão de texto:* Walther Negrão *Direção:* Wolf Maya, Carlos Magalhães, André Schultz e Maurício Farias 24 jul 1995-22 mar 1996 19h 213

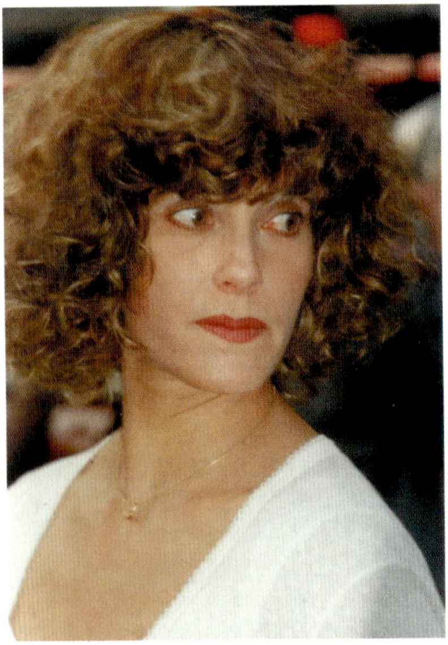

Christiane Torloni *interpretou as sósias Fernanda e Vitória: o cabelo e as lentes de contato diferençavam as protagonistas.*

***O contraste entre duas mulheres fisicamente idênticas, mas com personalidades opostas, era o mote de* Cara & Coroa.**

Fernanda (Christiane Torloni) abandona o noivo, Rubinho (Luis Melo), para se casar com Miguel (Victor Fasano), mas acaba fugindo com o irmão dele, Mauro (Miguel Falabella). Quando Mauro a trai com Heloísa (Maitê Proença), Fernanda tenta matá-lo, mas atira em outro homem e é presa. Ela divide a cela com a doce Vitória (também interpretada por Torloni), presa injustamente. Fernanda sofre um derrame um dia antes de ser solta e Vitória assume sua identidade, num plano arquitetado pelos divertidos vilões Mauro e Heloísa. As cenas da prisão foram gravadas no extinto presídio do Carandiru, em São Paulo.

História de Amor

Autoria: Manoel Carlos *Colaboração:* Elizabeth Jhin, Marcus Toledo e Maria Carolina *Direção:* Ricardo Waddington, Roberto Naar e Alexandre Avancini 3 jul 1995-2 mar 1996 18h 209

Regina Duarte *(esq.), que comemorava 30 anos de carreira, e Carla Marins: dilemas típicos das relações entre pais e filhos.*

As mulheres eram as grandes protagonistas da trama, que mostrava as várias formas de amar em meio a conflitos diários.

O endocrinologista Carlos Alberto (José Mayer) decide se casar com a mimada Paula (Carolina Ferraz) após um longo romance com sua sócia, Sheila (Lilia Cabral). A caminho da igreja, no entanto, socorre Joyce (Carla Marins), filha da doce Helena (Regina Duarte), por quem se apaixona. O médico fica dividido entre seu compromisso com Paula e seu novo amor. Sheila, por sua vez, não desiste do ex-namorado. Também foi explorado o drama da filha de Helena, que engravida e é rejeitada pelo namorado, o inconsequente Caio (Ângelo Paes Leme), e ainda tem de enfrentar um pai conservador, Assunção (Nuno Leal Maia). Uma revelação desnorteia Joyce e abala sua relação com Helena. Ela descobre ser filha de Assunção com a irmã de Helena, que morreu em um acidente quando Joyce era bebê. A esperada reconciliação só acontece no último capítulo. Por meio da história de Assunção, campeão de remo que sofre um acidente de carro e fica paraplégico, a novela abordou os temas do esporte e da deficiência física.

José Mayer *e Carolina Ferraz: Carlos Alberto se envolve com Paula (acima), mas termina a novela com a protagonista, Helena.*

UNIVERSO FEMININO

Questões relativas ao universo feminino ganharam destaque na trama, como o desejo obsessivo de ser mãe, a violência contra a mulher e a gravidez na adolescência. Através da personagem Marta (Bia Nunnes), Manoel Carlos reforçou as campanhas de conscientização sobre o câncer de mama, contribuindo para o aumento no número de exames preventivos.

Explode Coração

Autoria: Gloria Perez *Direção de núcleo:* Paulo Ubiratan *Direção:* Dennis Carvalho, Ary Coslov e Carlos Araújo
6 nov 1995-3 mai 1996 21h 185

Tradições ciganas ambientavam* Explode Coração, *que destacou um assunto novo à época: as relações amorosas via internet.

Tereza Seiblitz e Ricardo Macchi: Dara não admite ter sido prometida em casamento a Igor.

A cigana Dara (Tereza Seiblitz) faz cursinho pré-vestibular, sem o pai saber, e sonha trabalhar, enquanto suas amigas estudam o suficiente para ler, escrever e fazer contas. Dara teme ter sua origem descoberta pelos amigos e ser punida pelos pais, o rico comerciante Jairo (Paulo José) e a passional Lola (Eliane Giardini). A jovem se envolve, através da internet, com o empresário Júlio Falcão (Edson Celulari), apesar de prometida ao cigano Igor (Ricardo Macchi), cujos pais, Pepe (Stênio Garcia) e Luiza (Ester Góes), esperam ansiosos o casamento. Igor aceita Dara grávida de Júlio, mas, segundo a tradição cigana, é preciso comprovar a virgindade da jovem. O cigano faz então um corte no próprio pulso e suja a saia dela de sangue. O casamento forjado dura até o último capítulo, quando Dara e Júlio se reconciliam. Mio (Ivan de Albuquerque), patriarca da família de Dara, e Soraya (Laura Cardoso), matriarca da família de Igor, são o alicerce da comunidade. Só não sabem lidar com a paixão que sentem um pelo outro. Floriano Peixoto foi uma atração à parte no papel do divertido travesti Sarita Witt.

Regina Dourado e Rogério Cardoso como o hilário casal Lucineide e Salgadinho.

MÃES DA CINELÂNDIA

Gloria Perez abordou a exploração do trabalho infantil e o desaparecimento de crianças através da trama em que Odaísa (Isadora Ribeiro, foto), que procura o filho Gugu (Luiz Cláudio Júnior, foto), se une às Mães da Cinelândia – grupo carioca de mulheres com filhos desaparecidos. Fotos e depoimentos exibidos na novela ajudaram a localizar diversas crianças. Empresas participaram da campanha e fotos foram impressas em embalagens e até em bilhetes de loteria.

Quem É Você?

Autoria: Ivani Ribeiro, Solange Castro Neves e Lauro César Muniz *Colaboração:* Isa Duboc, Rosane Lima, Aimar Labaki e Nelson Nadotti *Direção de núcleo:* Herval Rossano *Direção:* Herval Rossano, Flávio Colatrello, Luís Henrique Rios e André Schultz 4 mar-6 set 1996 18h CAPS 159

Enredo tratou de temáticas como o abandono, o amor e a amizade na terceira idade a partir dos confrontos entre duas irmãs.

Quem é Você? mostrava a difícil relação entre Maria Luiza (Elizabeth Savala) e Beatriz (Cássia Kiss), traumatizadas pela morte prematura da mãe e o abandono do pai. Os conflitos se agravam quando Maria Luiza descobre ter sido traída pelo marido, Afonso (Alexandre Borges), com sua irmã. Beatriz convence o cunhado a internar a frágil Maria Luiza em uma clínica de repouso, mas ela foge com a ajuda de Gabriel (Paulo Gorgulho). Um dia o pai das jovens, Nelson Maldonado (Francisco Cuoco), retorna, disposto a proteger a filha caçula. As cenas cômicas foram garantidas por Maurício (Thiago Picchi), que se travestia de Thaís.

A casa de repouso *Jardim das Flores, repleta de idosos temperamentais e divertidos, abrigava tipos como Augusta (Eva Todor, esq.), que procura uma filha, e Isolina (Ruth de Souza), ex-pianista.*

Vira-Lata

Autoria: Carlos Lombardi *Colaboração:* Vinícius Vianna e Maurício Arruda *Direção de núcleo:* Jorge Fernando *Direção:* Jorge Fernando, Rogério Gomes, Marcelo Travesso e Alexandre Boury 1º abr-27 set 1996 19h CAPS 155

Melodrama com ritmo de comédia,* Vira-Lata *mostrava três personagens tentando recompor suas famílias.

Stella (Glória Menezes) abandona os três filhos em nome de um grande amor, mas, ao passar por uma crise no casamento, decide se reaproximar de Lênin (Humberto Martins), Fidel (Marcello Novaes) e Mussolini (Luciano Vianna). Helena (Andréa Beltrão) renuncia à família por vergonha do pai, um estelionatário, mas seu drama recomeça ao ver o marido, Bráulio (Murilo Benício), empenhado em sua prisão sem saber que é seu sogro. Lênin sai de casa devido à relação conflituosa com o pai. Ao retornar, encontra-o louco e falido. Os cães eram as estrelas da novela, com destaque para o esperto Zé.

Helena *(Andréa Beltrão) tenta salvar seu casamento com Bráulio (Murilo Benício, acima), mas acaba se apaixonando por Lênin (Humberto Martins).*

O Rei do Gado

Autoria: Benedito Ruy Barbosa *Colaboração:* Edmara Barbosa e Edilene Barbosa *Direção de núcleo:* Luiz Fernando Carvalho *Direção:* Luiz Fernando Carvalho, Carlos Araújo, Emílio di Biasi e José Luiz Villamarim
17 jun 1996-14 fev 1997 20h30 CAPS 209

Debate sobre a luta por posse de terra ultrapassou o universo ficcional e ganhou repercussão na mídia e na sociedade em geral.

A discussão sobre a reforma agrária e o Movimento dos Trabalhadores Rurais Sem Terra (MST), pela primeira vez abordado abertamente em uma telenovela, aproximou a ficção da conjuntura política do Brasil na década de 90. O *Rei do Gado* estreou dois meses após a morte de 19 sem-terra em Eldorado dos Carajás (PA) e mobilizou milhões de telespectadores ao mostrar o romance do latifundiário pecuarista Bruno Mezenga (Antonio Fagundes) com a boia-fria Luana (Patrícia Pillar), ambos descendentes de duas famílias de imigrantes italianos rivais, os Mezenga e os Berdinazi. Bruno é filho de Henrico Mezenga (Leonardo Brício) e Giovanna Berdinazi (Letícia Spiller), que, na primeira fase da novela, em 1943, desafiam a autoridade dos pais e fogem para viver seu amor. Na segunda fase, em 1996, Luana e Bruno se apaixonam sem saber que ela é Marieta, a sobrinha que o cafeicultor e produtor de leite Geremias

Patrícia Pillar *e Antonio Fagundes na novela que originou dois CDs responsáveis pela maior vendagem de cópias de trilhas de novelas até então.*

ZÉ DO ARAGUAIA

Um grande companheiro de Bruno Mezenga (Antonio Fagundes) é Zé do Araguaia (Stênio Garcia), seu empregado, nascido e criado na região onde fica a principal fazenda do coronel. Zé é uma figura simpática, respeitada pelos peões, e leal ao patrão. É casado com Donana (Bete Mendes), que é semianalfabeta mas dotada de grande sabedoria. Os dois acolhem Luana (Patrícia Pillar) como filha.

Vera Fischer *(esq.), Eva Wilma, Marcello Antony, Leonardo Brício (à frente) e Letícia Spiller, na primeira fase da novela, em 1943.*

O idealista Regino, *interpretado por Jackson Antunes, e seu grupo sem-terra: contrário à violência.*

Berdinazi (Raul Cortez) tanto procura. Berdinazi é enganado por uma impostora (Glória Pires), que se faz passar por sua sobrinha, levantando as suspeitas de Judite (Walderez de Barros), fiel criada do fazendeiro. O debate sobre posse de terra se amplia quando uma das fazendas de Bruno é invadida por um grupo liderado pelo idealista Regino (Jackson Antunes), contrário à violência e à radicalização do movimento, marcando o tom conciliatório do autor em relação à questão. A discussão ganha a adesão do incorruptível senador Roberto Caxias (Carlos Vereza), protagonista da emblemática cena em que faz um discurso emocionado sobre os sem-terra para um plenário ocupado por apenas três colegas, todos desinteressados. A cena causou protestos de senadores. Regino e o senador Caxias são assassinados na trama. A cena do velório do político contou com a participação dos senadores Eduardo Suplicy e Benedita da Silva, mais uma fusão entre realidade e ficção. A novela também abordou a violência contra a mulher, através da relação de Léia (Silvia Pfeifer), ex-mulher de Mezenga, com o amante, Ralf (Oscar Magrini).

Raul Cortez *na trama que teve cenas gravadas em São Paulo, Minas Gerais e Goiás.*

PREMIAÇÃO

O Rei do Gado recebeu o Certificado de Honra ao Mérito no San Francisco International Film Festival. A primeira fase da novela, considerada um dos grandes momentos da teledramaturgia brasileira, mostrava a decadência do ciclo do café e a participação do Brasil na II Guerra Mundial. Seus sete capítulos foram transformados na minissérie *Giovanna e Henrico*, selecionada como obra *hors-concours* no Festival Banff, do Canadá. A reconstituição das cenas de batalha, filmadas em película 16mm, foram feitas em Craco, na Itália, com cerca de 300 figurantes.

O personagem de Carlos Vereza, *o senador Caxias, é assassinado por defender a reforma agrária.*

O Fim do Mundo

Autoria: Dias Gomes *Colaboração:* Ferreira Gullar *Direção de núcleo:* Paulo Ubiratan *Direção:* Paulo Ubiratan e Gonzaga Blota 6 mai-14 jun 1996 20h40 CAPS 35

Trama de Dias Gomes levantava a provocadora questão: "O que você faria se só lhe restasse um dia?"

Os moradores da fictícia Tabacópolis entram em pânico quando o paranormal Joãozinho de Dagmar (Paulo Betti) prevê a destruição do planeta em três meses. Passam, então, a realizar seus desejos mais secretos: moças perdem a virgindade, detentos e loucos são soltos e amores reprimidos são declarados. Mas o mundo não acaba e todos têm de enfrentar as consequências das loucuras que cometeram. O vidente repete a profecia e, no último capítulo, inicia-se uma forte chuva de meteorito. Postes caindo, carros sendo tragados pela terra, raios, furacões e um céu incandescente foram produzidos pela equipe de efeitos visuais.

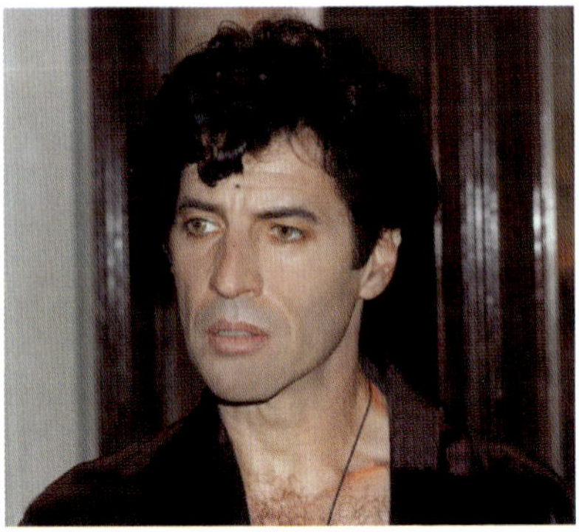

Paulo Betti *na trama concebida como minissérie para as 22h, mas exibida em horário nobre como novela de formato reduzido.*

Anjo de Mim

Autoria: Walther Negrão *Colaboração:* Elizabeth Jhin, Ângela Carneiro e Vinícius Vianna *Direção:* Ricardo Waddington, Roberto Naar, Ary Coslov, Edson Spinello e Alexandre Avancini 9 set 1996-28 mar 1997 18h CAPS 173

Em* Anjo de Mim, *Walther Negrão desenvolveu o tema do espiritismo.

Por técnicas de regressão, o cético escultor Floriano Ferraz (Tony Ramos) fica sabendo que foi amante de Valentina (Carolina Kasting) em vida passada. A jovem foi assassinada ao tentar fugir com o amado, mas, antes de morrer, marca um encontro com ele no futuro. Floriano procura a reencarnação de Valentina e fica na dúvida entre Maria Elvira (Paloma Duarte), Joana (Helena Ranaldi) e Lavínia (Vivianne Pasmanter). O vilão Marco Monterey (Herson Capri) é a reencarnação de Cincinato (Gracindo Júnior), responsável pela morte de Valentina. Floriano descobre que Lavínia é a mulher que procura, mas termina a novela com Joana.

Elias Gleiser: *Canequinha ganhou a simpatia do público como amigo de Lavínia (Vivianne Pasmanter) e fiel escudeiro do protagonista da novela.*

Salsa e Merengue

Autoria: Miguel Falabella e Maria Carmem Barbosa *Colaboração:* Jane Santos *Direção de núcleo:* Wolf Maya
Direção: Wolf Maya, Ignácio Coqueiro e Maurício Farias 30 set 1996-2 mai 1997 18h CAPS 177

Solidariedade e doação de órgãos foram os assuntos principais da novela.

Bárbara (Rosamaria Murtinho) dá à luz um filho morto. Seu marido, Guilherme (Walmor Chagas), troca a criança por um bebê cuja mãe não tem condições de criá-lo. Após 30 anos, Eugênio (Marcello Antony), o menino trocado, desenvolve leucemia e Guilherme revela a verdade à esposa. Eles vão em busca de Anabel Muñoz (Arlete Salles), verdadeira mãe do rapaz, para conseguir a doação de medula. É Valentim (Marcos Palmeira), irmão de Eugênio, quem o salva. Valentim é surpreendido com a notícia de que é filho do inescrupuloso Urbano (José Wilker). A fictícia Travessa do Vintém abrigou o núcleo popular e cômico da trama.

A PODEROSA

Debora Bloch (foto) interpretou a vilã Teodora Bentes. Rica e poderosa, ela não aceita a separação de Eugênio (Marcello Antony) e se torna a maior inimiga de Madalena (Patrícia França), moça do interior por quem Eugênio e seu irmão se apaixonam.

O Amor Está no Ar

Autoria: Alcides Nogueira *Colaboração:* Bosco Brasil e Filipe Miguez *Direção de núcleo:* Wolf Maya
Direção: Ignácio Coqueiro, Leandro Néri, Paulo Ghelli e Maurício Farias 31 mar-5 set 1997 18h CAPS 137

A disputa por uma empresa e a discussão sobre a possibilidade de vida extraterrestre conduziam a trama, ambientada na fictícia Ouro Velho.

Após a morte do marido, a judia Sofia Schnaider (Betty Lago) assume a empresa da família, mas sua sogra, Úrsula (Nicette Bruno), luta para afastá-la. A irmã de Sofia, Júlia (Natália do Vale), e o inescrupuloso Alberto (Luis Melo) se unem a Úrsula. Filha de Sofia, Luiza (Natália Lage) acredita em extraterrestres e é manipulada pela avó paterna. A tensão entre mãe e filha cresce quando as duas se apaixonam pelo jovem aviador Léo (Rodrigo Santoro). Através da personagem Esther (Monah Delacy), que descobre ter câncer de mama, o autor incentivou o autoexame para o diagnóstico precoce, mostrando que a doença tem cura.

Natália Lage, *em cena com Rodrigo Santoro: abduzida por seres de outro planeta após conhecer o extraterrestre João Fernando (Eriberto Leão).*

A Indomada

Autoria: Aguinaldo Silva e Ricardo Linhares *Direção de núcleo:* Paulo Ubiratan *Direção:* Paulo Ubiratan, Luís Henrique Rios, Marcos Paulo e Roberto Naar 17 fev-10 out 1997 20h CAPS 203

Eva Wilma: *Altiva vira fumaça no final da novela e seu rosto toma conta do céu de Greenville. Ela jura vingança, em meio a gargalhadas malévolas.*

Autores misturaram realismo fantástico, cultura nordestina e hábitos ingleses para fazer um retrato bem-humorado do Brasil.

A trama se passava na fictícia Greenville, cidade no litoral do Nordeste ocupada pelos ingleses no séc.XIX e onde costumes britânicos e nordestinos se misturam. A vilã Altiva (Eva Wilma) e seu cúmplice, o deputado Pitágoras William Mackenzie (Ary Fontoura), são caricaturas da soberba e da corrupção. Eles se unem para atrapalhar os planos de Helena (Adriana Esteves), sobrinha de Altiva e prometida ao forasteiro Teobaldo Faruk (José Mayer), que ganhou a fortuna da família da noiva numa aposta de jogo. Helena quer reabrir a usina de sua família e ajudar a cidade, em decadência com a crise do açúcar e a partida dos ingleses. A protagonista herdou do pai, o cortador de cana Zé Leandro (Carlos Alberto Riccelli), a obsessão pela terra. Na primeira fase

À INGLESA

A produção se esmerou para vestir os atores com trajes ingleses. O figurino do delegado Motinha (José de Abreu) foi inspirado na roupa do detetive Sherlock Holmes, personagem de Connan Doyle. O do deputado Pitágoras (Ary Fontoura, foto) homenageava o ex-primeiro-ministro britânico Winston Churchill. Pitágoras voltou à cena na novela *Porto dos Milagres* (2001), dos mesmos autores.

da novela, passada nos anos 70, Zé se apaixona por Eulália de Mendonça e Albuquerque (também vivida por Adriana Esteves), mãe de Helena. A família da jovem desaprova o romance e Pedro Afonso (Cláudio Marzo), irmão de Eulália, ameaça Zé Leandro de morte, obrigando-o a abandonar Eulália grávida. Anos depois, Zé Leandro volta para buscar a amada, com uma pequena fortuna conseguida num garimpo. A fuga do casal é misteriosamente boicotada e acaba em naufrágio. Apenas sua filha, Helena (Leandra Leal, na primeira fase), sobrevive. A jovem vai estudar na Inglaterra, com data marcada para voltar e se casar com Teobaldo. Em seu retorno, Helena (agora Adriana Esteves) enfrenta as armações da tia Altiva, a mulher mais prepotente da cidade. A novela também trazia a prostituta Zenilda (Renata Sorrah); o prefeito Ipiranga Pitiguari (Paulo Betti) e sua fogosa esposa Scarlet (Luiza Tomé); a juíza Mirandinha (Betty Faria); o cândido Emanoel (Selton Mello), que vira um anjo no fim da trama; o delegado Motinha (José de Abreu), que cai num buraco e vai parar no Japão; e o Cadeirudo (Sônia de Paula), figura misteriosa que ataca as mulheres nas noites de lua cheia. A identidade do Cadeirudo surpreendeu os telespectadores: Lurdes Maria era uma das mais ferrenhas beatas da cidade.

A prostituta Zenilda *(Renata Sorrah), dona do bordel da cidade, sofre com a perseguição de Altiva e de suas amigas carolas.*

Selton Mello *e Karla Muga: Emanoel se apaixona pela doce Grampola, que seria iniciada na prostituição mas toma outro rumo ao ser adotada por uma família.*

"OXENTE, *MY GOD!*"

A fusão do sotaque nordestino com termos em inglês, devido à colonização britânica, deu graça à trama. Personagem de Eva Wilma, Altiva consagrou expressões como "*Well!*", que repetia a cada frase, "Oxente, *my God*!" e "Tudo *all right*". Outros personagens também produziam pérolas linguísticas, como Pitágoras ("*Excuse, pardon me, sorry*, com licença") e Pedro Afonso ("Minhas apologias").

Zazá

Autoria: Lauro César Muniz *Escrita por:* Lauro César Muniz, Aimar Labaki, Rosane Lima e Jacqueline Velego
Direção de núcleo: Jorge Fernando *Direção:* Jorge Fernando, Marcelo Travesso e Alexandre Boury
5 mai 1997-9 jan 1998 19h CAPS 214

Mesclando fatos históricos e fantasia, Lauro César Muniz concebeu a excêntrica milionária Zazá, filha de Santos Dumont.

A extrovertida Zazá *de Fernanda Montenegro sonhava construir um avião atômico, o BR-15.*

A trama tem início no verão de 1994, em Paris. Marisa Dumont, a Zazá (Fernanda Montenegro), sobrevoa a Torre Eiffel em uma réplica do 14-Bis, avião inventado por Santos Dumont, seu pai. Em um de seus voos, Zazá tem uma ideia: encontrar um anjo da guarda para proteger cada um de seus sete filhos, totalmente dependentes dela. Com a ajuda de Silas Vadan (Ney Latorraca), o vilão da novela, Zazá seleciona os sete "anjos". O tema da Aids também foi discutido na trama através da personagem Jacqueline (Adriana Londoño), portadora do vírus HIV. A atriz Sandra Bréa, soropositiva, fez uma participação no último capítulo.

Anjo Mau

Autoria: Maria Adelaide Amaral *Colaboração:* Bosco Brasil, Vincent Villari e Dejair Cardoso *Supervisão de texto:* Silvio de Abreu *Direção de núcleo:* Carlos Manga *Direção geral:* Denise Saraceni *Direção:* José Luiz Villamarim e Emilio di Biasi 8 set 1997-27 mar 1998 18h CAPS 173

***Remake** deu nova vida à personagem Nice, a ambiciosa babá que faz qualquer coisa para conquistar o seu amor.*

Kadu Moliterno *e Glória Pires: Nice engravida de Rodrigo e quase morre por complicações no parto, mas, diferentemente da primeira versão da novela, o casal tem um final feliz.*

Nice aceita o emprego de babá na mansão dos Medeiros na esperança de encontrar uma maneira de ascender socialmente. Ninguém desconfia do que ela é capaz para atingir seus objetivos, pois seu lado perverso só é conhecido pelos telespectadores. Nice se encanta por Rodrigo (Kadu Moliterno), irmão da patroa, e decide conquistá-lo a qualquer preço, embora o rapaz seja noivo de Paula (Alessandra Negrini). Com o tempo, porém, a ambição de Nice se transforma em amor verdadeiro. No decorrer da história, a babá descobre por que é rejeitada pela mãe adotiva, Alzira (Regina Dourado): ela é, na verdade, sua filha biológica, fruto de um estupro.

Por Amor

Autoria: Manoel Carlos *Colaboração:* Maria Carolina, Vinícius Vianna e Letícia Dornelles *Direção geral:* Paulo Ubiratan e Ricardo Waddington *Direção:* Paulo Ubiratan, Ricardo Waddington, Alexandre Avancini, Ary Coslov e Edson Spinello 3 out 1997-22 mai 1998 20h30 CAPS 190

Novela centrada no dia a dia da classe média carioca foi divulgada com a pergunta: "O que você seria capaz de fazer por amor?"

Regina Duarte *viveu novamente uma Helena de Manoel Carlos, dois anos após* História de Amor *(1995). Em 2006, ela ainda protagonizaria* Páginas da Vida, *do mesmo autor.*

A mimada e frágil Maria Eduarda (Gabriela Duarte) e sua mãe, Helena (Regina Duarte), dão à luz na mesma noite. Eduarda perde o útero no parto e seu bebê morre em seguida. Helena tem uma criança saudável, mas, desesperada com a situação da filha, implora para que o médico, César (Marcelo Serrado), troque as crianças. Depois diz a todos, inclusive ao marido, Atílio (Antonio Fagundes), que seu bebê não resistiu. Eduarda, sem saber de nada, passa a cuidar do irmão como filho. Ela é casada com Marcelo (Fábio Assunção), de quem tem um ciúme doentio, principalmente devido às investidas de Laura (Vivianne Pasmanter), que tenta reconquistar o ex-namorado. Obstinada, Laura consegue engravidar de Marcelo e tem gêmeos. A controladora e debochada Branca (Susana Vieira) também chamou a atenção na trama. Casada com Arnaldo (Carlos Eduardo Dolabella), mas apaixonada por Atílio, Branca é mãe de Marcelo, Léo (Murilo Benício) e Milena (Carolina Ferraz), que vive uma tórrida paixão com o piloto de helicóptero Nando (Eduardo Moscovis). O romance dos dois fez sucesso, ao som do *hit* "Palpite", de Vanessa Rangel.

ALCOOLISMO

A relação de carinho entre o alcoólatra Orestes (Paulo José) e sua filha, a pequena Sandrinha (Cecília Dassi), comoveu o Brasil. Na trama, os papéis se invertem: ele age como filho; ela age como mãe e o encaminha aos Alcoólicos Anônimos.

Gabriela Duarte *e* Fábio Assunção: *a personagem da atriz, Maria Eduarda, foi considerada chata pelo público e levou à criação do site "Eu odeio a Eduarda".*

Susana Vieira: *no fim da trama, Branca descobre que Léo, rejeitado por ela, é o filho que ela teve com Atílio, e não Marcelo, como ela pensava.*

Corpo Dourado

Autoria: Antonio Calmon *Escrita por:* Lilian Garcia, Eliane Garcia, Elizabeth Jhin, Ângela Carneiro e Flávia Lins e Silva *Colaboração:* Alberto Goldin *Direção:* Flávio Colatrello Jr., Marcos Schechtman, Flávio Galvão e Fábio Junqueira 12 jan-21 ago 1998 19h CAPS 191

Trama policial repleta de romances tinha como protagonista uma vaqueira durona, mas sonhadora e romântica.

A vaqueira Selena (Cristiana Oliveira) é assediada pelo empresário Arthurzinho (Marcos Winter) e por Jorginho (Gerson Brenner), um fazendeiro ingênuo. Mas sua paixão é o delegado Chico (Humberto Martins), casado com sua meia-irmã, Amanda (Maria Luisa Mendonça). Entre os outros romances que movimentavam a trama estavam o triângulo amoroso entre Judy (Giovanna Antonelli), Tadeu (Felipe Camargo) e Billy (Fábio Jr.); o namoro entre Lígia (Fernanda Rodrigues) e Guto (Marcelo Faria); e o cômico casal Alicinha (Danielle Winits) e Jorginho.

Ana Rosa *(esq.) e Cristiana Oliveira como mãe e filha: personagens inspiradas nos gibis da Família Buscapé.*

Era uma Vez...

Autoria: Walther Negrão *Escrita por:* Elizabeth Jhin, Márcia Prates e Júlio Fischer *Direção de núcleo:* Jorge Fernando *Direção geral:* Rogério Gomes *Direção:* Jorge Fernando, Marcelo Travesso e Fabrício Mamberti *Direção do núcleo infantil:* Sura Berditchevsky 30 mar 1998-2 out 1998 18h CAPS 161

Bonachão, *Vô Pepe (Elias Gleiser, centro) disputava com Vô Xistus o amor dos netos, vividos por Alessandra Aguiar (esq.), Luiza Curvo, Alexandre Lemos e Pedro Agum.*

Novela traçava um retrato do cotidiano de três gerações para mostrar que não existe um tempo ideal para amar e ser feliz.

O namoro do viúvo Álvaro (Herson Capri) com a mimada Bruna (Andréa Beltrão) fica estremecido com a chegada da doce Madalena (Drica Moraes) à fictícia Nova Esperança. A moça é contratada como governanta da casa do empresário Xistus (Cláudio Marzo), sogro de Álvaro, e encanta a todos. Madalena guarda um segredo: foge do ex-marido, o possessivo Danilo (Tuca Andrada). Apenas um grande amigo, o andarilho Maneco Dionísio (Antonio Calloni), sabe da perseguição. Danilo descobre o paradeiro de Madalena e se alia a Bruna e Xistus, apaixonado por Madalena, para atrapalhar o romance da ex-mulher com Álvaro.

Meu Bem-Querer

Autoria: Ricardo Linhares *Colaboração:* Leonor Bassères, Nelson Nadotti e Maria Elisa Berredo *Supervisão de texto:* Aguinaldo Silva *Direção de núcleo:* Marcos Paulo *Direção:* Roberto Naar, Luís Henrique Rios e Alexandre Avancini
24 ago 1998-19 mar 1999 19h CAPS 179

Autor destacava, com romance e humor, os pitorescos personagens da fictícia São Tomás de Trás, no Nordeste.

As divergências entre o padre Ovídio (Cláudio Corrêa e Castro), pai adotivo de Antônio (Murilo Benício), e o pastor Bilac (Mauro Mendonça), pai de Rebeca (Alessandra Negrini), atrapalham o namoro dos filhos. O romance termina quando Lívia (Flávia Alessandra), irmã de Rebeca, engravida de Antônio. Rebeca, então, casa-se com Juliano (Leonardo Brício), pupilo de seu pai. Ao perceber que a esposa ainda ama Antônio, Juliano enlouquece e passa a acreditar que é um enviado de Deus. A situação se agrava quando descobre que é irmão do rival. São Tomás de Trás era vizinha de Tubiacanga e Greenville, cidades de *Fera Ferida* (1993) e *A Indomada* (1997).

CUSTÓDIA

A população de São Tomás de Trás acredita que a tirana Custódia (Marília Pêra) é um fantasma. Ela não sai de casa desde que o noivo desapareceu. Controla a vida de todos e mantém um quarto secreto onde esconde o caixão de vidro com o corpo embalsamado do noivo, morto em uma prisão.

Pecado Capital

Autoria: Gloria Perez *Direção de núcleo:* Wolf Maya *Direção:* Wolf Maya, Maurício Farias, Fabrício Mamberti e Vicente Barcellos 5 out 1998-7 mai 1999 18h CAPS 185

Remake de Gloria Perez ganhou tramas e personagens novos e trouxe Francisco Cuoco, herói da primeira versão, no papel que foi de Lima Duarte em 1975.

O taxista Carlão (Eduardo Moscovis) não sabe se devolve ou não a mala com dinheiro esquecida em seu carro. Fruto de um assalto a banco, a quantia pode ajudá-lo a se casar com Lucinha (Carolina Ferraz). A dona da mala, Eunice (Cássia Kiss), que aparece após Carlão usar parte do valor quando seu pai é operado, apaixona-se pelo taxista e, para não denunciá-lo, exige que se casem. Carlão se afasta de Lucinha, que se envolve com o patrão, Salviano Lisboa (Francisco Cuoco). Ao tentar entregar o dinheiro à polícia, Carlão é morto por Tonho (Lima Duarte), chefe dos assaltantes. Diferentemente da primeira versão, Lucinha não se casa com Salviano. O empresário se une a Laura (Vera Fischer), personagem inexistente na trama original.

***Carolina Ferraz** e Eduardo Moscovis: por causa dos ciúmes de Carlão, o casal vivia brigando, mas Lucinha chora a morte do taxista.*

Torre de Babel

Autoria: Silvio de Abreu *Direção geral:* Denise Saraceni *Direção:* Carlos Araújo, José Luiz Villamarim e Paulo Silvestrini
25 mai 1998-15 jan 1999 20h CAPS 203

Trama policial ambientada em São Paulo enfocava a violência e a estratificação social.

Tomado por fúria ao flagar sua esposa traindo-o com dois operários, o pedreiro José Clementino (Tony Ramos) mata a mulher e um dos homens a golpes de pá. Condenado a 20 anos de prisão, ele passa a alimentar uma obsessão: vingar-se de César Toledo (Tarcísio Meira), cujo testemunho foi fundamental para sua sentença. Ao sair da cadeia, José decide dinamitar o shopping do empresário, mas desiste quando se apaixona por Clara (Maitê Proença). Os explosivos, porém, são detonados, deixando muitos mortos e feridos, e Clementino se torna o principal suspeito do crime. Tony Ramos surpreendeu o público ao raspar a cabeça e emagrecer oito quilos e meio para viver um ex-presidiário rancoroso. Tarcísio Meira e Glória Menezes, o grande casal da televisão brasileira, interpretavam marido e mulher na trama, mas não se amavam. A novela gerou polêmica ao tratar de temas como drogas, infidelidade conjugal, homossexualismo e violência. Ganharam destaque as tramas da garçonete Bina Colombo (Claudia Jimenez); da psicopata Ângela (Claudia Raia); e das lésbicas Rafaela (Christiane Torloni) e Leila (Silvia Pfeifer).

Reconhecido por suas interpretações *como herói romântico, Tony Ranos viveu um ex-presidiário na trama.*

SUSPENSE

No final da novela, descobre-se que a ambiciosa Sandrinha (Adriana Esteves, foto), filha de José Clementino (Tony Ramos), é a autora do atentado ao shopping Tropical Towers. Para manter o suspense, a cena da revelação da identidade do criminoso foi gravada apenas no dia da exibição do último capítulo. Os atores receberam suas falas horas antes da gravação.

NO FERRO-VELHO

A família de José Clementino (Tony Ramos) gerou boas histórias. No ferro-velho de seu pai, o violento Agenor (Juca de Oliveira), vivem os dois meio-irmãos de Clementino, Gustinho (Oscar Magrini) e Boneca (Ernani Moraes); sua filha mais nova, a meiga Shirley (Karina Barum); e o deficiente mental Jamanta (Cacá Carvalho, foto), um agregado da família.

Suave Veneno

Autoria: Aguinaldo Silva *Colaboração:* Marília Garcia, Ângela Carneiro, Maria Helena Nascimento, Filipe Miguez e Fernando Rebello *Direção de núcleo:* Ricardo Waddington *Direção geral:* Daniel Filho e Ricardo Waddington *Direção:* Marcos Schetmann, Alexandre Avancini e Moacyr Góes 18 jan-17 set 1999 20h CAPS 209

Inspirado em* Rei Lear, *de Shakespeare, enredo trazia o drama de um poderoso homem ameaçado por disputas familiares.

O pernambucano Waldomiro Cerqueira (José Wilker) fez fortuna no Rio de Janeiro comercializando mármore. Ele é vítima de um golpe engendrado pela filha bastarda, Clarisse (Patrícia França), que contrata Lavínia/Maria Inês (Glória Pires) para seduzir o empresário e roubar seus diamantes. Decepcionado, ele divide a gestão dos negócios entre as filhas Maria Regina (Letícia Spiller), Márcia Eduarda (Luana Piovani) e Maria Antônia (Vanessa Lóes). Quando Clarisse é assassinada, a novela se torna uma corrida à procura das pedras. O humor ficou por conta dos homossexuais Uálber Cañedo (Diogo Vilela), um consultor espiritual, e seu secretário Edilberto (Luiz Carlos Tourinho).

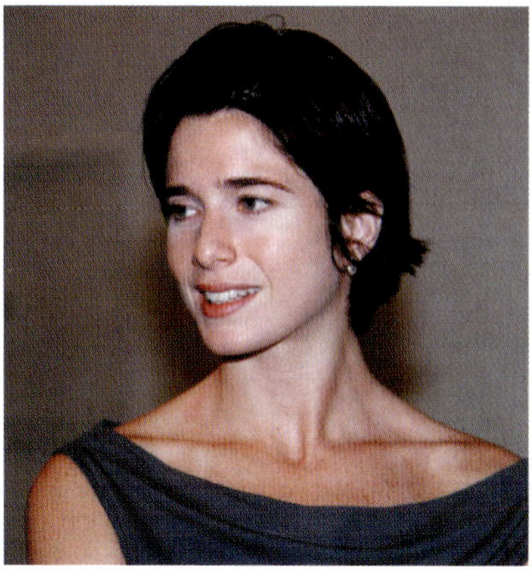

Letícia Spiller *cortou e tingiu os cabelos de preto para viver Maria Regina, que renega a origem humilde do pai e ambiciona a direção geral de sua empresa.*

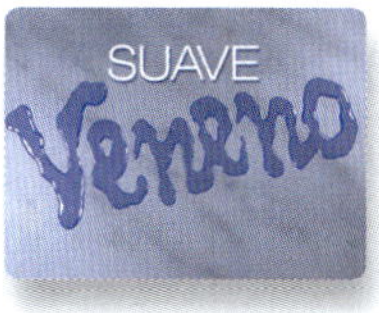

Andando nas Nuvens

Autoria: Euclydes Marinho *Colaboração:* Elizabeth Jhin, Vinicius Vianna e Letícia Dornelles *Direção de núcleo:* Dennis Carvalho *Direção geral:* Dennis Carvalho e José Luiz Villamarim *Direção:* Ary Coslov 22 mar-5 out 1999 19h CAPS 197

Na linha das comédias românticas dos anos 40 e 50, a novela enfocava as aventuras de um desmemoriado em busca de seu passado.

Otávio Montana (Marco Nanini) testemunha o assassinato do pai, dono do jornal *Correio Carioca*. Chega a lutar com o criminoso, mas é jogado do alto da varanda e entra em coma. Após 18 anos, recupera a consciência, mas não a memória completa. Aos poucos, descobre que o homicídio foi cometido por Antônio San Marino (Cláudio Marzo), seu irmão de criação, que herdara o jornal. San Marino sempre invejou Otávio e desejou sua mulher, Eva (Renata Sorrah), que se finge de morta para fugir do assédio do vilão, seu ex-amante. San Marino é desmascarado e morre. Otávio fica com Gonçala (Susana Vieira), viúva de seu inimigo.

LIGAÇÕES COM O VILÃO

Ironicamente, as três filhas de Otávio (Marco Nanini) estão ligadas a San Marino (Cláudio Marzo). A jornalista Júlia (Debora Bloch) trabalha no *Correio Carioca*, onde disputa o posto de estrela da redação com o repórter Chico Mota (Marcos Palmeira). A ambiciosa Beth (Vivianne Pasmanter) se casa com o filho mais velho de San Marino, o cafajeste Armandinho (Márcio Garcia). Já a noviça Celi (Mariana Ximenes) se apaixona por seu filho mais novo, Thiago (Caio Blat).

Terra Nostra

Autoria: Benedito Ruy Barbosa *Colaboração:* Edmara Barbosa e Edilene Barbosa *Direção de núcleo:* Jayme Monjardim *Direção geral:* Jayme Monjardim e Carlos Magalhães *Direção:* Jayme Monjardim, Carlos Magalhães e Marcelo Travesso 20 set 1999-2 jun 2000 20h CAPS 221

A novela explorou a importância da imigração na formação da sociedade brasileira.

No último capítulo, *Giuliana (Ana Paula Arósio) reencontra seu filho, fruto do romance com Matteo (Thiago Lacerda). O menino havia sido abandonado por sua ex-sogra em um orfanato.*

O fio condutor da trama, ambientada entre o final do séc. XIX e as primeiras décadas do séc.XX, era o romance entre os jovens italianos Matteo (Thiago Lacerda) e Giuliana (Ana Paula Arósio). Em 1894, a exemplo de centenas de conterrâneos que fogem da crise econômica, eles embarcam em um navio para tentar a sorte no Brasil, e se apaixonam durante a viagem. Uma epidemia se alastra pela embarcação e os pais de Giuliana morrem. Seus corpos são jogados ao mar para evitar que a doença se espalhe. Um dos momentos mais marcantes nessa fase da novela é a cena em que tripulantes do navio quase fazem o mesmo com um bebê, filho dos italianos Leonora (Lu Grimaldi) e Bartolo (Antônio Calloni), que parecia morto. Mas a criança chora quando é arrancada dos braços da mãe. Matteo adoece, mas sobrevive à epidemia. O casal chega ao Brasil decidido a enfrentar o futuro

"AMORE MIO"

Um dos destaques da trama foi o romance protagonizado pelos personagens de Raul Cortez e Maria Fernanda Cândido (foto), intérprete da jovem italiana Paola, que causou furor por sua semelhança com a atriz italiana Sophia Loren. A trama popularizou o modo carinhoso como Francesco chamava sua amada: "*Amore mio*".

incerto. Mas, durante o desembarque, Matteo e Giuliana se perdem e seguem destinos diferentes. Giuliana é acolhida pelo próspero imigrante italiano Francesco Maglianno (Raul Cortez). Já Matteo se emprega nos cafezais do coronel Gumercindo Aranha (Antonio Fagundes), fazendeiro escravocrata que encontra dificuldades para lidar com os imigrantes após a abolição. Matteo se torna porta-voz das reivindicações dos trabalhadores na propriedade de Gumercindo, que administra sua família da mesma forma que sua fazenda: com mão de ferro. O coronel culpa a esposa, Maria do Socorro (Débora Duarte), por não terem conseguido gerar um filho homem. Para compensar a frustração, ele se envolve com escravas.

Uma delas, Naná (Adriana Lessa), engravida e dá à luz um menino. Antes do final feliz dos protagonistas, Matteo se casa com Rosana (Carolina Kasting), filha de Gumercindo; e Giuliana, com Marco Antônio (Marcello Antony), filho de Francesco. Criado no interior de São Paulo, Benedito Ruy Barbosa recorreu às suas próprias lembranças para escrever diversas cenas. A novela foi elogiada pelas belas imagens e pela cuidadosa reconstituição de época, que incluiu quase 5 mil peças de figurino e a reprodução de um trecho da avenida Paulista à época de sua inauguração. *Terra Nostra* foi uma das novelas mais exportadas da TV Globo.

O NAVIO DOS IMIGRANTES

O navio a vapor S.S. Shieldhall, construído em 1940, foi adaptado para se transformar no Andrea I da história, que transportou os personagens da Itália para o Brasil. As cenas do embarque e da travessia foram realizadas na cidade portuária de Southampton, no sul da Inglaterra, e no canal da Mancha, com a participação de cerca de 300 figurantes, entre ingleses, gregos e italianos. O desembarque em terras brasileiras foi gravado no porto de Santos, em São Paulo.

Andrea I: ***palco de cenas*** *emocionantes na primeira fase da novela.*

Força de um Desejo

Autoria: Gilberto Braga e Alcides Nogueira *Colaboração:* Sérgio Marques, Márcia Prates, Lilian Garcia e Eliane Garcia *Direção de núcleo:* Marcos Paulo *Direção geral:* Marcos Paulo (até o cap.20) e Mauro Mendonça Filho *Direção:* Marcos Paulo, Mauro Mendonça Filho e Carlos Araújo 10 mai 1999-28 jan 2000 18h CAPS 227

***Trama foi inspirada em três romances do visconde de Taunay:* A Retirada da Laguna, Inocência *e* A Mocidade de Trajano.**

***Malu Mader** e Fábio Assunção, nos papéis de Esther e Inácio: amor proibido no séc.XIX, à moda dos tradicionais folhetins românticos da época.*

Higino Ventura (Paulo Betti), um ex-mascate que enriqueceu à custa de negócios suspeitos, pressiona o barão Henrique Sobral (Reginaldo Faria) a vender suas propriedades. Higino está interessado na mulher do barão, Helena (Sônia Braga), com quem teve um caso no passado. Com a repentina morte de Helena, o barão se casa com a cafetina Esther Delamare (Malu Mader) sem saber que ela e seu filho, Inácio (Fábio Assunção), são apaixonados. Esther também ignora que ele é o pai de seu grande amor. Os dois tiveram um romance mas foram separados pelas intrigas da avó de Inácio, a maquiavélica Idalina (Nathalia Timberg). Ela quer ver o neto casado com a dissimulada Alice (Lavínia Vlasak), filha de Higino, por estar interessada em tirar proveito financeiro da união. Quem mais sofre com isso é Abelardo (Selton Mello), irmão de Inácio: ele ama Alice, mas desconhece que é fruto do adultério de sua mãe com Higino e, portanto, irmão da moça. Quando Inácio e Esther resolvem fugir juntos, Sobral é assassinado e a culpa recai sobre Inácio.

REVELAÇÃO

Várias mortes acontecem ao longo da história. No final, revela-se que todas foram provocadas pela insuspeita Bárbara (Denise Del Vecchio), mulher de Hi-gino Ventura (Paulo Betti), a começar pela morte da baronesa Helena (Sônia Braga). A revelação surpreendeu os telespectadores e mostrou uma trama muito bem-construída. A novela também foi elogiada pela primorosa reconstituição de época.

***Nathalia Timberg** como a pérfida Idalina, uma de suas grandes interpretações na televisão.*

Vila Madalena

Autoria: Walther Negrão *Colaboração:* Júlio Fisher, Paulo Cursino, Thelma Guedes, Elizabeth Jhin, Ângela Carneiro e Vinícius Vianna *Direção de núcleo:* Jorge Fernando *Direção geral:* Jorge Fernando e Roberto Naar *Direção:* Jorge Fernando, Roberto Naar e Marcus Alvisi 8 out 1999-5 mai 2000 19h CAPS 155

Com seu comércio alternativo e vida noturna agitada, o bairro paulista Vila Madalena ambientou o drama de um ex-presidiário.

Vítima de uma cilada, o caminhoneiro Solano Xavier (Edson Celulari) é preso por transportar mercadoria contrabandeada. Na penitenciária, ele conhece Roberto (Marcos Winter), preso também injustamente. Por seu bom comportamento, Solano deixa a cadeia antes do previsto e tem uma surpresa: sua mulher, Eugênia (Maitê Proença), está casada com o empresário Arthur Junqueira (Herson Capri), principal responsável por sua condenação. Solano acaba se apaixonando pela ex-noiva de Roberto, a atrapalhada Pilar (Cristiana Oliveira), e sofre com os ciúmes do amigo.

PARTICIPAÇÕES ESPECIAIS

Vila Madalena não tinha uma abertura fixa. Antes de cada capítulo era exibido um videoclipe da trilha sonora nacional da novela. Moradores ilustres do bairro paulista fizeram participações especiais na trama, como o pintor Aldemir Martins, o chargista Paulo Caruso e o palhaço Gargalhada.

Esplendor

Autoria: Ana Maria Moretzsohn *Colaboração:* Glória Barreto e Daisy Chaves *Direção de núcleo:* Wolf Maya *Direção geral:* Wolf Maya e Maurício Farias *Direção:* Wolf Maya, Maurício Farias, Ary Coslov e Luciano Sabino 31 jan-23 jun 2000 18h CAPS 125

***Os figurinos de Letícia Spiller** e Floriano Peixoto contrastavam: ela usava vestidos com cores claras e alegres, refletindo sua luminosidade; ele estava quase sempre de preto.*

Passada no final dos anos 50,* Esplendor *narrava a história de um homem solitário que redescobre o amor.

O milionário Frederico Berger (Floriano Peixoto) é um homem amargurado que se culpa pela morte da esposa, vítima de um acidente de avião. Ele sobreviveu ao desastre, mas ficou com uma cicatriz no rosto, marca de seu eterno luto. Frederico reencontra a felicidade ao se apaixonar pela doce Flávia Cristina (Letícia Spiller), sua nova governanta. Ela chega à fictícia Esplendor, no sul do país, fugida do Rio de Janeiro, onde é acusada de um crime que não cometeu. Flávia sofre com as tramoias do irmão, o mau-caráter Bruno (Caio Blat), e do invejoso Cristóvão Rocha (Murilo Benício).

O Cravo e a Rosa

Autoria: Walcyr Carrasco e Mário Teixeira *Colaboração:* Duca Rachid *Direção geral:* Walter Avancini
Direção: Mário Márcio Bandarra e Amora Mautner 26 jun 2000-9 mar 2001 18h 221

Comédia romântica teve trama inspirada no clássico* A Megera Domada*, de William Shakespeare.

Adriana Esteves *e Eduardo Moscovis, como a feminista Catarina e o caipira Petruchio: casal de temperamento explosivo.*

Ambientada na São Paulo dos anos 20, a história narrava o conflituado romance entre o rude caipira Petruchio (Eduardo Moscovis) e a geniosa Catarina (Adriana Esteves), que tem ideias feministas. Filha mais velha do banqueiro Batista (Luís Melo), Catarina é conhecida por botar todos os pretendentes para correr, a ponto de ganhar dos rapazes o apelido de Fera. Quem mais sofre com esse comportamento é sua irmã mais nova, Bianca (Leandra Leal), moça meiga e romântica que sonha encontrar um grande amor. Mas, para seu azar, Batista só permite que ela se case depois de Catarina. Petruchio decide conquistar a "fera" para, com o dote do casamento, evitar o leilão de sua fazenda. Catarina, por sua vez, aceita se casar com ele para se livrar da pressão do pai e ajudar a irmã. Os dois se apaixonam, mas não admitem isso, o que torna a vida conjugal uma guerra diária. Catarina tem frequentes crises de raiva, durante as quais atira na cabeça de Petruchio tudo o que encontra. O pilantra Heitor (Rodrigo Faro) conquista a doce Bianca com a ajuda de sua irmã, a dissimulada Dinorá (Maria Padilha). O rapaz é um esportista que vive à custa do genro, Cornélio Valente (Ney

ABERTURA

A charmosa abertura da novela trazia um camafeu dourado que girava no ar e, a cada volta, mostrava alguns de seus personagens em imagens em preto e branco com aparência de película antiga. A música-tema era uma versão de Zeca Pagodinho para "Jura", samba de Sinhô.

Latorraca). Heitor cativa a moça com poemas românticos que ela ignora serem escritos pelo professor Edmundo (Ângelo Antônio). O intelectual dá aulas de poesia para a moça, mas não tem coragem de se declarar devido à sua origem humilde. Ao longo da história, Bianca descobre que seu verdadeiro amor é Edmundo e que Heitor estava apenas interessado em seu dinheiro. Apesar das armadilhas tramadas por Marcela (Drica Moraes), eterna apaixonada por Petruchio, e pela pobre e ambiciosa Lindinha (Vanessa Gerbelli); das ameaças do poderoso fazendeiro Joaquim (Carlos Vereza); e das inúmeras brigas do casal, Petruchio e Catarina acabam se entendendo.

O núcleo caipira, composto pelos moradores da fazenda de Petruchio, fez sucesso e incentivou o autor a reaproveitar a ideia em outras novelas, como em *Chocolate com Pimenta* (2003). O *Cravo e a Rosa* teve reconstituição histórica fiel e criterioso cuidado com os diálogos, que resgatavam palavras e expressões dos anos 20.

Pedro Paulo Rangel *interpretou o simpático roceiro Calixto, personagem da fazednda de Petruchio.*

NÚCLEO CAIPIRA

Os caipiras reforçaram o tom cômico da novela. Na fazenda de Petruchio (Eduardo Moscovis), vivem Calixto (Pedro Paulo Rangel), quase um pai para o fazendeiro; a criada Neca (Ana Lúcia Torre); e a traiçoeira Lindinha (Vanessa Gerbelli), filha de Calixto. Ela é o amor da vida de Januário (Taumaturgo Ferreira), um caipira ingênuo e de bom caráter, que anda sempre acompanhado de uma porquinha de estimação. Mas Lindinha vive a humilhá-lo.

Ângelo Antônio *e Leandra Leal: Edmundo e Bianca formaram um triângulo amoroso com Heitor (Rodrigo Faro) inspirado na trama da peça* Cyrano de Bergerac, *de Edmond Rostand.*

Laços de Família

Autoria: Manoel Carlos *Colaboração:* Fausto Galvão, Maria Carolina, Vinícius Vianna, Flávia Lins e Silva
Direção de núcleo: Ricardo Waddington *Direção geral:* Ricardo Waddington, Rogério Gomes e Marcos Schechtman
Direção: Moacyr Góes 5 jun 2000-2 fev 2001 21h CAPS 209

***Amor incondicional de uma mãe pela filha direcionava a crônica urbana desenvolvida em* Laços de Família.**

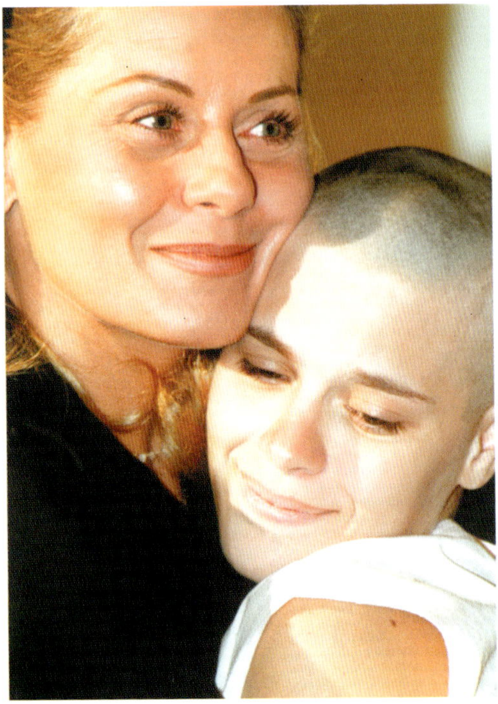

As imagens de Carolina Dieckmann como Camila (acima, com Vera Fischer), de cabeça raspada devido ao tratamento contra a leucemia, foram usadas em uma campanha da Rede Globo pela doação de medula.

Manoel Carlos voltou a usar como cenário o bairro carioca do Leblon para falar de temas universais como as relações amorosas e familiares, em especial as construídas entre pais e filhos. O mote da novela, desenvolvida com doses equilibradas de folhetim e realismo, era o sacrifício de uma mãe em prol da filha, tema já abordado pelo autor em *História de Amor* (1995) e *Por Amor* (1997). Em *Laços de Família*, Helena (Vera Fischer) é uma empresária que abre mão do namorado 20 anos mais novo, o médico Edu (Reynaldo Gianecchini), depois que a filha, Camila (Carolina Dieckmann), se apaixona por ele. Os jovens se casam e, após algum tempo, Camila descobre que tem leucemia. Sua única chance de sobrevivência é um transplante de medula. Helena sempre escondeu da filha a real identidade de seu pai, mas é obrigada a contar a verdade quando vê que sua vida está ameaçada. Camila é filha de Pedro (José Mayer), primo de Helena, e esta não hesita em se aproximar dele novamente com o objetivo de engravidar e gerar um doador de medula

MULHERES DE PEDRO

Um dos homens mais disputados da trama era o rústico Pedro (José Mayer, foto), apaixonado pelo haras em que trabalhava. Após se separar da ciumenta Silvia (Eliete Cigarini), ele se envolve com a veterinária Cínthia (Helena Ranaldi), mas também é alvo da rebelde Íris (Deborah Secco, foto), a meia-irmã de Helena (Vera Fischer). Íris se esforça para conquistá-lo, mas ele a trata como criança.

para a filha. Para isso, abdica da felicidade ao lado do livreiro Miguel (Tony Ramos), pai de Paulo (Flávio Silvino), um jovem com sequelas neurológicas decorrentes de um desastre de carro, e da imatura Ciça (Júlia Feldens). Helena também é mãe de Fred (Luigi Barricelli), um engenheiro recém-formado. Desempregado, ele vive em crise com a esposa, Clara (Regiane Alves), uma jovem rica e superficial que não sabe lidar com dificuldades financeiras. Eles têm uma filha, a pequena Nina (Larissa Honorato). Com o casamento à beira do colapso, Fred se envolve com Capitu (Giovanna Antonelli), sua ex-namorada. Ela é uma garota de programa que tenta abandonar a atividade, mas sofre com as investidas de Orlando (Henrique Pagnoncelli), um ex-cliente obcecado por ela, e as ameaças do ex-marido e pai de seu filho, o marginal Maurinho (Luiz Nicolau). No final da novela, nasce a filha de Helena e Pedro e o transplante de medula de Camila é realizado com sucesso. A personagem de Marieta Severo, Alma Flora,

CAPITU

Uma das tramas paralelas de *Laços de Família* fez tanto sucesso que, por diversos capítulos, desviou a atenção do público da trama principal: a história de Capitu, uma jovem universitária que trabalha como garota de programa para poder sustentar os pais e o filho de um ano. O papel destacou sua intérprete, a atriz Giovanna Antonelli (foto), logo depois escalada para protagonizar a novela *O Clone* (2001).

Carolina Dieckmann *(esq.), Vera Fischer e Reynaldo Gianecchini: mãe e filha se apaixonam pelo jovem médico Edu.*

PREMIAÇÃO

A abordagem sobre leucemia ajudou a Rede Globo a ganhar o mais importante prêmio de responsabilidade social do mundo, o BITC Awards for Excellence 2001, na categoria Global Leadership Award. Concorreram as campanhas sociais exibidas durante a programação de 2000, tendo como destaque o chamado "efeito Camila", ou seja, o aumento significativo no número de doadores de sangue, órgãos e medula óssea por conta do drama da personagem.

O ator Flávio Silvino *(esq.) viveu um jovem com sequelas neurológicas semelhantes às suas, na vida real, e mostrou as dificuldades para superá-las. Ele era filho de Miguel, personagem de Tony Ramos.*

a autoritária e superprotetora tia de Edu, ganhou destaque na trama. Com a morte dos pais de Edu e Estela (Júlia Almeida), Alma criou os sobrinhos como se fossem seus filhos, estabelecendo uma relação muito forte de posse e ciúme com Edu. Através de Viriato (Zé Victor Castiel), a novela abordou a impotência masculina. O personagem vai se afundando em depressão ao perceber que não consegue mais se relacionar sexualmente com a esposa, Ivete (Soraya Ravenle). A importância da leitura foi defendida por Miguel, amante dos livros. Na abertura da novela, fotografias e pinturas impressionistas se fundiam para retratar paisagens do Leblon, ao som de "Corcovado", de Tom Jobim, em uma gravação de João Gilberto, Stan Getz e Astrud Gilberto.

O casal Alma *e Danilo, vivido por Marieta Severo e Alexandre Borges: final feliz.*

OS GÊMEOS DO *BON VIVANT*

Marieta Severo e Alexandre Borges viveram o casal Alma e Danilo. Mulherengo e *bon vivant*, o quarto marido de Alma é sustentado pela esposa e vive tentando seduzir a empregada Ritinha (Juliana Paes), que acaba engravidando. Expulso de casa por Alma, ele descobre que a moça deu à luz um casal de gêmeos e morreu durante o parto. Alma, que não podia engravidar, perdoa o ex-marido e se encarrega de cuidar dos filhos da ex-empregada.

Uga Uga

Autoria: Carlos Lombardi *Colaboração:* Margareth Boury e Tiago Santiago *Direção de núcleo:* Wolf Maya *Direção geral:* Wolf Maya e Alexandre Avancini *Direção:* João Camargo e Ary Coslov 8 mai 2000-19 jan 2001 19h 221

O autor usou humor e ação para narrar as dificuldades de um jovem criado entre os índios que tenta viver em uma grande cidade.

Único sobrevivente de um ataque indígena à sua família, Adriano, agora chamado Tatuapu (Cláudio Heinrich), foi criado por Pajé (Roberto Bomfim). O jovem salva a vida do sargento Bernardo Baldochi (Humberto Martins), que o leva de volta ao Rio de Janeiro. Tatuapu sofre para se adaptar à cidade e é vítima das intrigas de Santa (Vera Holtz) e Rolando (Heitor Martinez), que cobiçam a herança de seu avô, o industrial grego Nikos Karabastos (Lima Duarte). Cláudio Heinrich passou uma semana na tribo Uailapiti, no Xingu, para interpretar Tatuapu.

TATUAPU EM HQ

Para a abertura da novela foi criada uma revista em quadrinhos sobre a história de Tatuapu, através da fusão de fotos e ilustrações. Os desenhos foram feitos à mão e registrados por uma câmera virtual que percorria as páginas do gibi. Depois, a história foi transferida para o computador. O mesmo tratamento foi empregado nas imagens que marcavam a passagem de um bloco a outro de cada capítulo.

Um Anjo Caiu do Céu

Autoria: Antonio Calmon *Colaboração:* Eliane Garcia, Lilian Garcia, Marcia Prates, Maria Helena Nascimento e Álvaro Ramos *Direção de núcleo:* Dennis Carvalho *Direção geral:* Dennis Carvalho e José Luiz Villamarim *Direção:* Dennis Carvalho, José Luiz Villamarim e Amora Mautner 22 jan-25 ago 2001 19h 185

Trama em tom de comédia sentimental tinha como pano de fundo o universo da moda, vista como expressão artística e cultural.

O famoso fotógrafo João Medeiros (Tarcísio Meira) sofre um atentado por ter fotografado um líder neonazista. À beira da morte, ele ganha mais seis meses de vida para resolver seus problemas familiares. Para isso, conta com a ajuda do anjo Rafael (Caio Blat), que desce à Terra, se apaixona pela jovem Cuca (Débora Falabella) e tem de decidir se volta ou não à condição de anjo. Chamaram atenção na trama as cenas de humor protagonizadas por Selmo de Windsor (Daniel Dantas), Paulinho (Cássio Gabus Mendes) e Lulu (Bel Kutner); e a rivalidade entre as irmãs Naná (Renata Sorrah), uma estilista, e a sarcástica Laila (Christiane Torloni), sofisticada ex-modelo.

***Tarcísio Meira** e Caio Blat: as camisetas temáticas usadas pelo anjo Rafael e a reciclagem de peças contribuíram para o sucesso do figurino da novela.*

um anjo caiu do céu

Porto dos Milagres

Autoria: Aguinaldo Silva e Ricardo Linhares *Colaboração:* Nelson Nadotti, Filipe Miguez, Gloria Barreto, Francisco Vieira e Maria Elisa Berredo *Direção de núcleo:* Marcos Paulo *Direção geral:* Marcos Paulo e Roberto Naar *Direção:* Marcos Paulo, Roberto Naar, Luciano Sabino e Fabrício Mamberti 5 fev-29 set 2001 21h 203

Livre adaptação de* Mar Morto *e* A Descoberta da América pelos Turcos, *de Jorge Amado, a novela era pontuada por romances em meio a conflitos de classe.

A sedutora Esmeralda *(Camila Pitanga, esq.) tenta de todo jeito separar Guma (Marcos Palmeira) de Lívia (Flávia Alessandra).*

Félix (Antonio Fagundes) e Adma (Cássia Kiss) são dois vigaristas foragidos que voltam a Porto dos Milagres, no Recôncavo Baiano, e descobrem que o irmão gêmeo de Félix, Bartolomeu (também Antonio Fagundes), é o homem mais poderoso da cidade. Adma envenena o cunhado à revelia do marido e Félix assume seu lugar. Ao saber que Bartolomeu teve um filho com a prostituta Arlete (Letícia Sabatella), Adma manda o capataz Eriberto (José de Abreu) matar a mãe e a criança. Em alto-mar, Arlete coloca o cesto com o bebê na água e se atira do barco. Uma forte onda faz com que o cesto flutue nas águas revoltas, protegido por Iemanjá. Criado por pescadores e ignorando sua verdadeira origem, anos depois Guma (Marcos Palmeira) transforma-se em respeitado líder na Cidade Baixa, onde mora a população pobre do cais do porto. Ele enfrenta as ciladas do tio e luta pelo amor da rica Lívia (Flávia Alessandra), sobrinha de Augusta Eugênia (Arlete Salles), a mulher mais influente da alta sociedade local.

Adma (Cássia Kiss) *põe veneno em uma bebida para dar a Eriberto (José de Abreu), mas ele percebe a artimanha e troca as taças. No entanto, ele também toma o drinque, morrendo ao lado da mulher que sempre amou.*

ROSA PALMEIRÃO

A personagem Rosa Palmeirão (Luiza Tomé, foto) é condenada a 20 anos de prisão, na primeira fase da novela, pelo assassinato do coronel Jurandir (Reginaldo Faria), que violentou sua irmã Cecília (Luiza Curvo), Rosa deixa a cadeia disposta a descobrir o paradeiro do filho de outra irmã, Arlete (Letícia Sabatella). Ela abre um bordel e lá se apaixona por Félix (Antonio Fagundes, foto), sem saber de seu envolvimento no desaparecimento do sobrinho. No fim da trama, ela o mata no dia de sua posse como governador.

Estrela-guia

Autoria: Ana Maria Moretzsohn *Colaboração:* Daisy Chaves, Izabel de Oliveira, Fernando Rebello e Patrícia Moretzsohn *Direção de núcleo:* Denise Saraceni *Direção geral:* Denise Saraceni e Carlos Araújo *Direção:* Denise Saraceni, Carlos Araújo e Ulysses Cruz 12 mar-16 jun 2001 18h CAPS 83

A novela contrapunha valores espirituais das sociedades alternativas a avanços tecnológicos e científicos.

O encontro de dois mundos opostos é representado pelo romance entre o urbano e *workaholic* Tony (Guilherme Fontes) e a adolescente Cristal (Sandy), criada em Jagatah, uma comunidade alternativa no interior de Goiás. Tony é padrinho da menina e se torna seu tutor após a morte de seus pais. Cristal se muda para o Rio de Janeiro e os dois se apaixonam. O casal enfrenta os ciúmes da fútil Vanessa (Carolina Ferraz) e os preconceitos da mãe de Tony, Carlota (Rosamaria Murtinho). A paz dos moradores de Jagatah é abalada pela ambiciosa Daphne Aroeira (Lilia Cabral).

A comunidade alternativa *Frater Unidade, em Pirenópolis (GO), inspirou a comunidade fictícia Jagatah, de Cristal, interpretada por Sandy (acima, com Guilherme Fontes).*

A Padroeira

Autoria: Walcyr Carrasco *Colaboração:* Mário Teixeira e Duca Rachid *Direção de núcleo:* Roberto Talma *Direção geral:* Walter Avancini, Roberto Talma e Mário Márcio Bandarra *Direção:* Walter Avancini, Roberto Talma, Mário Márcio Bandarra, Ivan Zettel, Vicente Barcellos, Luiz Henrique Rios e Leandro Neri 8 jun 2001-23 fev 2002 18h CAPS 215

A Padroeira ***se passava num Brasil Colônia marcado pela febre do ouro, pela submissão feminina e pelo poder da Igreja.***

A jovem Cecília (Deborah Secco), filha do fidalgo dom Lourenço de Sá (Paulo Goulart), se apaixona por Valentim Coimbra (Luigi Baricelli), filho de um suposto traidor da Coroa portuguesa. Mas o casal não pode viver o romance, pois Cecília foi prometida ao rude e prepotente dom Fernão de Avelar (Maurício Mattar). Só no final da trama ocorre a esperada união. Ambientada na capitania de São Paulo e Minas do Ouro, em 1717, *A Padroeira* mostrava a busca por minas de ouro e a luta dos pescadores pelo reconhecimento do culto a Nossa Senhora Aparecida, cuja imagem foi encontrada por eles no rio Paraíba do Sul.

Maurício Mattar *e Deborah Secco em novela inspirada em As Minas de Prata, de José de Alencar.*

O Clone

Autoria: Gloria Perez *Direção de núcleo:* Jayme Monjardim *Direção geral:* Jayme Monjardim, Marcos Schechtman e Mário Márcio Bandarra *Direção:* Jayme Monjardim, Marcos Schechtman, Mário Márcio Bandarra, Marcelo Travesso e Teresa Lampreia 1º out 2001-15 jun 2002 20h30 CAPS 221

Temas como cultura árabe, clonagem humana e dependência química deram o tom da novela, que misturou tradição e modernidade para relatar uma história de amor.

Giovanna Antonelli *e Murilo Benício em cena: título de casal mais famoso do mundo em 2002, conferido pela versão hispânica da revista* People.

O *Clone* tem início na década de 80, quando Lucas (Murilo Benício) conhece Jade (Giovanna Antonelli) no Marrocos. Filha de muçulmanos nascida e criada no Brasil, Jade foi viver com o tio, o patriarca Ali (Stênio Garcia), após a morte da mãe, Sálua (Walderez de Barros). Sid Ali, como é chamado pelos empregados, segue com rigor os costumes islâmicos e não aceita a união de Jade com Lucas, que não é muçulmano. Paralelamente, o irmão gêmeo de Lucas, Diogo (Murilo Benício), sofre um acidente e morre. Diante da tragédia, Lucas volta atrás em seu compromisso de fugir com Jade e ela, sem alternativa, retorna para a casa de sua família e se casa com Said (Dalton Vigh). Abalado pela morte do afilhado Diogo, o cientista Albieri (Juca de Oliveira) decide clonar

BAR DA DONA JURA

O sambista Zeca Pagodinho (esq.) foi uma das personalidades, entre músicos e esportistas, que fizeram participações especiais no bar da Dona Jura (Solange Couto, centro), por quem Tião (Antonio Pitanga, dir.) nutria intensa paixão. Simpática, Dona Jura tinha na ponta da língua uma expressão muito repetida pelos telespectadores: "Não é brinquedo, não!"

FIGURINOS

O Clone contou com várias peças de figurino adquiridas no Marrocos, entre túnicas, pares de *babouches* (sapatinhos de sola baixa), lenços, véus, bolsas, chapéus, joias e até vestidos de noiva (como o usado por Latiffa, personagem de Letícia Sabatella). O visual da novela ganhou as ruas. Também fez sucesso o sofisticado figurino da protagonista Jade (Giovanna Antonelli) na segunda fase da história.

Lucas. Sem que ninguém tome conhecimento da experiência, Albieri usa as células de Lucas na formação do embrião e o insere em Deusa (Adriana Lessa), que pensa estar fazendo uma inseminação artificial comum. Passados quase 20 anos, Lucas está casado com Maysa (Daniela Escobar) e tem uma filha, Mel (Débora Falabella). Ele abdicou de seus sonhos para cuidar da empresa do pai, Leônidas (Reginaldo Faria). Jade teve uma filha com Said, Khadija (Carla Diaz). Ela e Lucas se reencontram no Rio de Janeiro e o antigo amor renasce. O clone Leandro, o Léo, tem Albieri como padrinho, mas não suspeita de sua verdadeira origem. Em viagem ao Marrocos em companhia do cientista, Léo vê Jade e se apaixona, como aconteceu com Lucas anos atrás. Ao descobrir a verdade sobre sua vida, ele entra em crise, tentando descobrir seu lugar no mundo. Quando a experiência da criação do clone vem a público, Deusa e Leônidas brigam por Léo na Justiça para serem reconhecidos como seus pais. O *Clone* estreou pouco depois dos atentados terroristas de 11 de setembro de 2001 em Nova York e Washington, o que poderia prejudicar a aceitação da trama, mas a novela virou uma febre. A dança do ventre e alguns acessórios de Jade saltaram da tela para as ruas e expressões como "maktub" e "inshalá" viraram bordões. A novela foi gravada

***Letícia Sabatella** interpretou a marroquina Latiffa, prima de Jade.*

***As noites dançantes** na gafieira Estudantina, frequentada por Edvaldo (Roberto Bomfim) e Deusa (Adriana Lessa), também marcaram a trama.*

PREPARANDO O ELENCO

Palestras, textos e filmes sobre os temas desenvolvidos na novela foram incluídos na fase de preparação de elenco e equipe. Os atores tiveram aulas de dança, aprenderam costumes, rituais religiosos e expressões árabes e receberam noções sobre técnicas de fertilização e clonagem, além de praticarem exercícios com uma instrutora de dramaturgia para se aprofundarem em seus papéis.

Nos papéis de Albieri e Ali, *Juca de Oliveira (esq.) e Stênio Garcia representaram, respectivamente, a modernidade e a tradição na história de Gloria Perez.*

em cinco cidades do Marrocos, entre elas Fez, cuja medina, datada do séc. VIII, foi usada como referência para a construção da cidade cenográfica no Projac. Vendida para mais de 90 países, tendo grande receptividade na comunidade hispânica dos Estados Unidos, O *Clone* conquistou três categorias do Prêmio Inte, considerado um dos mais importantes do mercado latino, e seu sucesso resultou em uma coprodução da Rede Globo com a emissora Telemundo para a realização de uma nova versão da história. Depoimentos de pessoas reais – entrevistas com anônimos e famosos – foram inseridos na história, por conta da campanha contra as drogas empreendida pela autora.

ANTIDROGAS

A campanha antidrogas desenvolvida por meio dos personagens Mel (Débora Falabella), Nando (Thiago Fragoso) e Lobato (Osmar Prado) ajudou a desmistificar o perfil do usuário e ampliou o número de dependentes em busca de apoio. O FBI e a Drug Enforcement Administration (DEA), os dois principais órgãos do governo americano responsáveis pelo controle do tráfico de drogas, premiaram Gloria Perez e Jayme Monjardim pela iniciativa.

O drama vivido por Maysa *(Daniela Escobar) e a filha Mel (Débora Falabella), usuária de drogas, comoveu o público.*

EXPRESSÕES USADAS

"Maktub."
"Inshalá."
"Haram."
"Jogar ao vento."
"Arder no mármore do inferno."
"Cada mergulho é um *flash*."

Reginaldo Faria *e Vera Fischer como o casal Leônidas e Yvete: romance tumultuado.*

As Filhas da Mãe

Autoria: Silvio de Abreu, Alcides Nogueira e Bosco Brasil *Colaboração:* Sandra Louzada
Direção de núcleo e geral: Jorge Fernando *Direção:* Jorge Fernando, Marcelo Travesso e Marcus Alvisi
27 ago 2001-19 jan 2002 19h 125

Entre a farsa e a chanchada,* As Filhas da Mãe *exibia o reencontro de uma família e a disputa por uma herança.

Obrigada a deixar o Brasil por chantagens do marido, o empresário Fausto (Cláudio Lins/Francisco Cuoco), Lulu de Luxemburgo (Fernanda Torres na primeira fase; Fernanda Montenegro depois) retorna ao país, após 40 anos, disposta a reconstruir sua família e desvendar o sumiço de Fausto, cuja herança – o *resort* Jardim do Éden – é disputada pelos filhos do casal: Tatiana (Andréa Beltrão), Alessandra (Bete Coelho) e Ramon. Este surpreende a todos ao fazer uma operação para mudar de sexo, passando a se chamar Ramona (Claudia Raia). Tatiana e Alessandra brigam pela presidência do *resort* com o mau-caráter Adriano Araújo (Thiago Lacerda), afilhado e braço direito de Fausto na direção do empreendimento. A concorrência se acirra quando surge uma filha bastarda de Fausto, a pernambucana Rosalva (Regina Casé). Adriano tenta seduzi-la, de olho em sua herança. Fausto reaparece no final da novela, mas é assassinado. No último capítulo, descobre-se que a governanta Margot (Jacqueline Laurence) é a autora do crime. Lulu reconquista o amor do empresário Arthur Brandão (Raul Cortez), sua eterna paixão, e o das filhas.

"ORORA"

O cubano Manolo Gutierrez, personagem de Tony Ramos, é um empresário emergente que deposita em seu filho, Diego (Mário Frias), o antigo sonho de ser campeão de luta livre. Ele vive com a ex-*stripper* Aurora (Claudia Ohana), que o enlouquece ao imitar o sotaque de Sônia Braga em *Gabriela* (1975). Ela é ingênua e exuberante, mas, quando abre a boca, é um completo desastre. Nem o próprio nome ela fala direito, pronunciando "Orora".

A TRANSEXUAL

A talentosa estilista Ramona, personagem de Claudia Raia (foto), se envolve com o conquistador Leonardo Brandão (Alexandre Borges). O rapaz entra em pânico ao se descobrir apaixonado pela transexual. A feminilidade de Ramona foi explorada em seu figurino: vestidos, fendas, crepes, sedas e musselinas.

Rosalva, *personagem de Regina Casé, vivia às turras com o empresário cubano Manolo Gutierrez, vivido por Tony Ramos.*

Desejos de Mulher

Autoria: Euclydes Marinho *Colaboração:* Ângela Carneiro, Denise Bandeira, João Emanuel Carneiro, Vinícius Vianna e Graça Motta *Direção de núcleo:* Dennis Carvalho *Direção geral:* Dennis Carvalho e José Luiz Villamarim *Direção:* Dennis Carvalho, José Luiz Villamarim e Amora Mautner 21 jan-24 ago 2002 19h CAPS 185

A indústria e o mercado de moda no Brasil serviram como pano de fundo da narrativa, centrada na vida de duas irmãs em conflito.

A famosa estilista Andréa Vargas (Regina Duarte) descobre, através da irmã, a dona de casa Júlia Moreno (Glória Pires), que é filha adotiva. Para piorar a situação, seu marido, Bruno Vargas (José de Abreu), rouba sua empresa com a ajuda da amante, a invejosa Selma (Alessandra Negrini). No decorrer da história, descobre-se que Selma é irmã de Andréa, entregue à adoção pela mãe, Isaura (Miriam Pires). O marido de Júlia é preso injustamente e ela se apaixona pelo repórter Chico Maia (Eduardo Moscovis). Já Andréa reata com o ex-noivo, Diogo (Herson Capri). O núcleo cômico formado pelo casal homossexual Tadeu (Otávio Müller) e Ariel (José Wilker) marcou a trama.

***Glória Pires** e Regina Duarte como as irmãs Júlia e Andréa, personagens centrais da novela de Euclydes Marinho.*

DESEJOS DE MULHER

Coração de Estudante

Autoria: Emanuel Jacobina *Colaboração:* Nelson Nadotti, Max Mallmann, Júlio Fischer e Cristiane Friedman *Direção de núcleo:* Ricardo Waddington *Direção geral:* Ricardo Waddington e Rogério Gomes *Direção:* Ricardo Waddington, Rogério Gomes, Fabrício Mamberti e Cláudio Boeckel 25 fev-28 set 2002 18h CAPS 185

Preservação do meio ambiente e exercício da cidadania formavam os pilares da novela, uma declaração de amor aos mineiros.

O professor Edu (Fábio Assunção) se muda para Nova Aliança (MG) para criar o filho, Lipe (Pedro Malta). Mesmo noivo da mimada Amelinha (Adriana Esteves), filha do ganancioso fazendeiro João Mourão (Cláudio Marzo), ele se apaixona pela advogada Clara (Helena Ranaldi). Edu disputa a guarda do filho com a ex-mulher, Mariana (Carolina Kasting), dependente química. O professor luta pela proteção de uma mata virgem cobiçada por João Mourão e ainda enfrenta as intrigas do ex-namorado de Clara, Leandro Junqueira (Marcello Antony). A síndrome de Down foi discutida na trama através da personagem Amelinha, cujo filho é portador da doença.

CORAÇÃO DE ESTUDANTE

***As trapalhadas do capataz** Nélio (Vladimir Brichta), apaixonado por Amelinha (Adriana Esteves), conquistaram o público.*

Esperança

Autoria: Benedito Ruy Barbosa e Walcyr Carrasco *Colaboração:* Edmara Barbosa, Edilene Barbosa e Thelma Guedes *Direção de núcleo:* Luiz Fernando Carvalho *Direção geral:* Luiz Fernando Carvalho e Carlos Araújo *Direção:* Luiz Fernando Carvalho, Carlos Araújo, Emilio di Biasi e Marcelo Travesso 17 jun 2002-15 fev 2003 20h CAPS 209

***Esperança** exibiu um painel do estado de São Paulo nos anos 30, destacando o processo de industrialização, a formação do movimento operário e a Revolução de 32.*

***Reynaldo Gianecchini** e Priscila Fantin em Esperança, cuja estética era inspirada no neorrealismo italiano.*

A transformação do Brasil em um país formado por imigrantes de várias nacionalidades era o pano de fundo da novela, que contava a história de amor entre os italianos Toni (Reynaldo Gianecchini) e Maria (Priscila Fantin). Na cidade de Civita, no norte da Itália, Toni enfrenta o pai, Genaro (Raul Cortez), e decide partir para São Paulo com Maria. Impedida de viajar pelo pai, Giuliano (Antonio Fagundes), a jovem, grávida, vê-se obrigada a se casar com o fascista Martino (José Mayer). Em São Paulo, sem notícias de Maria, Toni se envolve com a judia Camilli (Ana Paula Arósio) e é acolhido por sua família. O principal triângulo amoroso da novela se consolida com o reencontro de Toni e Maria no Brasil. Italianos, judeus, portugueses e espanhóis estavam representados na história, que contou com uma grande cidade cenográfica reproduzindo o centro urbano de São Paulo na época. O tema de abertura ganhou quatro versões – uma em cada idioma dos imigrantes da trama – que se revezavam semanalmente no ar.

VIDA OPERÁRIA

Através da operária Nina (Maria Fernanda Cândido, foto), o autor abordou a questão da mão de obra feminina nos anos 30. Nina enfrenta uma dura jornada de trabalho numa fábrica de tecelagem e ainda tem de lidar com o assédio do patrão, Humberto (Oscar Magrini). Ela chega a ser presa por liderar uma greve geral. O romance de Nina com o português José Manoel (Nuno Lopes, foto), o Murruga, também rendeu bons momentos.

O Beijo do Vampiro

Autoria: Antonio Calmon *Colaboração:* Álvaro Ramos, Eliane Garcia, Lilian Garcia, Maria Helena Nascimento e Mauro Wilson *Direção de núcleo:* Marcos Paulo *Direção geral:* Marcos Paulo e Roberto Naar *Direção:* Marcos Paulo, Roberto Naar, Luís Henrique Rios, Edgar Miranda e Paulo Silvestrini 26 ago 2002-3 mai 2003 19h CAPS 215

Após o sucesso de* Vamp*, exibida em 1991, Antonio Calmon voltou a explorar com humor o universo dos vampiros.

No século XII, a princesa Cecília (Flávia Alessandra) se suicida após o vampiro Bóris (Tarcísio Meira) matar toda a sua família em um duelo. Nove séculos depois, Bóris volta a perseguir a amada, que agora se chama Lívia. Além de conquistá-la, ele quer ficar com seu filho, Zeca (Kayky Brito). O menino, na verdade, é filho de Bóris e foi trocado por ele na maternidade pelo filho de Lívia, para protegê-lo de sua mulher, a ciumenta vampira Mina (Claudia Raia). Só através de seu herdeiro Bóris pode perpetuar sua raça. Zeca, que está prestes a completar 13 anos e se tornar vampiro, fica dividido entre os instintos herdados do pai e os valores transmitidos por sua família. Bóris e seus asseclas são perseguidos pelo caça vampiros Galileu (Luis Gustavo).

POLITICAMENTE CORRETOS

O núcleo de vampiros da trama, liderado por Bóris e Mina (Tarcísio Meira e Claudia Raia, foto), é sombrio mas bem-humorado, além de moderno, consumista e "politicamente correto": os personagens usam protetor solar especial e cremes contra queimaduras de água-benta, bebem sangue importado da Suíça e não mordem crianças, idosos ou gestantes.

Sabor da Paixão

Autoria: Ana Maria Moretzsohn *Colaboração:* Daisy Chaves, Fernando Rebello, Glória Barreto e Izabel de Oliveira *Direção de núcleo e geral:* Denise Saraceni *Direção:* Fabrício Mamberti, Maria de Médicis, Ulysses Cruz e Vinícius Coimbra 30 set 2002-22 mar 2003 18h CAPS 149

A luta de uma jovem para recuperar as terras de sua família em Portugal é o maior empecilho para que ela viva seu grande amor.

A batalhadora Diana (Letícia Spiller) rompe o noivado com o mau-caráter Nelson (Marcelo Serrado) ao se apaixonar pelo rico Alexandre (Luigi Baricelli), no Rio de Janeiro. O casal se desencontra por causa da morte do pai de Diana e volta a se ver, por acaso, em Portugal. Ela precisa reaver as terras do pai, mas nem imagina que a mulher que se apropriou indevidamente delas é a mãe de Alexandre, Zenilda Paixão (Arlete Salles). Edson Celulari interpretou o pintor francês Jean Valjean, um alcoólatra. Adoção de crianças, analfabetismo adulto e mobilização contra a fome também foram temas tratados na novela.

Letícia Spiller *e Luigi Baricelli: apesar das intrigas da mãe do rapaz e do ex-noivo da moça, Alexandre e Diana terminam juntos.*

Agora É que São Elas

Autoria: Ricardo Linhares *Colaboração:* Maria Elisa Berredo, Flávia Lins e Silva, Filipe Miguez, Márcia Prates e Nelson Nadoti *Direção de núcleo e geral:* Roberto Talma *Direção:* Roberto Talma, Leandro Neri e Amora Mautner 24 mar-6 set 2003 18h CAPS 143

Agora É que São Elas *abordava a luta pela independência feminina em meio a romances, humor e pitadas de crítica política.*

Os moradores de São Francisco das Formigas, distrito de Bocaiúvas, sentem-se abandonados por seu prefeito, Juca Tigre (Miguel Falabella), e se organizam na cooperativa União das Mulheres, liderada por Léo (Débora Falabella). O aumento das encomendas fortalece a cooperativa e desperta na população o desejo de emancipação política. O prefeito fica furioso com o poder de Léo na região, sobretudo porque ela é filha de Antônia (Vera Fischer), que há anos o abandonou no altar. Juca é casado com a ex-miss Brasil Van Van (Marisa Orth) e tem um filho, Vitório (Paulo Vilhena), que se apaixona por Léo.

No final da novela, *Antônia (Vera Fischer) se casa com Juca Tigre (Miguel Falabella), que teve seu perfil de vilão suavizado no decorrer da trama.*

Kubanacan

Autoria: Carlos Lombardi *Colaboração:* Emanoel Jacobina, Margareth Boury, Tiago Santiago e Vinícius Vianna *Direção de núcleo:* Wolf Maya, Roberto Talma *Direção geral:* Wolf Maya, Alexandre Avancini, Roberto Talma *Direção:* Marco Rodrigo, Cláudio Boeckel e Edgard Miranda 5 mai 2003-24 jan 2004 19h CAPS 227

Ambientada nos anos 50, na fictícia ilha caribenha Kubanacan, a novela satirizava os problemas típicos dos países sul-americanos.

O general Camacho (Humberto Martins), amante da primeira-dama Mercedes (Betty Lago), assume o governo de Kubanacan através de um golpe. República que vive da produção de bananas, Kubanacan é marcada por corrupção e empreguismo. Paralelamente, em uma colônia de pescadores, o desmemoriado Esteban (Marcos Pasquim) se casa com Marisol (Danielle Winits), ex-mulher de Enrico (Vladimir Brichta). Mas ela se deixa seduzir por Camacho e parte para a capital. À procura da esposa, Esteban encontra pistas sobre seu passado e se envolve com as irmãs Lola (Adriana Esteves), atual mulher de Enrico, e Rubi (Carolina Ferraz), apaixonada pelo cunhado.

Marcos Pasquim *interpretou quatro personagens: o forasteiro Esteban; o arrogante Dark Esteban; Adriano, gêmeo de Esteban; e o historiador Leon, sua verdadeira identidade.*

Chocolate com Pimenta

Autoria: Walcyr Carrasco *Colaboração:* Thelma Guedes *Direção de núcleo:* Jorge Fernando *Direção geral:* Fabrício Mamberti *Direção:* Jorge Fernando, Fabrício Mamberti e Fred Mayrink 8 set 2003-8 mai 2004 18h 209

Novela no estilo de comédia romântica ambientada nos anos 20 inspirava-se na opereta* A Viúva Alegre*, de Franz Lehár.

Na fictícia Ventura, cuja economia gira em torno de uma fábrica de chocolates e bolos artesanais, a caipira Ana Francisca (Mariana Ximenes) vive um romance com Danilo (Murilo Benício), o rapaz mais bonito do colégio. O namoro desperta ciúmes na mimada Olga (Priscila Fantin), apaixonada pelo rapaz, e ela se dedica a separá-los. Ana começa a trabalhar como faxineira na fábrica de chocolates e se torna amiga de Ludovico (Ary Fontoura), sem saber que ele é o dono da empresa. O empresário faz a jovem acreditar que é um simples funcionário. Ana Francisca descobre que está grávida de Danilo, mas uma armação de Olga e da tia dele, Bárbara (Lilia Cabral), provoca a separação do casal, impedindo que Ana conte a novidade ao namorado. Ao ver o desespero da amiga, Ludovico revela sua verdadeira identidade e lhe propõe casamento, apenas para dar um nome à criança. Os dois se mudam para Buenos Aires, na Argentina, onde

Mariana Ximenes *como a glamourosa Ana Francisca da segunda fase da novela, após abandonar as roupas largas e os penteados antiquados.*

BERNARDETE OU BERNARDO?

As dúvidas quanto à sexualidade de Bernardete (Kayky Brito, foto), filha adotiva de Jezebel (Elizabeth Savala), despertaram a curiosidade do público. Sabendo que a patroa desejava uma menina, a empregada Cândida (Yeda Dantas) decide lhe entregar seu filho, mas mantém em segredo o sexo do bebê. A verdade só é revelada às vésperas do casamento de Bernardete. O personagem adota o nome de Bernardo, corta os cabelos e passa a usar roupas masculinas.

Ana aprende regras de etiqueta e se torna uma mulher segura e elegante. As mudanças no comportamento da jovem também marcam o seu visual: ela deixa os óculos e as roupas largas e antiquadas, corta o cabelo à *la garçonne* e passa a usar vestidos finos. Quando Ludovico morre, Ana se torna acionista majoritária da fábrica e volta a Ventura para se vingar de todos os que a ridicularizaram por sua caipirice. Mas o prefeito Vivaldo (Fúlvio Stefanini), o delegado Terêncio (Ernani Moraes) e o banqueiro conde Klaus von Burgo (Cláudio Corrêa e Castro) tentam atrapalhar seus planos. Ana também sofre as investidas da ambiciosa irmã de Ludovico, Jezebel (Elizabeth Savala), que quer o controle da fábrica. Em meio a essa disputa, Ana reencontra Danilo, mas eles não se entendem: ele acha que Ana Francisca o traiu, casando-se com Ludovico por causa de seu dinheiro; ela quer distância do rapaz por achar que ele a abandonou quando mais precisava de seu apoio. Mesmo com todas as armações das vilãs Olga e Jezebel, agora aliadas, Danilo descobre que é pai de Tonico (Guilherme Vieira) e retoma o romance com Ana Francisca.

Elizabeth Savala *viveu a extravagante vilã Jezebel.*

PIMENTA CAIPIRA

O núcleo caipira temperou a trama com muito humor. A família de Ana Francisca (Mariana Ximenes) era formada por sua avó Carmem (Laura Cardoso), o tio Margarido (Osmar Prado), a agregada Dália (Carla Daniel) e os primos Márcia e Timóteo (Drica Moraes e Marcello Novaes). Márcia é uma caipira que se acha chique ("Sou chique, bem!"); o rude Timóteo diverte o público ao contracenar com Estrela, sua vaca de estimação.

Laura Cardoso *(esq.), Drica Moares e Marcello Novaes: o núcleo da roça.*

Mulheres Apaixonadas

Autoria: Manoel Carlos *Colaboração:* Maria Carolina, Fausto Galvão e Vinícius Vianna *Direção de núcleo:* Ricardo Waddington *Direção geral:* Ricardo Waddington, Rogério Gomes e José Luiz Villamarim *Direção:* José Luiz Villamarim, Marcelo Travesso, Rogério Gomes e Ary Coslov 17 fev-11 out 2003 21h CAPS 203

Crônica urbana e realista sobre as relações familiares teve a mulher e o amor no centro das discussões.

Giulia Gam *(à frente), Christiane Torloni (esq.) e Maria Padilha: o alcance da novela junto ao público foi tema de um dos números da revista americana* Newsweek.

Helena (Christiane Torloni) é diretora de uma escola do ensino médio no Rio de Janeiro que pertence ao marido, o músico Téo (Tony Ramos), e à cunhada, Lorena (Susana Vieira). Ela tem uma vida estável com Téo, mas o casamento de 15 anos entrou em uma rotina que ela já não suporta. Os dois têm um filho adotado, Lucas (Victor Curgula). Com medo de perder o amor de Helena, Téo esconde da mulher que Lucas é filho dele com Fernanda (Vanessa Gerbelli), ex-garota de programa e mãe da menina Salete (Bruna Marquezine). O músico não tem nenhum envolvimento amoroso com Fernanda, mas é a ele que ela recorre ao precisar de ajuda. Mesmo sem saber da verdade, Helena se divorcia e passa a viver um romance com o neurocirurgião César (José Mayer), uma antiga paixão.

PASSEATA

A novela desenvolveu uma campanha pelo desarmamento, desencadeada na história pela morte de Fernanda (Vanessa Gerbelli). Ela e Téo (Tony Ramos) são vítimas de bala perdida em uma das muitas sequências marcantes da trama. Grande parte do elenco participou da passeata Brasil sem Armas (foto), realizada na época, no Rio de Janeiro, para pressionar a aprovação do Estatuto do Desarmamento no Congresso Nacional. As cenas foram exibidas na novela.

VIOLÊNCIA DOMÉSTICA

Grande repercussão teve a história da professora Raquel (Helena Ranaldi, foto), que é agredida pelo marido, Marcos (Dan Stulbach, foto), mas não tem coragem de denunciá-lo à polícia. Entre outros atos de violência, Marcos costuma bater na mulher com uma raquete de tênis. Raquel só denuncia o agressor depois que ele passa a perseguir Fred (Pedro Furtado), um de seus alunos, com quem ela se envolve.

Ao redor da protagonista circulam mulheres com os mais variados problemas, que dão vida a questionamentos sobre casamento, amor, traição, família e paixões. Sua irmã, Heloísa (Giulia Gam), tem um ciúme doentio do marido, Sérgio (Marcello Antony), e procura ajuda em um grupo de apoio a mulheres ciumentas; a outra irmã, Hilda (Maria Padilha), tem sua felicidade abalada pela descoberta de um câncer de mama. A novela contou com mais de 100 personagens e muitas tramas de sucesso, entre as quais o romance das jovens homossexuais Clara (Alinne Moraes) e Rafaela (Paula Picarelli), que ganhou uma abordagem delicada; a paixão da vibrante Lorena por Expedito (Rafael Calomeni), bem mais jovem do que ela; e o drama da professora alcoólatra Santana (Vera Holtz). Várias ações sociais movimentaram a história. Um dos destaques foi o tratamento dado à terceira idade, representada pelo casal Flora (Carmem Silva) e Leopoldo (Oswaldo Louzada), vítima das maldades da neta, Dóris (Regiane Alves). A discussão do tema incentivou a aprovação do Estatuto do Idoso no Senado Federal. *Mulheres Apaixonadas* se passava no Leblon, na Zona Sul do Rio de Janeiro, palco de diversas tramas de Manoel Carlos.

Carolina Dieckmann *e Erik Marmo: tema da virgindade foi abordado através da jovem Edwiges, que só se entrega ao namorado, Cláudio, após o casamento.*

Celebridade

Autoria: Gilberto Braga *Colaboração:* Leonor Bassères, Sérgio Marques, Márcia Prates, Maria Helena Nascimento, Denise Bandeira e Ângela Chaves *Direção de núcleo:* Dennis Carvalho *Direção geral:* Dennis Carvalho e Marcos Schechtman *Direção:* Amora Mautner e Vinícius Coimbra 13 out 2003-26 jun 2004 20h 221

Jornalismo de celebridades, busca de ascensão social e culto à fama eram os temas da novela de Gilberto Braga.

Desde *Pátria Minha* (1994) Gilberto Braga não brindava o público das 20h com uma de suas histórias, marcadas pelo retrato crítico e também romântico da sociedade brasileira. *Celebridade*, passada no Rio de Janeiro, tinha como eixo a rivalidade entre a produtora musical e ex-modelo Maria Clara Diniz (Malu Mader) e a arrivista Laura (Cláudia Abreu), que conquista a confiança da empresária para lhe roubar os bens, o prestígio e a fama. Laura consegue seu intento com a cumplicidade do amante, Marcos (Márcio Garcia). A razão do ódio de Laura por Maria Clara é que a vilã é filha da verdadeira musa da canção que fez da empresária uma mulher rica e famosa, enquanto Laura e a mãe amargaram uma vida miserável. Maria Clara descobre as manobras de Laura e, além de lutar para reconquistar seu espaço, se dedica a desmascará-la. O culto à celebridade instantânea

Maria Clara *abre uma casa de samba no Andaraí, o Sobradinho, e se apaixona pelo cineasta Fernando Amorim, vivido por Marcos Palmeira.*

Cristiano *(Alexandre Borges) enfrenta o alcoolismo com a comovente ajuda do filho, Zeca (Brunno Abrahão), e o amor de sua vizinha, Noêmia (Julia Lemmertz).*

ATRAÇÕES E CONVIDADOS ILUSTRES

A grande quantidade de eventos que recheavam a trama, contando com personalidades da música nacional e internacional (presentes na trilha sonora da novela), desafiou a equipe de produção. O Sobradinho de Maria Clara (Malu Mader) e o Espaço Fama, então administrado por Laura (Cláudia Abreu), disputaram atrações e convidados ilustres.

e a relação dos famosos com a imprensa foram representados pela revista *Fama* e seu inescrupuloso editor, Renato Mendes (Fábio Assunção). Renato é o oposto do íntegro jornalista Cristiano Reis (Alexandre Borges), e o embate entre os dois levanta a discussão sobre ética jornalística. Darlene (Deborah Secco) e Jaqueline Joy (Juliana Paes), duas manicures do Andaraí, na Zona Norte carioca, personificaram a busca da fama a qualquer preço, rendendo momentos cômicos à história. O assassinato do empresário Lineu Vasconcelos (Hugo Carvana) só foi desvendado no último capítulo. A cena em que a identidade da criminosa é revelada, a ardilosa Laura, foi gravada na manhã do dia em que foi exibida, com três finais diferentes. *Celebridade* obteve excelentes índices de audiência, com recorde para o capítulo em que Maria Clara dá uma surra em Laura. A campanha de lançamento da novela inovou ao misturar ficção e realidade. Cerca de um mês antes da estreia, foram exibidos *teasers* (pequenas chamadas para despertar a curiosidade do público) em que colunistas de verdade comentavam os critérios para alguém ser citado em suas colunas. A TV Globo também comprou espaço publicitário nos maiores jornais do país para a publicação de uma coluna social de ficção, assinada por Gilberto Braga e intitulada *Celebridade*, na qual o autor retratava o universo de seus personagens.

AS MICROSSAIAS DE DARLENE

Dos sofisticados terninhos executivos de Maria Clara (Malu Mader) às sandálias de corda e salto anabela usadas por Laura (Cláudia Abreu) no início da trama, além de seus lenços no pescoço, vários itens do figurino da novela foram adotados pelas telespectadoras. Mas o que ganhou mesmo as vitrines foram as microssaias de preguinhas, as meias coloridas e as sandálias de Darlene (Deborah Secco, foto).

Os vilões vividos *por Cláudia Abreu e Márcio Garcia ficaram conhecidos como Cachorra e Michê, conforme os personagens se chamavam na intimidade.*

Cabocla

Autoria: Edmara Barbosa e Edilene Barbosa *Supervisão:* Benedito Ruy Barbosa *Direção de núcleo:* Ricardo Waddington *Direção geral:* José Luís Villamarim e Rogério Gomes *Direção:* Fred Mayrink, André Felipe Binder e Pedro Vasconcelos
10 mai-20 nov 2004 18h 167

Com minuciosa pesquisa histórica, trama embalada em músicas sertanejas recriou o ambiente rural brasileiro do início do séc.XX.

Cabocla girava em torno da disputa por terras e do amor entre a cabocla Zuca (Vanessa Giácomo) e o advogado Luís Jerônimo (Daniel de Oliveira). Uma tuberculose força Luís Jerônimo a deixar a vida boêmia no Rio de Janeiro para se refugiar na zona rural de Vila da Mata, onde se apaixona pela inocente Zuca, que desiste do casamento com o peão Tobias (Malvino Salvador). Grandes rivais políticos, os coronéis Boanerges (Tony Ramos) e Justino (Mauro Mendonça) são surpreendidos pela paixão entre seus filhos, Belinha (Regiane Alves) e Neco (Danton Mello).

BEIJOS SEM CENSURA

No *remake* foram abordados temas considerados tabus na primeira versão da novela, exibida em 1979, como a questão da posse da terra e o conceito de usucapião. As cenas do romance entre Luís Jerônimo e Zuca (Daniel de Oliveira e Vanessa Giácomo, foto) puderam ser mais exploradas: no passado, o autor tinha de ser econômico nos beijos para evitar a ação da Censura Federal.

Começar de Novo

Autoria: Antonio Calmon e Elizabeth Jhin *Escrito por:* Álvaro Ramos, Eliane Garcia, Lílian Garcia, Mauro Wilson, Leandra Pires, Maria Helena Nascimento e Márcia Prates *Direção de núcleo:* Marcos Paulo *Direção geral:* Luís Henrique Rios e Carlos Araújo *Direção:* Marcelo Travesso, Gustavo Fernandes, Edson Spinello e Paulo Silvestrini
30 ago 2004-16 abr 2005 19h 197

O reencontro de um casal separado na adolescência conduzia* Começar de Novo*, baseada em* O Conde de Monte Cristo*, de Alexandre Dumas.

Filhos de famílias inimigas, Miguel Arcanjo (Marcos Paulo) e Letícia Pessoa (Natália do Vale) foram vítimas de uma emboscada arquitetada por Lucrécia Borges (Eva Wilma), mãe da jovem. Miguel leva um tiro na cabeça ao tentar fugir com a amada da fictícia Ouro Negro e é dado como morto. Na realidade, é levado para a Rússia por um amigo e, desmemoriado, ganha uma nova identidade, Andrei Ivanovitch. Atormentado por sonhos que parecem revelar seu passado, ele volta ao Brasil 30 anos depois e, ao descobrir a verdade, decide se vingar sem poupar nem mesmo Letícia, até perceber que ela é inocente.

DOIDÕES

Luis Gustavo e Marília Pêra (foto) viveram Elvis, o Vô Doidão, e Janis, a Vó Doidona, adeptos de uma vida alternativa nos moldes dos hippies dos anos 70. O casal revive gírias como "maior barato", "maior baixo astral", "paz e amor", "gatinho" e "gatinha". Janis descobre que tem câncer no colo do útero e a doença abala sua família.

Da Cor do Pecado

Autoria: João Emanuel Carneiro *Supervisão de texto:* Silvio de Abreu *Direção de núcleo:* Denise Saraceni
Direção geral: Denise Saraceni e Luís Henrique Rios *Direção:* Paulo Silvestrini e Maria de Médicis
26 jan-28 ago 2004 19h 185

Preconceito racial norteava a primeira novela da Globo com uma protagonista negra em trama contemporânea e urbana.

Comédia romântica ambientada em São Luís do Maranhão e no Rio de Janeiro, *Da Cor do Pecado* contava a história de amor inter-racial entre a feirante Preta (Taís Araújo) e o milionário Paco (Reynaldo Gianecchini), romance prejudicado pelas vilanias da interesseira Bárbara (Giovanna Antonelli), ex-noiva do rapaz. Único herdeiro de uma das maiores fortunas do país, Paco se recusa a receber dinheiro do pai, Afonso Lambertini (Lima Duarte), por não concordar com os métodos antiéticos com que ele conduz os negócios. Paco é filho de Afonso com a empregada Edilásia (Rosi Campos), obrigada pelo patrão a dar-lhe a criança para que fosse criada por ele e sua mulher. Sem o conhecimento do empresário, Edilásia deu à luz gêmeos, entregou a ele apenas um dos filhos e ficou com o outro, Apolo (Reynaldo Gianecchini). No decorrer da trama, Paco é dado como morto, mas, na verdade, ele assume o lugar de Apolo, que desapareceu. *Da Cor do Pecado* denunciou, através dos diálogos dos vilões, o preconceito racial. A novela foi exibida em mais de 100 países.

Reynaldo Gianecchini *e Taís Araújo na novela, uma das recordistas de venda para o mercado externo.*

Lima Duarte *e Sérgio Malheiros: Afonso Lambertini revê seus valores após conhecer o neto, Raí, filho de Preta e Paco.*

FAMÍLIA SARDINHA

O autor se inspirou na linguagem dos quadrinhos para inventar o bem-humorado núcleo da família Sardinha, respeitada pelo domínio nas artes marciais. Edilásia, a Mamuska, cria os filhos com uma sopa mágica que proporciona muita força e cuja receita é um grande segredo. Os personagens fizeram sucesso e viraram figurinhas de embalagens de chicletes com a marca da novela. Na foto, no sentido horário: Dionísio (Pedro Neschling), Apolo (Reynaldo Gianecchini), Edilásia (Rosi Campos), Thor (Cauã Reymond), Abelardo (Caio Blat) e Ulisses (Leonardo Brício).

Senhora do Destino

Autoria: Aguinaldo Silva *Colaboração:* Filipe Miguez, Gloria Barreto, Maria Elisa Berredo e Nelson Nadotti
Direção de núcleo e geral: Wolf Maya *Direção:* Luciano Sabino, Marco Rodrigo e Cláudio Boeckel
28 jun 2004-12 mar 2005 20h 220

Em* Senhora do Destino*, Aguinaldo Silva trocou o realismo fantástico de suas novelas anteriores por uma trama realista.

A história, apresentada em duas fases, tem início quando a nordestina Maria do Carmo (Carolina Dieckmann), após ser abandonada pelo marido, resolve ir atrás do irmão no Rio de Janeiro. Ela sai de Belém do São Francisco, no interior de Pernambuco, levando os cinco filhos pequenos. Ao chegar a seu destino, sua filha caçula, Lindalva, ainda bebê, é sequestrada pela prostituta Nazaré (Adriana Esteves). Os anos passam e Maria do Carmo (Susana Vieira nessa fase da novela) se transforma em uma bem-sucedida empresária de Vila São Miguel, na Baixada Fluminense, onde é querida pela comunidade. Mãe dedicada, está sempre envolvida com os problemas dos filhos, como o romance de Viriato (Marcello Antony) com a rica Duda (Débora Falabella) – relação não aprovada pelos pais da jovem; as ações inescrupulosas do filho Reginaldo (Eduardo Moscovis) e de sua

***O autor Aguinaldo Silva** deu à protagonista, interpretada por Susana Vieira (com Carolina Dieckmann, dir.), o nome de sua mãe, Maria do Carmo.*

"LOIRA E FELPUDA!"

Nazaré (Renata Sorrah, foto) fazia rir com seus xingamentos e autoelogios. Chamava Maria do Carmo (Susana Vieira) de "anta nordestina"; Cláudia (Leandra Leal), de "songa monga"; e Josivaldo (José de Abreu), de "flagelado". A personagem também causava furor quando, diante do espelho, dizia frases como: "Gostosa! Impressionante como o tempo só te valoriza"; "Eu nasci linda e loira. Uma alemanzona!"; "Loiraça gostosa, gostosona, bocão. Ah, se eu te pego!"; "Você é má... maravilhosa!"; "Eu sou boa pra dedéu"; "Raposa linda, loira e felpuda".

amante e cúmplice Viviane (Letícia Spiller); o conturbado casamento de Leandro (Leonardo Vieira) com Marinalva (Tânia Khalil), que esconde uma paixão pelo cunhado Viriato; e a irresponsabilidade de Plínio (Dado Dolabella), que só pensa em curtir a vida. Maria do Carmo, que nunca desistiu de encontrar a filha sequestrada, finalmente localiza Lindalva (Carolina Dieckmann), que ignora sua origem e vive com o nome de Isabel, suposta filha de Nazaré (Renata Sorrah). Durante longo tempo Maria do Carmo trava um embate com Nazaré, que entrou para a história da teledramaturgia brasileira como uma das maiores vilãs de todos os tempos. A trama principal da novela lembrou o "caso Pedrinho", como ficou conhecido o sequestro de Pedro Rosalino Braule Pinto, levado, em 1986, pela empresária Vilma Martins Costa. Outras histórias e personagens também tiveram repercussão, como a relação homossexual de Jenifer (Bárbara Borges) e Eleonora (Mylla Christie); a gravidez precoce de Lady Daiane (Jéssica Sodré) e a violência doméstica sofrida por sua mãe, Rita (Adriana Lessa), uma dependente química; as reclamações de Seu Jacques (Flávio Migliaccio), que virou uma espécie de porta-voz dos aposentados; e a doença da baronesa Laura (Glória Menezes), vítima de Alzheimer. Laura era casada com o barão de Bonsucesso, interpretado por Raul Cortez. *Senhora do Destino* trazia referências autobiográficas de seu autor, que também deixou a cidade natal (Carpina, em Pernambuco) em direção ao Sudeste.

"FELOMENAL"

Giovanni Improtta (José Wilker, foto) foi um dos personagens mais populares da trama. Tirado do livro *O Homem que Comprou o Rio*, do próprio Aguinaldo Silva, o ex-bicheiro e patrono de Vila São Miguel cometia vários erros de português e transformou em bordão algumas de suas expressões, como "Felomenal". Giovanni disputava o amor de Maria do Carmo (Susana Vieira) com o jornalista Dirceu (José Mayer). No final, saiu vitorioso.

Eduardo Moscovis *(com Letícia Spiller): denunciado por suas falcatruas, o prefeito Reginaldo é apedrejado pelos populares no final da novela.*

Como uma Onda

Autoria: Walther Negrão *Colaboração:* Jackie Vellego, Fausto Galvão, Lucio Manfredi e Renato Modesto
Direção de núcleo: Dennis Carvalho *Direção geral:* Dennis Carvalho e Mauro Mendonça Filho
Direção: Vinícius Coimbra e Maria de Médicis 22 nov 2004-18 jun 2005 18h CAPS 179

Primeira novela da TV Globo protagonizada por um ator estrangeiro apresentou a disputa de duas irmãs pelo amor de um português.

O jovem açoriano Daniel (o português Ricardo Pereira) chega ao Brasil fugido de Portugal, onde era perseguido pelo pai de sua namorada. Ele é contratado como mordomo das irmãs Lenita (Mel Lisboa) e Nina (Alinne Moraes), por quem se apaixona. Lenita sente ciúmes do romance e, para separar o casal, se alia ao inescrupuloso Jorge Junqueira, o J.J. (Henri Castelli), apaixonado por Nina. Outro núcleo importante era o da vila de pescadores, cujos moradores lutam contra J.J. pelo controle do comércio da região. O assassinato do vilão e o mistério sobre a identidade do criminoso – Menez (Amir Haddad) – movimentaram o final da novela.

Destacou-se na trama *a atuação de Laura Cardoso como Dona Francisquinha, espécie de matriarca da aldeia que, embora cega, enxerga a alma das pessoas.*

A Lua Me Disse

Autoria: Maria Carmem Barbosa e Miguel Falabella *Colaboração:* Antonia Pellegrino *Direção de núcleo:* Roberto Talma *Direção geral:* Rogério Gomes *Direção:* Leandro Néri e André Felipe Binder
18 abr-1º out 2005 19h CAPS 143

Comédia romântica trazia personagens e situações que remontavam à chanchada.

Heloísa (Adriana Esteves) sofre com as perseguições da sogra, Ester (Zezé Polessa), que a culpa pela morte do filho e briga pela guarda do neto. Heloísa se torna administradora da rede de lojas populares O Frango com Tudo Dentro, de propriedade de Ademilde (Arlete Salles), e se apaixona pelo cunhado, Gustavo (Wagner Moura). Mas Tadeu (Marcos Pasquim), aliado de Ester, mexe com seus sentimentos. Ela ainda enfrenta a revolta da família de Regina (Maitê Proença), que, ao morrer, a nomeou tutora de sua filha. A novela tinha personagens extravagantes como Dona Roma (Miguel Magno), um homem travestido de mulher.

Wagner Moura *e Adriana Esteves: Heloísa investe no amor de Gustavo, após ser enganada por Tadeu (Marcos Pasquim).*

WHITNEY E LATOYA

As irmãs Jurema (Mary Sheila) e Anastácia (Zezeh Barbosa) não se conformam em ser negras, por isso alisam e clareiam os cabelos. Whitney e Latoya, como gostam de ser chamadas, vivem em conflito com a ex-socialite Madô (Déborah Bloch). Madô diz que tudo não passa de inveja, porque o cabelo dela balança.

América

Autoria: Gloria Perez *Direção de núcleo:* Jayme Monjardim *Direção geral:* Jayme Monjardim e Marcos Schechtman
Direção: Marcos Schechtman, Luciano Sabino, Marcelo Travesso, Teresa Lampreia, Federico Bonani e Carlo Milani
14 mar-5 nov 2005 21h CAPS 203

Movida pelo desejo de realizar seu grande sonho, uma brasileira atravessa a fronteira do México e chega ilegalmente aos EUA.

Murilo Benício *(com Deborah Secco): Tião desafia o temido touro Bandido e vive uma experiência de quase morte, um dos temas abordados na trama.*

Sol (Deborah Secco) mora no Rio de Janeiro, mas sonha viver nos Estados Unidos. Tião (Murilo Benício), criado no interior do Brasil, quer ser um campeão de rodeios e construir a casa que seu pai idealizava para a família. Os dois se apaixonam, mas Sol vai em busca de seu sonho e embarca para o México através de uma rede ilegal de imigrantes. Após duas tentativas, consegue entrar no EUA, mas é presa por tráfico de drogas devido a uma armação de Alex (Thiago Lacerda), que fazia parte do esquema ilegal. Ela foge da penitenciária e conhece o americano Ed (Caco Ciocler), com quem se casa para obter o *green card*. Mas os dois se apaixonam e a brasileira fica dividida entre Ed e Tião. Denunciada por May (Camila Morgado), a ex-noiva rancorosa de Ed, Sol é presa e deportada de volta ao Brasil, escondendo que está grávida de Ed. Também fizeram sucesso a indefinição sexual do personagem Júnior (Bruno Gagliasso), que vive um romance com o peão Zeca (Erom Cordeiro), e a relação do advogado Glauco (Edson Celulari) com a sedutora Lurdinha (Cleo Pires) – amiga de sua filha, Raíssa (Mariana Ximenes) –, que o chamava de "tio".

INCLUSÃO SOCIAL

Gloria Perez incentivou a inclusão social dos deficientes físicos através dos personagens cegos Jatobá e Flor, filha de Islene (Marcos Frota, Bruna Marquezine e Paula Burlamaqui, foto). E também através do fictício programa de TV *É Preciso Saber Viver*, apresentado por Dudu Braga, filho do cantor Roberto Carlos. Dudu tem apenas 5% da visão e entrevista muitos deficientes na trama, fazendo o elo entre realidade e ficção.

Belíssima

Autoria: Silvio de Abreu *Escrita por:* Silvio de Abreu, Sérgio Marques e Vinícius Vianna *Direção de núcleo:* Denise Saraceni *Direção geral:* Denise Saraceni, Carlos Araújo e Luiz Henrique Rios *Direção:* Flávia Lacerda, Gustavo Fernandez e Natália Grimberg 7 nov 2005-7 jul 2006 21h 209

O autor investiu no suspense para criticar a obsessão pelo poder e pela imagem em uma sociedade regida por aparências.

Ambientada em São Paulo, *Belíssima* mostrava a ambição de Bia Falcão (Fernanda Montenegro) de se apoderar dos bens dos netos – Pedro (Henri Castelli) e Júlia (Glória Pires) –, entre os quais a fábrica de roupas íntimas Belíssima, que fora de sua filha, morta precocemente em um acidente de avião. O autor conduziu a trama de tal forma que o público ignorava que era Bia quem arquitetava os misteriosos acontecimentos que movimentavam a história, como o assassinato de Pedro – a intenção, na verdade, era matar sua mulher, Vitória (Cláudia Abreu), uma ex-menina de rua que ela nunca aceitou – e a contratação de André (Marcello Antony) para seduzir Júlia e roubar seus bens. Júlia é

Bia, em grande interpretação *de Fernanda Montenegro: apesar de suas maldades, a personagem era adorada pelo público e termina a novela em Paris, ao lado do garoto de programa Mateus (Cauã Reymond).*

Glória Pires *e Tony Ramos, que voltaram à Grécia para gravar as cenas finais: após uma série de reviravoltas na história, Júlia e Nikos terminam juntos.*

a proprietária da Belíssima e administradora das empresas do Grupo Assunção. Discreta e reservada, ela vive à sombra da falecida mãe, principalmente porque Bia, de forma cruel, sempre afirma que ela jamais será inteligente e interessante como a mãe. Ao se apaixonar por André, com quem acaba se casando, Júlia se torna forte e segura, sem desconfiar do plano da avó. Bia continua perseguindo Vitória, que, após a morte de Pedro, tenta levar uma vida normal no Brasil ao lado da filha, Sabina (Marina Ruy Barbosa), e do irmão, Tadeu (Thiago Martins). Vitória chega a ser presa, acusada por Bia de matar o próprio marido. Na cadeia, é vítima de um atentado que a deixa entre a vida e a morte. Vários personagens se tornam suspeitos ao longo da novela. Bia é dada como morta e surpreende os telespectadores ao reaparecer, em grande estilo, muitos capítulos depois. No final da trama, após a revelação de todas as suas maldades, Bia descobre que Vitória é sua filha com o turco Murat (Lima Duarte), com quem teve um caso no passado. Ela abandonou a criança após dar à luz. Mas a descoberta não a comove: ainda assim, Bia rejeita a filha. André, apaixonado por Júlia, se redime no fim: ele morre ao salvar a vida de Vitória. Outras tramas se destacaram em *Belíssima*, como a do grego Nikos (Tony Ramos), apaixonado por Júlia. Ele tenta se aproximar do filho, Cemil (Leopoldo Pacheco), fruto de um antigo romance com a grega Katina (Irene Ravache), que se mudou para o Brasil e constituiu família com Murat. *Belíssima* teve cenas gravadas em Atenas, Milos e Santorini, na Grécia.

O romance *entre a sensual Safira (Claudia Raia) e o mecânico grosseirão Pascoal (Reynaldo Gianecchini) foi um dos pontos altos da história.*

AS VEDETES

Belíssima homenageou o teatro-revista por meio das ex-vedetes Guida Guevara e Mary Montilla (Íris Bruzzi e Carmem Verônica, foto), que formavam um trio divertido com Gigi (Pedro Paulo Rangel). As duas estrelaram um show, exibido nos capítulos finais, que contou com a participação de outras ex-vedetes famosas. Na trama, o espetáculo foi comandado por Carlos Manga, um dos principais diretores das chanchadas do cinema brasileiro na década de 50.

Os vestidos de fibras *naturais e o corte de cabelo repicado de Vitória (Cláudia Abreu) conquistaram o público feminino.*

Alma Gêmea

Autoria: Walcyr Carrasco *Direção de núcleo e geral:* Jorge Fernando *Direção:* Fred Mayrink e Pedro Vasconcelos
20 jun 2005-11 mar 2006 18h 227

Com uma abordagem lúdica do espiritismo, a novela narrava uma história de amor marcada pela tragédia.

Serena *(Priscila Fantin) dá nova vida a Rafael (Eduardo Moscovis), que havia se transformado em um homem amargurado após a morte de Luna (no retrato).*

Na São Paulo dos anos 20, a união do botânico Rafael (Eduardo Moscovis) e da bailarina Luna (Liliana Castro) é interrompida quando ela leva um tiro fatal em assalto planejado por sua prima, Cristina (Flávia Alessandra), que inveja a felicidade do casal. Cerca de 20 anos depois, Rafael e Luna se reencontram, quando ela reencarna como a índia Serena (Priscila Fantin). Os dois lutam para ficar juntos em meio às maldades da dissimulada vilã, que não desiste do viúvo. Cristina conta com a ajuda do criminoso Guto (Alexandre Barillari); da mãe, a ardilosa Débora (Ana Lúcia Torre); do astucioso Raul (Luigi Baricelli) e sua amante, Dalila (Fernanda Machado); e do motorista Ivan (Thiago Luciano). O clima de comédia neorrealista italiana na pensão do sapateiro Osvaldo (Fúlvio Stefanini), que mora com a mulher, Divina (Neusa Maria Faro), os filhos e a sogra rabugenta, Ofélia (Nicette Bruno), conferiu humor à trama. Ankito, astro das chanchadas dos anos 50, interpretou o marido de Ofélia. Drica Moraes viveu a ex-madame Olívia, que tem vergonha de assumir o romance com o pobretão Vitório (Malvino Salvador).

Flávia Alessandra: *fingindo-se de bondosa, Cristina não hesita em prejudicar os que atrapalham seu objetivo, que é casar-se com Rafael.*

PRETENDENTES NO CHIQUEIRO

Um dos pontos altos da novela era o núcleo com os irmãos caipiras Crispim (Emilio Orciollo Netto) e Mirna (Fernanda Souza), que moram em um sítio com o tio Bernardo (Emiliano Queiroz). Romântica, Mirna sonha arranjar um bom marido, mas Crispim morre de ciúmes da irmã e joga todos os pretendentes no chiqueiro. Mirna tem como confidente a pata Doralice; Crispim conversa com seu burrico.

Bang Bang

Autoria: Mário Prata e Carlos Lombardi *Colaboração:* Ana Ferreira, Antonio Prata, Reinaldo Moraes, Chico Mattoso, Filipe Miguez e Márcia Prates *Direção de núcleo:* Ricardo Waddington *Direção geral:* José Luís Villamarim *Direção:* Paulo Silvestrini, Carlos Boeckel, Ary Coslov e Carlo Milani 3 out 2005-21 abr 2006 19h CAPS 173

"Western feijoada",* Bang Bang *se baseou em personagens da literatura e do cinema para contar uma história de amor com tempero latino.

Ben Silver vê a família e outros colonos serem dizimados por pistoleiros mascarados. O menino escapa e ouve um colono moribundo sussurrar o nome do suposto autor do crime: Bullock (Mauro Mendonça). Vinte anos depois, Ben (Bruno Garcia) retorna à fictícia Albuquerque para se vingar, mas se apaixona pela filha de seu inimigo, Diana (Fernanda Lima). A inovação de linguagem proposta pela novela aparecia logo no primeiro capítulo, com o massacre sendo apresentado em *anime*, técnica usada em desenhos japoneses.

Fernanda Lima *e Bruno Garcia na bem-humorada novela, que se passava em 1881.*

AS IRMÃS SOLTEIRONAS

A cidade de Albuquerque ocultava segredos, como a verdadeira identidade das irmãs solteironas Henaide e Denaide (Evandro Mesquita e Kadu Moliterno). Por trás de perucas, maquiagens e trajes femininos, escondiam-se os bandidos Billy The Kid e Jesse James.

O Profeta

Autoria: Ivani Ribeiro *Adaptação:* Duca Rachid e Thelma Guedes *Escrita por:* Duca Rachid, Thelma Guedes e Julio Fischer *Colaboração:* André Ryoki e Tereza Falcão *Supervisão de texto:* Walcyr Carrasco *Direção de núcleo:* Roberto Talma *Direção geral:* Mario Marcio Bandarra *Direção:* Alexandre Boury e Vinícius Coimbra 16 out 2006-11 mai 2007 18h CAPS 178

Adaptação de novela homônima de Ivani Ribeiro, exibida na TV Tupi em 1977,* O Profeta *abordava o tema da premonição.

Mesmo tendo pressentido a morte do irmão, o interiorano Marcos (Thiago Fragoso) não consegue salvá-lo. Sentindo-se culpado, muda-se para São Paulo, onde se apaixona por Sônia (Paola Oliveira). O casal enfrenta muitos desafios para ficar junto, devido às armadilhas da interesseira Ruth (Carol Castro), do vingativo Camilo (Malvino Salvador) e do mau-caráter Clóvis (Dalton Vigh). Os dois se afastam ainda mais quando Marcos, levado pela fama que seu dom proporciona, é tomado pela vaidade. O núcleo cômico ficou por conta da família de Rúbia (Rosi Campos), uma falsa vidente.

As equipes de produção *de arte, cenografia e figurino realizaram minuciosa pesquisa para recriar o universo dos anos 50. Acima, Paola Oliveira e Thiago Fragoso, como Sônia e Marcos.*

Sinhá Moça

Autoria: Benedito Ruy Barbosa *Adaptação:* Edmara Barbosa e Edilene Barbosa *Direção de núcleo:* Ricardo Waddington *Direção geral:* Rogério Gomes *Direção:* Marcelo Travesso e Luiz Pilar 13 mar-14 out 2006 18h 185

Escravidão, amor, política e liberdade formavam os pilares temáticos de* Sinhá Moça, *um retrato primoroso do final do Império.

***Débora Falabella** e Danton Mello: Sinhá Moça e Rodolfo lutam pela abolição da escravatura, alcançada no final da novela.*

Filha do poderoso barão de Araruna (Osmar Prado), escravocrata convicto, Sinhá Moça (Débora Falabella) apaixona-se pelo advogado Rodolfo (Danton Mello). A jovem enfurece o pai com seus ideais abolicionistas, também defendidos pelo rapaz. Para conquistar a confiança do barão, Rodolfo finge defender a escravidão, mas, sob a identidade de Irmão do Quilombo, invade as senzalas de madrugada e liberta os negros. A misteriosa Ana do Véu (Isis Valverde) encheu de curiosidade os telespectadores. O rosto da personagem era encoberto por um véu que só poderia ser retirado quando se casasse com Rodolfo, a quem fora prometida. Mas o rapaz rompe o compromisso e ela se envolve com o irmão dele, o tímido Ricardo (Bruno Gagliasso), que, no entanto, se apaixona pela baronesa Cândida (Patrícia Pillar), que tenta evitá-lo ao máximo. O barão tem um grande inimigo, o escravo alforriado Dimas (Eriberto Leão), braço direito do jornalista abolicionista Augusto (Carlos Vereza). Dimas não sabe que é filho do barão com uma escrava, o que só é revelado no final da história. *Sinhá Moça* foi uma adaptação da novela homônima de Benedito Ruy Barbosa exibida em 1986.

***Patrícia Pillar** protagonizou a submissa Cândida, que vive contemporizando os conflitos entre a filha e o barão de Araruna, interpretado por Osmar Prado.*

PREMIAÇÃO

Sinhá Moça foi indicada ao Emmy Internacional na categoria Série Dramática. Milton Gonçalves (foto) também concorreu ao prêmio, na categoria Melhor Ator, por sua atuação como Pai José, que luta pela liberdade dos escravos mas acaba morrendo no tronco. O ator apresentou os ganhadores da categoria Melhor Programa Infantil/Adolescente, ao lado da atriz americana Susan Sarandon.

Cobras & Lagartos

Autoria: João Emanuel Carneiro *Colaboração:* Antonia Pellegrino, Denise Bandeira e Vincent Villari
Direção de núcleo e geral: Wolf Maya *Direção:* Cininha de Paula, Claudio Boeckel e Marco Rodrigo
24 abr-17 nov 2006 19h CAPS 179

Na trama, a falta de escrúpulos e o excesso de ambição eram os obstáculos para a realização de uma história de amor.

Daniel Oliveira *e Mariana Ximenes: a doce Bel sofre até descobrir as tramoias dos vilões e, finalmente, poder se declarar a Duda.*

Ao descobrir que está doente e prestes a morrer, o empresário Omar Pasquim (Francisco Cuoco) passa a procurar um homem íntegro para assumir seus negócios ao lado da sobrinha, Bel (Mariana Ximenes). Ele se disfarça de faxineiro, para que ninguém se aproxime dele por interesse, e encontra a pessoa ideal: o jovem Daniel Miranda (Daniel Oliveira). O rapaz se apaixona por Bel, mas descobre que ela está noiva do interesseiro Estevão (Henri Castelli), sobrinho de Omar. Leona (Carolina Dieckmann), invejosa prima de Bel, tem um caso com o vilão. Em parceria, os dois assassinam o milionário. O testamento é aberto e, para surpresa de todos, a herança é dividida entre Bel e o desconhecido Daniel. No entanto, por uma desastrosa confusão, um homônimo do rapaz herda o patrimônio de Omar. Foguinho (Lázaro Ramos), como é conhecido, passa a ser bajulado por todos os que o menosprezavam, inclusive a ambiciosa Ellen (Taís Araújo), que sempre o esnobou por ele ser pobre. Até que o equívoco seja desfeito, muitas mentiras e chantagens são arquitetadas por Leona e Estevão, enquanto Foguinho se deixa seduzir pela vida de luxo que nunca teve. *Cobras & Lagartos* se passava em uma sofisticada loja de departamentos, a Luxus, de Omar Pasquim, e no Saara, centro de comércio popular do Rio de Janeiro.

DUPLA DO MAL

A dupla de vilões, interpretada por Henri Castelli e Carolina Dieckmann (foto), teve um final trágico: Estevão é assassinado; Leona morre em um incêndio na Luxus. Leona tinha um visual extravagante: peças em cores fortes e ousadas, botas de cano alto e calças de montaria. Suas unhas, sempre pintadas de vermelho, e seus longos cabelos loiros ditaram moda.

Taís Araújo *e Lázaro Ramos: Ellen passa a chantagear Foguinho quando percebe que ele não é o verdadeiro herdeiro de Omar.*

Páginas da Vida

Autoria: Manoel Carlos *Escrita por:* Manoel Carlos, Fausto Galvão *Colaboração:* Maria Carolina, Juliana Peres, Ângela Chaves e Daisy Chaves *Direção de núcleo:* Jayme Monjardim *Direção geral:* Jayme Monjardim, Fabrício Mamberti *Direção:* Jayme Monjardim, Fabrício Mamberti, Teresa Lampreia, Fred Mayrink, Luciano Sá
10 jul 2006-2 mar 2007 20h CAPS 203

Novela retratou o dia a dia de personagens de diferentes classes e idades tendo como eixo a discussão sobre a síndrome de Down.

Joana Mocarzel (com Regina Duarte) comoveu o público no papel da menina Clara, que vê o espírito da mãe, a quem chama de "moça bonita".

Abandonada pelo namorado, Léo (Thiago Rodrigues), por estar grávida, a jovem Nanda (Fernanda Vasconcellos) passa a ser rejeitada pela mãe, Marta (Lilia Cabral), que não se conforma com a situação da filha. Marta é uma mulher amargurada, que humilha o marido desempregado, Alex (Marcos Caruso), por ser ela a provedora do lar. Nanda é atropelada e faz o parto às pressas, dando à luz um casal de gêmeos. A jovem morre nos braços da obstetra Helena (Regina Duarte) e os bebês são entregues à avó, que não aceita a menina por ela ser portadora de síndrome de Down. Marta diz à família que a neta morreu e a encaminha para a adoção, ficando apenas com o menino. Helena afeiçoa-se à criança e consegue sua guarda. Cinco anos depois, ela luta para que a filha, Clara (Joana Mocarzel), tenha acesso a seus direitos e acaba conseguindo matriculá-la em uma escola regular. Por coincidência, trata-se da escola onde estuda Francisco (Gabriel Kaufman), seu irmão gêmeo, criado pelos avós. As duas crianças se tornam amigas. Quando Léo toma conhecimento do que aconteceu a Nanda, briga na Justiça com Helena e Alex pela guarda das crianças, mas perde a disputa.

INOVAÇÃO

Páginas da Vida apresentou uma inovação: ao final de cada capítulo, era exibido o depoimento de um anônimo narrando uma história marcante de sua vida. A novela também abordou temas como bulimia, alcoolismo, discriminação racial, adoção de crianças por casais homossexuais e Aids.

A GRANDE FAMÍLIA

A novela também contou a história da família de Tide (Tarcísio Meira) e Lalinha (Glória Menezes), em cuja casa mora a maioria dos filhos, cunhados e netos. Lalinha morre nos primeiros capítulos e Tide, junto com os filhos, realiza um antigo sonho da esposa: inaugura uma casa de cultura com o seu nome. Os filhos do casal são Jorge (Thiago Lacerda), Leandro (Tato Gabus Mendes), Elisa (Ana Botafogo), Carmem (Natália do Vale), Márcia (Helena Ranaldi) e Olívia (Ana Paula Arósio).

Lilia Cabral e Marcos Caruso brilharam nos papéis de Marta e Alex. Os dois protagonizaram algumas das cenas mais fortes e polêmicas da novela.

Pé na Jaca

Autoria: Carlos Lombardi *Colaboração:* Vinicius Vianna, Filipe Miguez, Nélio Abbade e Sebastião Maciel *Direção de núcleo e geral:* Ricardo Waddington *Direção:* Ary Coslov, Gustavo Fernandez, Marco Rodrigo, Paola Pol Balloussier, Paulo Silvestrini e Ricardo Waddington 20 nov 2006-15 jun 2007 19h 179

Murilo Benício *(esq.), Deborah Secco, Fernanda Lima, Marcos Pasquim e Juliana Paes na novela, que teve cenas gravadas em Paris.*

Reencontro de amigos de infância desencadeia uma caça à fortuna, temperada por divertidas confusões amorosas.

O advogado hipocondríaco Arthur (Murilo Benício), a modelo Maria (Fernanda Lima), a religiosa Elizabeth (Deborah Secco), a batalhadora Guinevere (Juliana Paes) e o mulherengo *personal trainer* Lancelotti (Marcos Pasquim) voltam a se encontrar, após 25 anos, na fictícia Deus me Livre, no interior de São Paulo. Dispostos a consertar erros cometidos no passado e a recomeçar suas vidas, eles acabam resgatando antigos amores. A cidade está às voltas com a morte do homem mais rico da região, Último Botelho Bulhões (Fulvio Stefanini), dono de uma grande propriedade e da fábrica de cerveja que impulsiona a economia local. O mistério sobre seu herdeiro e a disputa por seu patrimônio conduziam a história. Atração à parte, a abertura de *Pé na Jaca*, produzida em animação 3D, exibia vacas e outros animais de fazenda andando e dançando sobre duas patas, como humanos, ao som de "Ridin' high", de Cole Porter, em versão gravada por Zizi Possi para a novela.

MODA DOS ANOS 80

Fez sucesso o guarda-roupa da sensual Vanessa (Flávia Alessandra, foto), com peças inspiradas na moda dos anos 80. A personagem, casada com Arthur (Murilo Benício), abusava dos maiôs decotados combinados com calças justas ou com saias e microshorts, além de cintos dourados, óculos escuros grandes e salto alto. Vanessa é casada com Arthur, mas se envolve com vários homens.

Paraíso Tropical

Autoria: Gilberto Braga e Ricardo Linhares *Direção de núcleo:* Dennis Carvalho *Direção geral:* Dennis Carvalho, José Luiz Villamarim *Direção:* José Luiz Villamarim, Amora Mautner, Maria de Médicis, Cristiano Marques
5 mar-28 set 2007 21h CAPS 179

Copacabana ambientava trama urbana pontuada por paixões, humor e acentuada crítica social.

Alessandra Negrini *(em cena com Fábio Assunção) viveu quatro papéis: Paula, Taís, Paula fingindo-se de Taís e Taís fingindo-se de Paula.*

O antagonismo entre as gêmeas Paula e Taís (vividas por Alessandra Negrini), idênticas mas de personalidades opostas, e a sede de poder do jovem empresário Olavo (Wagner Moura) desencadeavam as tramas da novela. A mau-caráter Taís tenta destruir a relação amorosa da irmã com o íntegro Daniel (Fábio Assunção). Já Olavo trava uma luta com Daniel para suceder o poderoso executivo Antenor Cavalcanti (Tony Ramos), seu tio, na presidência de sua empresa. Ardiloso, Olavo sabe da simpatia de Antenor por Daniel e tenta difamar sua reputação. Daniel é um rapaz de origem simples, filho do caseiro Nereu (José Augusto Branco), que trabalha na casa de veraneio de Antenor. Ele foi criado como filho pelo patrão e sua mulher, Ana Luísa (Renée de Vielmond), que perderam um filho com 16 anos. Já Olavo é filho de Marion (Vera Holtz), uma

ROMANTISMO

Após separar-se de Ana Luísa (Renée de Vielmond), que descobre que ele tem uma amante e vai viver com o jovem Lucas (Rodrigo Veronese), Antenor (Tony Ramos, foto) se envolve com Lúcia (Glória Pires, foto), encantado com sua determinação e sua forma de lidar com o filho, Mateus (Gustavo Leão). Lúcia não resiste ao romantismo de Antenor e os dois se casam. A personagem engravida no final.

BEBEL E OLAVO

Bebel e Olavo (Camila Pitanga e Wagner Moura, foto) roubaram a cena da novela. Interessada em abandonar o calçadão de Copacabana, onde trabalha para o cafetão Jáder (Chico Diaz), Bebel faz o que pode para se tornar "fixa" de Olavo. O romance da prostituta com o empresário conquistou o público, que torceu por um final feliz para os dois. No fim, Bebel perde o filho que esperava de Olavo e, após cumprir pena, conquista um poderoso político e vai morar em Brasília. O figurino da personagem, marcado pelo exagero, lançou moda: vestidos justos, tops e maiôs engana-mamãe. Chamada por Olavo de Cachorra, Bebel usava expressões que se tornaram populares, como "catiguria" (categoria) e "cueca maneira" (homem rico e elegante).

promoter decadente, fútil e ambiciosa que não mede esforços para alcançar novamente o sucesso. Marion tem uma relação conturbada com ele e rejeita o caçula Ivan (Bruno Gagliasso), rapaz com inclinação para a marginalidade e que é desdenhado pela família. Ivan e Taís se apaixonam e formam uma dupla de golpistas. Mas Taís – que havia até mesmo tentado matar Paula para assumir sua identidade e, assim, livrar-se da acusação de ter matado o ourives Evaldo (Flávio Bauraqui) – é assassinada e vários personagens se tornam suspeitos, inclusive Antenor. O suspense só acaba no último capítulo da novela: Olavo matou a vilã depois que ela descobriu que Ivan era filho de Antenor com uma empregada. Na época do nascimento da criança, Marion perdera o filho que esperava de um rico empresário e decidiu adotar uma criança para tentar dar um golpe no tal homem. O plano não funcionou e ela inventou a história de que Ivan era filho dela com o motorista da casa. Olavo pretendia matar Ivan, a

***Alessandra Negrini** e Bruno Gagliasso, como Taís e Ivan: uma dupla de golpistas.*

Daisy Lucidi, *Nildo Parente e Yoná Magalhães no agitado cenário do edifício Copamar.*

mãe e Antenor para receber a herança do irmão. Atordoado com as revelações, Ivan atira em Olavo, que também atira nele, e os dois morrem. Ambientada no bairro de Copacabana, *Paraíso Tropical* expunha os contrastes sociais entre ricos, classe média e marginalizados. O edifício Copamar, um prédio de dois blocos com apartamentos de diversos tamanhos, reunia as famílias de classe média da trama. Ali viviam outros personagens importantes da história, como o casal homossexual Rodrigo (Carlos Casagrande) e Tiago (Sérgio Abreu) e a família da ressentida Neli (Beth Goulart), que incluía o marido, Heitor (Daniel Dantas), e as filhas, Joana (Fernanda Machado) e Camila (Patrícia Werneck). A novela chamou a atenção pelo ritmo ágil das tramas, além dos sofisticados efeitos visuais usados para inserir imagens do bairro em uma das cidades cenográficas construídas no Projac. Essa foi a primeira novela inteiramente gravada com câmeras de alta definição.

NO COPAMAR

Algumas das cenas mais bem-humoradas da novela tinham como cenário o edifício Copamar, cuja síndica era a conservadora viúva Iracema (Daisy Lucidi). Interessada em fazer do prédio uma referência da moral e dos bons costumes em Copacabana, Iracema vive brigando com a exuberante ex-vedete Virgínia (Yoná Magalhães). No mesmo edifício, onde o porteiro é o boa-praça Pacífico (Nildo Parente), moram o casal Gustavo (Marco Ricca) e Dinorá (Isabela Garcia), com dois filhos. Filha de Iracema, Dinorá tenta resgatar o romantismo do início do namoro, mas Gustavo chega tão exausto em casa após o trabalho que mal consegue dar atenção à mulher. Em meio a muitas discussões, os dois se separam.

Gustavo Leão *(esq.), Patrícia Werneck e Paulo Vilhena: Mateus, Camila e Fred formavam um triângulo amoroso na trama.*

Eterna Magia

Autoria: Elizabeth Jhin *Colaboração:* Eliane Garcia, Fernando Rebello, Lilian Garcia *Supervisão de texto:* Silvio de Abreu *Direção de núcleo:* Carlos Manga *Direção geral:* Ulysses Cruz *Direção:* Federico Bonani, Edson Erdmann, Natália Grimberg 14 mai-2 nov 2007 18h CAPS 148

Estrutura da novela era envolvida por uma aura mística enriquecida por lendas e magias da Irlanda.

Na história, ambientada entre os anos 30 e 40, a pianista Eva (Malu Mader) se encanta pelo jovem Conrado (Thiago Lacerda), noivo de sua irmã, Nina (Maria Flor). Para separar o casal, recorre à feiticeira mau-caráter Zilda (Cássia Kiss). Eva consegue seduzir o rapaz e parte com ele para a Irlanda, porém, mais tarde, quando pensa ter um tumor, volta à fictícia Serranias (MG) disposta a desfazer o mal que causou. Mas ela não está doente. Suas dores de cabeça são provocadas por remédios receitados pelo dr. Peter (Pierre Kiwitt), abandonado por Eva na juventude. Outra revelação abala a pianista: sua tia Pérola (Eliane Giardini) é, na verdade, sua mãe.

Maria Flor: *diferentemente da irmã, Nina herdou da família o dom da magia.*

Sete Pecados

Autoria: Walcyr Carrasco *Colaboração:* André Ryoki *Direção de núcleo e geral:* Jorge Fernando *Direção:* Frederico Mayrink, Pedro Vasconcelos 18 jun 2007-15 fev 2008 19h CAPS 208

Reynaldo Gianecchini *em cena com Priscila Fantin, cujo cabelo, repicado em camadas e com franja desfiada, fez sucesso.*

Rebeca *(Elizabeth Savala), mãe de Beatriz, representou o excesso de vaidade em cenas hilárias.*

Soberba, inveja, ira, preguiça, avareza, gula e luxúria: os sete pecados capitais definiam os personagens da trama de Walcyr Carrasco.

A rica e mimada Beatriz (Priscila Fantin) é surpreendida pela previsão de uma cartomante: só será feliz quando deixar os pecados de lado em nome de um grande amor. O homem que cruza o seu caminho é o taxista Dante (Reynaldo Gianecchini), casado com Clarice (Giovanna Antonelli) e pai de dois filhos. Marido fiel, ele rejeita Beatriz. Indignada, a jovem decide conquistá-lo a qualquer custo. A novela foi inspirada em *A Divina Comédia*, de Dante Alighieri, e em *Fausto*, de Goethe.

Duas Caras

Autoria: Aguinaldo Silva *Colaboração:* Gloria Barreto, Izabel de Oliveira, Maria Elisa Berredo, Filipe Miguez, Nelson Nadotti, Sergio Goldenberg *Direção de núcleo e geral:* Wolf Maya *Direção:* Claudio Boeckel, Ary Coslov, Gustavo Fernandez, Miguel Rodrigues e Pedro Carvana 1º out 2007-31 mai 2008 21h 210

Um novo rosto e uma nova identidade mascaravam o vilão da novela, primeira da TV Globo transmitida em alta definição.

Marjorie Estiano e *Dalton Vigh na primeira fase da novela: ao longo da trama, Ferraço é conquistado pelo amor do filho e decide se reaproximar de Maria Paula.*

Duas Caras contava a história de vingança da jovem Maria Paula (Marjorie Estiano) contra Adalberto Rangel (Dalton Vigh), homem misterioso que se casa com ela por interesse e foge com sua fortuna sem saber que a deixou grávida. Para não ser reconhecido, ele se submete a diversas cirurgias plásticas e assume uma nova identidade: a do grande empresário da construção civil Marconi Ferraço (também vivido por Dalton Vigh). O vilão conta com a cumplicidade da amiga Bárbara (Betty Faria) e da namorada, Sílvia (Alinne Moraes), que enlouquece ao perceber que ele ama Maria Paula. A favela da Portelinha, próxima ao maior empreendimento de Ferraço, faz com que o empresário tema a desvalorização do espaço. Mas Juvenal Antena (Antonio Fagundes), líder da comunidade, não aceita desocupá-la e se torna seu grande adversário. O "Sufocador", personagem que atacava as mulheres da Portelinha nas noites de lua cheia, garantiu o mistério da trama. Sua identidade só foi revelada no último capítulo: Geraldo Peixeiro (Wolf Maia). Flávia Alessandra fez sucesso como a dançarina de *pole dance* Alzira.

CASAMENTOS INTER-RACIAIS

As relações amorosas inter-raciais ganharam destaque na trama, principalmente através do preconceito do advogado Barreto (Stênio Garcia) em relação ao romance de seus filhos, Júlia (Débora Falabella) e Barretinho (Dudu Azevedo), com os negros Evilásio (Lázaro Ramos) e Sabrina (Cris Vianna), respectivamente. No final da novela, houve um casamento coletivo de pares inter-raciais.

AMOR A TRÊS

O trio amoroso formado por Bernardinho, Dália e Heraldo (Thiago Mendonça, Leona Cavalli e Alexandre Slaviero) gerou polêmica entre os moradores da Portelinha. A religiosa Edivânia (Suzana Ribeiro) chega a liderar uma tentativa de linchamento do trio. Para piorar, Dália engravida, mas não sabe qual dos dois é o pai. Ambos acabam registrando a menina.

Evilásio, *vivido por Lázaro Ramos (dir.), se transforma no grande inimigo político de seu padrinho Juvenal Antena, personagem de Antonio Fagundes.*

Desejo Proibido

Novela de: Walther Negrão *Autoria:* Walther Negrão, Jackie Vellego e Renato Modesto *Colaboração:* Alessandro Marson *Direção de núcleo:* Marcos Paulo *Direção geral:* Luiz Henrique Rios *Direção:* Luiz Pilar, Maria de Medicis, Tande Bressane 5 nov 2007-2 mai 2008 18h CAPS 154

Em clima de devoção e milagres, um casal vive um amor intenso mas proibido, devido à vocação religiosa do rapaz.

A inescrupulosa Cândida (Eva Wilma) planeja o casamento do neto, o ganancioso Henrique (Daniel de Oliveira), com a rica Laura (Fernanda Vasconcellos), conhecida como "a moça do milagre", pois teria sido salva por intervenção da Virgem de Pedra. A jovem, no entanto, se apaixona por padre Miguel (Murilo Rosa). Henrique é assassinado e o criminoso só é conhecido pelo público no último capítulo – trata-se do mau-caráter Diogo (Pedro Neschling). A novela, ambientada nos anos 30, também destacou os conflitos em relação à construção de uma estrada de ferro, na fictícia Passaperto (MG), que destruiria a gruta da santa.

Murilo Rosa *e Fernanda Vasconcellos: Miguel larga a batina para ficar com Laura e os dois se casam na gruta da Virgem de Pedra.*

Beleza Pura

Autoria: Andrea Maltarolli *Colaboração:* Daisy Chaves, Emanuel Jacobina, Flavia Bessone, João Brandão e Ricardo Hofstetter *Supervisão de texto:* Silvio de Abreu *Direção geral:* Rogério Gomes *Direção:* Rogério Gomes, Marcelo Travesso, André Felipe Binder e Luciana Oliveira 18 fev-12 set 2008 19h CAPS 179

Passada em Niterói,* Beleza Pura *apresentou o drama de um engenheiro aeronáutico que se sente responsável por um acidente aéreo.

Guilherme (Edson Celulari) vê sua vida desmoronar ao ser responsabilizado por um acidente de helicóptero em que morrem cinco pessoas. Ignorando que a tragédia resulta de sabotagem arquitetada por Norma (Carolina Ferraz), e julgando-se culpado, ele resolve dar continuidade aos projetos de vida das vítimas. Guilherme reavalia seus valores quando se apaixona pela dermatologista Joana (Regiane Alves), mas o casal é separado por Norma e pelo cirurgião plástico Renato (Humberto Martins). Quando se descobre que os tripulantes sobreviveram, tem início uma disputa por diamantes encontrados na Amazônia.

O SONHO DE RAKELLY

A atriz Isis Valverde (foto) destacou-se como a manicure Rakelly, que sonhava ser dançarina no programa de Luciano Huck. Filha da ex-chacrete Ivete (Zezé Polessa), Rakelly tinha um português desconcertante (décimo segundo virava "dôzimo"; avestruz, "avescruz") e se vestia com saias minúsculas, acessórios multicoloridos e sandálias de salto alto.

A Favorita

Autoria: João Emanuel Carneiro *Colaboração:* Marcia Prates, Denise Bandeira, Fausto Galvão, Vincent Villari *Direção geral:* Ricardo Waddington *Direção:* Paulo Silvestrini, Roberto Naar, Roberto Vaz, Gustavo Fernandez, Pedro Vasconcelos, Marco Rodrigo, Isabella Secchin 2 jun 2008-16 jan 2009 21h 197

Autor fugiu dos modelos habituais de folhetim ao iniciar a novela sem revelar ao público quem era a vilã e quem era a mocinha.

Claudia Raia *(esq.) e Patrícia Pillar: Donatela e Flora popularizaram o clássico "Beijinho doce", de Nhô Pai, sucesso da dupla fictícia Faísca e Espoleta.*

Novela contemporânea ambientada em São Paulo, *A Favorita* era centrada na rivalidade entre Flora (Patrícia Pillar) e Donatela (Claudia Raia), que, na juventude, formaram a dupla sertaneja Faísca e Espoleta. Após cumprir pena de 18 anos pelo assassinato do marido de Donatela, Marcelo Fontini (Flavio Tolezani), de quem era amante, Flora deixa a prisão acusando a ex-parceira de ter cometido o crime. Ela também quer se reaproximar da filha, Lara (Mariana Ximenes), criada pela rival. A jovem é, supostamente, fruto de seu relacionamento com Marcelo. Lara é a herdeira de um império de papel e celulose comandado pelo avô, Gonçalo Fontini (Mauro Mendonça), e está no centro da disputa das duas personagens, que, por ironia, voltam a se apaixonar pelo mesmo homem, o jornalista Zé Bob (Carmo Dalla Vecchia). O autor dividiu a história em três fases. Por cerca de dois meses, confundiu o público, levado a

TRIÂNGULO AMOROSO

O doce Cassiano (Thiago Rodrigues, esq.) e o mulherengo Halley (Cauã Reymond, dir.) balançaram o coração da jovem Lara (Mariana Ximenes, centro). Halley fica desesperado ao descobrir ser filho de Donatela (Claudia Raia) e Marcelo Fontini (Flavio Tolezani). Nesse caso, ele seria meio-irmão de Lara, então sua namorada, que acreditava ser filha de Marcelo e Flora (Patrícia Pillar). Mas a revelação da verdade permite que eles vivam um intenso romance.

As vilanias orquestradas por Flora *contavam com a cumplicidade dos traiçoeiros Dodi (Murilo Benício, esq.) e Silveirinha (Ary Fontoura).*

acreditar no ar angelical de Flora e a desconfiar de Donatela, uma mulher fútil. Até que finalmente foi revelado, somente para os telespectadores, que Flora era a vilã da trama. Ela planeja uma série de armadilhas para Donatela, que acaba sendo perseguida e presa. Irene Fontini (Glória Menezes), avó de Lara, é uma das que não acreditam na inocência de Donatela. Em sua escalada para o poder, Flora conquista a confiança dos Fontini e o amor da filha. Na última fase, Donatela, com a ajuda da detenta Diva (Giulia Gam), foge da prisão. Mas, para todos, ela havia morrido em um incêndio no presídio. Para desmascarar a vilã, Donatela conta

A FAVORITA

CIRCO DE HORRORES

Flora (Patrícia Pillar) comete uma série de crimes. Além de Marcelo (Flavio Tolezani) e do dr. Salvatore (Walmor Chagas), ela assassina a jornalista Maíra (Juliana Paes) e Gonçalo Fontini (Mauro Mendonça). A morte de Gonçalo é provocada com requintes de crueldade. Antes de ir à delegacia desmascarar a vilã, Gonçalo é atraído até sua casa e se depara com um circo de horrores armado por Flora e Silveirinha (Ary Fontoura). A vilã faz o empresário acreditar que Irene (Glória Menezes) e Lara (Mariana Ximenes) estão mortas dentro de casa e ele tem um infarto fulminante. Antes de ser presa, Flora também assassina Dodi (Murilo Benício).

TRAIÇÃO

Leonardo Medeiros (foto) viveu o prefeito Elias, que virou motivo de chacota ao ser traído pela esposa, Dedina (Helena Ranaldi, foto). Ela se envolve com o melhor amigo do marido, Damião (Malvino Salvador). Antes de morrer, Dedina é expulsa de casa e enlouquece.

Glória Menezes *e Mauro Mendonça (dir.): na juventude, Gonçalo teve de disputar o amor de Irene com Copola (interpretado por Tarcísio Meira).*

OUSADIAS

A Favorita ousou ao mostrar abordagens não convencionais em relação a diversos temas. Era o caso da desajustada família em que o pai, Romildo Rosa (Milton Gonçalves), é um deputado corrupto que lucra com o tráfico de armas. Outro exemplo era a subtrama de Catarina (Lilia Cabral, esq.), uma dona de casa submissa a um marido violento que se torna independente após ficar amiga da homossexual Stela (Paula Burlamaqui, dir.).

com alguns aliados, entre eles Pedro (Genezio de Barros), pai de Flora. Nessa corrida para provar sua inocência, Donatela descobre o paradeiro de seu filho sequestrado. Registrado como Halley (Cauã Reymond), o menino foi levado por Silveirinha (Ary Fontoura), ex-empresário da dupla, e entregue à manicure Cilene (Elizangela), que sempre acreditou que a criança era órfã. Outra revelação: Lara não é filha de Marcelo, mas de Dodi (Murilo Benício), cúmplice da vilã. Com a ajuda de Silveirinha e Dodi, Flora entrou para a lista das grandes vilãs de telenovelas, revelando-se uma psicopata que desprezava até a própria filha. Donatela consegue pôr a rival na cadeia com a ajuda de Silveirinha, que se cansa de ser humilhado por Flora. A vilã foge da prisão e tenta matar Zé Bob, recém-casado com Donatela. Ela chega a atirar nele, mas Lara impede que ela o mate. A jovem atira na mãe biológica, que, em seguida, é presa novamente. A crítica elogiou o ritmo vertiginoso da história e seu foco na trama central, sem muitas subtramas.

Iran Malfitano *se destacou interpretando Orlandinho, que deixa de ser homossexual após se apaixonar pela retirante Maria do Céu, vivida por Deborah Secco.*

Ciranda de Pedra

Autoria: Alcides Nogueira *Colaboração:* Rodrigo Amaral, Mário Teixeira, Lúcio Manfredi *Direção de núcleo:* Denise Saraceni *Direção geral:* Carlos Araújo *Direção:* Maria de Médicis, Natalia Grimberg, André Luiz Câmara e Allan Fiterman 5 mai-3 out 2008 18h CAPS 131

Inspirada na obra homônima de Lygia Fagundes Telles, a novela trazia personagens em busca de seus destinos, mas atados ao passado.

O prepotente advogado Natércio (Daniel Dantas) transforma sua mulher, Laura (Ana Paula Arósio), em um troféu a ser exibido à alta sociedade paulista do final dos anos 50. Para cuidar da instabilidade emocional da esposa, ele contrata o neurologista Daniel Freitas (Marcello Antony). Mas os dois se apaixonam e, desse amor, nasce Virgínia (Tammy Di Calafiori). Para evitar o escândalo, a menina é criada como filha de Natércio, junto com suas filhas legítimas, Bruna (Anna Sophia Folch) e Otávia (Ariela Massotti). Laura e Daniel abafam seu amor. Apaixonada por Natércio, a governanta Frau Herta (Ana Beatriz Nogueira) inferniza a vida de Laura.

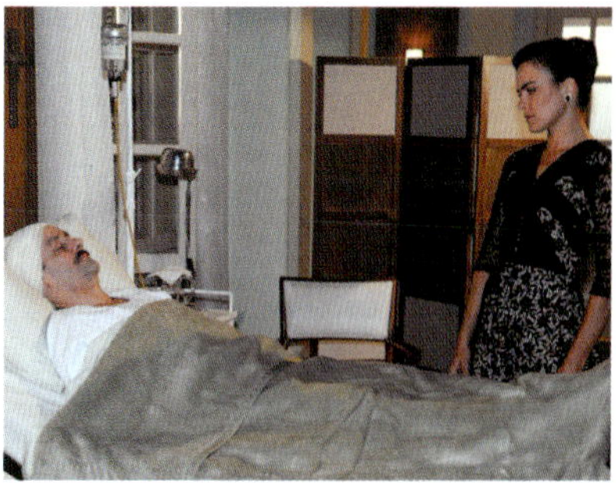

Natércio *(Daniel Dantas, em cena com Ana Paula Arósio) começa a ser punido por suas maldades antes do final da novela: ele sofre um derrame e fica entre a vida e a morte.*

Três Irmãs

Novela de: Antonio Calmon *Escrita por:* Antonio Calmon e Guilherme Vasconcelos *Colaboração:* Angela Carneiro, Adriana Chevalier, Duba Elia, Lícia Manzo e Leandra Pires *Direção de núcleo:* Dennis Carvalho *Direção geral:* Dennis Carvalho e José Luiz Villamarim *Direção:* Amora Mautner, Vinícius Coimbra, Cristiano Marques 15 set 2008-10 abr 2009 19h CAPS 179

Cláudia Abreu *(esq.), Carolina Dieckmann e Giovanna Antonelli na novela que usou um recurso inédito de efeitos visuais ao inserir o rosto dos atores nas cenas feitas com dublês surfistas.*

Ambientada em balneário fictício, a comédia romântica apresentou dois temas recorrentes nas tramas do autor: juventude e surfe.

A história central girava em torno da tradicional família Jequitibá, composta só por mulheres, entre elas as irmãs Dora (Cláudia Abreu), Alma (Giovanna Antonelli) e Suzana (Carolina Dieckmann). Suas vidas se transformam com a chegada a Caramirim dos surfistas Bento (Marcos Palmeira), Greg (Rodrigo Hilbert) e Eros (Paulo Vilhena). Além de defenderem a praia e o centro histórico da cidade dos especuladores imobiliários que ameaçam o ecossistema local, todos se unem contra as vilanias da poderosa Violeta (Vera Holtz).

Negócio da China

Autoria: Miguel Falabella *Colaboração:* Antonia Pelegrino e Flávio Marinho *Direção de núcleo:* Roberto Talma *Direção geral:* Mauro Mendonça Filho *Direção:* Mauro Mendonça Filho, Flávia Lacerda e Tande Bressane
6 out 2008-13 mar 2009 18h CAPS 136

Um roubo bilionário era o ponto de partida de* Negócio da China*, que tinha nas cenas de kung fu um de seus destaques.

O chinês Liu (Jui Huang) rouba um bilhão de dólares de um cassino na China. Guarda o dinheiro, foge e armazena as informações sobre o paradeiro dos dólares em um pen drive. Liu vai parar em Lisboa e esconde o objeto na bolsa da portuguesa Aurora (Maria Vieira), que está prestes a embarcar para o Brasil com o filho, João (Ricardo Pereira). No novo país, João se apaixona por Lívia (Grazi Massafera), casada com Heitor (Fábio Assunção). Ao longo da trama, o trio e vários outros personagens se envolvem na corrida do ouro deflagrada pelo pen drive. A novela teve cenas gravadas em Lisboa, Macau e Hong Kong.

Ricardo Pereira *e Grazi Massafera como João e Lívia: história de amor no fictício subúrbio carioca Parque das Nações.*

EL CHAPARRITO

Fã de musicais, Miguel Falabella fez do fictício restaurante El Chaparrito umas das atrações da trama. A decadente casa mexicana de espetáculos esconde talentos da música entre seus cozinheiros e garçons, interpretados por cantores reais.

Paraíso

Autoria: Benedito Ruy Barbosa *Adaptação:* Edmara Barbosa *Colaboração:* Edilene Barbosa *Direção geral:* Rogério Gomes *Direção:* André Felipe Binder, Pedro Vasconcelos e Paulo Guelli 16 mar-2 out 2009 18h CAPS 173

Remake *de novela exibida em 1982 narrava uma história de amor e discutia temas como reforma agrária e desmatamento.*

Zeca (Eriberto Leão) é conhecido como Filho do Diabo porque seu pai, o fazendeiro Eleutério (Reginaldo Faria), supostamente guarda um diabinho em uma garrafa. Tudo muda na vida do rapaz quando se apaixona por Maria Rita (Nathalia Dill), a Santinha. Graças a rumores alimentados pela mãe, Mariana (Cássia Kiss), o povo da pequena Paraíso acredita que a jovem faz milagres. Maria Rita tenta evitar a paixão, mas nem com jejuns, promessas ou rezas consegue afastar-se de Zeca. A novela contou com a apresentação de duplas sertanejas reais e a atuação do cantor Daniel como o peão Zé Camilo.

Nathalia Dill *e Eriberto Leão: Zeca fica paraplégico após cair de um touro e é a fé de Santinha que o faz voltar a andar. Em troca do milagre, ela vai para um convento.*

Caminho da Índias

Autoria: Gloria Perez *Direção artística:* Marcos Schechtman *Direção geral:* Marcos Schechtman e Marcelo Travesso *Direção:* Fred Mayrink, Luciano Sabino, Roberto Carminati, Leonardo Nogueira 19 jan-12 set 2009 21h 203

***Juliana Paes** e Rodrigo Lombardi aprenderam danças indianas para viver o casal que se transformou no principal par romântico da novela.*

Vencedora do Emmy Internacional de 2009 de melhor novela,* Caminho das Índias *retratou peculiaridades da cultura indiana em contraponto com costumes brasileiros.

O romance proibido da jovem Maya (Juliana Paes) com Bahuan (Márcio Garcia) era o ponto de partida da novela, ambientada na Índia e no Brasil. Maya é da casta dos comerciantes, filha de Manu (Osmar Prado) e Kochi (Nívea Maria); Bahuan, embora criado pelo brâmane Shankar (Lima Duarte), é um *dalit*, da classe mais baixa e oprimida da sociedade indiana. Para os tradicionalistas hindus, os *dalits* são considerados impuros e, portanto, não se pode tocá-los nem passar sobre suas sombras. Grávida de Bahuan (sem que ele saiba), Maya se casa com Raj Ananda (Rodrigo Lombardi), filho de Indira (Eliane Giardini) e do comerciante Opash (Tony Ramos), em um casamento arranjado pelos pais de ambos, mas guarda segredo sobre a paternidade do bebê. Já Raj desconhece que tem um filho com a brasileira Duda (Tânia Khalil),

OPASH E SHANKAR

Opash (Tony Ramos, esq.) e Shankar (Lima Duarte, dir.) se enfrentam durante a novela por conta de opiniões divergentes sobre a prática do hinduísmo. O primeiro segue com rigor as tradições e não aceita os *dalits* como iguais; o segundo tem uma visão moderna. No fim da trama, é revelado que Opash é filho de Shankar com Laksmi (Laura Cardoso, centro), a matriarca da família de Opash, que vivia cobrando austeridade de todos.

***Letícia Sabatella** e Alexandre Borges: Yvone é presa e foge da cadeia no fim da novela. Raul pede perdão à família, mas acaba sozinho.*

a quem jurara casamento – o indiano, porém, não teve coragem de ir contra as tradições de sua família. Maya e Raj acabam se apaixonando e o filho de Maya é criado com todas as honras pela família de seu marido, principalmente por Opash, que há tempos queria um neto como herdeiro. Mas Maya e seu filho despertam a inveja de Surya (Cleo Pires), casada com o filho mais velho de Opash, Amithtab (Danton Mello), e mãe de uma menina. Maya também sofre com as investidas de Bahuan, que não se conforma com o casamento da amada. Com medo de perder o amor de Raj, ela tenta de todas as maneiras guardar seu segredo. No fim da trama, após ser escorraçada pela família de Opash por conta de sua mentira, Maya é perdoada por Raj. Bahuan encontra seu caminho se casando com a indiana Shivani (Thaila Ayala). E Duda se casa com Lucas (Murilo Rosa). No Brasil, a trama principal envolve o rico empresário Raul Cadore (Alexandre Borges), que, seduzido pela psicopata Yvone (Letícia Sabatella), simula a própria morte, muda de

CAMPANHA SOCIAL

A novela desenvolveu uma campanha social cujo tema era a esquizofrenia, representada pelos jovens Tarso (Bruno Gagliasso, foto), filho dos ricos Ramiro (Humberto Martins) e Melissa (Christiane Torloni, foto), e Ademir (Sidney Santiago), filho da doméstica Cema (Neusa Borges). Ambos frequentam a clínica do dr. Castanho (Stênio Garcia), espaço usado pela autora para depoimentos verídicos de pacientes.

identidade e abandona a família em busca de uma nova vida fora do país. Raul estava entediado com seu cotidiano e Yvone deu o empurrão que ele precisava para tomar outro rumo. Ele deixa a mulher, Silvia (Debora Bloch), e a filha, Júlia (Vitória Frate), e desvia uma grande quantia da empresa do pai, onde trabalhava com o irmão, Ramiro (Humberto Martins). Mas é traído por Yvone, cujo cúmplice é o golpista Mike (Odilon Wagner) – os dois são procurados pela Scotland Yard. Raul se une ao indiano Gopal (André Gonçalves) e volta ao Brasil para se vingar de Yvone e recuperar seu dinheiro. *Caminho das Índias* teve cenas gravadas em diversas cidades indianas e nos Emirados Árabes, todas reproduzidas por meio de efeitos visuais que mesclavam imagens em movimento nas locações às gravações em estúdio e cidades cenográficas. A novela ganhou o 37th International Emmy Awards – a mais importante premiação no mercado de televisão –, disputando com duas novelas das Filipinas e uma da França, entre dezenas de obras inscritas.

Duda Nagle *(esq.) e Antonio Calloni: ausência de limites*

O BAD BOY

A ausência de limites na educação dos filhos foi abordada na trama através do *bad boy* Zeca (Duda Nagle), que comete atrocidades mas é superprotegido pelos pais, César (Antonio Calloni) e Ilana (Ana Beatriz Nogueira). De nada valem as intimações da Justiça e as reclamações dos professores do rapaz, vítimas de seu desrespeito. No final, Zeca é condenado a prestar serviços sociais depois de atropelar Duda.

"VOCÊ NÃO VALE NADA"

Um dos cenários fixos da novela foi o bairro carioca da Lapa, com seus personagens populares. Lá mora Norminha (Dira Paes), a esposa ciumenta do guarda de trânsito Abel (Anderson Müller). À noite ela põe um sonífero no leite do marido, sai de casa e só volta de manhã, dizendo que foi à feira. A personagem tinha como tema musical o forró "Você não vale nada", da banda Calcinha Preta.

Abel (Anderson Müller) *sofre ao descobrir as traições de Norminha (Dira Paes), mas os dois ficam juntos no final da novela.*

Caras & Bocas

Autoria: Walcyr Carrasco *Escrita por:* Walcyr Carrasco e Cláudia Souto *Direção geral e de núcleo:* Jorge Fernando *Direção:* Ary Coslov, Marcelo Zambelli e Maria de Médicis 13 abr 2009-8 jan 2010 19h 231

Flávia Alessandra *e Malvino Salvador: o amor de Dafne e Gabriel sobrevive a muitas mágoas e armações.*

A disputa por uma herança e a atuação de uma chimpanzé davam o tom dessa bem-humorada história de "cão e gata".

Ambientada em São Paulo, *Caras & Bocas* tinha como mote o reencontro de Dafne (Flávia Alessandra) e Gabriel (Malvino Salvador), dois amantes da arte, ambos de gênio forte, que se apaixonam na juventude mas são separados por conta de suas origens sociais diferentes. Desconfiado de que a neta está sendo enganada por um interesseiro, Jacques (Ary Fontoura), dono de uma empresa de extração de diamantes, convence Gabriel a aceitar uma bolsa de estudos em Londres. Ao descobrir que Dafne está grávida, o empresário tenta, sem sucesso, desfazer a armação. Seus planos são atrapalhados por Judith (Deborah Evelyn), sua enteada, que sonha comandar a empresa. Gabriel viaja sem saber que Dafne está grávida, enquanto ela tem a certeza de que foi abandonada pelo namorado. O passar dos anos transforma Dafne em uma mulher realizada profissionalmente, dona de uma galeria de arte no bairro Jardins, na capital paulista. Mas ela ainda amarga a decepção amorosa e não consegue se envolver afetivamente com outro homem. Além de se preocupar com a felicidade de Dafne e de sua bisneta, a geniosa Bianca (Isabelle

DEFICIÊNCIA VISUAL

Através de Anita, interpretada pela atriz cega Danieli Haloten, a novela apresentou a rotina dos deficientes visuais. Anita se sente um fardo na vida do irmão, Gabriel (Malvino Salvador), e sonha com a independência. A jovem trabalha vendendo flores em um restaurante e se apaixona pelo garçom Anselmo (Wagner Santisteban).

Drummond), Jacques teme que a neta não saberá conduzir sozinha os negócios que herdará. O milionário decide, então, mudar o estatuto da empresa e determina que só uma pessoa casada poderá ser presidente. Logo, para assumir o cargo, Dafne terá de se casar, mesmo sendo a herdeira majoritária. Jacques é dado como morto, após uma explosão em uma mina de diamantes na África do Sul, e Judith, que colaborou para a tragédia, assume a presidência da empresa interinamente, enquanto Dafne tenta reverter a situação na Justiça. Com a ajuda do amigo Felipe (Miguel Rômulo), Bianca descobre o paradeiro do pai e se empenha na reconciliação do casal. Mas a adolescente se decepciona ao saber que Gabriel é dono de um bar e não um bem-sucedido artista plástico, como imaginava. O reencontro deixa claro que Gabriel e Dafne ainda se amam, mas eles vivem às turras. Judith se empenha para separar o casal, impedindo que Dafne se case e assuma a direção dos negócios. Mas, para surpresa de todos, Jacques reaparece. As primeiras cenas foram gravadas na África do Sul e contaram com a colaboração de profissionais locais.

Marcos Pasquim *e a chimpanzé que, na trama, pinta as telas de seu personagem, Denis.*

XICO, O PINTOR

Uma das estrelas de *Caras & Bocas* era uma chimpanzé, que, na ficção, interpretava Xico, responsável pelo sucesso profissional de Denis (Marcos Pasquim). Pintor de paisagens tradicionais, Denis vê nos quadros pintados pelo macaco uma oportunidade de conquistar o mercado, ainda que se sinta incomodado por fingir que as telas são de sua autoria. Algumas cenas protagonizadas pela chimpanzé foram gravadas por um ator caracterizado.

A personagem de Deborah Evelyn, *a vilã Judith, não tem escrúpulos e faz tudo para ficar com a herança da rival.*

Viver a Vida

Autoria: Manoel Carlos *Colaboração:* Ângela Chaves, Claudia Lage, Daisy Chaves, Juliana Peres e Maria Carolina Campos de Almeida *Direção de núcleo:* Jayme Monjardim *Direção geral:* Fabrício Mamberti *Direção:* Adriano Melo, Teresa Lampreia e Maria Rodrigues 14 set 2009-NO AR 21h

A força de superação conduzia a novela, que trazia uma Helena diferente das anteriores criadas pelo autor: uma jovem negra.

Taís Araújo *e José Mayer na novela que teve cenas gravadas na Jordânia, em Jerusalém e em Paris.*

Helena (Taís Araújo) é uma top model no auge do sucesso. Ela se envolve com o empresário Marcos (José Mayer), recém-divorciado de Tereza (Lilia Cabral), com quem tem três filhas. O romance entre os dois enraivece Tereza, que se sente solitária. A filha mais velha é a modelo principiante Luciana (Alinne Moraes), que inveja a posição de Helena no mundo da moda. A protagonista tem de conviver com a resistência da enteada e enfrentar as pressões do mercado para se manter uma profissional reconhecida. No desenrolar da trama, Luciana sofre um grave acidente e fica paralítica. Ela precisa vencer medos e fragilidades até se tornar um exemplo de superação. O envolvimento de Gustavo (Marcello Airoldi) com a jornalista Malu Trindade (Camila Morgado), prima de sua esposa, Betina (Letícia Spiller), rendeu cenas cômicas e muitas confusões. Outros personagens marcantes foram os gêmeos Miguel e Jorge, interpretados por Mateus Solano. O médico Miguel é um jovem extrovertido; já o arquiteto Jorge, é sério e responsável. *Viver a Vida* se passava no Rio de Janeiro e na cidade litorânea de Búzios.

Mateus Solano, *o arquiteto Jorge: ele apoia a namorada Luciana, vivida por Alinne Moraes, que fica paraplégica após sofrer um acidente de ônibus.*

ANOREXIA ALCOÓLICA

Através de Renata (Bárbara Paz), *Viver a Vida* abordou o tema da anorexia. A namorada de Miguel (Mateus Solano) sonha ser atriz ou modelo e, para não ganhar peso, substitui a alimentação por bebida alcoólica – doença conhecida como *drunkorexia*. Além de personagens ficcionais que enfrentavam problemas dramáticos, a novela exibia depoimentos de pessoas reais, ao final de cada capítulo, mostrando exemplos de coragem e superação.

Cama de Gato

Autoria: Duca Rachid e Thelma Guedes *Supervisão de texto:* João Emanuel Carneiro *Direção artística:* Ricardo Waddington *Direção geral:* Amora Mautner *Direção:* Gustavo Fernandez e André Felipe Binder
5 out 2009-NO AR 18h

A ambição, em contraste com a solidariedade e o resgate de valores humanos, direcionava o enredo, ambientado no Rio de Janeiro.

Gustavo (Marcos Palmeira) é dono de uma grande empresa de cosméticos. O poder e a riqueza, porém, o tornam arrogante e infeliz. Incomodado com essa transformação, seu sócio e amigo Alcino (Carmo Dalla Vecchia) deixa-o em um lugar desértico para que repense sua vida. Mas Alcino é vítima da ambição de Verônica (Paola Oliveira), mulher de Gustavo, que aproveita seu bem-intencionado plano para tentar matar o marido e herdar sua fortuna. Gustavo sofre um acidente e é dado como morto. Rose (Camila Pitanga), faxineira de sua empresa, é a única que pode ajudá-lo.

***Marcos Palmeira** e Camila Pitanga: par romântico central da novela que tinha como um dos cenários o bairro carioca da Glória.*

Tempos Modernos

Autoria: Bosco Brasil *Supervisão de texto:* Aguinaldo Silva *Colaboração:* Maria Elisa Berredo, Mário Teixeira, Izabel de Oliveira, Patrícia Moretzsohn *Direção artística e geral:* José Luiz Villamarim *Direção:* Paulo Silvestrini, Carlo Milano e Luciana Oliveira 11 jan 2010-NO AR 19h

Comédia centrada na relação homem-máquina apresentou um computador como personagem em trama repleta de aparatos tecnológicos.

A trama gira em torno de Leal Cordeiro (Antonio Fagundes), um homem que saiu da pobreza e construiu um império, erguendo no Centro de São Paulo o Titã, um edifício inteligente, protegido por câmeras de segurança. O prédio, onde vivem e trabalham os principais personagens da novela, é controlado por Frank, um computador irônico e temperamental. Pai de Regeane (Vivianne Pasmanter), Goretti (Regiane Alves) e Nelinha (Fernanda Vasconcellos), Leal tem como antagonista o misterioso Albano (Guilherme Weber) e sua cúmplice Deodora (Grazi Massafera). A novela foi ambientada em grande parte nos arredores do vale do Anhangabaú, na capital paulista.

***Antonio Fagundes** viveu o protagonista da trama, que contou com sofisticados efeitos visuais.*

RJ - RIO DE JANEIRO

Minisséries

Lampião e Maria Bonita

Autoria: Aguinaldo Silva e Doc Comparato *Direção:* Paulo Afonso Grisolli e Luís Antônio Piá
Produção do núcleo: Paulo Afonso Grisolli 26 abr-5 mai 1982 22h15 CAPS 8

A trajetória de Lampião, símbolo do cangaço brasileiro, inspirou a primeira minissérie produzida pela TV Globo.

Tânia Alves *e Nelson Xavier protagonizaram a minissérie: ela viveu a valente Maria Bonita; ele interpretou Lampião, o rei do cangaço.*

O enredo de *Lampião e Maria Bonita* se baseava nos últimos seis meses de vida de Virgulino Ferreira da Silva (Nelson Xavier), o Lampião, pernambucano que se transformou em personagem mítico entre os anos 20 e 30. A minissérie enfocou os dois aspectos do protagonista: o líder sanguinário, combatido pelas autoridades, e o herói, como era visto por parte da população do sertão nordestino. A trama se inicia com o sequestro do geólogo inglês Steve Chandler (Michael Menaugh) pelo bando de Lampião. Em seguida, começam as negociações do cangaceiro com o governo da Bahia e, paralelamente, a perseguição do grupo pelas tropas do tenente Zé Rufino (José Dumont). Os confrontos são entremeados pelo romance de Lampião com sua companheira, Maria Bonita (Tânia Alves), com quem tem uma filha, Expedita (Adriana Barbosa). Em determinado momento da trama, Maria Bonita se afasta do bando para fazer um aborto

INDUMENTÁRIA

Pesquisas detalhadas sobre a indumentária de Lampião e Maria Bonita serviram de referência para a caracterização dos personagens, que, na vida real, usavam vestes e acessórios – como lenços bordados e chapéus de couro enfeitados – concebidos e produzidos por eles mesmos.

sem que Lampião saiba. Ela reaparece doente, com febre alta e fortes dores no corpo, e passa a ser cuidada por Chandler. O geólogo se apaixona pela mulher do inimigo, acirrando o conflito entre eles. O último capítulo retratou o fim de Lampião e Maria Bonita, com o grupo sendo cercado e massacrado pela polícia, em 1938, na grota de Angico, em Sergipe. As gravações foram feitas em diversas cidades nordestinas, que, durante um mês, abrigaram cerca de 100 profissionais da emissora. Para que o equipamento suportasse o calor e as árduas condições de trabalho, foram montadas duas unidades portáteis: uma de supervisão e outra de manutenção. Muitas cenas também foram realizadas nos estúdios da TV Globo, no Rio de Janeiro. Pioneira na proposta de renovação da linguagem na teledramaturgia da TV Globo, a minissérie foi estruturada com cuidadosa pesquisa histórica, o que não excluiu a inserção de elementos ficcionais na trama. *Lampião e Maria Bonita* foi premiada com medalha de ouro no Festival Internacional de Cinema e Televisão de Nova York.

Michael Menaugh *e Tânia Alves: Chandler se sente atraído pela cangaceira, aumentando a tensão entre ele e Lampião.*

O MASSACRE

Em 28 de julho de 1938, antes do nascer do sol, na margem sergipana do rio São Francisco, soldados da polícia liderados pelo tenente José Batista (Gilson Moura) descobrem o esconderijo de Lampião, e o bando é dizimado.

O bando de Lampião *posa para foto no sertão.*

Quem Ama Não Mata

Autoria: Euclydes Marinho *Colaboração:* Denise Bandeira e Tânia Lamarca *Direção:* Daniel Filho e Dennis Carvalho
Produção do núcleo: Daniel Filho 12 jul-6 ago 1982 22h 20

Marília Pêra *e Cláudio Marzo: as constantes crises entre Alice e Jorge culminam com o assassinato da mulher pelo marido.*

Narrada em flashback, a minissérie foi inspirada em crimes passionais que mobilizaram a opinião pública na época.

Quem Ama Não Mata abordou as dificuldades nas relações amorosas através da história de cinco casais de classe média com visões diferentes sobre casamento, amor e fidelidade. Os protagonistas, a dona de casa Alice (Marília Pêra) e o dentista Jorge (Cláudio Marzo), casados há oito anos, parecem um casal perfeito. No entanto, a união está em crise por não conseguirem ter um filho. Jorge descobre que é estéril e, decepcionado, não revela o fato a Alice, que sofre por não conseguir ser mãe. A relação se torna cada vez mais difícil devido à falta de diálogo e eles chegam a ser violentos um com o outro. Tamanha instabilidade tinha como contraponto o casamento tranquilo e feliz dos pais de Alice, o general Flores (Dionísio Azevedo) e Dona Carmem (Norma Geraldy). Um assassinato ligava as tramas: já no primeiro capítulo, o telespectador fica sabendo que houve um crime, mas ignora se a vítima é Jorge ou Alice. Foram gravados dois finais e o mistério se manteve até a hora do último capítulo ir ao ar, quando o diretor Daniel Filho escolheu o final em que Jorge mata Alice.

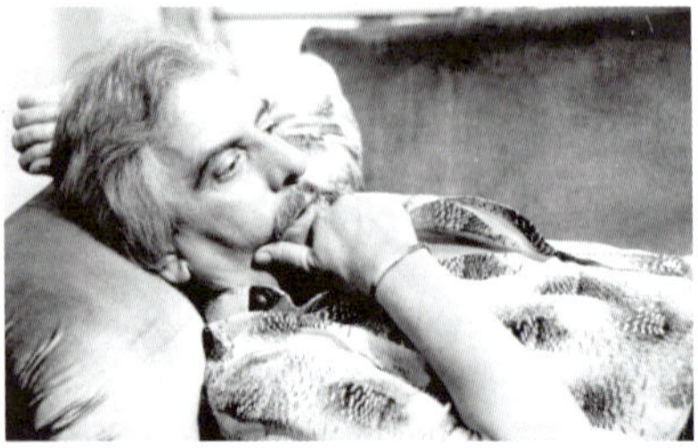

Hugo Carvana *viveu o ciumento Fonseca, que vigiava todos os passos da esposa, Odete, interpretada por Tânia Scher.*

PROTESTO FEMININO

O título da minissérie aludia à frase que feministas pichavam nos muros de Belo Horizonte (MG) em protesto pelo assassinato da socialite Ângela Diniz, morta a tiros por seu companheiro Doca Street, em 30 de dezembro de 1976.

Avenida Paulista

Autoria: Daniel Más e Leilah Assumpção *Coordenação de texto:* Luciano Ramos *Direção geral:* Walter Avancini *Direção:* Walter Avancini, Hugo Barreto, Jardel Mello e Cassiano Filho *Supervisão:* Walter Avancini
10-28 mai 1982 22h30 CAPS 15

Trama ambientada no coração financeiro de São Paulo tematizou cobiça por dinheiro, poder e prestígio.

Avenida Paulista mostrou a ascensão e a queda do ambicioso Alex Torres (Antonio Fagundes), usado como testa de ferro por seu chefe, o inescrupuloso banqueiro Frederico Scorza (Walmor Chagas). Dina Sfat teve importante atuação na trama como Paula Alencar, amante e cúmplice do vilão. No fim da história, mesmo após se casar com a filha de Scorza, a perturbada Anamaria (Bruna Lombardi), Alex é vítima de uma armação do sogro e acaba na prisão, acusado de um golpe financeiro e de um assassinato que não cometeu. Frederico, com a cumplicidade de Paula, finge ter sido morto para incriminar o genro.

Os vilões interpretados *por Walmor Chagas e Dina Sfat acabam juntos, ricos e felizes.*

Antonio Fagundes, *o ambicioso Alex Torres.*

Moinhos de Vento

Autoria: Daniel Más e Leilah Assumpção *Coordenação de texto:* Luciano Ramos *Direção geral:* Walter Avancini *Direção:* Walter Avancini, Adriano Stuart e Hugo Barreto *Produção do núcleo:* Walter Avancini 3-7 jan 1983
22h CAPS 5

A minissérie mostrava as mudanças na vida de um casal a partir da descoberta de uma doença terminal.

A psicóloga Valentina (Renée de Vielmond) é uma mulher bonita e generosa. O poeta Leandro (Carlos Augusto Strazzer) é um sonhador apaixonado pela vida. Os dois são casados, felizes e admirados pelos amigos. Tudo vai bem até que o casal sofre um duro golpe, ao descobrir que Valentina está com câncer e tem apenas seis meses de vida. Os dois enfrentam a doença com coragem e Leandro vive uma grande transformação: após a morte da mulher, ele passa a encarar a vida de forma mais realista.

Carlos Augusto Strazzer *e Renée de Vielmond na minissérie gravada inteiramente em estúdio para reforçar o clima denso e intimista do texto.*

Bandidos da Falange

Autoria: Aguinaldo Silva *Colaboração:* Doc Comparato *Direção:* Luiz Antônio Piá e Jardel Mello
Produção do núcleo: Paulo Afonso Grisolli 10 jan-4 fev 1983 22h CAPS 20

Bandidos da Falange ***relatava a formação de uma organização criminosa dentro do presídio de Ilha Grande.***

Com a morte de Paulo Alberto (Nuno Leal Maia), considerado o último bandido romântico do Rio de Janeiro, seu primo Jorge Fernando (José Mayer), detido em Ilha Grande, é estimulado pelos colegas do presídio a liderar uma organização na cadeia, a Falange Vermelha. Quatro anos depois, Jorge Fernando é morto em um motim liderado pelo policial corrupto Tito Lívio (José Wilker), também preso, que assume a liderança da organização. Uma subtrama trazia a história de Pinheiro de Lemos (Francisco Milani), traficante de armas que se finge de empresário, e seu filho, Júnior (Julio Braga), que, após a morte de Tito Lívio, assume seu lugar na Falange.

José Mayer *(centro) em uma das cenas da trama, que foi apresentada em quatro fases, de 1975 a 1981.*

Parabéns pra Você

Autoria: Bráulio Pedroso *Colaboração:* Geraldo Carneiro *Direção:* Dennis Carvalho e Marcos Paulo
Produção do núcleo: Daniel Filho 16 fev-4 mar 1983 22h CAPS 13

Crise existencial desencadeada por um aniversário e reflexões sobre diferentes escolhas de vida conduziam **Parabéns pra Você.**

Ao completar 40 anos, Mendonça (Daniel Filho) passa a se queixar da falta de perspectivas. A crise do marido estimula a jornalista Maria Rita (Débora Duarte) a criar um programa de TV em que entrevista pessoas de classes sociais diversas sobre suas escolhas de vida, formando um painel da sociedade. Maria Rita confronta as declarações de personagens com as de personalidades reais – como o cantor e compositor Gilberto Gil e o cartunista Henfil. Mendonça e Maria Rita acabam se separando, e ele se envolve com uma aluna, Irene (Fernanda Torres), 20 anos mais nova.

Norma Bengell *interpretou a amargurada Mara, que abandona a carreira e se torna alcoólatra.*

Padre Cícero

Autoria: Aguinaldo Silva e Doc Comparato *Direção:* Paulo Afonso Grisolli e José Carlos Pieri
Produção do núcleo: Paulo Afonso Grisolli 9 abr- 4 mai 1984 22h CAPS 20

A trama, ambientada entre 1884 e 1906, narrava a biografia de uma das figuras mais emblemáticas do Nordeste brasileiro.

Personagens reais e fictícios ajudaram a contar a trajetória do polêmico padre Cícero Romão Batista (Stênio Garcia), que, tendo escolhido o então povoado de Juazeiro (CE) para cumprir sua missão, conquista prestígio político e uma legião de seguidores com seu trabalho pastoral, que inclui noções de higiene, nutrição e cultivo da terra. Ao padre também é atribuída a cura de fiéis. Mas o poder e a influência de Cícero desagradam às autoridades eclesiásticas. Seu maior antagonista é d. Joaquim (Cláudio Cavalcanti), que o acusa de desobedecer às normas religiosas. Padre Cícero tem seus direitos sacerdotais suspensos por se recusar a renunciar publicamente aos milagres atribuídos a ele, e, impedido de atuar como religioso, intensifica sua atuação política. Os desentendimentos do padre com os chefes políticos do município de Crato culminam com um movimento armado, quando Franco Rabelo (José Dumont), presidente do estado do Ceará, é deposto. Padre Cícero morre aos 90 anos, sem o perdão da Igreja, mas adorado pelo povo.

Stênio Garcia *usou lentes de contato azuis para viver o protagonista, que chegou a ser defendido por um exército de jagunços, entre eles Lampião.*

Jofre Soares *interpretou padre Pergo na trama, que teve produção musical assinada por Dori Caymmi.*

NO SERTÃO DA BAHIA

Uma equipe de 130 pessoas, entre as quais 25 atores, passou mais de três meses no povoado de Minuim, na Bahia, para realizar as gravações. A produção contou também com cenas realizadas em Alagoas e Pernambuco, além do estúdio da emissora, no Rio de Janeiro, onde os cenários reproduziam com fidelidade o interior das locações nordestinas.

Anarquistas, Graças a Deus

Autoria: Walter George Durst *Direção geral:* Walter Avancini *Direção:* Walter Avancini, Hugo Barreto e Silvio Francisco
Produção do núcleo: Walter Avancini 7-17 mai 1984 22h CAPS 9

A história relatava o cotidiano dos Gattai, uma família de imigrantes italianos que tenta sobreviver no Brasil no início do séc.XX.

Ney Latorraca *e Débora Duarte como Ernesto e Angelina: além da vida em família, a série mostrou o dia a dia do protagonista como militante do movimento anarquista.*

Adaptação do livro de memórias homônimo de Zélia Gattai, a minissérie retratou, com bom humor, os sonhos e as dificuldades da família da escritora na São Paulo dos anos 20, que se industrializava e atraía levas de imigrantes estrangeiros. Com ideias anarquistas e apaixonado por automóveis, o toscano Ernesto Gattai (Ney Latorraca) é dono de uma oficina mecânica e trabalha como motorista particular de famílias ricas. Ele é casado com a romântica e sensível Angelina Da Col (Débora Duarte), uma católica de Vêneto, e os dois têm cinco filhos – entre eles a caçula Zélia (Daniele Rodrigues). O núcleo se completa com Nonô (Gianni Ratto), pai de Angelina, e Maria Negra (Zenaide Pereira), babá de Zélia. Filmes antigos da época da imigração, trazidos de Roma, ajudaram a contextualizar a trama, que incluiu na trilha sonora canções italianas tradicionais na voz de intérpretes consagrados como Mario Lanza e Plácido Domingo. O elenco de *Anarquistas, Graças a Deus* teve aulas para exercitar o sotaque do norte da Itália, uma exigência do diretor Walter Avancini.

Daniele Rodrigues *(entre Afonso Nigro e Lilian Vizzacchero) interpretou a autora Zélia Gattai.*

O PROJETO

Anarquistas, Graças a Deus foi concebida originalmente como novela para o horário das 18h. A emissora também cogitou lançar a história às 20h, indo ao ar após o término de *Sol de Verão*, cujo final foi antecipado por causa da morte do ator Jardel Filho. A equipe chegou a gravar a trama como novela, mas o programa só foi exibido um ano depois e em formato de minissérie.

Meu Destino É Pecar

Autoria: Euclydes Marinho *Colaboração:* Christiane Nazareth e Lula Torres *Direção:* Ademar Guerra e Denise Saraceni *Produção do núcleo:* Paulo Afonso Grisolli 21 mai-20 jul 1984 22h CAPS 35

Drama familiar era uma adaptação de folhetim homônimo escrito por Nelson Rodrigues sob o pseudônimo de Susana Flag.

Leninha (Lucélia Santos) se casa com Paulo (Tarcísio Meira) devido a um acordo financeiro feito pelo pai. Sua vida muda quando ela conhece o cunhado, Mauricio (Marcos Paulo): os dois se apaixonam e se tornam amantes. Ao descobrir a traição, Paulo passa a odiar o irmão. No final da trama, Leninha decide ser uma esposa fiel e dedicada, e o casal comunica, feliz, que terá um filho. Mauricio se desespera, mas depois se recupera nos braços de Regina (Maria Zilda Bethlem).

NARRADOR OCULTO

A história foi narrada pelo ator Paulo César Pereio, que revelava a intimidade de cada integrante da trama reproduzindo, ao longo da narrativa, os comentários de Nelson Rodrigues feitos no folhetim original.

***Tarcísio Meira** e Lucélia Santos, que já havia interpretado, com sucesso, personagens de Nelson Rodrigues no cinema.*

A Máfia no Brasil

Autoria: Leopoldo Serran *Colaboração:* Tairone Feitosa, Marília Garcia, Maurício Arias, Ricardo Linhares e Mauro Farias *Roteiro final:* Paulo Afonso Grisolli e Roberto Farias *Direção:* Roberto Farias e Maurício Farias *Produção do núcleo:* Paulo Afonso Grisolli 10-21 set 1984 22h15 CAPS 10

A disputa pelo poder no mundo da criminalidade, em meio a conflitos amorosos, norteou a minissérie, inspirada em livro sobre a atuação da Máfia no Brasil.

Lucien (Reginaldo Faria) disputa com Lorenzo (Mário Civelli) o comando da organização criminosa União Corsa. O mafioso se envolve com Heloísa (Márcia Porto), uma modelo que sonha com ascensão social e que o abandona após descobrir suas atividades. Decidido a reconquistá-la, Lucien se descuida e passa a ser perseguido pela polícia. No final, ele é punido e eliminado pela organização que ajudou a estruturar. O livro que originou a minissérie homônima foi escrito pelo jornalista Edson Magalhães.

***Márcia Porto e Reginaldo Faria** na minissérie que teve como locações Rio de Janeiro, São Paulo, Paraná, Bolívia e Uruguai.*

LEGENDAS

Como o elenco contava com atores estrangeiros interpretando membros da organização mafiosa internacional, a equipe de produção usou um recurso até então inédito nas minisséries nacionais: legendas.

Rabo de Saia

Autoria: Walter George Durst, José Antonio de Souza e Tairone Feitosa *Direção geral do núcleo:* Ary Grandinetti Nogueira *Direção:* Walter Avancini 8 out-2 nov 1984 22h CAPS 20

A história de um comerciante e suas três mulheres conduzia a minissérie, que contou com cuidadosa reconstituição dos anos 20.

O caixeiro-viajante Quequé (Ney Latorraca) mantém três famílias em diferentes cidades fictícias do Nordeste. Eleuzinha (Dina Sfat), de Nova União, em Pernambuco, é companheira inseparável do marido, com quem tem quatro filhos. Em Chegança, Alagoas, vive a aristocrática e religiosa Santinha (Lucinha Lins), mãe de quatro filhos, dois de Quequé, a quem ela chama de Ezequiel por achar seu apelido vulgar. A jovem Nicinha (Tássia Camargo), com quem o protagonista tem um filho, vive em Catulé, Sergipe, e encanta o quarentão, a quem chama de Quequezão. O protagonista leva sua vida de bígamo sem problemas até as mulheres descobrirem a existência uma da outra. Então Santinha denuncia Quequé e ele é preso. No final, as três o perdoam e tudo volta a ser como antes. Cada capítulo era fechado em uma narrativa própria até os adultérios serem descobertos. A partir daí, os capítulos começaram a se ligar e houve mudança no ritmo do seriado.

A produção foi inspirada em *Pensão Riso da Noite: Rua das Mágoas*, de José Condé.

Ney Latorraca: *o mulherengo Quequé, que declarava amar todas as suas mulheres com a mesma intensidade, ganhou a simpatia do público.*

VAIDOSO QUEQUÉ

As cores do figurino de Quequé (Ney Latorraca), sempre de terno de linho e chapéu-panamá, mudavam de acordo com o perfil de cada esposa. Para Eleuzinha (Dina Sfat), ele se vestia de bege; para Santinha (Lucinha Lins), de azul-marinho; e para Nicinha (Tássia Camargo), de branco. O relógio de bolso e os pentes especiais para pentear o bigode e os cabelos eram adereços inseparáveis.

As três mulheres de Quequé: *a madura Eleuzinha (Dina Sfat, esq.), a religiosa Santinha (Lucinha Lins) e a graciosa Nicinha (Tássia Camargo).*

Tenda dos Milagres

Autoria: Aguinaldo Silva *Escrita por:* Aguinaldo Silva e Regina Braga *Direção do núcleo:* Ary Grandinetti Nogueira *Direção geral:* Paulo Afonso Grisolli *Direção:* Paulo Afonso Grisolli, Maurício Farias e Ignácio Coqueiro *Supervisão:* Daniel Filho 29 jul-6 set 1985 22h CAPS 30

Enredo apresentava como fio condutor a luta de um personagem pela preservação e difusão da cultura negra.

Nelson Xavier *na minissérie que contou com minuciosa pesquisa sobre costumes e rituais do candomblé.*

A narrativa se desenrolava a partir das lembranças do velho ogã Pedro Arcanjo (Nelson Xavier), que, à beira da morte, relembra aventuras, festas, amores e sua luta para manter vivas na Bahia as culturas negra e mestiça. Em 1913, quando os negros eram discriminados e perseguidos em Salvador, a mãe de santo Magé Bassã (Chica Xavier) revela a Pedro Arcanjo sua missão: ser "a luz de seu povo". O público acompanha as ações do protagonista em defesa dos negros e sua relação com mães e pais de santo, prostitutas e mestres de capoeira. O principal antagonista de Arcanjo é o racista Nilo Argolo (Oswaldo Loureiro), um médico-legista influente que tenta provar a superioridade da raça branca através de pesquisas científicas com a ajuda do inescrupuloso delegado Francisco Mata Negros (Francisco Milani). Ao longo da história, Arcanjo descobre que Nilo é seu primo. Destacou-se na trama a história da jornalista Ana Mercedes (Tânia Alves), por quem Arcanjo se apaixona. Ela funda o jornal *Tenda dos Milagres* para lutar contra a discriminação racial. A trilha musical da minissérie trazia canções inéditas de Caetano Veloso, Dorival Caymmi, Moraes Moreira, Naná Vasconcelos e Walter Queiroz.

TENDA DOS milagres

JORGE AMADO

Tenda dos Milagres foi baseada em romance homônimo de Jorge Amado, o autor brasileiro mais adaptado para a televisão. Entre outras obras suas, exibidas como novelas, minisséries ou especiais, a TV Globo também adaptou *Gabriela*, *Terras do sem Fim*, *Tieta*, *Tereza Batista*, *Dona Flor e Seus Dois Maridos* e *Pastores da Noite*.

Mulher de Lídio Corró *(Milton Gonçalves, acima), Rosa de Oxalá (Dhu Moraes) se apaixona por Pedro Arcanjo, amigo de seu marido.*

O Tempo e o Vento

Autoria: Doc Comparato *Colaboração:* Regina Braga *Direção de núcleo:* Ary Grandinetti Nogueira *Direção geral:* Paulo José *Direção:* Paulo José, Denise Saraceni e Walter Campos *Supervisão:* Daniel Filho
22 abr-31 mai 1985 22h 25

A partir da história de várias gerações da família Terra Cambará, a minissérie traçou um painel da formação social e política do Rio Grande do Sul.

Tarcísio Meira *e Louise Cardoso: contrariando a vontade de seus pais, Bibiana se casa com o capitão Rodrigo.*

Baseada em O *Continente*, primeira parte da trilogia O *Tempo e o Vento*, de Erico Verissimo, a trama da minissérie se desenrolava em quatro momentos, a partir das lembranças da personagem Bibiana (Lélia Abramo). O início da história, intitulado "Sobrado", passava-se em 1895, em pleno alvorecer da República, e mostrava as lutas políticas na região. Bibiana relembra as origens de sua família, enquanto seu sobrado, em Santa Fé (RS), está cercado de maragatos, adeptos da Revolta Federalista (1893-95). A trama retrocedia no tempo e, na fase batizada com o nome da avó de Bibiana, "Ana Terra" (Glória Pires), centrava-se nessa personagem, única sobrevivente de uma chacina que dizimou sua família. Ana Terra chega a Santa Fé com um filho nos braços, disposta a reconstruir sua vida. Na fase seguinte, "Um certo capitão Rodrigo", a jovem Bibiana (então Louise Cardoso) se encanta com

Carla Camurati: *personagem angustiada, Teiniaguá acaba se suicidando.*

CENÁRIO DE GUERRA

As equipes de figurino e cenografia contaram com a assessoria de especialistas regionais para reconstituir a época em que se passa a trama da minissérie. Mais de 3 mil trajes foram criados para *O Tempo e o Vento*. As grandiosas cenas de batalhas exigiam um cuidado redobrado da equipe de produção: além do elenco fixo, centenas de figurantes e dezenas de dublês participavam das sequências.

a valentia de um forasteiro, o capitão Rodrigo (Tarcísio Meira). Mas, em prol de seus ideais – alargar as fronteiras do estado –, ele se engaja na Guerra dos Farrapos (1835-45) e a abandona com um filho pequeno. "Teiniaguá" intitulou o momento posterior da minissérie, destacando a história dos descendentes do capitão Rodrigo e de Bibiana (agora vivida por Lilian Lemmertz), com ênfase no drama de sua nora, Luzia (Carla Camurati), conhecida como Teiniaguá. Com o passar do tempo, ela apresenta sinais de loucura e entra em conflito com a sogra. Enquanto as lembranças de Bibiana vêm à tona, seu neto, o republicano Licurgo Cambará (Armando Bógus), é ameaçado pelos federalistas. Sua mulher, Alice (Bárbara Bruno), está prestes a dar à luz e ele resolve se render. O término da guerra coincide com o fim da trama, exibida como parte da programação comemorativa dos 20 anos da TV Globo. O principal ponto de referência de Santa Fé é uma figueira centenária, parte fundamental da cenografia. Situada em frente ao casarão dos Terra Cambará, ela marca a ação do tempo ao longo da história. Antes de exibir O *Tempo e o Vento*, cuja trilha sonora foi especialmente composta por Tom Jobim, a emissora apresentou um documentário sobre os bastidores da minissérie, dirigido por Jorge Bodanzky.

Glória Pires *interpretou Ana Terra, personagem principal de uma das fases da trama.*

MISCIGENAÇÃO

A exemplo do tratamento adotado por Erico Verissimo no livro em que a minissérie foi inspirada, os atores de *O Tempo e o Vento* eram de diferentes estados brasileiros. Por meio dessa "universalização" – com misturas de falas, sotaques e culturas –, mostrou-se a formação miscigenada do Rio Grande do Sul.

Bibiana foi interpretada, *na velhice, por Lélia Abramo (em cena com Lutero Luiz, que interpretou Fandango, e Armando Bógus, que viveu Licurgo Cambará).*

Grande Sertão: Veredas

Autoria: Walter George Durst *Colaboração:* José Antonio de Souza *Direção:* Walter Avancini *Supervisão:* Daniel Filho *Produção do núcleo:* Ary Grandinetti Nogueira 18 nov-20 dez 1985 22h15 CAPS 25

Tony Ramos *e Bruna Lombardi: um segredo envolve a relação dos protagonistas da minissérie.*

Clássico do escritor Guimarães Rosa deu origem à minissérie, que destacou os laços afetivos entre os jagunços Riobaldo e Reinaldo.

A história se passava nas primeiras décadas do séc.XX. O jagunço Riobaldo (Tony Ramos) e o bravo Reinaldo (Bruna Lombardi) são amigos há muito tempo e compartilham o fascínio pelas aventuras no sertão de Minas Gerais. Os fortes laços entre os dois perturbam Riobaldo, que, mesmo assim, cultiva a relação, cuja pureza contrasta com a aridez sertaneja. Mas existe um segredo que Riobaldo ignora: Reinaldo é, na verdade, Diadorim. Valente e destemida, ela finge ser homem e se mistura aos jagunços para fugir do destino da mulher sertaneja, sempre infeliz e marginalizada. Companheiros na adolescência, os dois se reencontram em meio a batalhas. Riobaldo se aliara às tropas federais, lideradas por Zé Bebelo (José Dumont); mas, como Reinaldo está do outro lado da guerra, ele abandona a causa e passa a lutar com os jagunços.

Os fortes laços de amizade com Reinaldo confundem Riobaldo – ele começa a perceber que ama o amigo e a impossibi-lidade de viver esse amor o frustra intensamente. Por meio de suas andanças, Riobaldo, também conhecido como Tatarana, personifica a aspereza sertaneja e se

RIOBALDO E REINALDO

Tony Ramos emagreceu oito quilos e fez aulas de equitação, rastejamento militar e tiro para viver Riobaldo. O desempenho de Bruna Lombardi como Reinaldo levou a atriz a ser escalada para protagonizar a minissérie *Memórias de um Gigolô* no ano seguinte.

transforma em uma espécie de intérprete do sertão. Ele narra as heroicas lutas dos bandos de jagunços, repletas de tramas com vinganças, amores e mortes. As disputas por poder e terra não preservam companheiros de batalha: o chefe do bando de Riobaldo, Joca Ramiro (Rubens de Falco), é assassinado pelo traidor Hermógenes (Tarcísio Meira). Revoltado, Riobaldo jura vingança e persegue Hermógenes por toda a região. No combate derradeiro com Hermógenes e seus homens, Riobaldo consegue se vingar, mas, para sua tristeza, seu oponente mata Diadorim durante a luta. A cena em que Riobaldo contempla o corpo nu da jovem, levando-o a descobrir sua natureza feminina, foi uma das mais emocionantes da minissérie. *Grande Sertão: Veredas* teve os figurinos idealizados pelo próprio diretor, Walter Avancini, que também assinou o roteiro final da trama. A trilha sonora ficou a cargo do maestro Júlio Medaglia.

Na trama, Zé Bebelo, *interpretado por José Dumont, forma um grupo de quase mil homens armados para liquidar os jagunços do sertão.*

NO SERTÃO MINEIRO

Grande Sertão: Veredas foi gravada ao longo de 90 dias, durante os quais cerca de 2 mil pessoas se embrenharam no sertão para reproduzir na TV o universo ficcional de Guimarães Rosa. A equipe de produção se mudou para um lugarejo chamado Paredão de Minas, no distrito de Buritizeiro (MG), onde foi montada a infraestrutura necessária para as gravações e a hospedagem dos profissionais. A minissérie foi totalmente gravada na locação.

Tarcísio Meira *viveu o traidor Hermógenes.*

Anos Dourados

Autoria: Gilberto Braga *Direção geral:* Roberto Talma *Supervisão:* Daniel Filho *Produção do núcleo:* Ary Grandinetti Nogueira 5-30 mai 1986 22h CAPS 20

Malu Mader *e Felipe Camargo: Lurdinha e Marcos se conhecem num baile e, em seguida, dançam de rosto colado ao som de "Anos dourados", composta por Tom Jobim para a minissérie.*

Trama retratava o dia a dia dos jovens cariocas de classe média sob os valores morais dos anos 50, marcados pela política desenvolvimentista de JK.

Lurdinha (Malu Mader) e Marcos (Felipe Camargo) se apaixonam à primeira vista. Ela estuda no Instituto de Educação; ele, no Colégio Militar – duas tradicionais instituições de ensino da Tijuca, na Zona Norte do Rio de Janeiro. Mas os pais de Lurdinha – os conservadores dr. Carneiro (Cláudio Corrêa e Castro) e Celeste (Yara Amaral) – rejeitam o rapaz por ele ser filho de pais separados e tentam, de todas as maneiras, afastá-lo da jovem. Glória (Betty Faria), mãe de Marcos, foge do estereótipo feminino da época: além de desquitada, trabalha em uma boate. Uma de suas decepções é o major Dorneles (José de Abreu), por quem se apaixona sem saber que é casado. Dorneles vive um dilema: como enfrentar a mulher, Beatriz (Nívea Maria), os filhos e a sociedade para viver seu amor com

URUBU

Com destaque na trama, o personagem Urubu (Taumaturgo Ferreira, foto) era um galanteador inspirado no James Dean do filme *Juventude Transviada* e no Jerry Lewis de *O Professor Aloprado*. Ele cospe nas mãos para ajeitar os cabelos e anda com o cigarro no canto da boca.

Glória? Já Lurdinha e Marcos enfrentam outro tabu da época: a virgindade. As dúvidas de Lurdinha sobre o assunto levam o jovem a se envolver com Rosemary (Isabela Garcia). Ao contrário da doce e tímida normalista, Rosemary é ousada e tem ideias modernas, embora também seja virgem. Depois de muitos conflitos, Marcos e Lurdinha terminam juntos e felizes. Dr. Carneiro se suicida quando descobrem que ele tem uma amante, Vitória (Lúcia Alves). Celeste não consegue superar o golpe e entra em depressão. Dorneles, por sua vez, decide se separar de Beatriz e assume o relacionamento com Glória. A minissérie retratou a rigidez das regras de conduta na formação dos jovens e discutiu temas como repressão sexual, aborto e masturbação, em meio a vestidos rodados, cabelos com brilhantina, cuba-libre e automóveis rabo de peixe. As tramas amorosas ganharam densidade na história e envolveram outros personagens jovens, como o desajeitado Claudionor (Antonio Calloni), um dos colegas de Marcos no Colégio Militar. O trabalho das equipes de figurino, cenografia e direção de arte resultou numa primorosa reconstituição do Rio de Janeiro da época.

***Betty Faria** como a moderna Glória: cabelos curtos, com "pega-rapaz".*

NOVIDADE SONORA

Gilberto Braga fez a produção musical da minissérie e do LP, ao lado do diretor musical Paulo César Saraceni. A trilha sonora foi apresentada de forma diferente da habitual nas produções da TV Globo: nenhum personagem tinha tema próprio, nem mesmo os casais apaixonados. As melodias acompanhavam o clima de cada cena, conforme indicação do autor nos capítulos.

***Rosemary, interpretada** por Isabela Garcia: a transgressora da turma de jovens normalistas da Tijuca.*

Memórias de um Gigolô

Autoria: Walter George Durst e Marcos Rey *Roteiro final:* Walter Avancini *Direção geral:* Walter Avancini *Supervisão:* Daniel Filho *Produção do núcleo:* Ary Grandinetti Nogueira 14 jul-8 ago 1986 22h 20

Ambientada em São Paulo, no final dos anos 20, a narrativa era centrada no triângulo amoroso formado por uma prostituta e dois gigolôs.

Adaptação do romance homônimo de Marcos Rey, a minissérie partia das lembranças de Mariano (Lauro Corona) sobre sua vida como gigolô. Órfão, ele perde a tia que o criou e vai parar no bordel de Madame Iara (Elke Maravilha), onde conhece Esmeraldo (Ney Latorraca), um gigolô amante da boa vida que se torna seu mestre. Esmeraldo namora a prostituta Lu (Bruna Lombardi), por quem Mariano se apaixona. O fato de amarem a mesma mulher não abala a amizade.

BELLE ÉPOQUE

O figurino da minissérie foi inspirado em desenhos do ilustrador carioca J. Carlos (1884-1950) que retratam a época das melindrosas, dos "almofadinhas" e dos malandros, personagens típicos da *Belle Époque*. O corte de cabelo de Bruna Lombardi (na foto, com Ney Latorraca e Lauro Corona, dir.) remetia ao usado pela atriz americana Louise Brooks, estrela do cinema mudo.

Abolição

Autoria: Wilson Aguiar Filho *Colaboração:* Joel Rufino dos Santos *Roteiro:* Walter Avancini *Direção:* Walter Avancini 22-25 nov 1988 22h 4

***Abolição** mostrava o quanto a libertação dos escravos redesenhou as estruturas da sociedade brasileira, na cidade e no campo.*

A escrava Iná Inerã (Ângela Corrêa) sofre com as severas punições aplicadas por seu senhor, o coronel Macedo Tavares (Milton Moraes), e luta pela abolição da escravatura organizando manifestações de escravos e fugas. Já Lucas (Luiz Antonio Pillar), um jornalista negro alforriado, acredita na integração pacífica entre brancos e negros. Iná e Lucas se apaixonam, mas não conseguem ficar juntos por causa de suas divergências.

Abolição comemorou o centenário do fim da escravidão no Brasil e reviveu personalidades históricas como os abolicionistas Ângelo Agostini (Edwin Luisi), André Rebouças (Jorge Coutinho) e José do Patrocínio (Valter Santos).

Condenada à prisão perpétua, *a guerreira e líder espiritual Iná (Ângela Corrêa) foge e é assassinada a tiros.*

O Pagador de Promessas

Autoria: Dias Gomes *Direção executiva:* Paulo Afonso Grisolli *Direção:* Tizuka Yamasaki *Supervisão:* Daniel Filho
5-15 abr 1988 22h30 8

Trama adaptada de peça de Dias Gomes utilizava personagem devoto e simplório para discutir questões políticas e religiosas.

Para compor o personagem Zé do Burro, *José Mayer (acima, com Denise Milfont) morou um mês numa casa simples, cuidando do burro com o qual contracenava.*

O *Pagador de Promessas* narrava a vida do humilde Zé do Burro (José Mayer), que promete a Iansã (santa Bárbara, no catolicismo) carregar uma cruz de sua roça, no interior da Bahia, até a igreja de Santa Bárbara, em Salvador (BA), se o seu burro Nicolau, vítima de um acidente, sobreviver. Com a recuperação de Nicolau, Zé começa a pagar a promessa, acompanhado da mulher, Rosa (Denise Milfont). Ao chegar à porta da igreja, é impedido de entrar por padre Olavo (Walmor Chagas) sob o argumento de que a promessa foi feita em um terreiro de candomblé. Zé do Burro, entretanto, recusa-se a partir sem cumprir o prometido, afirmando que é um homem íntegro e fiel a Deus. Zé ganha o apoio da população, especialmente dos seguidores de candomblé, e passa a ser visto como mártir e santo. Diante da situação, o presbitério se reúne: alguns padres veem uma conotação política em sua atitude e criticam o suposto sincretismo religioso do peregrino. O último capítulo se passa no dia de santa Bárbara, quando Zé se mistura à multidão durante uma procissão e leva um tiro, morrendo sem pagar sua promessa.

Walmor Chagas *fazia o padre Olavo, que representou na minissérie a ala conservadora da Igreja católica.*

PEÇA, FILME E MINISSÉRIE

O Pagador de Promessas causou furor ao ser montada no palco do Teatro Brasileiro de Comédia, em São Paulo, pelo diretor Flávio Rangel, em 1960. Em 1962, foi adaptada para o cinema por Anselmo Duarte e ganhou a Palma de Ouro no Festival de Cannes. Por abordar temas controversos, como reforma agrária, a minissérie sofreu cortes da Censura Federal: concebida para ter 12 capítulos, teve apenas oito.

O Primo Basílio

Autoria: Gilberto Braga e Leonor Bassères *Direção:* Daniel Filho 9 ago-2 set 1988 22h30 CAPS 16

Baseada em romance homônimo de Eça de Queiroz, a minissérie retratava os costumes da burguesia lisboeta do final do séc.XIX.

Giulia Gam *como a graciosa Luísa: fragilidade da personagem se expressava em seu vestuário, composto de tecidos leves e em tons suaves.*

Os jovens primos Luísa (Giulia Gam) e Basílio (Marcos Paulo) entregam-se à paixão, mas o rapaz é obrigado a viajar a negócios para o Brasil e se despede, prometendo voltar para que se casem. Inicialmente, Basílio escreve com frequência para a prima, mas, com o tempo, deixa de mandar notícias, até que termina o namoro. Luísa fica arrasada e, finalmente, casa-se com o apaixonado engenheiro Jorge (Tony Ramos), um homem respeitado, íntegro e de ideias conservadoras. Passados muitos anos, o sedutor Basílio volta a Lisboa, justamente quando Jorge está viajando. Luísa não resiste às suas investidas e os dois se envolvem novamente. O romance é descoberto pela empregada Juliana (Marília Pêra), que transforma a vida da patroa em um inferno. A serviçal encontra cartas de amor trocadas entre os primos e passa a chantagear Luísa, com o intuito de lucrar com

PRODUÇÃO

A minissérie exigiu uma grande produção de cenários e figurinos para a reconstituição da Lisboa do fim do séc.XIX. Localidades de Sintra, em Portugal, e os jardins do palácio Guanabara e o Clube Naval, no Rio de Janeiro, serviram de locação para as gravações. Foi preciso refazer alguns objetos da época mencionados por Eça de Queiroz, como uma fechadura, importante na história. Até mesmo as refeições dos personagens, descritas pelo autor, foram reproduzidas com fidelidade. Para auxiliar na composição dos ambientes, a fotografia foi essencial.

A FÚRIA DE JORGE

Causou impacto a cena em que Jorge (Tony Ramos, esq.), sem suspeitar da traição de sua mulher, abre uma das cartas enviadas a ela por Basílio (Marcos Paulo). Ao ler o conteúdo, ele olha atônito para o quarto de Luísa, mas como ela está doente, ele descarrega sua fúria esmurrando a escrivaninha e machucando a mão.

o caso. Luísa propõe a Basílio que fujam juntos, mas o rapaz rejeita a ideia e, temeroso das consequências do romance, parte para Paris. Com requintes de maldade, Juliana obriga Luísa a servi-la, invertendo os papéis de patroa e empregada. Luísa se arrepende da traição e percebe que é, de fato, apaixonada pelo marido. Mas Jorge descobre a verdade, mesmo após a morte de Juliana e o afastamento do primo. O sentimento de culpa dilacera Luísa, que adoece. Jorge fica sensibilizado, diz que a ama e que esquecerá o adultério. Mas ela piora a cada dia e morre nos braços do marido. Uma das cenas mais comoventes da minissérie é aquela em que suas longas mechas loiras são cortadas para ajudá-la no tratamento médico, deixando-a careca. O romance O *Primo Basílio* foi publicado em 1878 e a relação adúltera entre Luísa e o primo escandalizou a conservadora Lisboa da época.

LINGUAGEM

O sotaque português não foi adotado, pois poderia soar artificial, mas mantiveram-se as expressões lusas da época presentes no texto original, como "por ele espartilhei-me" (fiquei bonita, elegante) e "tudo muito catita" (tudo muito bonitinho). Além de se submeter a exercícios para evitar vícios de linguagem, o elenco teve que estudar o comportamento e o gestual próprios do séc.XIX.

Juliana *representou um desafio para Marília Pêra por causa da dramaticidade e da carga negativa da personagem, realçadas por figurinos em tons escuros.*

Sampa

Autoria: Gianfrancesco Guarnieri *Direção geral:* Roberto Talma 26-29 set 1989 23h30 4

A minissérie, apresentada em* flashback*, revelava as neuroses e o caos típicos de uma grande metrópole.

Cássio Gabus Mendes: *uso de câmera portátil e pouca luz criou o clima angustiante de* Sampa*, reforçando a atmosfera frenética da cidade.*

O misterioso desaparecimento de Luiza (Mika Lins) enlouquece Amadeu (Cássio Gabus Mendes), um arquiteto em crise existencial. Ao procurar a esposa pelas ruas de São Paulo, ele não apenas enfrenta todo tipo de adversidade como entra em contato com as próprias inseguranças. Em sua peregrinação desesperada, conhece o cineasta Gregório (Paulo José), o advogado Agamenon (Serafim González), o funcionário público Sílvio (Walter Cruz) e a prostituta Iara (Divana Brandão). Quando Luísa é localizada, ela alega ter fugido devido à dupla personalidade do marido: carinhoso de dia; violento à noite. Ao reencontrá-la, Amadeu tenta matá-la, mas é impedido por Iara.

República

Autoria: Wilson Aguiar Filho *Colaboração:* Joel Rufino dos Santos *Roteiro:* Wilson Aguiar Filho e Walter Avancini *Direção:* Walter Avancini 14-17 nov 1989 22h30 4

A falta de envolvimento popular, o papel dos militares e a representação da burguesia na proclamação da República nortearam a trama.

Luiz Antonio Pillar *e Sebastião Lemos em* República*: como* Abolição*, a minissérie foi realizada em parceria com as produtoras independentes Cininvest e Avan Produções.*

Uma estrutura única de produção foi criada para as gravações das minisséries *República* e *Abolição* (1988), uma vez que as duas se passavam em cenários semelhantes e tinham personagens em comum. Alguns atores participaram das duas produções, interpretando os mesmos personagens, como Luiz Antonio Pillar (o negro alforriado Lucas), Tereza Rachel (a princesa Isabel) e Carlos Kroeber (d. Pedro II). O marechal Deodoro da Fonseca (Castro Gonzaga) foi apresentado na trama como massa de manobra para os interesses republicanos. A minissérie homenageou o centenário da proclamação da República no Brasil.

Desejo

Autoria: Gloria Perez *Colaboração:* Margareth Martins *Direção geral:* Wolf Maya *Direção:* Wolf Maya e Denise Saraceni 27 mai-22 jun 1990 22h30 CAPS 17

Baseada em fatos reais,* Desejo *narrava a história de amor que levou ao assassinato de um dos maiores escritores brasileiros: Euclides da Cunha.

Vera Fischer, *a Saninha, com Guilherme Fontes (esq.) e Tarcísio Meira, que interpretaram, respectivamente, os rivais Dilermando de Assis e Euclides da Cunha.*

Após ser nomeado engenheiro da Estrada de Ferro Central do Brasil, Euclides da Cunha (Tarcísio Meira) passa a viajar com frequência. Sua mulher, Ana (Vera Fischer), a Saninha, acaba se envolvendo com o jovem Dilermando de Assis (Guilherme Fontes), aspirante do Exército. Decidido a acabar com o romance, o autor de *Os Sertões* sai de casa armado e flagra o casal na casa do amante. Começa o tiroteio e Euclides é morto. Atingido por uma bala, Dinorá (Marcos Winter), irmão de Dilermando, perde os movimentos de uma perna. Graças à defesa do advogado Evaristo de Moraes (Wolf Maya), Dilermando, mesmo condenado pela opinião pública, é absolvido pela Justiça. É ainda perdoado por Saninha, que se casa com ele. Sete anos depois, Euclides da Cunha Filho (Marcelo Serrado) tenta vingar a morte do pai. Mas também é morto por Dilermando, que novamente consegue ser absolvido e perdoado pela mulher. A partir daí, a trama centra-se na vida do casal, já desgastada. Quando Saninha descobre que o marido tem uma amante, sai de casa, desesperada, com os cinco filhos.

FONTES HISTÓRICAS

Para escrever a minissérie, Gloria Perez buscou informações nos jornais da época, nos processos judiciais sobre a morte de Euclides da Cunha, em 1909, e de seu filho, em 1916, e na correspondência entre Dilermando e Saninha. Em relação a Saninha, só incorporou à história os fatos que ela mesma admitiu no longo depoimento dado à polícia após o assassinato do marido.

Marcos Winter *como Dinorá, que responsabiliza Saninha por sua invalidez e acaba se suicidando.*

A, E, I, O... Urca

Autoria: Doc Comparato e Antonio Calmon *Direção geral:* Dennis Carvalho 24 jun-13 jul 1990 22h30 13

Amor e espionagem política conduziam a trama, que tinha como pano de fundo a II Guerra Mundial.

Disposta a conseguir a libertação do pai, preso por defender o comunismo, Sílvia (Débora Bloch) vai para o Rio de Janeiro, onde se emprega como corista no Cassino da Urca e se envolve com o crupiê Tide (Carlos Alberto Riccelli). Jofre (Raul Cortez), um nazista, promete ajudá-la se ela se casar com o inglês Michael (Herson Capri), de quem quer roubar o mapa de uma mina de urânio. Grávida de Tide e casada com Michael, Sílvia segue para o exterior. Anos depois, Tide e Sílvia se reencontram no Brasil e se reconciliam.

Carlos Alberto Riccelli *e Débora Bloch: cenas gravadas no Cassino da Urca, na Zona Sul do Rio de Janeiro.*

Boca do Lixo

Autoria: Silvio de Abreu *Direção:* Roberto Talma 17-27 jul 1990 22h30 8

Reunindo suspense, mistério e erotismo,* Boca do Lixo *tinha no cinema* noir *sua fonte de inspiração.

Cláudia Toledo (Silvia Pfeifer), ex-atriz de pornochanchada, casa-se com o poderoso industrial Henrique Ribeiro (Reginaldo Faria) e só então percebe que ele é homossexual. Ela se envolve com o pedreiro Tomás (Alexandre Frota) e com ele planeja o assassinato do marido. A ex-atriz acredita tê-lo matado, mas o corpo não é encontrado pela polícia. Henrique aparece vivo e Cláudia descobre que ele e Tomás têm um caso amoroso e que a usaram para concretizar um golpe. Henrique simularia ter sido assassinado para desfalcar a empresa da família e fugiria com Tomás para a Itália. Tomás, porém, se apaixona realmente por Cláudia. Enciumado, Henrique mata os dois.

Silvia Pfeifer *e Reginaldo Faria: em clima de filmes de suspense como* Pacto de Sangue, *de Billy Wilder, e* Desejo Humano, *de Fritz Lang.*

Riacho Doce

Autoria: Aguinaldo Silva e Ana Maria Moretzsohn *Colaboração:* Márcia Prates *Direção geral:* Paulo Ubiratan
Direção: Paulo Ubiratan, Luiz Fernando Carvalho e Reynaldo Boury 31 jul-5 out 1990 22h30 CAPS 40

Fernando de Noronha, em Pernambuco, serviu de cenário para a adaptação da obra do escritor José Lins do Rêgo.

Carlos Alberto Riccelli *e Vera Fischer: Nô e Eduarda vivem uma ardente paixão, apesar das maldições da avó do rapaz.*

Respeitada líder espiritual em Riacho Doce, comunidade de pescadores no Nordeste, Vó Manuela (Fernanda Montenegro) pretende que seu neto, Nô (Carlos Alberto Riccelli), herde seu posto e não admite que ele se apaixone. Dotada de poderes místicos, ela fecha o corpo dele para o amor. Por isso, todas as mulheres que se aproximam de Nô se tornam amaldiçoadas. Ainda assim, ele se envolve com Eduarda (Vera Fischer), que chega ao vilarejo acompanhada do marido, Carlos (Herson Capri). Incitado por Manuela, o povo atira pedras em Eduarda, acusada de adultério e de desvirtuar Nô de seu destino. No final, o casal foge em um barco.

La Mamma

Autoria: Augusto César Vannucci e Paulo Figueiredo *Roteiro:* João Bethencourt *Direção geral:* Augusto César Vannucci
Direção: Paulo Figueiredo e Augusto César Vannucci 8-12 out 1990 21h30 CAPS 5

A comédia, ambientada nos anos 20, trazia uma engraçada mãezona que fazia de tudo para manter a reputação do filho.

Antes de estrelar *a minissérie, Dercy Gonçalves já havia protagonizado* La Mamma *no teatro.*

Mamma (Dercy Gonçalves) enfrenta todos os maridos enciumados de Bom Jesus da Mooca para defender o filho, o sedutor Manfredo Antônio (César Filho). Quando descobre que os membros do Clube dos Cornos o receberão a tiros, Mamma resolve casá-lo com Soninha (Cristina Bethencourt). No entanto, Manfredo não consegue consumar a união. Mamma pede a Paulinho (Paulo Figueiredo), seu outro filho, que se passe por Manfredo e durma com a cunhada, que o receberia de olhos fechados. Paulinho não executa o plano e Mamma fica sem saber com quem Soninha dormiu, já que a nora acorda elogiando a virilidade do marido. A minissérie foi baseada em obra homônima de André Roussin.

Meu Marido

Autoria: Euclydes Marinho e Lula Torres *Direção:* Walter Lima Jr. 7-17 mai 1991 22h30 CAPS 8

Enredo explorou temas como corrupção, suborno, deslealdade e traição conjugal.

Carlos Zanata (Nuno Leal Maia), um funcionário público honesto, é preso quando encontram cocaína em seu carro. O flagrante foi planejado pelos diretores de uma hidrelétrica depois que ele não aceitou suborno para encobrir irregularidades da empresa. Enquanto Maria (Elizabeth Savala), mulher de Carlos, luta para provar a inocência do marido, ele se envolve com sua advogada, Carmem (Imara Reis). Na prisão, acaba aceitando a oferta de suborno. Decepcionada, Maria se nega a ajudá-lo quando ele decide voltar atrás e denunciar a hidrelétrica.

***Elizabeth Savala** e Nuno Leal Maia gravaram cenas em um presídio de Niterói onde diversos presos atuaram como figurantes.*

O Sorriso do Lagarto

Autoria: Walther Negrão e Geraldo Carneiro *Direção geral:* Roberto Talma 4 jun-30 ago 1991 22h30 CAPS 52

Obra homônima de João Ubaldo Ribeiro, ambientada na fictícia ilha de Santa Cruz, inspirou a minissérie, gravada em Paraty, no Rio de Janeiro.

O *Sorriso do Lagarto* narrava a história de amor entre João Pedroso (Tony Ramos), um biólogo que resolve viver da pesca, e a infeliz Ana Clara (Maitê Proença), casada com o corrupto Ângelo Marcos (Raul Cortez), secretário de Saúde. Junto com a amante, Bebel (Lúcia Veríssimo), Ângelo planeja levar a especulação imobiliária para a paradisíaca ilha. Quando João é assassinado em emboscada tramada por Ângelo, Ana Clara, grávida do biólogo, enlouquece e assume outra personalidade. A minissérie resultou de uma coprodução entre a produtora TV Plus e a TV Globo.

O LAGARTO HUMANO

Em trama paralela, o dr. Lúcio Nemésio (José Lewgoy, foto) realiza experiências genéticas clandestinas no hospital da ilha, a fim de criar uma sub-raça de seres desprovidos de algumas características humanas. No final da minissérie, a câmera focaliza um híbrido de lagarto e humano.

O Portador

Autoria: José Antônio de Souza *Colaboração:* Aziz Bajur *Direção geral:* Herval Rossano 10-20 set 1991 22h30 8

A narrativa abordou, com delicadeza e enfoque otimista, as dificuldades enfrentadas pelos portadores do HIV.

Léo (Jayme Périard) recebe uma transfusão de sangue após um acidente de avião e contrai o vírus da Aids. Ao procurar saber qual dos passageiros foi seu doador, ele se depara com personagens curiosos, entre eles Aurélio (Edwin Luisi), homossexual que tem um namorado aidético em fase terminal, e Alfredão (Jonas Melo), um criador de cavalos que tem comportamento estranho. Mesmo infectado, Léo se envolve com Marlene (Dedina Bernadelli) e constrói uma relação baseada em compreensão e amor. O protagonista sofre o preconceito de Luciana (Lilia Cabral), mulher de seu sócio. Ela evita o rapaz e o afasta da convivência com seus filhos.

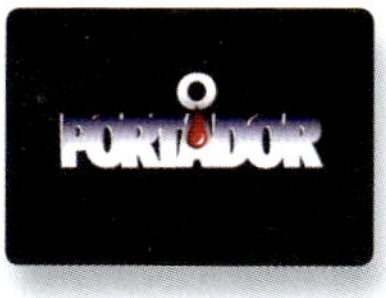

Jayme Périard *como Léo, que descobre ter sido infectado por Alfredão (Jonas Melo).*

DEBATE

Ao tratar dos preconceitos e conflitos emocionais e sociais enfrentados pelos portadores do HIV, a minissérie provocou um debate em todo o país acerca da prevenção da doença.

Tereza Batista

Autoria: Vicente Sesso *Direção geral:* Paulo Afonso Grisolli *Direção:* Fernando Rodrigues de Souza e Walter Campos 7 abr-22 mai 1992 22h30 28

Trama narrava a trajetória da personagem Tereza Batista, acompanhando sua transformação de menina em mulher.

Ainda criança, Tereza Batista (Patrícia França) é vendida por sua tia ao capitão Justo (Herson Capri). Anos mais tarde, ao ser flagrada por ele com o estudante Daniel (Hugo Gross), por quem se apaixonara, se sente ameaçada, mata o capitão e acaba presa. Já em liberdade, entrega-se ao rico coronel Emiliano (Jorge Dória), cuja morte súbita a deixa pobre novamente e ela se prostitui. O reencontro com seu grande amor, o pescador Jereba (Humberto Martins), enche Tereza de felicidade até que ela recebe a equivocada notícia de sua morte. Prestes a se casar com Almério (Stepan Nercessian), a moça descobre que Jereba está vivo e foge com ele.

Humberto Martins *e Patrícia França na adaptação de* Tereza Batista Cansada de Guerra, *de Jorge Amado.*

Anos Rebeldes

Autoria: Gilberto Braga *Escrita por:* Gilberto Braga e Sérgio Marques *Colaboração:* Ricardo Linhares e Ângela Carneiro *Direção geral:* Dennis Carvalho *Direção:* Dennis Carvalho, Silvio Tendler e Ivan Zettel
14 jul-14 ago 1992 22h30 20

Cássio Gabus Mendes, *Malu Mader e Marcelo Serrado, o triângulo amoroso da minissérie que usou a teledramaturgia para discutir o período da ditadura militar no Brasil.*

Enredo abordou a luta contra o regime militar brasileiro a partir do romance entre dois jovens com projetos de vida diferentes.

A minissérie tinha como pano de fundo o Rio de Janeiro no conturbado período de 1964 a 1979. Avessa à militância política, Maria Lúcia (Malu Mader) se apaixona por João Alfredo (Cássio Gabus Mendes), jovem que se sensibiliza com as questões sociais e que atua no movimento estudantil. Maria Lúcia deseja uma vida tranquila e se preocupa com o namoro, já que João tem um perfil semelhante ao de seu pai, o jornalista Orlando Damasceno (Geraldo Del Rey), homem com ideais comunistas que sempre abdicou de projetos pessoais em nome de convicções políticas. Formando o triângulo amoroso com o casal está o melhor amigo de João, Edgar (Marcelo Serrado). Os três estudam no tradicional Colégio Pedro II. Dividido entre a questão afetiva e a militância política, João abre espaço para o rival, sobretudo ao ingressar na luta armada. Decepcionada com o namorado, Maria Lúcia se casa com Edgar. Após participar do sequestro de um diplomata suíço, João segue para o exílio. Anos depois, em 1979, com a Lei de Anistia – a passagem do tempo foi mostrada através de man-

CARAS PINTADAS

A minissérie foi exibida na época em que o Brasil estava mobilizado com denúncias de corrupção no governo envolvendo o presidente da República, Fernando Collor de Mello. A juventude teve intensa participação nessa mobilização, indo para as ruas com as caras pintadas e reivindicando a abertura de um processo que culminou com o *impeachment* do presidente, em 1992. Muitos apontaram a minissérie como inspiradora das manifestações dos "caras pintadas".

CENSURA À ARTE

Bastante frequente durante o regime militar, a censura à arte foi abordada através do personagem Galeno (Pedro Cardoso), estudante do Colégio Pedro II que se torna autor de telenovela. A cena em que Galeno negocia com a Censura Federal a exibição de sua novela, *A Escrava*, ameaçada de ser tirada do ar, reproduziu diálogos que Gilberto Braga manteve com uma censora, em 1976, sobre *Escrava Isaura*.

chetes de jornais e cenas documentais –, João retorna ao Brasil e reencontra Maria Lúcia, agora divorciada. Há uma tentativa de resgate do amor de juventude, mas novamente João se vê às voltas com causas sociais, como a luta dos sem-terra no sul do país. Maria Lúcia entende então que a militância de João sempre representará um obstáculo entre os dois. Outros personagens se destacaram na trama, como Heloísa (Cláudia Abreu), filha do poderoso banqueiro Fábio (José Wilker), que rompe com uma vida fútil para se engajar na luta armada. Heloísa protagonizou uma das cenas mais fortes da minissérie: quando a repressão se torna mais dura, ela tenta fugir do país com os companheiros João e Marcelo (Rubens Caribé), mas é assassinada a tiros pela polícia. *Anos Rebeldes* buscou referências históricas em livros como *1968: o Ano Que Não Terminou*, de Zuenir Ventura, e *Os Carbonários*, de Alfredo Sirkis.

HITS DOS ANOS 60 E 70

Sob a direção musical de Mariozinho Rocha, com produção de Edom Oliveira e coordenação de Gilberto Braga, a trilha sonora da minissérie reuniu sucessos dos anos 60 e 70, como "Alegria, alegria", de Caetano Veloso (tema de abertura); "Can't Take My Eyes off You", de Frankie Valli; e "Carta ao Tom", de Toquinho, Vinicius de Moraes e Tom Jobim.

Cláudia Abreu: *ao longo da história, Heloísa, cujo pai ajudou a financiar o golpe militar, rompe com os valores familiares e se conscientiza politicamente.*

As Noivas de Copacabana

Autoria: Dias Gomes *Escrita por:* Dias Gomes, Ferreira Gullar e Marcílio Moraes *Direção geral:* Roberto Farias *Direção:* Roberto Farias, Maurício Farias e Mauro Farias 2-26 jun 1992 22h30 16

***A doença de Donato,** personagem de Miguel Falabella, começa a se manifestar após o rompimento com sua primeira noiva, Helena, vivida por Lala Deheinzelin.*

Minissérie ambientada no Rio de Janeiro tinha como protagonista um serial killer obcecado por mulheres vestidas de noiva.

Noivo de Cinara (Patrícia Pillar), Donato Menezes (Miguel Falabella) é um conceituado restaurador de obras de arte que esconde uma psicopatia: ele procura anúncios de vestidos de noiva nos jornais, entra em contato com as anunciantes, seduz as mulheres e as estrangula, vestidas de noiva, em pleno ato sexual. Só assim consegue atingir o orgasmo. Suas vítimas têm perfis diversos, como Marilene (Tássia Camargo), uma professora suburbana, e Kátia de Sá Montese (Christiane Torloni), uma socialite.

Contos de Verão

Autoria: Domingos Oliveira *Colaboração:* Priscilla Rozembaum, Samanta Maia, Lenita Plonczynski, Clarice Niskier e Patrícia Perrone *Roteiro:* Sérgio Marques e Roberto Farias *Direção geral:* Roberto Farias *Direção:* Roberto Farias, Lui Farias e Mauro Farias 20 abr-14 mai 1993 22h30 16

Em plena crise da meia-idade, escritor faz revisão da vida e da própria obra enquanto tenta escrever minissérie para televisão.

O escritor Cabral (Reginaldo Faria) se refugia durante o verão em Búzios, balneário fluminense, para escrever uma minissérie sobre histórias de amor. Ele é casado com Glorinha (Vera Zimmerman), 20 anos mais nova, que deseja ter um filho. Cabral tem uma filha adolescente, Samanta (Ana Kutner), que vivencia seus primeiros amores junto com amigos. Entre outras subtramas, sobressaiu a divertida troca de casais promovida por quatro *yuppies* insatisfeitos com seus casamentos: Pamela (Maitê Proença) e Ari (Nuno Leal Maia); e Renata (Bia Seidl) e Thales (Antonio Calloni).

***Apesar de algumas coincidências,** o autor Domingos Oliveira, que interpretou Jonas, amigo do protagonista, afirma que a trama não é autobiográfica.*

Agosto

Autoria: Jorge Furtado e Giba Assis Brasil *Direção artística:* Carlos Manga *Direção geral:* Paulo José *Direção:* Paulo José, Denise Saraceni e José Henrique Fonseca 24 ago-17 set 1993 22h30 16

Ao longo da história, *o comissário Alberto Mattos, vivido por José Mayer, é consumido por uma gastrite.*

Personagens e tramas fictícios ligavam-se a personalidades e episódios da história do Brasil na adaptação de romance homônimo de Rubem Fonseca.

A minissérie *Agosto* era um *thriller* de ficção histórica que tinha como cenário o Rio de Janeiro de 1954, em plena crise da era Vargas. A história tem início com o assassinato do empresário Paulo Gomes de Aguiar (Paulo Fernando), no início do mês de agosto, relacionado a negociatas que envolvem uma empresa de importação e exportação fundada pela vítima. O incorruptível comissário de polícia Alberto Mattos (José Mayer) é incumbido de assumir a investigação do caso. Ao mesmo tempo, acontece o atentado contra Carlos Lacerda (Carlos Cabral), jornalista de oposição ao governo. Responsável pelo plano do atentado ao jornalista, Gregório Fortunato (Tony Tornado), chefe da guarda pessoal do presidente Getulio Vargas (Carlos Bernardo), consegue obter uma licença de importação da empresa de Paulo Aguiar por meio de ligações suspeitas. Por essas e outras evidências, Mattos passa grande parte da história acreditando ser Gregório o autor do crime contra o empresário. O culpado, porém, é Chicão (Norton Nascimento). Ele agiu a mando de Pedro Lomagno (José Wilker), amante e cúmplice da viúva de Aguiar, Luciana (Lúcia Veríssimo), que desejava assumir o comando na empresa do marido. Mattos tem um relacionamento com a ex-prostituta Salete (Letícia

CENÁRIOS E CAMUFLAGENS

O trabalho de reconstituição de época envolveu a construção de vários cenários e a camuflagem de locações (para apagar vestígios da modernidade), além da restauração de prédios por meio de efeitos visuais. As pichações na fachada do palácio do Catete, por exemplo, foram eliminadas. Também foi possível dar vida a uma maquete do palácio Monroe, antiga sede do Senado, que não existe mais, e fazer com que o mar chegasse novamente ao Flamengo, sem o aterro.

Sabatella), mas, apesar de saber que ela o ama, não consegue esquecer Alice (Vera Fischer), uma antiga namorada, por quem foi apaixonado. No passado, os pais da moça proibiram o relacionamento dos dois e ela acabou se casando com Pedro Lomagno. Em meio às investigações, Alice e Mattos se reencontram e voltam a se relacionar. No final da história, ele se declara a Salete, mas ambos são assassinados por Chicão. A minissérie exibiu imagens reais da comoção nacional com a morte de Vargas, em 24 de agosto de 1954. A película em preto e branco foi empregada pela direção da minissérie para fazer a fusão das imagens produzidas na época com imagens históricas. Na trama, Mattos é designado para investigar a morte de Vargas e constata o suicídio diante da evidência de nitrato de prata em uma das mãos do presidente. *Agosto* contou com mais de 136 atores e centenas de figurantes, além de cerca de 400 pessoas trabalhando diretamente na minissérie, que foi gravada em mais de 70 locações.

Psicologicamente abalada, *Alice, personagem de Vera Fischer, é internada em uma clínica psiquiátrica e submetida a eletrochoques.*

Tony Tornado *diante do palácio do Catete: elogiado por sua atuação como Gregório Fortunato, um dos personagens não fictícios retratados na trama.*

Sex Appeal

Autoria: Antonio Calmon *Colaboração:* Lilian Garcia, Patricya Travassos e Vinícius Vianna *Direção geral:* Ricardo Waddington *Direção:* Ricardo Waddington e Ary Coslov 1º jun-2 jul 1993 22h30 20

Concurso de modelos mostrou o universo da moda e da publicidade, com suas "cinderelas" em busca de dinheiro e fama.

Um concurso para eleger a nova modelo da agência Sex Appeal, de propriedade dos inescrupulosos Edgar (Walmor Chagas) e Cecília (Cleyde Yáconis), era o eixo da trama, que abordou temas como sexo e drogas. A principal concorrente é a tímida Angel (Luana Piovani), jovem superprotegida pela mãe, Margarida (Elizabeth Savala). Angel é perseguida por um maníaco (Dennis Carvalho) e se apaixona por Tony (Nico Puig), lutador de boxe amador. As outras candidatas são Vilma (Camila Pitanga), que só pensa em casamento e filhos; a centrada Claudinha (Carolina Dieckmann); a ambiciosa Eva (Danielle Winits); a sexy Patrícia (Renata Lima); e a experiente Andréa (Cláudia Rangel).

***Luana Piovani** (esq.), Camila Pitanga e Carolina Dieckmann: o ambiente urbano da minissérie, gravada no eixo Rio-São Paulo, foi reforçado pelo visual pop e pelo uso de música eletrônica.*

A Madona de Cedro

Autoria: Walther Negrão *Colaboração:* Nelson Nadotti e Charles Peixoto *Direção artística:* Carlos Manga *Direção geral:* Tizuka Yamasaki *Direção:* Tizuka Yamasaki e Denise Saraceni 26 abr-6 mai 1994 22h30 8

Passada nos anos 60, a história relatou o drama de um homem religioso que contraria seus valores morais em nome do amor.

Adaptação da obra homônima de Antonio Callado, *A Madona de Cedro* tinha como protagonista Delfino (Eduardo Moscovis), um escultor católico de Congonhas do Campo (MG). Em uma ida ao Rio de Janeiro, ele se encanta com Marta (Andréa Beltrão) e pensa em se casar, mas os pais da moça exigem que ele tenha recursos para manter a união. Pobre, o rapaz acaba se envolvendo no roubo de uma madona esculpida por Aleijadinho. Delfino e Marta se casam e vão morar em Minas. Mais tarde, arrependido, Delfino cumpre uma penitência para se redimir: carrega uma cruz por toda a cidade.

***O ator Paulo José** (acima, com Andrea Richa) se submetia a quatro horas diárias de maquiagem para interpretar o sacristão Pedro, rejeitado na cidade por causa de sua corcunda.*

Memorial de Maria Moura

Autoria: Jorge Furtado e Carlos Gerbase *Colaboração:* Renato Campão e Glênio Póvoas *Direção artística:* Carlos Manga *Direção:* Denise Saraceni, Mauro Mendonça Filho, Marcelo de Barreto e Roberto Farias
17 mai-17 jun 1994 22h30 24

Glória Pires *entre Sebastião Vasconcelos (esq.), Camilo Bevilacqua e Cláudio Gabriel, que interpretaram alguns dos companheiros de Maria Moura.*

Adaptação de obra homônima de Raquel de Queiroz apresentou a saga de uma mulher contra a submissão feminina na sociedade patriarcal do séc.XIX.

Maria Moura (Glória Pires) tem um histórico familiar doloroso: perde o pai (Angelo de Matos) na infância e, aos 17 anos, encontra a mãe (Bete Mendes) morta em casa, pendurada no teto pelo pescoço, como se tivesse se suicidado. A jovem, no entanto, tem certeza de que se trata de assassinato. O provável autor é seu padrasto, que passa a aliciá-la. Para vingar a morte da mãe, Maria seduz o empregado e amigo de infância Jardilino (Lui Mendes) e pede que ele execute o padrasto. Protegida por empregados da família, a heroína da história reúne um grupo de pessoas para que a ajudem a conquistar a terra herdada do pai, a serra dos Padres. Mas, para isso, precisa impedir a invasão do sítio por seus ardilosos primos Tonho (Ernani Moraes), Irineu (Otávio Müller) e Firma (Zezé Polessa). O bando de Maria Moura vai aumentando com a adesão de pessoas injustiçadas ou perseguidas, como a prima Marialva (Cristiana Oliveira) e seu companheiro, o malabarista e atirador de facas Valentim (Jackson Antunes). Indo contra as regras sociais estabelecidas pelo sistema patriarcal, no qual a submissão feminina é uma constante, a protagonista é capaz de tudo por sua liberdade, sendo cruel com seus adversários e extremamente leal

LOCAÇÕES

A trama original se desenrolava no sertão nordestino, mas o diretor artístico da minissérie, Carlos Manga, optou por situar a história em Goiás. As gravações, no entanto, foram realizadas na cidade histórica de Tiradentes (MG), cuja praça principal e ruas adjacentes foram cenografadas para os trabalhos. Teresópolis (RJ) também serviu de locação.

aos que a apoiam. Maria só fraqueja ao se apaixonar pelo sedutor Cirino (Marcos Palmeira). Mas ela encomenda a morte do amado ao descobrir que foi traída por ele. A minissérie termina com uma batalha: de um lado o bando liderado por seus primos e Eufrásia (Rosamaria Murtinho); de outro, o de Maria Moura. No dia marcado para o enfrentamento, percebendo que os adversários estavam mais bem-armados, Maria Moura ordena que seu bando permaneça em casa e segue sozinha para cumprir seu destino, pensando em se entregar ou morrer. Descumprindo suas ordens, Duarte (Chico Diaz), seu fiel seguidor, decide acompanhá-la e lutar a seu lado. Eles cavalgam na direção dos inimigos e morrem baleados. A escritora Raquel de Queiroz acompanhou e aprovou a adaptação realizada pelos autores da minissérie, que alteraram alguns aspectos da trama literária. No livro, por exemplo, Maria Moura sai vitoriosa da batalha final. Em homenagem à autora, a personagem Marialva tem uma filha, batizada com o nome de Raquel. No livro, no entanto, a personagem engravida de um menino.

O PADRE JOSÉ MARIA

O personagem de Kadu Moliterno (foto), padre José Maria, teve papel relevante na trama. Ele se apaixona por Bela (Bia Seidl), uma mulher casada, e peca contra a castidade. Mas o romance termina em tragédia: Bela engravida e é assassinada pelo marido, Anacleto (Antonio Grassi). Amargurado, José Maria passa a integrar o bando de Maria Moura.

__Jackson Antunes__ e Cristiana Oliveira: Marialva se apaixona por Valentim e eles se unem ao bando de Maria Moura.

Incidente em Antares

Autoria: Nelson Nadotti e Charles Peixoto *Direção artística:* Carlos Manga *Direção geral:* Paulo José
Direção: Paulo José e Nelson Nadotti 29 nov-16 dez 1994 21h30 CAPS 12

Mortos que revelam segredos dos vivos protagonizaram a divertida narrativa, pontuada por contundente crítica social.

Os sete mortos: *João Paz (Diogo Vilela, esq.), Barcelona (Elias Gleiser), Cícero Branco (Paulo Betti), Quitéria Campolargo (Fernanda Montenegro), Menandro Olinda (Rui Rezende), Erotildes (Marília Pêra) e Pudim de Cachaça (Gianfrancesco Guarnieri).*

Adaptação da obra homônima de Erico Verissimo, *Incidente em Antares* contava a história de sete mortos que falecem no mesmo dia, na fictícia Antares, no sul do Brasil, mas não são enterrados devido a uma greve geral na cidade. Revoltados, eles retornam ao mundo dos vivos para reivindicar seu direito ao enterro, provocando pânico geral sobretudo depois que começam a revelar as falcatruas e os escândalos sexuais dos moradores.

Antares é marcada pelo poder político dos Campolargo e dos Vacariano, que se unem para acabar com a ameaça comunista, representada pela classe operária.

Decadência

Autoria: Dias Gomes *Direção artística:* Carlos Manga *Direção:* Roberto Farias e Ignácio Coqueiro
5-22 set 1995 21h30 CAPS 12

A história fazia um contraponto entre o súbito enriquecimento de um pastor que explora os fiéis e a decadência de uma poderosa família.

Zezé Polessa *e Edson Celulari: minissérie integrou as comemorações dos 30 anos da TV Globo.*

O órfão Mariel (Edson Celulari) foi criado na mansão do jurista Tavares Branco (Rubens Corrêa) sob os cuidados da criada Jandira (Zezé Polessa), que se apaixona por ele. Motorista da família, ele se envolve com Carla (Adriana Esteves), neta do patriarca, e é expulso da casa. Mariel passa a frequentar cultos evangélicos até que, ajudado por Jandira, torna-se pastor e funda o Templo da Divina Chama. Enquanto sua igreja se espalha pelo país, ele sonha comprar a mansão dos Tavares Branco para transformá-la em mais um templo.

TECNOLOGIA ESPECIAL

Efeitos visuais permitiram a inserção dos personagens de *Decadência* em cenas que registravam momentos marcantes da história do Brasil. Foi assim que Tavares Branco (Rubens Corrêa) pôde ser visto no palanque das Diretas Já, e Carla (Adriana Esteves) apareceu em uma manifestação dos "caras pintadas".

Engraçadinha... Seus Amores e Seus Pecados

Autoria: Leopoldo Serran *Colaboração:* Carlos Gerbase *Direção artística:* Carlos Manga *Direção geral:* Denise Saraceni *Direção:* Denise Saraceni e João Henrique Jardim 25 abr-25 mai 1995 22h30 20

A minissérie explorou o polêmico e controvertido universo de Nelson Rodrigues, autor da trama original.

Engraçadinha em duas fases: *interpretada por Alessandra Negrini (esq.) e por Claudia Raia, que surpreendeu o público e a crítica em papel dramático.*

A adaptação do folhetim *Asfalto Selvagem: Engraçadinha, Seus Amores e Seus Pecados* dividia-se em duas fases. Na primeira, passada em Vitória (ES), nos anos 40, Engraçadinha (Alessandra Negrini) tem 18 anos e é noiva de Zózimo (Pedro Paulo Rangel). Criada em uma família conservadora, a jovem vive um romance com Sílvio (Ângelo Antônio), seu primo, noivo de sua melhor amiga, Letícia (Maria Luisa Mendonça), que também nutre um intenso desejo pela jovem. Quando descobre que, na verdade, é irmão de Engraçadinha, Sílvio corta o órgão sexual e morre diante da moça. Após a tragédia, Engraçadinha decide se casar com Zózimo. A segunda fase da minissérie se passa no subúrbio do Rio de Janeiro. Engraçadinha (Claudia Raia), agora com 38 anos, é uma religiosa mãe de família que reencontra o prazer, secretamente, com Luiz Cláudio (Alexandre Borges). Letícia descobre o caso e passa a chantageá-la, dizendo que só guardará segredo se Engraçadinha ou sua filha, Silene (Mylla Christie), se deitar com ela. Não conseguindo concretizar seu desejo, Letícia se mata. A minissérie foi realizada em homenagem a Nelson Rodrigues nos 30 anos da TV Globo.

NO CINEMA

Asfalto Selvagem, o primeiro folhetim que Nelson Rodrigues assinou com o próprio nome, foi publicado no jornal carioca *Última Hora* entre agosto de 1959 e fevereiro de 1960. A obra ganhou algumas versões cinematográficas, como *Engraçadinha* (1981), de Haroldo Marinho Barbosa, protagonizada por Lucélia Santos.

A problemática *Letícia, vivida por Maria Luisa Mendonça.*

Hilda Furacão

Autoria: Gloria Perez *Direção geral e de núcleo:* Wolf Maya *Direção:* Wolf Maya, Maurício Farias e Luciano Sabino
26 mai-23 jul 1998 22h30 32

Rodrigo Santoro *e Ana Paula Arósio: frei Malthus fica dividido entre a castidade e seu amor por Hilda, mas acaba se rendendo à paixão.*

Minissérie narrou a vida de uma socialite que escandaliza a sociedade mineira dos anos 50 e 60 ao se transformar em meretriz.

Adaptação do romance homônimo de Roberto Drummond apresentava a história de Hilda Gualtieri Müller (Ana Paula Arósio), uma bela moça da alta sociedade que desiste do casamento no dia da cerimônia, rompe com a família e vai morar na zona boêmia e de prostituição de Belo Horizonte, tornando-se a mais disputada meretriz da fictícia Santana dos Ferros. A trama é narrada a partir do ponto de vista do personagem Roberto Drummond (Danton Mello), um jovem repórter idealista, ligado à esquerda, que representa na trama uma espécie de alter ego do autor do livro. O jornalista vai viver na capital com dois amigos de infância: Malthus (Rodrigo Santoro), o "santo", que deseja entrar para um convento de dominicanos, e Aramel (Thiago Lacerda), que

AS DUAS FASES DE HILDA

A caracterização de Hilda Furacão (Ana Paula Arósio) espelhava suas duas fases: enquanto vive na alta sociedade mineira, ela usa saias rodadas e godês com penteados do tipo "bolo de noiva". Quando muda radicalmente de estilo de vida, adota um visual mais glamouroso e sensual.

A história apresentou *outros personagens marcantes, como o travesti Cintura Fina (Matheus Nachtergaele) e a estivadora Maria Tromba-Homem (Rosi Campos), amigos de Hilda.*

sonha ser ator em Hollywood. Hilda se apaixona por frei Malthus e passa a assediá-lo. O rapaz, também apaixonado, se inflige punições físicas para fugir à tentação e prosseguir na carreira religiosa. Quando, finalmente, Malthus decide viver seu amor ao lado de Hilda e partir com ela para o Rio de Janeiro, o golpe militar, deflagrado em 1º de abril de 1964, atrapalha os planos do casal. A caminho da estação, em meio a tumultos e protestos, ele é preso sob a acusação de subversão. Sem saber do ocorrido, Hilda segue viagem sozinha, pensando ter sido abandonada. Quatro anos depois, os dois se reencontram em uma passeata no Rio de Janeiro e revivem a antiga paixão. A fictícia Santana dos Ferros teve como locação a histórica Tiradentes (MG), que foi em grande parte caracterizada como um centro urbano dos anos 60. Para isso, ruas foram fechadas e as fachadas de várias casas coloniais sofreram alterações. Algumas cenas da minissérie foram gravadas no Projac.

POLÍTICA

Para reconstituir o clima político no Brasil dos anos 60, a autora Gloria Perez contou com relatos de militantes do período, como o ator Mário Lago e o ex-dirigente comunista Apolônio de Carvalho.

Danton Mello *(dir., em cena com Caio Junqueira) interpretou o repórter Roberto Drummond, responsável por escrever um perfil de Hilda.*

Dona Flor e Seus Dois Maridos

Autoria: Dias Gomes *Colaboração:* Marcílio Moraes e Ferreira Gullar *Direção de núcleo:* Guel Arraes *Direção geral:* Mauro Mendonça Filho *Direção:* Mauro Mendonça Filho, Rogério Gomes e Carlos Araújo
31 mar-1º mai 1998 22h30 20

Adaptação da obra de Jorge Amado uniu humor, sensualidade e fantasia em trama ambientada na Bahia dos anos 90.

Dona Flor (Giulia Gam) é casada com o sensual Vadinho (Edson Celulari), um mulherengo desocupado que morre subitamente. Viúva, ela se casa com Teodoro Madureira (Marco Nanini), um homem correto e metódico, dono de uma farmácia. Embora feliz no segundo casamento, Flor sente falta da voluptuosidade de Vadinho, que passa a fazer aparições para ela, sempre nu. Flor chega a procurar terreiros de candomblé para se livrar do ex-marido, mas, após reviver uma noite de amor com ele, faz até promessa em igreja para que ele volte.

Edson Celulari *(esq.), Giulia Gam e Marco Nanini: invisível para a multidão, o marido morto segue ao lado de Flor, que participa de uma procissão de braços dados com o segundo marido.*

Labirinto

Autoria: Gilberto Braga *Colaboração:* Leonor Bassères, Sérgio Marques e Marília Garcia *Direção de núcleo e geral:* Dennis Carvalho *Direção:* Dennis Carvalho, César Rodrigues e Mário Márcio Bandarra 10 nov-18 dez 1998
22h30 20

História policial pontuada por intrigas na alta sociedade envolvia falcatruas financeiras e prostituição de luxo.

Quando o jovem André (Fábio Assunção) impede o sequestro de Leonor (Betty Faria), seu marido, Otacílio (Paulo José), oferece um emprego ao rapaz. No novo ambiente de trabalho, André se apaixona pela garota de programa Paula Lee (Malu Mader), mas também se sente atraído por Virgínia (Luana Piovani), namorada de Junior (Marcelo Serrado), filho de Otacílio. Durante uma festa na casa do empresário, André, além de descobrir que Leonor tem um amante, Ricardo (Antonio Fagundes), presencia o assassinato de Otacílio sem ver o rosto do assassino. André se torna o principal suspeito do crime.

Malu Mader, *como Paula Lee, e Antonio Fagundes no papel de Ricardo, amante de Leonor.*

Chiquinha Gonzaga

Autoria: Lauro César Muniz *Colaboração:* Marcílio Moraes *Direção geral:* Jayme Monjardim
Direção: Jayme Monjardim, Marcelo Travesso e Luiz Armando Queiroz 12 jan-19 mar 1999 22h50 CAPS 38

Minissérie retratou vida e obra de uma das mulheres mais representativas da música popular brasileira.

A vida de Chiquinha Gonzaga foi apresentada em duas fases: até os 30 anos, a musicista foi interpretada por Gabriela Duarte; depois dessa idade, por Regina Duarte. Nascida em 1847, no Rio de Janeiro, a jovem Chiquinha mostra grande aptidão musical. Após ouvir as músicas tocadas em um terreiro de negros, e influenciada por amigos como o compositor Joaquim Callado (Norton Nascimento), ela começa a compor misturando ritmos como polca e lundu. Por imposição do pai, casa-se com Jacinto (Marcello Novaes), com quem tem três filhos. Mas o marido a proíbe de tocar, e ela, rompendo com os padrões sociais da época, se separa. Casa-se depois com João Batista de Carvalho Jr. (Carlos Alberto Ricelli), com quem tem uma filha, mas termina o romance ao ser traída. Na segunda fase da história, Chiquinha (Regina Duarte) volta a integrar-se aos grupos de samba e choro, em pleno desenvolvimento, e é reconhecida artisticamente. Aos 52 anos, apaixona-se pelo jovem João Batista (Caio Blat), mas as filhas se opõem ao romance. Para ajudar a ambientar a minissérie, fotografias do Rio de Janeiro feitas por Marc Ferrez entre 1870 e 1900 ganharam movimento na tela por meio de computação gráfica.

Gabriela Duarte *como a autora de "Ó abre alas" na minissérie que marcou a retomada das produções de época na TV Globo.*

Regina Duarte como Chiquinha Gongaza *na minissérie que usou como fontes as biografias* Chiquinha Gonzaga: uma História de Vida, *de Edinha Diniz, e* Chiquinha Gonzaga: Sofri e Chorei, Tive Muito Amor, *de Dalva Lazaroni.*

CARDÁPIO MUSICAL

Ao final de cada capítulo, renomados cantores interpretavam canções de Chiquinha Gonzaga, entre elas "Machuca" (Daniela Mercury), "A brasileira" (Adriana Calcanhotto), "Maxixe da Zeferina" (Beth Carvalho) e "Namorados da Lua" (Milton Nascimento). Clara Sverner e Leandro Braga acompanhavam ao piano.

O Auto da Compadecida

Autoria: Guel Arraes, Adriana Falcão e João Falcão *Direção de núcleo e geral:* Guel Arraes 5-8 jan 1999 22h30 4

Bem-humorada microssérie utilizou elementos populares e sacros para contar as aventuras de dois nordestinos que lançam mão de esperteza para ganhar a vida.

Selton Mello *(esq.) e Matheus Nachtergaele, como Chicó e João Grilo: as roupas de todos os personagens foram jogadas num caldeirão, tingidas e lixadas várias vezes para adquirirem um visual desgastado.*

Baseada na peça teatral homônima de Ariano Suassuna, O *Auto da Compadecida* narrava as aventuras de João Grilo (Matheus Nachtergaele), um sertanejo desnutrido e malandro, e seu companheiro de estrada, Chicó (Selton Mello), um mentiroso compulsivo e covarde, metido a valente e conquistador. Os dois chegam a Taperoá, no sertão paraibano, no início dos anos 30, e vão trabalhar com o padeiro Eurico (Diogo Vilela), cuja fogosa mulher, Dora (Deni-

A caracterização de Marco Nanini *como cangaceiro incluiu olho de vidro, látex no rosto, peruca e indumentária que chegava a pesar oito quilos.*

CENOGRAFIA

O Auto da Compadecida foi filmada em película em Cabaceiras, no sertão da Paraíba, e nos estúdios do Projac e da Cinédia, no Rio de Janeiro. Para as cenas rodadas na Paraíba, fachadas de casas foram adaptadas, postes de iluminação trocados, cabos telefônicos escondidos, e a igreja local, pintada.

se Fraga), se envolve com Chicó. De olho no dinheiro do major Antônio Morais (Paulo Goulart), João Grilo incentiva o amigo a se casar com a filha dele, a bela Rosinha (Virginia Cavendish). Chicó finge enfrentar os dois maiores valentões da cidade – o cabo Setenta (Aramis Trindade) e Vicentão (Bruno Garcia) – e ganha o coração da moça. Mas o major lhe propõe um pacto: no dia do casamento, ele terá de lhe entregar uma certa quantia de dinheiro. Caso contrário, perde a noiva e terá uma tira de pele arrancada das costas. João Grilo decide livrar o amigo do acordo simulando sua morte, mas não contava que o bando do cangaceiro Severino (Marco Nanini) invadiria Taperoá no dia em que executaria o plano. O cangaceiro mata o padre (Rogério Cardoso), o bispo (Lima Duarte), Dora e Eurico e se deixa matar, em uma artimanha de João Grilo. Mas o esperto sertanejo é morto por um dos capangas (Enrique Diaz) de Severino. Somente Chicó escapa da chacina. Os mortos são submetidos a um julgamento no Tribunal das Almas, para saber se vão para o céu ou para o inferno. Jesus Cristo (Maurício Gonçalves), que aparece como um negro, se compadece de seus filhos, mas o Diabo (Luis Melo) quer a condenação de todos. João Grilo implora por Nossa Senhora, a Compadecida (Fernanda Montenegro), e graças à sua intervenção todos escapam do inferno. João ganha uma nova chance e ressuscita. Matheus Nachtergaele fez sucesso como o protagonista esperto e de olhar vesgo, um arquétipo do brasileiro que, mesmo imerso na miséria, encontra alternativas para as adversidades. A produção da trilha sonora, baseada em músicas regionais, contou com a participação de músicos pernambucanos.

O clímax da história *se dá no julgamento do Tribunal das Almas, com a presença da Compadecida, vivida por Fernanda Montenegro.*

Denise Fraga *e Diogo Vilela: o padeiro e sua voluptuosa mulher na microssérie que, em 2000, ganhou aplaudida versão para o cinema.*

Luna Caliente

Autoria: Jorge Furtado, Giba Assis Brasil e Carlos Gerbase *Direção de núcleo:* Guel Arraes *Direção geral:* Jorge Furtado
15-17 dez 1999 21h30 CAPS 3

Com elementos do realismo fantástico, trama mostrou o trágico e sensual romance entre um quarentão e uma jovem insinuante.

Em uma pacata cidade do Rio Grande do Sul, Ramiro (Paulo Betti) é seduzido por Elisa (Ana Paula Tabalipa), de 18 anos, filha de um casal de amigos, e a estupra. Ela ameaça gritar, ele a sufoca e depois foge, certo de que a matou. Sentindo-se ameaçado pelo pai da jovem, Bráulio (Tonico Pereira), Ramiro o atira de uma ponte. Pela manhã, porém, encontra Elisa em sua casa. Os dois passam a se relacionar, mesmo após Ramiro ser apontado como o principal suspeito do desaparecimento de Bráulio. Em uma das vezes em que atende ao voraz apetite sexual da menina, acaba por enforcá-la e a enterra na estrada. Mas, no dia seguinte, imortal e obsessiva, ela está mais uma vez à sua espera.

Ana Paula Tabalipa *e Paulo Betti: a lua pontuava a maioria das cenas na microssérie baseada em romance homônimo do argentino Mempo Giardinelli.*

A Invenção do Brasil

Autoria: Guel Arraes e Jorge Furtado *Direção:* Guel Arraes 19-21 abr 2000 22h CAPS 3

Mesclando ficção e documentário em tom cômico, a microssérie se reportava à época das Grandes Navegações.

Narrada pelo ator Marco Nanini, *A Invenção do Brasil* trazia a trajetória do português Diogo Álvares Correia (Selton Mello), o Caramuru, degredado que viveu no Brasil no séc.XVI. Diogo chega ao Novo Mundo por uma artimanha da marquesa Isabelle D'Avezac (Débora Bloch) e de dom Vasco de Athayde (Luis Melo), comandante de um navio de degredados, e entra em contato com hábitos dos índios tupinambá, como o canibalismo e a liberdade sexual. O protagonista se apaixona pela índia Paraguaçu (Camila Pitanga), envolvendo-se também com sua irmã, Moema (Deborah Secco). A microssérie, permeada por colagens de cenas documentais, foi um dos primeiros programas da TV Globo a utilizar a tecnologia HDTV (alta definição). Em 2001, chegou ao cinema com o título *Caramuru, a Invenção do Brasil.*

Paraguaçu *(Camila Pitanga) adota o nome cristão de Catarina ao se casar com Diogo (Selton Mello), na França.*

A Muralha

Autoria: Maria Adelaide Amaral *Escrita por:* Maria Adelaide Amaral, João Emanuel Carneiro e Vincent Villari
Direção de núcleo e geral: Denise Saraceni *Direção:* Denise Saraceni, Carlos Araújo e Luís Henrique Rios
4 jan-28 mar 2000 22h30 CAPS 49

Exibida em comemoração aos 500 anos do Descobrimento do Brasil, A Muralha explorou a saga dos bandeirantes rumo ao interior do país.

Mauro Mendonça *(em cena com Alessandra Negrini) já havia interpretado dom Braz na versão da TV Excelsior, exibida em 1968.*

Baseada na obra homônima de Dinah Silveira de Queiroz, a trama se passava por volta de 1600, época em que os bandeirantes desbravavam o interior do Brasil em busca de terras cultiváveis, riquezas e índios para serem vendidos como escravos. A muralha do título refere-se à serra do Mar, o maior obstáculo às incursões ao centro do país. Do outro lado da muralha, nas cercanias da vila de São Paulo, mora o bandeirante dom Braz Olinto (Mauro Mendonça), um poderoso traficante de índios. Sua família é formada por Mãe Cândida (Vera Holtz), sua esposa, os filhos Tiago (Leonardo Brício), Rosália (Regiane Alves) e Basília (Deborah Evelyn), casada com Afonso (Celso Frateschi), além da sobrinha Isabel (Alessandra Negrini), única mulher a enfrentar batalhas ao lado dos homens. Isabel é apaixonada por Tiago, que sonha descobrir ouro no sertão e se opõe à escravização indígena, entrando, por isso, em conflito com o pai. Prometida em casamento ao rapaz, chega de Portugal sua prima, Beatriz (Leandra Leal). Apesar de ter sido criada como dama, ela abdica das belas vestes e dos sapatos e enfrenta o calor brasileiro, disposta a acompanhar o noivo. Na mesma embarcação, che-

ADAPTAÇÕES

A Muralha passou por três adaptações antes de inspirar minissérie na TV Globo. Foi ao ar em 1958, na TV Tupi; em 1963, na TV Cultura; e em 1968, na TV Excelsior. Diferentemente do romance original e das adaptações anteriores, a minissérie não foi ambientada no séc.XVIII, mas no final do séc.XVI. Maria Adelaide Amaral também criou novos núcleos e personagens, como o padre Miguel, a índia Moatira e dom Jerônimo.

gam a cristã-nova Ana (Letícia Sabatella), a prostituta Antônia (Claudia Ohana) e o idealista padre Miguel (Matheus Nachtergaele). Ana é escravizada por dom Jerônimo (Tarcísio Meira), comerciante a quem fora prometida em casamento. Inimigo de dom Braz e síntese da hipocrisia religiosa de seu tempo, dom Jerônimo satisfaz seus desejos sexuais estuprando a índia Moatira (Maria Maya), por quem padre Miguel se apaixona. Ana se envolve com o jovem Guilherme Shetz (Alexandre Borges), mas não escapa da opressão de dom Jerônimo. Após denunciar vários moradores à Inquisição, por supostas heresias, o vilão manda prender os que afrontam sua autoridade, inclusive Ana e Guilherme. Todos são condenados à fogueira, mas Guilherme esfaqueia dom Jerônimo, que acaba morto em uma das fogueiras que ele mesmo acendeu. A produção da minissérie contou com o apoio da Fundação Nacional do Índio (Funai), a participação de índios de diferentes tribos brasileiras e a assessoria de caciques e pajés, sobretudo para a confecção de objetos cênicos, de adereços a ocas.

***Leandra Leal** interpretou Beatriz, a quem Isabel confia seu filho quando descobre que ele é fruto de incesto, já que o pai da criança, Tiago, é seu irmão.*

A CARAVELA

Para captar as imagens da caravela utilizada no primeiro capítulo, uma parte da equipe viajou para Pensacola (EUA), onde gravou na Colombo Foundation. As cenas foram feitas em uma das naus usadas no filme *1492 – A Conquista do Paraíso* (1992), de Ridley Scott, considerada a mais perfeita réplica das embarcações do período.

***Letícia Sabatella** e Tarcísio Meira, em atuação memorável como o violento dom Jerônimo.*

Aquarela do Brasil

Autoria: Lauro César Muniz *Colaboração:* Rosane Lima *Direção geral:* Jayme Monjardim e Carlos Magalhães *Direção:* Jayme Monjardim, Carlos Magalhães e Marcelo Travesso 22 ago-1º dez 2000 22h30 CAPS 60

O período áureo do rádio e as tensões políticas da II Guerra Mundial ambientaram a trajetória de uma cantora do interior.

Maria Fernanda Cândido, *entre Edson Celulari e Thiago Lacerda: trama também abordou o surgimento do samba e o drama dos judeus refugiados.*

Em 1943, o capitão Hélio (Edson Celulari) investiga uma rede de espionagem nazista na fictícia cidade de Roseiral (RJ) e se apaixona por Isaura (Maria Fernanda Cândido), candidata em um concurso de cantoras. A moça se afasta ao descobrir que ele é noivo e se envolve com Mário Lopes (Thiago Lacerda), apresentador da Rádio Carioca. Adotando o nome artístico de Isa Galvão, ela começa a fazer sucesso. Tempos depois, Hélio se separa e se casa com Isa, que o acompanha à guerra, como enfermeira. De volta ao Brasil, a relação entra em crise quando Hélio, traumatizado com a guerra, se vê sexualmente impotente.

O Quinto dos Infernos

Autoria: Carlos Lombardi *Escrita por:* Carlos Lombardi, Margareth Boury e Tiago Santiago *Direção de núcleo:* Wolf Maya *Direção geral:* Wolf Maya e Alexandre Avancini *Direção:* Marco Rodrigo e Edgar Miranda 8 jan-29 mar 2002 23h CAPS 48

A trama reconstituiu, com humor, ação e sensualidade, os bastidores políticos da Independência do Brasil.

Betty Lago *e André Mattos (ao fundo, Caco Ciocler e John Herbert): realeza cômica.*

A transferência da corte portuguesa para o Brasil apresenta ao povo brasileiro um d. João VI (Cássio Gabus Mendes/André Mattos) comilão e dominado pela esposa, Carlota Joaquina (Raissa Medeiros/Betty Lago). As peripécias de seu filho, d. Pedro (Marcos Pasquim), e de seu amigo Chalaça (Humberto Martins) davam o tom de aventura à minissérie. Mulherengo, Pedro se casa duas vezes – com Leopoldina (Érika Evantini) e, depois, com Amélia (Cláudia Abreu) –, mas não resiste à beleza da marquesa de Santos (Luana Piovani), que se torna sua amante. Apaixonado pela Colônia, d. Pedro articula o movimento de Independência, mas volta a Portugal para disputar o trono com o irmão, d. Miguel (Caco Ciocler). A minissérie teve narração do ator Francisco Milani.

Os Maias

Autoria: Maria Adelaide Amaral *Colaboração:* Vincent Villari e João Emanuel Carneiro *Direção de núcleo e geral:* Luiz Fernando Carvalho *Direção:* Emílio Di Biasi e Del Rangel 9 jan-24 mar 2001 23h CAPS 44

Os Maias *apresentou um retrato da decadente aristocracia portuguesa na segunda metade do séc.XIX.*

Dom Afonso, *personagem de Walmor Chagas: liberal nas convicções políticas mas conservador quanto aos valores familiares.*

A trágica história de uma tradicional família lisboeta, baseada em romance homônimo do escritor português Eça de Queiroz, foi narrada pelo ator Raul Cortez. Em 1788, o inseguro e frágil Pedro da Maia (Leonardo Vieira) se apaixona pela bela Maria Monforte (Simone Spoladore). Para se casar com seu grande amor, o jovem rompe com o pai, Afonso da Maia (Walmor Chagas), que se opõe ao romance. Tempos depois, já com dois filhos, a moça se apaixona pelo príncipe italiano Tancredo (Fabio Fulco) e abandona o marido. Ela leva consigo a filha e deixa o menino para ser criado por Pedro. Deprimido e solitário, o jovem se suicida na casa do pai, onde havia sido acolhido. Dom Afonso assume a criação do neto, que, na segunda fase da minissérie, é um médico de 25 anos. Da mãe, Carlos Eduardo (Fábio Assunção) herdou o gênio intenso e romântico. Do avô, a rigidez de valores. Para desgosto do patriarca, o rapaz se apaixona por Maria Eduarda (Ana Paula Arósio), uma mulher casada. Dom Afonso teme que o neto tenha o mesmo destino do pai, mas é uma assombrosa

PARCERIA PORTUGUESA

Para dar mais realismo à história, *Os Maias* teve cenas gravadas em Portugal, nas regiões de Sintra, Lisboa, Óbidos e Vale do Douro. Cerca de 50 profissionais portugueses trabalharam na minissérie, que estreou em Portugal e no Brasil simultaneamente e foi produzida em parceria com a emissora portuguesa SIC (Sociedade Independente de Comunicação).

FIGURINO COMPLETO

A indumentária dos atores (Fábio Assunção e Ana Paula Arósio, fotos) seguiu as detalhadas descrições de Eça de Queiroz. As roupas das atrizes contavam com crinolina (armação), blusa de baixo, calçola, botina, espartilho, vestido, luvas, bolsinha, leque e adereços de cabelo. As dos homens compunham-se de sobrecasaca, capote, cartola, luvas, bengala, botas, calça, camisa, gravata e colete.

revelação que os afasta: os dois são irmãos. Ciente da desgraça, ele exige que o neto revele a verdade à jovem. Mas Carlos Eduardo não tem coragem e os dois se amam, em uma das cenas mais fortes da minissérie. Dom Afonso não resiste ao sofrimento e morre. A trama era pontuada por histórias vividas pelos amigos de Carlos Eduardo, que discutiam temas como educação, família, casamento, religião e política, representando o ideário da juventude lisboeta da época. Um deles era o cínico João da Ega (Selton Mello), considerado alter ego de Eça de Queiroz. A produção incluiu personagens de outras duas obras do autor, *A Relíquia* e *A Capital* – a versão em DVD traz apenas a trama de *Os Maias*. A minissérie contou com primorosa reconstituição de época e a gravação de uma peça sinfônica inédita, composta e regida pelo maestro John Neschling.

***Leonardo Vieira** e Simone Spoladore: como todo o elenco, os atores mergulharam no universo de Eça de Queiroz antes do início das gravações.*

Presença de Anita

Autoria: Manoel Carlos *Direção de núcleo:* Ricardo Waddington *Direção geral:* Ricardo Waddington e Alexandre Avancini *Direção:* Edgard Miranda 7-31 ago 2001 22h30 16

Livremente inspirada em obra homônima de Mário Donato, a minissérie apresentou uma história de obsessão, sedução e morte.

Mel Lisboa *(em cena com José Mayer) protagonizou a minissérie, musicada com canções francesas, como o tema de abertura, "Ne me quitte pas".*

Em crise conjugal, Fernando (José Mayer), um arquiteto com aspirações literárias, se envolve com a jovem Anita (Mel Lisboa), bem mais nova que ele. A menina, moradora de um sobrado onde ocorreu um crime passional, revoluciona a sua vida e a dos moradores da pacata Florença (SP), entre eles Zezinho (Leonardo Miggiorin), um simplório ajudante de mercearia que perde a virgindade com ela. Anita é ao mesmo tempo cândida e provocadora, parece ingênua, mas é lasciva. A única coisa que se sabe sobre seu passado é que viveu com um artista plástico, Armando (Paulo César Pereio), muito mais velho que ela, a quem conheceu quando tinha apenas 12 anos. Anita exige que Fernando se separe da mulher, Lúcia Helena (Helena Ranaldi), e, durante uma discussão com a jovem, descontrolado, ele a mata. Ao tentar salvá-la, Zezinho é confundido com o assassino. O rapaz foge e é atropelado. Perturbado com a morte de Anita, Fernando passa a ter visões com ela. No sobrado, ela aparece para ele e os dois se amam. Em seguida, um incêndio destrói o local e Fernando morre.

Helena Ranaldi: *Lúcia Helena tenta agradar ao marido de todas as formas, mas não consegue mudar os sentimentos dele pela adolescente.*

CONCHITA, A BONECA

A inseparável boneca da protagonista, Conchita, foi um dos destaques do trabalho da equipe de produção de arte da minissérie. Reprodução de uma bailarina espanhola, foi feita em gesso e criada nas oficinas de artesanato do Projac. A boneca funcionava como um símbolo na narrativa: segundo Anita, ela guardava a alma da ex-moradora do sobrado, assassinada pelo amante.

A Casa das Sete Mulheres

Autoria: Maria Adelaide Amaral e Walther Negrão *Direção de núcleo:* Jayme Monjardim *Direção geral:* Jayme Monjardim e Marcos Schechtman *Direção:* Teresa Lampreia 7 jan-8 abr 2003 23h 53

As sete mulheres: *Camila Morgado (esq.), Bete Mendes, Nívea Maria, Daniela Escobar, Eliane Giardini, Samara Felippo e Mariana Ximenes. As tonalidades do figurino, inspiradas no Impressionismo, espelhavam a personalidade de cada mulher.*

A minissérie mostrou o papel das mulheres nos bastidores da revolta conhecida como Guerra dos Farrapos.

Em meados da década de 1830, a situação política se agita no Brasil. Com a abdicação de d. Pedro I, os regentes que assumem o governo não conseguem pacificar a nação e rebeliões explodem em algumas províncias. No Sul, em 1835, eclode a Revolução Farroupilha, de caráter republicano, conhecida também como Guerra dos Farrapos. A minissérie, que mesclou personagens fictícios e reais, desenvolveu-se a partir da ótica das mulheres da família do líder dos farrapos, Bento Gonçalves (Werner Schünemann), tendo como pano de fundo as batalhas contra as tropas do Império. Durante dez anos, tempo que durou o confronto, Ana Joaquina (Bete Mendes), Maria (Nívea Maria), Manuela (Camila Morgado), Rosário (Mariana Ximenes), Mariana (Samara

PACTO COM O DIABO

Dizia-se que Bento Manoel (Luis Melo, foto), um dos personagens não fictícios da Guerra dos Farrapos, tinha um pacto com o diabo. Sua relação com Teiniaguá (Juliana Paes), princesa moura transformada pelo diabo em uma lagartixa encantada, foi inserida na narrativa a partir do conto "A salamanca do jarau", de Simões Lopes Neto.

BATALHAS NA SERRA

A minissérie contou com uma bela fotografia, que ressaltou as exuberantes paisagens da serra gaúcha. Também se destacou pelas bem-produzidas cenas de batalha, que opunham as tropas farroupilhas ao exército imperial.

Giovana Antonelli *como Anita, que abandona o marido para se juntar aos revolucionários liderados por Garibaldi.*

Felippo), Caetana (Eliane Giardini) e Perpétua (Daniela Escobar) refugiam-se em uma estância para esperar a volta dos homens da família. As anotações de Manuela em seu diário conduzem a narrativa, mostrando o convívio dessas mulheres, de idades e temperamentos diferentes, e compondo um histórico da época, por meio de relatos de amores, amizades, frustrações e esperança. A trama era repleta de romances. Manuela se apaixona pelo revolucionário italiano Giuseppe Garibaldi (Thiago Lacerda), e os dois formam um triângulo amoroso com a valente Anita (Giovanna Antonelli), que luta ao lado dele, na guerra. Rosário e Estevão (Thiago Fragoso), oficial das tropas imperiais, vivem um amor proibido. O rapaz morre e Rosário passa a ter visões com ele. Perpétua e Inácio (Marcello Novaes) se apaixonam, mas ele é casado. Mariana se envolve com o peão João (Heitor Martinez). O vilão da trama é o traiçoeiro Bento Manoel (Luis Melo), que muda de lado de acordo com suas conveniências e é fiel apenas ao amor que sente pela mulher de Bento Gonçalves, Caetana, que o rejeita. A participação dos negros na guerra também foi abordada na história. A minissérie, adaptação da obra homônima da escritora gaúcha Leticia Wierzchowski, foi gravada em quatro cidades do Rio Grande do Sul – Cambará do Sul, São José dos Ausentes, Pelotas e Uruguaiana – e nos estúdios do Projac, além de contar com externas no Rio de Janeiro.

Werner Schünemann *como Bento Gonçalves, líder dos farrapos: aulas de montaria, esgrima, prosódia e exercícios de expressão corporal junto com os outros atores.*

Um Só Coração

Autoria: Maria Adelaide Amaral e Alcides Nogueira *Escrita por:* Maria Adelaide Amaral, Alcides Nogueira e Lucio Manfredi *Colaboração:* Rodrigo Arantes do Amaral *Direção de núcleo:* Carlos Manga *Direção geral:* Carlos Araújo *Direção:* Marcelo Travesso e Ulysses Cruz 6 jan-8 abr 2004 23h 55

Autores uniram personagens reais e fictícios para traçar um perfil da cidade de São Paulo na primeira metade do séc.XX.

Homenagem da TV Globo aos 450 anos de São Paulo, *Um Só Coração* transcorria entre 1922 e 1954, remetendo para a Semana de Arte Moderna de 1922, a crise financeira de 1929, a era Vargas, o nazismo e o fascismo. A protagonista era Yolanda Penteado (Ana Paula Arósio), bela e ousada mulher da alta sociedade paulistana que desperta paixões. Ela se envolve com o anarquista Martim (Erik Marmo), mas os dois acabam se afastando. Anos depois, Yolanda se une ao poderoso industrial Francisco Matarazzo Sobrinho, o Ciccillo (Edson Celulari). Admiradores da arte, eles promovem grandes eventos na cidade, como a Bienal de São Paulo, e se tornam mecenas dos modernistas. *Um Só Coração* mostrou como a chegada de imigrantes estrangeiros e os movimentos culturais impulsionaram o desenvolvimento de São Paulo – as subtramas envolveram personalidades como as pintoras Anita Malfatti (Betty Gofman) e Tarsila do Amaral (Eliane Giardini), os escritores Mário de Andrade (Pascoal da Conceição) e Oswald de Andrade (José Rubens Chachá), o inventor Santos Dumont (Cássio Scapin) e o empresário Assis Chateaubriand (Antônio Calloni).

Ana Paula Arósio *como a corajosa Yolanda Penteado: despertando paixões.*

EVENTOS PARALELOS

A Rede Globo reproduziu, no Teatro Municipal de São Paulo, parte da exposição que mudou os rumos da arte no Brasil: a Semana de Arte Moderna de 1922. Já no Memorial do Imigrante foi realizado, em parceria com o governo do estado de São Paulo, o Circuito Cultural Um Só Coração, com objetos e fotografias das levas de imigrantes retratados na minissérie.

Edson Celulari, *o mecenas Ciccillo, que conseguiu expor na II Bienal de São Paulo a tela Guernica, de Pablo Picasso, entre outras obras-primas.*

Para compor o guarda-roupa *de Tarsila do Amaral (Eliane Giardini), foi desenvolvida uma linha especial de tecidos pintados à mão com inspiração no Cubismo.*

Hoje É Dia de Maria

Autoria: Luiz Fernando Carvalho e Luís Alberto de Abreu *Direção de núcleo e direção:* Luiz Fernando Carvalho
11-21 jan 2005 23h CAPS 8

Fábula recheada de simbolismos apresentou estrutura narrativa e estética baseadas na linguagem dos sonhos.

Inspirada em texto do dramaturgo Carlos Alberto Soffredini, *Hoje É Dia de Maria* recorreu a elementos folclóricos e míticos, presentes em contos populares compilados por Câmara Cascudo, Mário de Andrade e Sílvio Romero, para contar as aventuras da doce Maria (Carolina Oliveira), que, perseguida pela madrasta (Fernanda Montenegro), abandona sua casa e segue pelo sertão, em direção ao mar. Maria conta com a proteção de um pássaro, que a acompanha ao longo de toda a jornada. No caminho, ela é atormentada por Asmodeu (Stênio Garcia), o diabo em carne e osso, que rouba a infância da menina, transformando-a em mulher (Letícia Sabatella). Após várias aventuras, Maria descobre que ama o pássaro protetor, que, à noite, se transforma em um lindo homem, Amado (Rodrigo Santoro). Mas Asmodeu decide transformá-la em criança novamente. Com sua trouxinha nos braços, ela faz o caminho de volta para casa e fica feliz ao avistar os irmãos e a mãe (Juliana Carneiro da Cunha) no sítio de onde partira. No final, Maria conhece um ciganinho (Phillipe Louis) e descobre que ele é Amado e todos os personagens que a ajudaram em sua travessia. Juntos, eles avistam a imensidão azul do mar.

Carolina Oliveira *como Maria, em minissérie gravada dentro de uma cúpula com paisagens pintadas à mão.*

Letícia Sabatella *e Rodrigo Santoro cantaram em cena "Melodia sentimental", de Villa-Lobos: trilha sonora misturava popular e erudito.*

TEATRO DE BONECOS

Hoje É Dia de Maria reuniu artistas do grupo de teatro de bonecos Giramundo, de Minas Gerais, e do conjunto de folia Reisado Flor do Oriente, do Rio de Janeiro. Os objetos cenográficos e os figurinos foram produzidos a partir de um processo artesanal de reciclagem de materiais como papel, fibra de vidro, retalhos, tampinhas de garrafa e serragem. Além das inovações no formato, a minissérie incluiu cenas de animação.

Hoje É Dia de Maria: Segunda Jornada

Autoria: Luiz Fernando Carvalho e Luís Alberto de Abreu *Direção de núcleo e direção:* Luiz Fernando Carvalho
11-15 out 2005 23h CAPS 5

Minissérie deu continuidade às aventuras da sonhadora Maria em sua fantástica viagem, agora na cidade grande.

Maria (Carolina Oliveira) deixa-se levar pelo oceano na minissérie, que teve parte dos diálogos escrita em forma de canções. Acompanhada de Pato (Rodolfo Vaz) e Dona Cabeça (Fernanda Montenegro), a narradora da história, a menina é engolida por um gigante e vai parar no lixão de uma grande cidade. Nesse novo mundo, Maria volta a ser perseguida pelo maligno Asmodeu (Stênio Garcia/Ricardo Blat/João Sabiá/André Valli) e se choca ao constatar tanta intolerância entre os homens. Ao lado de Dom Chico Chicote (Rodrigo Santoro), ela luta contra as injustiças e a favor dos sonhos.

Carolina Oliveira *em cena: trama discutiu temas como consumismo, exploração de menores e opressão feminina.*

Mad Maria

Autoria: Benedito Ruy Barbosa *Direção de núcleo:* Ricardo Waddington *Direção geral:* Ricardo Waddington e José Luiz Villamarim *Direção:* Amora Mautner 25 jan-25 mar 2005 23h CAPS 35

Baseada em romance homônimo de Márcio Souza,* Mad Maria *contou a saga da construção da ferrovia Madeira-Mamoré, na Amazônia.

Na trama, ambientada no início do séc.XX, homens de várias nacionalidades se arriscam na construção de uma gigantesca estrada de ferro sob o comando do inglês Stephan Collier (Juca de Oliveira). Esse árduo cotidiano contrasta com a vida de políticos e empresários no Rio de Janeiro, entre os quais está o americano Percival Farquhar (Tony Ramos), responsável pela obra e adversário do ministro Juvenal de Castro (Antonio Fagundes), contrário à construção da ferrovia.

Juca de Oliveira: *gravações mobilizaram 400 profissionais no vilarejo de Abunã e na cidade de Santo Antônio (RO), locais em que se passa a trama do romance original.*

A narrativa foi conduzida pelo triângulo amoroso entre a pianista Consuelo (Ana Paula Arósio), o médico americano Richard Finnegan (Fábio Assunção) e o índio Joe Caripuna (Fidelis Baniwa).

JK

Autoria: Maria Adelaide Amaral e Alcides Nogueira *Colaboração:* Geraldo Carneiro, Letícia Mey e Rodrigo Arantes do Amaral *Direção de núcleo e geral:* Dennis Carvalho *Direção:* Dennis Carvalho, Amora Mautner, Vinicius Coimbra, Maria de Medicis e Cristiano Marques 3 jan-24 mar 2006 23h CAPS 46

A minissérie narrou os 74 anos de vida de Juscelino Kubitschek, político que trouxe modernidade ao Brasil nos anos 50.

Wagner Moura *e Débora Falabella na minissérie cuja abertura foi inspirada na obra do arquiteto Oscar Niemeyer.*

JK foi dividida em três fases. A primeira mostrou a infância de Juscelino, nascido em Diamantina (MG), em 1902. A segunda focou a juventude, com o ingresso na faculdade de medicina, a entrada na vida política e a posse como prefeito de Belo Horizonte (MG), em 1940. A terceira abrangeu a ascensão à Presidência da República, em 1955, a vida no exílio e sua morte, em 1976. Na primeira fase, JK foi vivido por Vinícius Barcellos, Vinícius Moreno e Alberto Szafran; na segunda, por Wagner Moura; na última, por José Wilker. A vida pessoal do protagonista foi contada paralelamente à sua jornada política, que atinge seu auge com a construção de Brasília. Sempre acompanhado da esposa, Sarah Lemos (Débora Falabella/ Marília Pêra), o presidente promete avançar 50 anos em cinco e modernizar o Brasil, enfrentando críticos como o jornalista Carlos Lacerda (José de Abreu). Na trama, JK se envolve com Marisa (Letícia Sabatella), ex-miss Primavera de Uberaba, que se torna sua amante. A minissérie, que também apresentou personagens fictícios, teve como tema de abertura a cantiga popular "Peixe vivo", uma das preferidas de JK. A versão, de Milton Nascimento, foi feita especialmente para a minissérie.

Marília Pêra *e José Wilker como Juscelino, que morreu em um acidente de carro na estrada, em 1976, quando voltava de São Paulo para o Rio de Janeiro.*

MAQUETES

Um dos desafios das equipes de cenografia e de efeitos visuais foi mostrar o processo de construção de lugares já edificados, como Brasília e o Complexo da Pampulha, em Belo Horizonte, projetados por Oscar Niemeyer. Nos estúdios do Projac foram construídas duas maquetes retratando os dois projetos arquitetônicos – a de Brasília tinha o tamanho de um campo de futebol e foi utilizada como cenário.

Amazônia – De Galvez a Chico Mendes

Autoria: Gloria Perez *Direção geral:* Marcos Schechtman *Direção:* Marcelo Travesso, Pedro Vasconcellos, Carlo Milani, Roberto Carminatti e Emilio Di Biasi 2 jan-6 abr 2007 23h 55

Realidade e ficção se misturaram para reconstituir, em três fases, a história do Acre, o último estado anexado ao território brasileiro.

Plácido de Castro *(Alexandre Borges) ensina noções militares aos seringueiros, que, armados com facões, conseguem derrotar o exército boliviano.*

Baseada nos romances O *Seringal*, de Miguel Ferrante, e *Terra Caída*, de José Potyguara, a minissérie mostrou como o Acre, então território boliviano, despertou o interesse do mundo inteiro por ser a única região produtora de látex no período áureo da borracha (da segunda metade do séc.XIX ao início do séc.XX). A riqueza econômica atraiu nordestinos e estrangeiros em busca de uma vida melhor, gerou conflitos pela posse da área e culminou com a pobreza da região, resultante da procura desenfreada por novas áreas de extração. Esse processo foi contado através de personagens como o espanhol Luiz Galvez (José Wilker) e o jovem militar gaúcho Plácido de Castro (Alexandre Borges), que lideraram movimentos populares pela independência do Acre; o seringueiro Bastião (Jackson Antunes), que depositava nos seringais a esperança de um futuro longe da seca; e o prepotente seringalista Firmino (José de Abreu). A segunda fase da trama, iniciada na década de 40, retratou a decadência da extração da borracha. Já a terceira se passava nos anos 80 e abordava a luta de Chico Mendes (Cássio Gabus Mendes) pela preservação do meio ambiente e por melhores condições de vida para os seringueiros.

AMAZÔNIA
DE GALVEZ A CHICO MENDES

Cássio Gabus Mendes *como Chico Mendes, assassinado em 22 de dezembro de 1988.*

AS MULHERES DE GALVEZ

O espanhol Galvez (José Wilker, foto) se envolve com muitas mulheres, como Maria Alonso (Christiane Torloni, foto), dançarina de uma companhia de zarzuela que abandona a carreira e o marido, Gianni (Osmar Prado), para ficar com o amante; Lola (Vera Fischer), uma cortesã ambiciosa com quem abre uma casa noturna em Manaus; e Beatriz (Débora Bloch), que deixa o marido, Gomes (Paulo Betti), para ir atrás dele.

A Pedra do Reino

Autoria: Luiz Fernando Carvalho, Luís Alberto de Abreu e Braulio Tavares *Direção de núcleo e geral:* Luiz Fernando Carvalho 12-16 jun 2007 22h CAPS 5

Homenagem aos 80 anos de Ariano Suassuna, a minissérie narrou as aventuras e os delírios de um contador de histórias.

Em Taperoá, no sertão da Paraíba, Pedro Dinis Quaderna (Irandhir Santos) é preso por subversão e faz sua própria defesa perante o Juiz Corregedor (Cacá Carvalho) da capital. Em seu depoimento, relata a história de sua família e se diz descendente do rei português dom Sebastião. Na prisão, Quaderna concretiza o seu sonho: transformar suas declarações em uma grande obra literária que expresse a verdadeira identidade nacional. Acontecimentos reais, lendas e crendices populares se misturaram na adaptação do livro O *Romance d'a Pedra do Reino e o Príncipe do Sangue do Vai-e-Volta*. Assim como o original, a minissérie foi um misto de romance de cavalaria e novela picaresca, mostrando que as culturas nordestina e sertaneja têm raízes ibéricas, com elementos da Idade Média, da *commedia dell'arte* e da cultura árabe. O humor e o universo das cavalhadas, dos romancistas, cordelistas, cantadores e repentistas do sertão estavam presentes na trama apresentada na TV, que ganhou desfechos inexistentes no livro, criados pelo próprio Ariano Suassuna especialmente para a minissérie.

Narrador e protagonista da história, *Quaderna (interpretado pelo pernambucano Irandhir Santos) usa a imaginação para dar novo colorido à realidade.*

Na trama, *Sinésio (Paulo César Ferreira), considerado o Príncipe do Povo, apaixona-se por Heliana Swendson (Mayana Neiva).*

QUADRANTE

A minissérie, coprodução da TV Globo com a produtora independente Academia de Filmes, abriu o projeto Quadrante, cuja meta era mostrar a diversidade cultural do país através da adaptação de obras literárias nacionais, filmadas na região onde se passa a trama e com aproveitamento de elenco e mão de obra locais. *A Pedra do Reino* foi filmada em 16mm no município de Taperoá, na Paraíba, e finalizada em alta definição.

Queridos Amigos

Autoria: Maria Adelaide Amaral *Colaboração:* Letícia Mey *Direção de núcleo:* Denise Saraceni *Direção geral:* Denise Saraceni e Carlos Araújo *Direção:* Vinícius Coimbra e Flávia Lacerda 18 fev-28 mar 2008 23h CAPS 25

Reencontro de 12 amigos em 1989 serviu de pretexto para um balanço das utopias da juventude brasileira nos anos 70.

A trama de *Queridos Amigos* se passava em 25 dias. Ao descobrir que está doente e que tem pouco tempo de vida, Léo (Dan Stulbach) fica obcecado em reviver seus antigos ideais juvenis e reúne, em uma festa, um grupo de amigos, afastados há tempos. Todos, direta ou indiretamente, se envolveram com política nos anos 70, durante o regime militar. A ressaca desses anos ainda afeta o grupo, entre eles o jornalista e ex-militante Tito (Matheus Nachtergaele); Pedro (Bruno Garcia), autor de um best-seller sobre os porões da ditadura; e Bia (Denise Fraga), que esteve presa e sofreu tortura. Juntos novamente, eles reveem conceitos e histórias do passado, reacendendo paixões e ressentimentos. Para uni-los, Léo simula a própria morte. Escondido, começa a ajudá-los a resolver seus problemas e a reaproximá-los. Os outros amigos foram vividos por Tarcísio Filho (Rui), Luiz Carlos Vasconcelos (Ivan), Guilherme Weber (Benny), Débora Bloch (Lena), Drica Moraes (Vânia), Maria Luisa Mendonça (Raquel), Joelson Medeiros (Pingo) e Malu Galli (Lúcia).

Dan Stulbach *e Aida Leiner no papel de Flora, ex-mulher de Léo: maior parte das cenas externas foi gravada em São Paulo.*

Tarcísio Filho *(esq.), Luiz Carlos Vasconcelos, Guilherme Weber e Débora Bloch na minissérie baseada no romance* Aos Meus Amigos, *de Maria Adelaide Amaral.*

CONTEXTO HISTÓRICO

Os momentos vividos pelos amigos na década de 70 aparecem em três filmes feitos pelo próprio grupo em uma câmera super-8. Alguns acontecimentos históricos, inclusive dos anos 80, foram lembrados na minissérie por meio de diálogos entre os personagens ou através de reportagens reais exibidas em seus televisores, caso da queda do Muro de Berlim, na Alemanha, em 1989.

Capitu

Roteiro: Euclydes Marinho *Colaboração:* Daniel Piza, Luís Alberto de Abreu e Edna Palatnik *Texto final:* Luiz Fernando Carvalho *Direção de núcleo e geral:* Luiz Fernando Carvalho 9-13 dez 2008 23h 5

César Cardadeiro *e Letícia Persiles: Bentinho e Capitu na primeira fase da minissérie.*

Ópera, teatro, cinema mudo e elementos da cultura pop mesclavam-se em* Capitu*, baseada em* Dom Casmurro*, de Machado de Assis.

Bentinho (César Cardadeiro) perdeu o pai cedo e foi criado pela mãe, Dona Glória (Eliane Giardini), cercado de mimos e predestinado ao sacerdócio por conta de uma promessa materna. Mas o amor pela alegre e maliciosa Capitu (Letícia Persiles), a vizinha pobre que mora com os pais nos fundos de sua casa, muda os rumos de sua vida. Incentivado pela menina, que quer tê-lo como marido, Bentinho busca escapar da promessa. Ele vai para o seminário, onde conhece o sedutor Escobar (Pierre Baitelli), que se torna seu melhor amigo. Escobar ajuda Bentinho a se livrar do destino decidido por sua mãe, que é convencida a abrir mão da promessa. Ao sair do seminário, Bentinho vai para São Paulo. Tempos depois, retorna ao Rio de Janeiro formado em direito. O

Pierre Baitelli *como Escobar, o pivô da crise entre os protagonistas da história.*

CENÁRIO E LENTE PARA DOM CASMURRRO

Capitu foi filmada em um grande salão, na sede do Automóvel Club do Brasil, no Centro do Rio de Janeiro, adaptado para representar espaços da memória de Bentinho. O personagem contracenava com lembranças como se entrasse no cenário de seu passado. Os ambientes se multiplicavam através da cenografia, da luz e do olhar da câmera. No cenário não havia paredes, as portas eram móveis e carregadas pelos atores – era um espaço aberto à imaginação dos espectadores. A "lente de Dom Casmurro", criação do diretor Luiz Fernando Carvalho, foi uma das novidades da minissérie. A lente foi encaixada à frente da câmera para dar à imagem uma textura aquosa, como o mar de ressaca dos olhos de Capitu, e simbolizar ainda a melancolia do protagonista.

agora doutor Bento Santiago (Michel Melamed) se casa com o grande amor de sua infância, Capitu (Maria Fernanda Cândido), que se transformou em uma bela mulher. Escobar, que também não tinha planos de ser padre, sai do seminário e se torna comerciante, casando-se com Sancha (Bellatrix), amiga de infância de Capitu. Os dois casais mantêm fortes laços de amizade, mas Bento, atormentado pelo ciúme que sente da esposa, passa a desconfiar do relacionamento entre ela e seu melhor amigo. Curiosamente, o ciúme se intensifica após a morte de Escobar – ele morre afogado no mar de ressaca da Praia do Flamengo, na Zona Sul do Rio. Durante o velório, Bento flagra um olhar de Capitu para o morto e dali tira suas conclusões. Cada vez mais angustiado pela dúvida, ele vê no próprio filho, Ezequiel (Fabrício Reis/ Alan Scarpari), semelhanças com Escobar e imagina que o menino é filho do amigo. Ao lançar mão de elementos como aparelhos de mp3, tatuagem no braço da protagonista e trilha musical com samba, rock e músicas de bandas nacionais e internacionais – mas preservando os figurinos de época – a direção ressaltou o caráter atemporal e universal da obra machadiana, buscando reafirmar sua atualidade. A estrutura narrativa do romance foi mantida, com os capítulos divididos por títulos curtos, anunciados em cartelas e proferidos como nas antigas radionovelas. Exibida no ano do centenário de morte do escritor carioca, *Capitu* foi a segunda realização do projeto Quadrante, iniciado com *A Pedra do Reino*.

SITE INTERATIVO

Uma leitura coletiva do texto de Machado de Assis no site interativo Mil Casmurros, campanha promovida pela TV Globo para divulgar a minissérie, levou à conquista do Leão Relações Públicas, na categoria Novas Mídias, no Festival Internacional de Publicidade de Cannes.

***Michel Melamed** e Maria Fernanda Cândido viveram os protagonistas na idade madura: recursos visuais do teatro orientaram o desenho das roupas e a escolha das cores.*

Maysa – Quando Fala o Coração

Autoria: Manoel Carlos *Escrita por:* Manoel Carlos e Angela Chaves *Colaboração:* Maria Carolina e Mariana Torres
Direção de núcleo e geral: Jayme Monjardim *Direção dos musicais:* Mário Meirelles 5-16 jan 2009 22h10 9

Através de uma abordagem realista, a série retratou três décadas da vida de um dos grandes mitos da música popular brasileira.

***Na cena de um memorável** show no Canecão, no Rio de Janeiro, Larissa Maciel usou a roupa que Maysa vestiu no dia da apresentação, uma túnica azul bordada.*

A minissérie contou a dramática trajetória da cantora e compositora Maysa Monjardim Matarazzo (Larissa Maciel) e foi dirigida por seu único filho, Jayme Monjardim. Rebelde desde a adolescência, Maysa se casa aos 17 anos com o bilionário André Matarazzo (Eduardo Semerjian), quase 20 anos mais velho. Embora fosse apaixonada pelo marido, o casamento não foi suficiente para deixar Maysa feliz. Ela acalentava outros sonhos. Além disso, sentia-se sozinha na mansão dos Matarazzo, não conseguindo se adaptar ao ambiente tradicional, diferente do clima festivo da casa dos pais, Inah (Ângela Dip) e Monja (Nelson Baskerville). Boêmio, o pai convivia com muitos artistas e sempre promovia saraus em casa. A repressão ostensiva, os compromissos profissionais do marido e as críticas da sogra, a matriarca Amália Matarazzo (Denise Weinberg), agravavam sua solidão. A mãe de André era radicalmente contra os anseios artísticos da nora, cujo talento foi descoberto quando Maysa ainda estava grávida. Após o nascimento do filho, ela lança seu primeiro disco e

maysa QUANDO FALA O CORAÇÃO

CIGARRO SEM NICOTINA

Escolhida entre mais de 200 candidatas, a atriz Larissa Maciel, muito parecida com Maysa, precisou engordar um pouco para viver a cantora dos 15 aos 40 anos de idade. A atriz também mudou o formato das unhas e das sobrancelhas e usou muitas perucas. Em cena, fumava cigarro sem nicotina, simulando ser fumante como a personagem. A equipe de caracterização deu especial atenção aos olhos, marca registrada de Maysa.

FONTES DE PESQUISA

Recortes de jornais e revistas, fotos e centenas de vídeos com imagens de arquivo, além das páginas originais do diário da cantora, foram usados como referência para a reconstituição de sua vida. A biografia *Maysa – Só Numa Multidão de Amores*, de Lira Neto, foi mais uma base de consulta.

Mateus Solano: *sucesso como intérprete do compositor Ronaldo Bôscoli.*

recebe inúmeros convites para apresentações, o que acirra os conflitos com o marido e culmina com a separação – um escândalo na época. A cantora, que abre mão de pensão e herança, faz sucesso e se torna conhecida também por seus romances e pelos excessos provocados pelo álcool. Ao envolver-se com o compositor Ronaldo Bôscoli (Mateus Solano), é apresentada à bossa nova e divulga o ritmo em turnês no exterior. A minissérie também abordou a relação de Maysa com o filho, que, depois da morte do pai, passa anos em um internato na Espanha. Adolescente, ele rompe com a mãe, pede a emancipação e os dois só se reconciliam anos mais tarde. Maysa morre de forma trágica, em um acidente de carro na ponte Rio–Niterói, em 1977. Seguindo a ótica realista da minissérie, as cenas externas foram realizadas em edifícios históricos que remetiam para o ambiente da alta sociedade da época, como o hotel Copacabana Palace, o hotel Glória e o Museu de Arte Moderna (MAM). Os shows retratados na trama foram gravados no palácio Quitandinha, em Petrópolis, na Região Serrana do Rio. A minissérie, produzida com moderna tecnologia de alta definição, também teve cenas rodadas na Espanha, na França e em Portugal.

Larissa Maciel *e Jayme Matarazzo Filho, que interpretou o próprio pai, o diretor Jayme Monjardim: relação sofrida entre mãe e filho.*

Som & Fúria

Autoria e direção geral: Fernando Meirelles *Direção:* Toniko Melo, Gisele Barroco, Fabrízia Pinto e Rodrigo Meirelles

7-24 jul 2009 23h 12

Pedro Paulo Rangel *em um dos cenários em que eram apresentados trechos de peças de Shakespeare, como* Hamlet, Sonho de uma Noite de Verão, Macbeth *e* Romeu e Julieta.

Enredos de peças de Shakespeare e situações cômicas vividas por uma trupe teatral serviram de mote para abordar dilemas artísticos.

Com a morte de Oliveira (Pedro Paulo Rangel), diretor artístico da Companhia de Teatro do Estado, Dante (Felipe Camargo), que dirige um grupo de teatro falido, é chamado para substituí-lo. Sua nomeação atormenta Elen (Andréa Beltrão), diva da companhia e sua ex-namorada. No passado, os três foram amigos, mas, durante uma encenação de *Hamlet*, Dante entrou em crise e abandonou o palco, sumindo da vida de Elen e Oliveira por sete anos. Ricardo da Silva (Dan Stulbach), diretor financeiro da companhia, e Graça (Regina Casé), uma ambiciosa funcionária da Secretaria de Cultura, investem no sucesso comercial do projeto, chegando a contratar um galã de novelas, Jaques Maia (Daniel de Oliveira), e um publicitário, Sanjay (Rodrigo Santoro). Para complicar, Dante conversa com o fantasma de Oliveira. A trama tratou da dificuldade de atrair grandes plateias e patrocinadores sem perda da qualidade das criações artísticas. *Som & Fúria*, que teve como base a série canadense *Slings and Arrows*, criada por Susan Coyne, Mark McKinney e Bob Martin, foi coproduzida pela O2 Filmes.

Dante *(Felipe Camargo) é um artista apaixonado, talentoso e meio "louco". Elen (Andréa Beltrão), estrela da companhia, tem medo de envelhecer e namora garotões.*

MESES DE FILMAGENS

A minissérie, gravada e exibida em HDTV, teve cenas rodadas no Teatro Municipal de São Paulo e em uma réplica do seu prédio, construída nos estúdios da produtora O2 Filmes. As filmagens, que levaram meses, envolveram cerca de 120 atores e mais de 500 figurinos.

Cinquentinha

Autoria: Aguinaldo Silva e Maria Elisa Berredo *Direção de núcleo e geral:* Wolf Maya *Direção:* Cláudio Boeckel
8-18 dez 2009 22h CAPS 8

Mulheres maduras e modernas competem em uma inusitada gincana para garantir uma herança.

Daniel (José Wilker) é um milionário à beira da morte que deixa em testamento uma missão quase impossível para suas três ex-mulheres: inimigas, elas terão que se unir para administrar seus negócios em crise e fazê-los prosperar. As ex-esposas são Lara (Susana Vieira), Rejane (Betty Lago) e Mariana (Marília Gabriela). Quem se sair melhor na tarefa ficará com 50% da herança, ou seja, "cinquentinha" do patrimônio do falecido. Durante a competição, elas se deparam com uma quarta adversária, Leonor Barganti (Maria Padilha). O juiz da gincana é um amigo de Daniel, Joaquim (Luis Melo).

Betty Lago *(esq.), Susana Vieira e Marília Gabriela: trama abriu espaço para uma discussão sobre conflito de gerações, contrapondo as protagonistas a seus filhos.*

Dalva e Herivelto, uma Canção de Amor

Autoria: Maria Adelaide Amaral *Colaboração:* Geraldo Carneiro e Letícia Mey *Direção de núcleo:* Dennis Carvalho *Direção:* Dennis Carvalho e Cristiano Marques *Direção de shows:* Charles Möeller e Claudio Botelho
4-8 jan 2010 22h CAPS 5

A minissérie biográfica mostrou a relação profissional e de amor entre dois ícones da época de ouro do rádio no Brasil.

A cantora Dalva de Oliveira (Adriana Esteves) e o compositor Herivelto Martins (Fábio Assunção) têm uma turbulenta vida em comum. Rígido e disciplinador, ele transforma a esposa em uma estrela, cuidando do repertório, da coreografia e até dos figurinos de seus shows. Apaixonada, Dalva enlouquece de ciúmes com suas aventuras extraconjugais, mas ele sempre retorna para casa. Até o dia em que conhece a aeromoça Lurdes (Maria Fernanda Cândido) e rompe o casamento. Após a separação, Dalva e Herivelto passam a expor suas dores e mágoas, publicamente, por meio de canções. A trama se passava em cinco décadas, de 1936 a 1972.

Adriana Esteves *e Fábio Assunção reviveram, em cena, lendários shows do Cassino da Urca, no Rio de Janeiro.*

Índice

Números em **negrito** representam resumos das novelas e minisséries; em *itálico*, ilustrações.

Bibliografia

Alencar, Mauro. *A Hollywood brasileira: panorama da telenovela no Brasil*. Rio de Janeiro, Senac Rio, 2002.

Aronchi de Souza, José Carlos. *Gêneros e formatos na televisão brasileira*. São Paulo, Summus, 2004.

Boletins de Programação da TV Globo.

Calza, Rose. *O que é telenovela*. São Paulo, Brasiliense, 1996.

Campedelli, Samira Youssef. *A telenovela*. São Paulo, Ática, 2ª ed. e 2ª imp., 2001.

Carlos, Manoel. *Cadernos: o Grande Teatro Tupi*, vols.1 e 2. Rio de Janeiro, Caixa Econômica Federal, 2005.

Centro de Documentação da TV Globo (Cedoc).

Fernandes, Ismael. *Memória da telenovela brasileira*. São Paulo, Brasiliense, 4ª ed. ampl., 1997.

Ferreira, Mauro. *Nossa Senhora das Oito: Janete Clair e a evolução da telenovela no Brasil*. Com pesquisa e reportagem de Cleodon Coelho. Rio de Janeiro, Mauad, 2003.

Filho, Daniel. *O circo eletrônico: fazendo TV no Brasil*. Rio de Janeiro, Jorge Zahar, 2001.

Hamburger, Esther. *O Brasil antenado: a sociedade da novela*. Rio de Janeiro, Jorge Zahar, 2005.

Maior, Marcel Souto. *Almanaque da TV Globo*. Pesquisa: Memória Globo. São Paulo, Globo, 2006.

Marques de Melo, José. *As telenovelas da Globo: produção e exportação*. São Paulo, Summus, 1988.

Memória Globo. *Autores: histórias da teledramaturgia*. São Paulo, Globo, 2008.

Memória Globo. *Dicionário da TV Globo, vol.1: programa de dramaturgia & entretenimento*. Rio de Janeiro, Jorge Zahar, 2003.

Memória Globo. *Entre tramas, rendas e fuxicos: o figurino na teledramaturgia da TV Globo*. São Paulo, Globo, 2007.

Motta, Nelson. *Noites tropicais: solos, improvisos e memórias musicais*. Rio de Janeiro, Objetiva, 2000.

Ortiz, Renato, Silvia Helena Simões Borelli, José Mário Ortiz Ramos. *Telenovela: história e produção*. São Paulo, Brasiliense, 1991.

Reimão, Sandra. *Livros e televisão: correlações*. São Paulo, Ateliê Editorial, 2004.

Vassallo de Lopes, Maria Immacolata, Silvia Helena Simões Borelli e Vera da Rocha Resende. *Vivendo com a telenovela: mediações, recepção e teleficcionalidade*. São Paulo, Summus, 2002.

Xavier, Nilson. *Almanaque da telenovela brasileira*. São Paulo, Panda Books, 1ª ed., 2007.

Discografia (CD):

(Trilha sonora original da novela. Som Livre e Rede Globo, 2001.)

Água Viva.

Bem-Amado, O.

Cafona, O.

Pai Herói.

Saramandaia.

Vale Tudo.

Páginas da Web:

www.memoriaglobo.com.br

www.dicionariompb.com.br

www.redeglobo.globo.com

www.imdb.com

www.itaucultural.org.br

www.wikipedia.com.br

www.teledramaturgia.com.br

Depoimentos concedidos ao Memória Globo:

Aguinaldo Silva (1º ago 2000; 30 jan 2006; 14 jul 2008); Alcides Nogueira (17 dez 2007; 4 jul 2008); Alexandre Arrabal (3 abr 2001); Alexandre Pit Ribeiro (13 out 2008); Antonio Calmon (20 fev 2002; 30 jun 2008); Benedito Ruy Barbosa (4 dez 2000; 27 mar 2008); Carlos Lombardi (1º abr 2002; 29 abr 2008); Carlos Manga (27 jul 2000); Daniel Filho (19 jul 2000; 30 jul 2007); Delfim Fujiwara (25 jun 2001); Dennis Carvalho (3 mar 2008); Durval Honório (9 nov 2000); Euclydes Marinho (18 fev 2008); Fábio Sabag (28 jan 2002); Fernando Bittencourt (16 mar 2001); Geraldo Case (7 nov 2001); Gilberto Braga (6 jun 2001; 23 jan 2008); Gloria Perez (18 set 2006; 9 out 2006); Glorinha Beuttenmüller (3 ago 2009); Guel Arraes (7 dez 2001); Hans

Donner (14 jun 2000); Herval Rossano (29 abr 2001); Homero Icaza Sánchez (24 jan 2000; 29 nov 2001); João Emanuel Carneiro (23 jan 2008; 26 set 2008); Jorge Adib (3 fev 2000); Jorge Fernando (20 fev 2002); José Bonifácio de Oliveira, Boni (5 mai 2000); José Dias (4 mai 2001); Lauro César Muniz (12 nov 2001); Lima Duarte (25 mai 2001); Luis Erlanger (30 mar 2000; 22 jul 2002; 2 out 2006; 13 ago 2007); Luís Lara Resende (22 fev 2000); Luiz Gleiser (24 set 2007); Lya Mara (27 jun 2008); Manoel Carlos (30 mar 2001; 19 dez 2005; 16 jun 2008); Maria Adelaide Amaral (9 fev 2006; 16 jul 2008); Marcos Paulo (27 mar 2006); Mário Lúcio Vaz (9 nov 2000); Marluce Dias da Silva (6 set 2000); Maurício Sherman (14 mai 2001); Mauro Borja Lopes (25 fev 2000); Miguel Falabella (17 mar 2008; 21 ago 2008); Milton Gonçalves (22 jun 2000; 31 mar 2008); Nelson Motta (10 mai 2002); Nilton Nunes (25 mai 2001); Octávio Florisbal (22 fev 2000); Paulo José (21 jun 2000); Ricardo Linhares (15 out 2007); Roberto Buzzoni (13 jul 2000); Roberto Talma (19 mai 2005); Ruth de Souza (9 mai 2001); Ruy Mattos (4 mai 2001); Silvio de Abreu (18 abr 2002; 24 jan 2007); Walther Negrão (18 abr 2001; 16 jul 2008); Wolf Maya (12 dez 2005).

Créditos de Imagens

Na listagem abaixo, os números referem-se às páginas; as letras especificam a localização da imagem na página, quando necessário.

Acervo Memória da Produção: 15b.

Acervo pessoal Yoná Magalhães: 44a.

Acervo Som Livre: 26; 27.

Agência O Globo: 41a.

Agência O Globo/Alcyr Cavalcanti: 40a.

Agência O Globo/Divulgação: 40b.

Arley Alves/TV Globo: 19b; 167b; 169b; 180b; 182a; 183a; 183b; 183c; 184a; 184b; 186c.

Bazilio Calazans/TV Globo: 128b; 129a; 131a; 131b; 134a; 137a; 137b; 140; 141a; 141b; 142; 143a; 143b; 146a; 146b; 147a; 147b; 157a; 157b; 162b; 166b; 169a; 173a; 173b; 175a; 178b; 255b; 256a; 256b; 256c; 256d; 258a; 258b; 259a; 259b; 264a; 270a; 282b; 283a; 283c.

Cedoc/TV Globo: II; 1a; 2; 3a; 3b; 4b; 9a; 14a; 16a; 28a; 28b; 28c; 28d; 28e; 28f; 28g; 28h; 34a; 34b; 35a; 35b; 36a; 36b; 37; 38a; 38b; 39a; 39b; 39c; 41b; 42; 43; 44b; 45; 46; 47; 48; 49; 50b; 51b; 52a; 52b; 52c; 52d; 53a; 53b; 53c; 53d; 54; 55a, 55b; 56; 57a; 57b; 58a; 58b; 59a, 59b; 60a; 60b; 61a; 61b; 62; 63a; 63b; 64a; 64b; 65a; 65b; 66a; 66b; 67; 68a; 68b; 69a; 70a; 70b; 70c; 71b; 72a; 72b; 73; 74; 75a; 75b; 76a; 76b; 77a; 78; 79a; 79b; 80a; 80b; 81a; 81b; 81c; 82a; 83; 84a; 84b; 85a; 85b; 86; 87a; 87b; 88a; 89b; 91a; 91b; 92a; 92b; 100a; 100b; 101b; 102; 103a; 106; 107b; 109c; 111b; 112b; 119; 120a; 120b; 123b; 133a; 152; 158a; 162a; 164a; 164b; 165; 166a; 179a; 249a; 249b; 251c; 253a; 278a.

Cristiana Isidoro/TV Globo: 14b; 31; 197; 199a; 203b; 296a; 296b.

Eduardo França/TV Globo: 179b; 251a; 251b; 254b; 268a.

Fabrício Mota/TV Globo: 231b.

Frame de vídeo/TV Globo: 50a; 51a; 69b; 71a; 77b; 77c; 77d; 82b; 95c; 95d; 95e; 95f; 95g; 95h; 109a; 117a; 117b; 117c; 117d; 117e; 117f; 151b; 151c; 151d; 151e; 151f; 151g.

Frederico Rozario/TV Globo: 23a; 235a; 236c.

Geraldo Modesto/TV Globo: 110a; 124; 134b.

Gianne Carvalho/TV Globo: 1d; 10; 15a; 20b; 31; 206a; 208b; 210a; 210b; 211a; 215c; 217a; 297a; 297b; 298a; 298b; 300b.

Isac Luz/TV Globo: 235c.

Ivo Gonzalez/Agência O Globo: 246-247.

João Miguel Júnior/TV Globo: 8; 18; 32; 33; 25a; 199b; 200b; 201a; 201b; 203a; 204a; 206b; 207a; 207b; 209a; 211b; 212b; 213b; 214a; 214b; 215a; 215b; 216a; 216b; 219a; 219b; 221b; 224a; 224c; 225a; 227a; 228b; 230b; 231c; 233a; 233b; 234a; 236b; 237b; 238b; 239b; 240b; 241a; 243a; 299b; 302b; 303a; 303b; 303c.

Jorge Baumann/TV Globo: 1b; 4a; 17b; 23; 126a; 149; 153b; 154b; 155a; 155b; 158b; 158c; 160a; 160b; 168b; 174a; 174b; 174c; 176a; 176b; 177a; 177b; 177c; 180a; 181a; 181b; 182b; 185; 186a; 186b; 188b; 191; 194b; 195a; 195b; 196a; 196b; 257a; 257b; 260; 261a; 261b; 264b; 265a; 265b; 268b; 269a; 269b; 271a; 273a; 273b; 274; 275a; 275b;

276a; 276b; 279a; 279b; 280; 281a; 281b; 282a; 283b; 284; 285a; 285b; 285c; 286a; 286b; 287a; 287b; 290a.

Kiko Cabral/TV Globo: 13; 25b; 17a; 221a; 235b; 236a; 237a.

Marcela Haddad/TV Globo: 198a; 294.

Márcio de Souza/TV Globo: 2; 217b; 223b; 228a; 231a; 232b; 241b; 302a; 305b.

Maria Elisa Franco/TV Globo: 1c; 225c.

Nelson Di Rago/TV Globo: IV; 5a; 9b; 88b; 89a; 90a; 90b; 93; 94; 95a; 95b; 95a; 96b; 97a; 97b; 98a; 98b; 99a; 99b; 99c; 101a; 103b; 104a; 104b; 105a; 105b; 107a; 108a; 108b; 109b; 110b; 111a; 113a; 113b; 114a; 114b; 115a; 115b; 116; 117g; 118; 121; 122a; 122b; 123a; 125; 126b; 127a; 127b; 127c; 127d; 128a; 130a; 130b; 132a; 132b; 133b; 135; 136a; 136b; 138a; 138b; 138c; 139a; 139b; 144a; 144b; 145a; 145b; 145c; 148a; 148b; 150a; 150b; 151a; 153a; 154a; 156a; 156b; 159a; 159b; 161; 163; 167a; 168a; 170; 171a; 171b; 172a; 172b; 175b; 178a; 187; 192; 193a; 193b; 248a; 248b; 250a; 250b; 252b; 253b; 255a; 262a; 262b; 263a; 263b; 266; 267a; 267b; 267c; 270b; 271b; 272a; 272b; 277; 278b; 288a; 288b; 289a; 289b; 290b; 291; 292a; 292b.

Peter Schneider/TV Globo: 129b; 129c; 129d.

R. Marques/TV Globo: 188a; 189; 190a; 190b.

Renato Rocha Miranda/TV Globo: III; 1e; 5b; 6-7; 11; 19a; 21; 24; 30; 202b; 204b; 204c; 205a; 205b; 208a; 211a; 213a; 220b; 222a; 222b; 223a; 224b; 226a; 230a; 232a; 234b; 239a; 240a; 244a; 244b; 293b; 299a; 300a; 301a; 301b; 304a; 304b; 308; 309a; 309b; 311b.

Renato Velasco/TV Globo: 12; 16b; 20a; 24.

Reprodução: 29.

Roberto Steinberger/TV Globo: 194a; 198b; 198c; 293a; 295a; 295b; 295c.

Sérgio Huoliver/TV Globo: 238a.

Thiago Prado Neris/TV Globo: 243b; 245a; 311a.

TV Globo: 209b; 254a; 306a; 306b; 307.

Vieira de Queiroz/TV Globo: 112a; 252a.

Willian Andrade/TV Globo: 225b; 226b; 229a; 229b.

Zé Paulo Cardeal/TV Globo: IV; 23b; 200a; 202a; 202c; 220a; 221c; 227b; 242; 245b; 299c; 305a; 310a; 310b.

Para os créditos das imagens de capa e contracapa foram utilizadas as seguintes abreviaturas: t (topo); i (inferior); s (superior); d (direita); e (esquerda); c (centro); ex (extrema).

Capa: Cedoc/TV Globo: *Irmãos Coragem*, 1ª versão (id); Floresco Images: foto da família (c); Gianne Carvalho/TV Globo: *A Casa das Sete Mulheres* (ice); João Miguel Júnior/TV Globo: *Caminho das Índias* (t); Jorge Baumann/TV Globo: *Dona Flor e Seus Dois Maridos* (ice); Kiko Cabral/TV Globo: *Belíssima* (c, na tela); Nelson Di Rago/TV Globo: *Laços de Família* (iexe); *Roque Santeiro* (ie); Tetra Images/Corbis/LatinStock: foto da televisão (c); Willian Andrade/TV Globo: *Paraíso Tropical* (iexd). **Lombada**: Cedoc/TV Globo: *O Bem-Amado* (t); Nelson Di Rago/TV Globo: *O Auto da Compadecida* (i). **Contracapa**: Bazílio Calazans/TV Globo: *A Viagem* (es); Cedoc/TV Globo: *Cavalo de Aço* (ec2); Frame de Vídeo/TV Globo: *Guerra dos Sexos* (ec1); João Miguel Júnior/TV Globo: *A Favorita* (ei) ; Márcio de Souza/TV Globo: gravação de *Ciranda de Pedra*, 2ª versão (d); Nelson Di Rago/TV Globo: *Anos Dourados* (t).

Todos os esforços foram feitos para identificar as fontes das imagens reproduzidas neste livro. Estamos prontos a incluir eventuais omissões em futuras edições.

Agradecimentos

Alessandra Silveira Ovídio
Ana Rosa de Sá Donadio
Benedito Primo Rizzo
Clarinha Landolfi
Claudia Daumas
Diógenes Siqueira
Heloisa Henriques
Hugo Garcia da Rosa Filho
João Cotta
João Rodrigues
Juliana Nogueira
Laura Martins
Luiz Claudio Saes Ferreira
Marcio Roberto de Oliveira Vieira
Rafael Lo Ouang Fernandes Ferreira
Rodrigo Gomes